CUSTOMER VALUE-
BASED MARKETING

제 2 판

고객가치기반 마케팅

박정은 | 김경민 | 김태완

박영사

제2판 머리말

마케팅에서 중요한 것은 고객가치라는 것을 본 저서에서는 강조하고 있다. 다른 무엇보다도 고객이 중심이 되는 의사결정을 하는 것이 마케팅의 본연의 의무라고 할 수 있다. 본 서에서는 이러한 기본적인 마케팅의 가치에 초점을 맞추어서 마케팅의 본연의 의미와 역할에 대해서 설명하고자 하였다.

여전히 마케팅이 무엇이냐고 묻는 질문에 사람들은 주저한다. 안다고 생각하지만 정확한 정의를 자신 있게 말하는 사람을 거의 보지 못했다. 소크라테스라는 성인이 왜 '너 자신을 알라'라는 명언을 남겼는지를 다시 되새겨본다. 우리는 명확하게 알지 못하는 것을 모른다고 하지 않고 알고 있다고 넘어가는 경우가 많다. 마케팅의 경우도 그러하다. 본연의 단어 의미를 새겨볼 필요가 있다. "시장에 내 제품을 내놓다"라는 market의 동사적인 의미를 새겨보자. 시장에 무언가를 팔기 위해 노력하는 과정과 행위들이 마케팅이다. 판다는 것의 의미는 교환에서 나왔다. 무엇을 주고 무엇을 받는 행위가 거래이다. 이러한 거래를 원활하고 서로에게 이득이 되는 방향으로 잘되게 하는 것이 마케팅이다.

기업에게 일방적인 수익을 만들어주거나 소비자가 적게 지불하고 혹은 지불하지 않으려고 하는 것은 둘 다 잘못된 거래이다. 생각하는 가치만큼 거래 대상이 명확할 때 양쪽이 만족하는 거래가 될 것이다.

코로나 팬데믹이라는 경험하지 못했던 초유의 사태를 경험하면서 기업도 소비자도 커다란 변화를 경험하였다. 기업은 소비자에게 가치를 전달하고 소통하기 위해 비대면 방법이라는 것을 경험하였고, 소비자도 실내에서 모든 것을 해결하고 재택근무라는 것을 경험하며 더욱 온라인 사용이 늘어났다. AI와 빅데이터 중심의 4차 산업혁명이라는 것이 말로만 이야기되던 것이 이제는 모든 사람들이 익숙한 기술로 다가오고 있다. 지금은 chat_GPT라는 초유의 AI를 통한 새로운 세상이 열리고 있다.

이제 엔데믹이라는 신조어와 함께 코로나시대는 종말을 고하고 있다. 우리를 둘러싼 두터운 장막이 걷히는 듯한 느낌이다. 새로운 시대에 변화하는 것은 무엇일까? 마케팅은 무엇보다도 변화에 민감한 분야이다. 외부의 변화를 내부에 얼마나 빨리 받아들이고 내부에서 만들어지는 가치를 어떻게 외부에 전달하느냐 하는 것이 마케팅의 핵심이다. 코로나 종말 시대에 과연 무엇이 변할 것인가를 예상하는 것과 이 변화에 맞는 새로운 가치를 찾고 만들고 전달하고 유지하는 것이 고객가치기반 마케팅이다.

요즘은 글로벌 가치공급망(Global value chain)이 무너지고, 새로운 가치공급망이 구축되고 새로운 가치가 만들어지는 속도가 급물살을 타고 있다. 우크라이나 전쟁이라는 정치적 상황과 미-중 경제 전쟁이라는 경제적 상황이 모든 것을 더욱 복잡하고 어렵게 만들고 있다. 경기가 어렵고 기업활동이 더욱 어려워지고 있다고 한다. 경기 회복이 언제쯤 될 것인가를 물어오는 기업가들이 많아지고 있다. 언제 경기가 회복될 것인가를 예측하기는 어렵지만 이를 극복하는 해답은 알고 있다. 어려울수록 고객 특히 기존 고객의 도움을 구하라는 것이다. 기존 고객과의 관계를 활용하고 이 가치를 더욱 공고히 하면 어려운 불황의 시대를 이겨낼 수 있을 것이다.

끝으로 2차 교정을 도와준 저자의 제자인 정효영 박사에게 진심으로 감사를 전한다. 편집과 디자인에 수고를 해준 박영사의 탁종민 대리와 전 과정에서 물심양면으로 도와준 박영사의 안종만 회장님과 안상준 대표님, 그리고 실무적 지원을 해주신 박세기 부장에게도 감사의 말을 전한다. 무엇보다도 이 과정을 묵묵히 내조와 사랑으로 힘을 준 가족들에게 무한한 감사를 전한다.

2023년 8월 어느 날 저자의 연구실에서

초판 머리말

"마케팅이란 무엇인가"라는 질문에 어떤 사람들은 영업이라는 대답을 하고, 어떤 사람들은 홍보 및 판매라는 대답을 많이 한다. 마케팅은 고객을 중심으로 고객을 이해하고 그들과 관계를 형성하여 장기적인 관계를 형성시켜서 단기적 이윤뿐만 아니라 장기적인 이윤을 창출해 나가는 과정이다. 즉, 고객과의 관계형성을 통해 기업의 생존 및 성장을 이끌어 나가는 핵심적인 활동이 마케팅이라 할 수 있다.

마케팅은 여러 가지 학문의 영향을 받아 만들어진 학문이다. 물론 경제학의 기반하에 만들어졌지만, 사회학 및 심리학과 같은 인간의 사회 활동과 관련된 사회과학의 영향을 가장 많이 받은 학문이다. 대표적인 것이 '고객이 어떠한 심리적 상황 및 요인에 의해서 구매 의사결정을 하는가에 관한 심리학적 이론'과 '고객이 기업과의 어떠한 관계에 의해서 구매 행동을 하게 되는가'라는 것은 사회학의 영향을 받은 것이다.

즉 고객의 마음과 행동을 동시에 이해하고, 이를 바탕으로 하여 기업이 가지고 있는 마케팅 도구를 활용하여 고객의 마음을 사로잡는 것이 마케팅의 핵심인 것이다. 이러한 마케팅 과정이 사회학에서 연구되고 있는 사회적 관계 이론, 데이트 및 결혼 이론 등과 매우 흡사한 부분이 많다. 단기적인 관점에서 데이트를 하고 이후 신뢰와 헌신이 형성되고 이를 기반으로 장기적 관계인 결혼으로 이어지는 것은 고객과 기업의 파트너적인 관계를 설명하는 관계마케팅과 매우 유사하다. 또한 마케팅은 사랑하는 사람을 위해 요리를 하는 과정과 매우 흡사하다. 내가 좋아하는 음식이 아니라 상대방이 좋아하는 음식을 확인하고, 그 사람을 위해서 최선을 다해 요리를 하고 초대를 해서 같이 식사를 하는 과정이 마케팅과 매우 흡사하다고 볼 수 있다. 기업이 잘하는 것이 아니라 소비자가 좋아하는 제품을 만들기 위해 니즈를 확인하고, 기업이 가진 자원과 역량을 이용하여 가치를 창출하고, 이를 소비자가 원하는 시간과 장소에 전달하여 궁극적으로 고객을 만족시키고 이를 유지하는 것이 마케팅이다. 본 저서는 이와 같은 고객가치 확인, 창출, 전달 및 유지에 근거하여 구성하였다.

마케팅이라는 학문은 출생부터 소비자(고객)가 중심인 학문이다. 고객이 원하는 것이 무엇인지를 확인하고 이를 기업이 가진 마케팅 자원과 역량으로 구체화하고 가치를 창출한다. 그리고 그 가치를 처음 원했던 고객에게 제대로 전달하며 이 과정에서 부가가치를 만들어 낸다. 그 가치가 제대로 전달되었을 때 고객은 만족하고 만족한 고객에게 지속적으로 가치를 제공해서 유지하는 것이 마케팅의 과정이다.

최근 마케팅에 대해 최근 부정적인 내용을 언급하는 것이 많아지고 있다. 고객이 불필요한 제품이나 서비스를 구매하게 만든다고 믿는 사람도 있다. 공포마케팅과 같이 마케팅 앞에 전혀 마케팅의 의미와 맞지 않는 단어를 붙여서 마케팅에 대한 부정적인 부분을 부각시키고 있다. 또한 마케팅이라는 용어를 미시적이고 단지 판매수단이라는 의미로 우리는 일상생활에서 사용하고 있다. 입시마케팅, 음식마케팅, 음악마케팅, 예술마케팅, 최근의 뉴트로마케팅까지 수많은 용어를 마케팅이라는 단어 앞에 수식어처럼 가볍게 사용되고 있다.

많은 사람들이 저자들에게 자동차마케팅, 은행마케팅 등을 공부하고 싶다고 한다. 이는 두 가지를 혼돈해서 사용하고 또 이해를 잘못하고 있는 것이다. 마케팅은 독립된 과학이고 학문이다. 이를 먼저 이해하고 그 다음에 자동차나 은행 등의 산업에 적용하는 것이다. 마케팅은 산업을 배우는 것이 아니다. 마케팅은 공급자와 수요자의 관계를 연구하고 무엇보다도 고객의 가치를 중요시 하는 학문이다.

세상이 그렇게 희망이 없고 인정이 없는 곳은 아니다. 살인, 강도 등의 비인간적인 사건 사고와 정치 논쟁과 반목, 지역 대립 등 이기주의인 행동만이 있는 곳이 세상이 아니다. 부정적인 사건 사고들이 가득한 세상이 아니라 기쁘고 희망적인 메시지를 전달하는 마케팅적인 소통기구가 하나 있으면 좋겠다는 생각을 해본다. 우리 아이들이 웃고 배울 수 있는 세상의 희망적이고 밝은 이야기를 나누고 싶다. 이러한 것에 마케팅이 기여를 하였으면 좋겠다. 이를 통해 마케팅은 보다 나은 삶과 보다 행복한 소비자의 일상에 도움을 주는 학문이 되었으면 하는 바람이다.

2019년 연말에
저자일동

차례 CONTENTS

들어가며

마케팅의 역사

코틀러, 마케팅 드림팀과 함께하다

코틀러가 처음부터 마케팅의 길을 걸은 것은 아니었다. 그는 본래 루스벨트 대학의 응용 경제학과 교수였다. 그가 마케팅의 길을 걷게 된 것은 포드의 영향이 컸다. 포드는 GM과의 자동차 전쟁에서 패배한 원인이 경영의 패배에 있다고 보고 경영 연구 분야에 꾸준히 투자하고 있었다. 이에 포드는 막대한 자금을 투자하여 포드재단을 설립한다.

1960년, 포드 재단은 수학과 과학적 방법론을 이용하여 경영학 교육을 개선하는 프로젝트를 위해 경제학 교수들을 대거 영입한다. 코틀러는 어쩌다 보니 마케팅 팀에 배속되었는데 그 팀에는 제리 맥카시(Jerry McCarthy), 프랭크 배스(Frank Bass), 에드가 페시미어(Edgar Pessemier), 빌 레이저(Bill Lazer), 로버트 버젤(Robert Buzzell) 같은 마케팅의 대가들이 함께하고 있었다. 이는 물리학으로 치면 아인슈타인, 퀴리부인, 프랑크, 슈뢰딩거, 파울러, 하이젠베르크가 모인 1927년의 솔베이 물리학 학회와 비슷한 느낌이었다.

제리 맥카시는 4P Mix의 창안자다. 흔히 4P Mix 하면 제품(Product), 가격(Price), 촉진(Promotion), 유통(Place)을 어떻게 할지 모두 정해야 하는 것으로 아는 경우가 많다. 심지어 그렇게 해야 한다고 가르치는 대학도 있다. 그러나 그것은 잘못된 이해다. 4P Mix를 제대로 이해하려면 요리를 떠올려야 한다. 4P Mix의 오리지널 아이디어는 요리에서 시작되었기 때문이다.

마케팅 믹스는 1948년 제임스 컬리톤(James Culliton)에 의해 처음 언급되었다. 그는 의사 결정으로 좋은 제품이 만들어지는 것을, 식재료 혼합으로 맛있는 요리가 완성되는 것에 비유했다. 컬리톤의 비유를 타당하게 여긴 하버드의 광고학 교수 닐 보든(Neil Borden)은 1949년에 마케팅 믹스의 재료를 12가지로 구체화했다. 1960년에는 제리 맥카시 교수가 이를 다시 네 가지로 정리하여 4P Mix를 완성한 것이다.

프랭크 배스는 신제품이 소비자들에게 어떻게 확산되는지 측정할 수 있는 배스 확산모델을 고안한 사람이다. 배스 확산모델은 이후 제품수명주기(Product Life Cycle)이론으로 발전했다. 오늘날 대중적으로 많은 관심을 받는 브랜드 가치 순위는 에드가 페시미어로부터 시작되었다.

페시미어는 브랜드 가치를 달러 단위로 측정한 최초의 인물이다. 빌 레이저는 마케팅에 최초로 라이프 스타일 개념을 접목하여 사람의 라이프 스타일에 따라 구매행위가 구분될 수 있음을 주장했다. 로버트 버젤은 3,000여 개의 실제 사업체를 분석하여 마케팅 전략의 선택에 따라 어떤 경영 성과를 낼 수 있는지 도출하는 PIMS(Profit Impact of Marketing Strategy)를 만든 사람이었다.

마케팅 드림팀과 1년여를 함께 보낸 코틀러는 프로젝트가 끝난 후 노스웨스턴 경영대학원(현 켈로그 경영대학원)의 마케팅 교수로 진로를 바꾼다. 코틀러는 이후 여러 학자의 마케팅 이론을 조합하여 리서치(Research) – STP(Segmentation, Targeting, Positioning) – 마케팅 믹스(Marketing Mix) – 실행(Implementation) – 컨트롤(Control)로 구성된 마케팅 프로세스를 발표하는데, 이는 드림팀과의 인연이 기반이 되었다고 할 수 있다.

간혹 보면 코틀러의 마케팅 프로세스를 절대 공식처럼 여기는 경우가 있는데 그럴 필요는 없다. 코틀러가 조합한 프로세스는 그 이전부터 각각 독립된 방법론이었음을 기억하자. 이 학자들은 당신이 비즈니스에 사용할 망치와 스패너를 마련해 준 것뿐이다. 당신은 당신의 사업에 필요한 도구를 골라서 사용하면 된다. 'STP 전략 양식.pptx' 같은 걸 다운로드 받아서 억지로 채워 넣을 필요는 없다는 것이다. 그보다는 STP 전략이 무엇인지 책을 사서 읽고 이해하는 편이 훨씬 중요하다.

방법론을 몰라도 성공한 기업가들은 얼마든지 많다. 그러나 그런 그들에게도 공통점은 있다. 의식을 했든지 안 했든지 그들은 고객 중심으로 사고했다. 마케팅 방법론을 전혀 몰랐음에도 자기도 모르게 마케팅 방법론을 몸소 실천했다. 이는 마케팅 이론들이 단순히 탁상공론이 아니라 실제 사례 중심의 사회과학이기에 가능한 현상이다. 그러므로 이론을 무시할 필요도 없고, 절대 공식화할 필요도 없다.

코틀러가 단지 동료 학자들의 이론을 조립하는 것에 그쳤다면 마케팅의 아버지가 될 수는 없었을 것이다. 코틀러는 마케팅을 이해하고 마케팅의 미래까지 내다볼 수 있는 해석을 제시했다. 드러커가 경영을 설명하는 것에 있어서 제품과 근로자와 기업 사이의 의미 있는 관계 형성에 집중했다면, 코틀러는 마케팅을 설명하는 것에 있어서 기업과 소비자 간의 의미 있는 관계 형성에 집중했다.

출처: 슬로우뉴스, 2017년 1월 10일

1. 마케팅을 이야기하다

급변하는 경영환경은 예측하기가 더욱 힘들어지고 제품수명주기는 점점 더 짧아지고 있다. 특히 스마트 기기 보급과 소셜 네트워크 서비스(SNS)의 확산에 따른 고객들의 진화 등 변화에 선대응하고 기업의 미래와 지속성장을 위한 상품과 서비스의 차별화가 절실한 상황이다. 많은 기업이 변화의 흐름 속에서 기회를 찾아 고객가치를 발굴하고 차별화된 경쟁력으로 시장을 선점하기 위해서 노력 중이다. 시장의 변화와 고객의 진화를 탐색하여 고객의 니즈와 고객의 가치를 발굴해내도록 해야 할 것이다.

가장 빠르게 기회를 선점하는 기업들이 가장 가치 있는 고객 니즈를 찾아낼 수 있다. 마케팅 환경 변화에서 새로운 기회를 어떻게 발견할 것인지, 고객가치를 전달·확신할 수 있는 방법들에는 어떤 것들이 있는지에 대해서 기업들은 끊임없이 마케팅 trend에 예의주시하고 고객과의 의사소통이 원활히 이루어지는 전략을 만들어야 할 것이다.

마케팅은 더 이상 기업 내 마케팅 부서만이 담당하는 업무가 아니다. 마케팅 업무는 기업의 목표이자 자산인 고객을 이해하는 것으로부터 시작하며 마케팅의 모든 활동은 고객에 대한 이해가 근본이 되므로 기업 내 마케팅 외 다른 부서 조직원들 또한 기업의 목표 달성을 위해서는 마케팅에 대한 이해가 필요하다. 본 서에서는 마케팅은 "고객의 가치를 파악하고, 기업이 가진 마케팅 자원으로 최고의 가치를 창출하여 고객에게 효과적으로 가치를 전달하며 고객가치를 유지하기 위해 고객 관계를 관리하기 위한 전사적 기능이자 일련의 과정이다"라고 정의한다. 이전의 여러 저서와 연구에서 고객에 관한 중요성은 계속 논의되었지만 본 서에서는 고객의 가치를 극대화하고 만족시키는 것이야 말로 마케팅의 최고 가치임을 강조하고 있다.

하지만 기업 내에서의 마케팅은 무슨 의미를 가지고 있는가? 많은 기업에서 마케팅이란 영업과 광고, 유통 등의 마케팅 4P들을 의미한다. 하지만 기업 내에서의 마케팅은 전략적이고 기업 문화적인 것으로 확장되어 받아들여져야 한다. 즉, 기업 내 마케팅은 새로운 것에 대한 수용과 문화적 이슈라고 할 수 있다. 시장과 그 속에 있는 고객들 그리고 경쟁사들 모두가 변화를 한다. 경쟁이 치열해질수록 고객의 가치와 인식은 매우 급격하게 변화를 한다. 기업도 이러한 시장과 고객의 변화에 경쟁사보다 더욱 빠른 속도로 적응해야 하고 변화를 이루어내야 한다.

또한 기업은 마케팅 목표를 최우선적으로 고객과 고객의 가치에 두어야 한다. 고객의 가치를 충족시켜주기 위해 기업의 모든 마케팅 자원을 고객가치에 정렬하여 변화시켜야 한다. 이를 통해 고객의 마음속에 기업과 제품의 이미지를 만들어가는 것이 마케팅이다. 마케팅은 비용을 지출하는 것이 아니라 고객의 마음속에 투자를 하는 것이라는 인식을 가져야 한다.

고객의 가치를 정확하게 파악하기 위해서 기업은 조사비용에 대한 투자 필요성을 깨닫고 시장을 읽을 수 있는 정보와 지식에 대한 투자를 함으로써 시장의 변화를 읽는 데 자원을 집중해야 한다. 또한 이러한 정보를 읽고 해석하여 insight를 만들어내는 기업 내 마케팅을 진두 지휘할 수 있는 전문적인 지식과 실행 능력을 갖춘 마케팅 전문가(CMO, Marketing Manager 등)의 양성이 요구된다. 마케팅은 전사적인 활동이고 전략적인 계획과 실행을 요구한다. 따라서 최고경영층의 지지와 지원이 있어야 하고 최고경영층의 의지에 따라 마케팅의 성공여부가 결정된다. 최종적인 마케팅 성과는 어떤 기준으로 수립되고 평가되고 있는지 마케팅 최고관리자(CMO)를 통해 수시로 점검해야 한다.

2. 고객가치 기반 마케팅에 대한 이해

1) 마케팅의 현상

마케팅의 현상을 가장 잘 설명하는 두 단어는 수요와 공급이다. 수요와 공급은 경제학을 설명하는 가장 중요한 단어들이기도 하지만 마케팅에서 또한 고객(Buyer)과 판매자(Seller)의 관점에서 설명되는 중요한 개념들이다. 경제학에서는 수요와 공급의 동질성(Homogeneity)을 가정하지만 마케팅에서는 이를 정면 부정한다. 즉, 마케팅은 이질적인 수요와 이를 충족시키려는 기업들의 차별적인 공급으로 설명된다. 따라서 마케팅에서 수요측면에서 중요한 것은 고객의 필요 및 욕구의 다양성이고, 공급측면에서는 기업의 차별화라고 할 수 있다. 여기에서 주의할 점은 기업의 차별화도 결국 고객의 기업에 관한 인식에서의 차이를 만들어낸다는 것이다. 즉, 고객가치 기반에서의 차별화를 의미한다.

2) 마케팅지향 개념과 판매지향 개념

마케팅과 판매의 큰 차이는 고객이 원하는 것에 관한 관점의 차이이다. 마케팅지향의 경우는 고객이 원하는 제품을 만들어서 그것을 고객에게 잘 전달하는 것을 말하는데 고객이 어떤 제품을 만들어주기를 원하는지에 초점을 맞추어 수요를 측정한다. 반면 판매지향의 경우는 이미 만들어진 제품을 잘 파는 것을 말하는데 고객이 어떤 제품을 만들어 주기를 원하는지가 아닌 공급자가 만들 수 있는 이미 생산해낸 제품을 어떻게 판매하는지에 더 초점을 맞춘다. 기업의 마케팅 담당자는 그들의 판매과정의 중심에 고객이 있는지 아니면 제품이 있는지에 대한 점검을 하고 고객 중심으로 인식의 전환이 필요하다.

3) 가치제안(Value Proposition)

기업이 고객에게 제공하는 것은 단순한 제품이나 서비스가 아닌 가치의 총합 즉, 가치 패키지라고 할 수 있다. 가치제안이란 고객에게 제안하는 총체적인 가치라고 할 수 있다. 마케터들은 고객에게 더 좋은 가치제안을 해야 하는데 이때 가치제안은 단순히 제품에 한정된 고객의 니즈와 구체적 요구를 의미하는 것이 아니라 가치를 확인하고 제품이 고객에게 전달되고 유지되는 과정에서 발생하는 고객의 모든 가치를 포함해야 한다. 따라서 더 좋은 가치제안은 경쟁사보다 더 나은 가치가 고객에게 잘 전달되어 고객에게 만족 및 기회를 제공할 수 있어야 한다.

4) B2B(Business to Business)와 B2C(Business to consumer)

B2B는 기업과 기업간의 거래를 의미하는데 지속적 반복적 거래와 거래 당사자 간의 장기적 관계를 중요하게 여긴다. 반면 B2C의 경우는 기업과 개인간의 거래를 의미하고 브랜드와 기업에 관한 고객의 인지도를 높이고 상표 애호도를 만들어 고객이 재구매를 하게 하는 것이 주요 목적이다. 최근에는 B2C에서도 고객과의 장기적인 관계를 유지하는 것이 중요해지면서 거래 중심이 아니라 관계 중심으로 변화하고 있다. 즉, B2B와 B2C 모두 고객과의 장기적인 관계 및 고객의 평생가치라는 개념이 중요시되고 있다.

5) 연구개발부서와 생산부서의 마케팅

기업에서 강의를 할 때 "연구개발부서나 생산라인에서 일하는 종업원들도 마케팅을 알아야 합니까?" 라는 질문을 많이 받는다. 대답은 항상 "그렇다"이다. 고객의 가치를 완성시키는 고객가치 창조와 전달과정의 시작이 연구개발을 통한 신제품 개발과 생산이다. 따라서 연구개발부서나 생산부서의 사람들도 반드시 고객가치에 대한 이해가 있어야 하고, 또 고객가치 마케팅을 실현하는 과정의 일부임을 지각하고 있어야 한다.

6) 경쟁자 분석

많은 기업들에서 경쟁사 분석을 하라고 하면 업계의 1, 2위 기업을 대상으로 경쟁사라고 정의하고 그들에 대한 분석을 한다. 이는 잘못된 경쟁 분석이다. 경쟁사는 기업이 충족시키고자 하는 고객의 가치를 두고 가장 직접적인 경쟁을 하는 기업이 그 기업의 경쟁사이다. 경쟁자 분석을 하는 가장 큰 이유는 경쟁의 내용과 범위를 파악하여 기업의 가장 직접적인 경쟁자가 누구인지를 분명히 하기 위해서이다. 이를 위해서는 우리기업이 어떤 시장에서 누구와 경쟁을 하는가를 분명하게 알아야 한다. 어느 시장에서 어떠한 고객가치를 충족시켜야 하는가에 대한 명확한 이해가 있어야 정확한 경쟁 분석을 할 수 있다. 경쟁자 분석에서는 경쟁 기업 내부의 강점과 약점을 파악하고 경쟁자의 전략을 파악하는 것이 중요하다.

3. 마케팅의 존재를 위한 필요조건

1) 충족되지 않은 니즈(Two or More Parties with Unsatisfied Needs)

마케팅은 시장의 변화를 찾아내고 이에 대한 새로운 가치제안을 하는 것이다. 고객은 자신이 기존 제품이나 서비스에 만족하지 못한 니즈를 충족하려고 하며 마케팅 전문가는 충족되지 못한 고객의 니즈를 파악해야 한다. 이를 바탕으로 새로운 가치제안을 하는 것이 마케팅의 중요한 업무이다.

2) 충족시킬 수 있는 능력과 자원(Desire and Ability to Satisfy These Needs)

모든 고객의 다양한 욕구를 충족시킬 수는 없다. 가장 큰 이유는 기업이 가지고 있는 재화나 자원이 무한대가 아니기 때문이다. 기업은 제한된 자원과 능력을 가지고 있다. 따라서 마케터들은 고객의 다양한 욕구를 파악하고 그중 자사의 능력과 자원을 활용하여 충족시킬 수 있는 욕구에 집중해야 한다. 이를 위해 기업은 자사의 핵심역량을 키워서 시장 내의 경쟁우위를 창출할 수 있어야 한다.

3) 지속적인 의사소통(A Way for the Parties to Communicate)

마케팅은 외부와의 끊임없는 소통이다. 그중 가장 중요한 것은 고객과의 소통이다. 일방적이고 통보적인 소통이 아니라 양방향의 의사소통이 중요하다. 양방향 의사소통을 바탕으로 고객과의 지속적이고 일관적인 메시지를 전달하고 다양한 마케팅 활동을 통해 고객가치를 창출할 수 있어야 한다. 고객과의 양방향 의사소통이 점점 더 중요해지면서 최근 들어 영업사원의 중요성이 강조되고 있다.

4) 교환을 가능하게 하는 어떤 것(Something to Exchange)

기업의 마케팅이 존재하기 위해서는 기업이 고객과 교환할 수 있는 가치를 가지고 있어야 한다. 일방적으로 고객에게 판매하는 것이 아니라, 고객의 가치와 기업이 가진 가치와의 교환과정이 마케팅이다. 교환은 양 당사자를 더 나은 상태에 이르게 하는 가치창출 프로세스이다. 즉 마케터는 고객과의 거래에서 무엇을 원하는지를 분석하고 이를 도출해내도록 해야 한다.

4. 마케팅의 핵심요소

마케팅의 핵심요소를 흔히 5C라고 한다. 마케팅에서 가장 중요한 개념이고, 이들에 대한 이해가 마케팅의 시작이라고 할 수 있다.

1) 고객의 니즈(Customer Needs)

마케팅은 "우리기업이 만족시켜야 할 니즈는 무엇인가?" 라는 질문에서 시작된다. 고객의 니즈 파악을 하는 것이 마케팅의 첫 단추이다. 이를 위해 고객의 사고와 행동을 이해하는 것이 마케팅의 핵심이다. 기업의 장기적인 존속을 위해 효과적이고 효율적인 경영활동을 수행하는 것이 마케팅의 목적이다. 고객의 현재 욕구를 이해하고 미래에 무엇을 원하게 될 것인지를 예측하여 그 욕구를 충족시키기 위한 고민에서부터 출발한다. 고객의 니즈란 소비자가 어떤 문제를 해결하기 위해 필수적으로 바라는 어떤 것을 의미한다. 예를 들어 사람은 말을 많이 하면 목이 마르다. 이를 문제라고 한다. 이 문제를 해결하기 위해 무엇이 필요한가? 아마도 무언가를 마시고 싶다는 필요 혹은 욕구가 생긴다. 이를 고객 니즈(needs)라고 한다. 이를 구체화시킨 것이 고객의 요구(Wants)이다. 즉 목이 마르면 우리는 무언가를 마시고 싶고 물이나 음료수를 구매하여 사먹게 된다. 이때 구매하는 물이나 음료수가 고객의 필요성을 충족시켜주는 구체화된 요구인 것이다.

마케팅의 5가지 주요 요소들
마케팅 활동 시 고려하여야 할 5가지 주요 요소들

1. 고객의 욕구	2. 기업의 역량	3. 경쟁파악	4. 협동 파트너	5. CONTEXT
우리가 충족시켜야 할 고객의 욕구는 무엇인가?	우리가 고객의 욕구를 충족시켜주기 위해 필요한 핵심역량은 무엇인가?	동일한 고객의 욕구를 충족시켜주는 경쟁사는 누구인가?	고객의 욕구를 최고로 충족 시켜주기 위해 우리가 필요한 파트너는 누구인가?	고객욕구를 충족시켜 주는 데 있어 문화적, 기술적, 법적인 제약 조건은 무엇인가?

2) 기업의 역량(Company Skills)

기업은 고객이 필요한 욕구를 충족시켜 주기 위해 기업이 가지고 있는 자원과 능력을 활용하여 구체적인 제품이나 서비스를 만들어내어야 한다. 이때 우리가 고려해야 하는 것은 "우리가 가지고 있는 핵심역량은 무엇인가?" 라는 질문이다. 많은 기업은 자기가 가진 핵심역량에 대해 자사의 구성원들과 공유를 하지 못하고 있다. 자사의 핵심역량에 대한 공유와 이에 대한 구성원들의 공감을 바탕으로 기업은 시장에서의 경쟁우위요소를 만들어내야 한다.

3) 경쟁(Competition)

앞서도 언급하였듯이 "우리기업의 경쟁사는 누구인가?" 라는 질문에 정확한 대답을 하는 것이 경쟁을 이해하고 대응하기 위해서는 가장 중요한 질문이다. 기업의 전략적인 경영을 위해서는 경쟁사 분석이 필수적이다. 경쟁대상을 규명하고 경쟁사의 목표와 전략을 파악하며 우리의 핵심역량과 비교해야 한다. 또한 경쟁사는 어떠한 강점과 약점을 가지고 있는지를 분석하고 경쟁사의 미래 전략을 예측할 필요가 있다.

4) 협력자(Collaborators)

고객의 가치를 이해하고 새로운 가치를 창조하는데 있어서 기업이 혼자의 힘으로 한다는 것은 어리석은 판단이다. 기업이 고객가치를 창조하는 데 있어 모든 것을 혼자 할 수는 없다. 혼자 할 수 있다고 해도 더 나은 가치와 완벽한 가치 창조를 위해서는 훌륭한 협력자를 찾아내는 것이 유리하다. "우리가 추구하는 고객가치를 위해 우리와 협력하고 동기부여 해줄 협력자는 누구인가?" 라는 질문은 마케팅에 있어서 매우 필수적인 질문이다.

5) 배경(Context)

"기업의 활동에 영향을 미치는 문화적, 기술적, 법적 요소들은 무엇인가?" 라는 질문에 답하는 것은 비즈니스 활동을 하는 기업에 있어서 매우 중요한 질문이다. 특히 거시 환경 분석은 기업의 사업에 있어서 자사의 사업 방향이 어디로 가야 하는지를 결정해주는 중요한 단계이다. 환경 분석은 정치적 환경, 사회·문화적 환경, 경제적 환경, 기술적 환경, 자연환경, 제도 및 법률적 환경 등 다양한 요소들을 분석하는 것이다. 특히 기술적 환경은 기업이 신제품을 개발하는 데 매우 중요한 요소이며 경제적 환경 또한 기업에 있어 매우 민감하게 작용한다. 원유, 철강 등의 자원 부족으로 인한 가격상승은 기업의 경영환경에 매우 큰 영향을 미친다. 이처럼 환경은 기업의 전략 경영 및 마케팅 활동에 직·간접적인 영향을 미치며 환경의 변화는 기업에게 위기가 될 수도 기회가 될 수도 있다. 기업을 둘러싼 환경의 변화에 민감하게 대처해야만 기업은 살아남을 수 있다.

5. 시장지향적인 기업

세계적인 시장지향적 기업들은 다음 사항들에 있어 매우 많은 관심을 기울이고 많은 투자를 하고 있다.

1) 고객가치가 최우선

세계적 시장지향적 기업들은 시장에서의 경쟁우위를 가지기 위해 고객가치를 최우선으로 고려하고 있다. 고객가치의 중요성을 인지하고 고객과 경쟁자에 대한 정보를 생성하고 타 부서와 공유할 수 있는 능력을 가져야 한다. 또한 R&D, 제조 등 기업 내의 다양한 부서들이 협력을 넘어서 상호기능적인 자원을 공유함으로써 윈-윈 할 수 있는 전략을 추구한다. 즉, 모든 부서 활동의 처음 시작은 고객가치에 관한 정확한 이해이다.

2) 고객가치정보의 중요성

고객가치를 발굴하고 새로운 가치를 창출하는 능력은 고객의 반응을 예측하고 변화를 감지하는 능력인 시장감지(market sensing) 능력과 고객과의 관계를 발전시키고 관리하는 고객관계관리 능력으로 볼 수 있다. 고객이야

말로 진정한 기업의 자산이므로 마케팅에 있어서 이러한 능력은 필수적이다. 고객가치를 기반으로 한 마케팅은 지출이 아닌 장기적인 관점에서 볼 때 미래에 대한 투자로 여겨지며 마케터는 그들의 투자에 대한 수익성 등을 측정하고 평가할 수 있어야 한다. 이를 위해 마케터가 필요한 것이 고객가치에 관한 정보이다. 마케터는 이를 수집 및 분석하고 해석할 수 있는 능력을 키워야 한다.

3) 혼자가 아닌 협력이 중요

세계적인 시장지향적 기업들은 최상의 고객가치를 만들어 내기 위해 자사가 부족한 부분은 다른 기업들에게서 협력을 구한다. 예를 들어 애플은 아이폰을 만들기 위해 심지어 경쟁사인 삼성전자와 LG전자로부터 부품을 조달한다. 이제는 고객가치 창출을 위해서는 심지어는 경쟁사와도 협력을 해야 하는 시대인 것이다. 또한 시장지향적인 기업들은 마케팅과 타 부서간의 협력이 매우 잘 진행된다. 특히, 마케팅, R&D 그리고 생산 등 고객가치 창조와 직접적인 관련이 있는 부서들은 서로 협력하고 자원을 공유하며 효율성과 효과성을 극대화시켜야 한다.

4) 마케팅 매니저의 역할

마케팅 매니저는 제품을 기획하고 마케팅 플랜을 구상하는 것도 중요하지만 이 모든 마케팅 활동의 시작은 고객가치의 발굴이라는 것을 명심해야 한다. 보다 나은 고객가치를 발굴하고 만들어내기 위해서는 고객관계관리가 필수적인 것이라는 것을 명심해야 한다. 많은 시장지향적인 기업들에서 이제는 브랜드 매니저(Brand Manager)라는 직함을 고객 매니저(Customer Manager)라는 직함으로 교체하고 있다. 이처럼 기업의 마케팅 매니저는 수익성과 고객을 최우선 가치로 두고 기업 내에서 다양한 기능부서들을 통합하여 자원을 효율적으로 관리할 수 있어야 한다.

6. 마케팅 활동 시 고려사항

고객가치를 위해 기업들은 기본으로 돌아가서 본래의 마케팅적 원칙을 다하고 있는지를 스스로에게 질문을 해보아야 한다. 다음 질문들은 기업 마케팅을 계획하고 수행하는 과정에서 마케터들이 꼭 생각하고 해답을 구해야 하는 질문들이다.

1) 우리 기업은 전사적인 기능으로 마케팅에 관해서 생각하고 있는가?

기업에서 마케팅은 모든 구성원들이 생각하고 수행해야 하는 기능이다. 이를 위해서 최고 경영자는 마케팅에 대한 투자와 관심을 지속적으로 유지해야 한다. 고객을 항상 가슴에 두고 머리로는 고객을 위해 무엇을 할 것인가를 구상하는 마케팅이 모든 구성원들의 일상이 되어야 한다.

2) 우리 기업에서 마케팅 과정이 고객의 가치를 기반으로 이루어져 있는가?

많은 기업들이 자사의 제품이나 서비스를 최우선적으로 염두에 두고 그것을 기업의 최우선 가치로 생각한다. 그렇기 때문에 고객을 등한시 하고 기업의 제품을 배려한다. 여기에 시장 실패가 따르는 것이다. 기업의 최우선적인 가치는 고객의 가치이다. 고객의 가치를 기업이 가지고 있는 재원이나 능력으로 맞추어 내고 제품을 통해서 만족시키는 것이다. 따라서 마케터들은 모든 마케팅 활동과 과정에서 고객의 가치와 부합하는가를 항상 고려하고 점검해야 할 것이다.

3) 우리는 어떤 이익과 누구의 이익을 생각하고 있는가?

기업들은 자사의 이익과 성과에 너무나도 집착하고 이를 이루어내기 위해 모든 기업활동을 집중시킨다. 이러한 생각이 잘못된 것이라기 보다는 최선의 사고는 아니다. 기업은 마케팅의 목표에서도 나타나듯이 고객의 만족과 만족을 통한 고객의 이익 또한 고려해야 할 것이다. 고객이 기업의 제품을 구매하는 이유를 생각해보자. 고객은 자신의 문제를 해결하기 위해 구매를 하고 그 과정에서 가격을 지불한다. 자신의 문제해결이 되지 않는다면 심각한 불만이 생기고 그 기업과는 다시는 거래를 하지 않을 것이다. 따라서 기업은 자사의 이익도 중요하지만 고객의 이익을 배려해야 하고 지켜줘야 할 것이다.

4) 우리 기업에는 마케팅 과정과 마케팅 조직 그리고 마케팅 능력이 존재하고 이를 키우기 위한 노력을 하고 있는가?

많은 기업들이 의외로 마케팅 부서를 가지고 있지 않다. 이러한 기업들에는 영업 조직이 있고 이를 지원하는 형태로 마케팅 기능이 존재할 뿐이다. 이는 고객이 기업의 중심에 들어와 있지 않다는 것을 반증하는 것이다. 마케팅 부서가 없거나 잘못 배치되어 있기 때문에 기업은 판매과정이라는 것에는 신경을 많이 쓰고 있지만 마케팅 과정이라는 것은 모르고 있거나 존재하지 않는 경우가 많다. 마케팅 부서와 마케팅 과정이 없기 때문에 마케팅 능력 또한 생길 수가 없는 것이다. 마케팅 능력은 고객을 배려하고 설득할 수 있는 능력이다. 따라서 매우 시급한 것은 마케팅 기능과 조직이 기업의 핵심 조직으로 존재해야 하고 이를 기반으로 마케팅 과정을 정립하여 시장과 고객을 배려 할 수 있는 마케팅 능력을 배양해야 할 것이다.

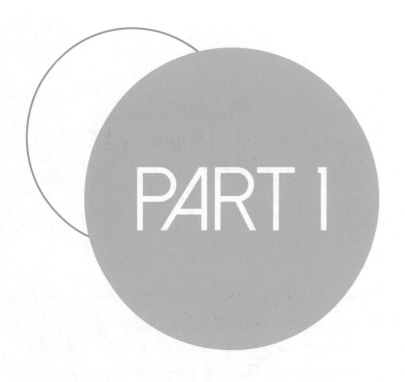

PART 1

고객가치와
고객가치기반
마케팅에 대한 이해

PART 1

고객가치와 고객가치기반 마케팅에 대한 이해

고객가치란?

마케팅 개념을 정립하고 확대시킨 필립 코틀러는 그의 저서에서 마케팅은 고객의 니즈를 이해하고 그 욕구를 충족시켜주는 제품을 개발하여 고객을 만족시키는 모든 과정이라고 정의하였다. 여기에서 강조한 것은 고객과 고객의 욕구이다. 하지만 많은 학자들과 업계의 사람들은 "만족시킨다"와 "충족시킨다"라는 것에 초점을 맞추고 충족시켜주기 위한 제품개발과 만족시켜주기 위한 영업과 광고에만 열심히 매달린 것이다. 코틀러의 의도와 마케팅의 기본 개념을 잘 이해한다면 마케팅의 가장 핵심은 고객 자체와 고객이 생각하고 추구하는 가치일 것이다. 기업이 생각하고 추구하고자 하는 기업가치, 즉 제품과 이익이 아닌 것이다. 그렇다면 고객이 추구하려고 하는 가치는 무엇이고 어떻게 만들어질 것인가? 이 시대 최고의 마케터였던 스티브 잡스(Steve Jobs)는 평소 다음과 같이 이야기 하였다. "고객은 우리가 제품으로 보여주기 전까지 자기가 무엇을 원하는지 정확하게 모른다." 이 말은 여러 가지로 생각할 이슈들을 던져 준다. 고객은 문제가 발생하면 그 문제를 해결하기 위해 구매행위에 돌입하게 된다. 즉, 열심히 운동을 하고 난 다음 갈증이라는 문제가 생기면 음료수를 구매하기 위한 행동에 돌입한다는 것이다. 여기에서 잡스의 말을 풀어보면 고객은 무엇인가를 마셔야겠다는 생각을 하지만 구체적으로 갈증을 해결해주는 문제의 해결책은 기업이 게토레이, 삼다수 등의 제품으로 보여주었을 때 비로소 해결책으로 그 제품을 생각하고 구매를 하여 갈증이라는 문제를 해결한다는 것이다. 다른 예를 들어보자. 왜 고객들은 애플의 아이폰을 구매하였는가? 고객들은 인터넷이 보편화되고 많은 생활에서 인터넷에 의지하게 되면서 집이나 오피스에서 벗어나서 궁금한 점이나 정보를 보기 위해 인터넷에 접속할 수 없는 불편함을 느꼈을 것이다. 그래서 이 문제를 해결하여 보다 편리하고 장소와 기계에 의존하지 않고 인터넷에 접속할 수 있는 무엇인가가 없을까라는 막연한 욕구를 가지게 되었다. 이에 스티브 잡스는 아이폰이라고 하는 제품으로 고객의 가치를 충족시켜주는 문제 해결책을 제시한 것이다. 노키아와 다른 스마트폰 후발 업체들은 어떠하였는가? 기존의 휴대폰 제품을 향상시키기 위해 제품에만 매달려 있었다. 그 결과 현재 노키아는 매우 곤란한 상황을 맞이하고 있다.

이처럼 마케팅이란 기업의 가치나 자원이 아닌 시장에서의 고객가치와 시장기반 자원을 연구하고 새로운 가치를 발전시켜나가는 것에서부터 시작한다. 일반적으로 가치는 세 가지 차원에서 정의를 하고 있다. 첫 번째 가치는 경제적인 가치(Economic Value)이다. 고객들은 자신이 가진 경제적 가치를 지불하고 기업으로부터 제품이나 서비스를 구매한다. 이 경제적 가치는 흔히 가격으로 표현되고 기업에서도 그것으로 인식하지만 꼭 가격만이 경제적 가치는 아니다. 가격에 부가적인 가치가 첨부된 것이 경제적인 가치이다. 똑같은 금반지를 동네 금은방에서는 20만원에 팔고, 자사의 로고와 디자인을 가미한 티파니에서는 200만원에 판매를 한다. 경제적 가치는 단순히 20만원, 200만원이 아닌, 티파니라는 이미지의 가치, 상징적인 가치, 디자인 가치 등에 부가된 경제적인 비용을 의미한다. 교환적인 의미에서 고객이 가진 경제적 자산이 가격으로 환산되어 제품이나 서비스에 대한 소유권 이전을 해주는 가치가 경제적 가치인 것이다.

두 번째 가치는 자원적 가치(Resource Value)이다. 앞에서도 언급하였지만 고객은 제품이나 서비스를 구매하면서 제품이 가지고 있는 가치만 지불하지는 않는다. 제품 이외에 기업이 주는 여러 가지 서비스에 의미를 두고 대가를 지불한다. 애플이 한국시장에서 스마트폰을 판매하면서 처음 고객들은 열광하였지만 차츰 애플의 부족한 사후 서비스(After-Sales Service)에 대해 많은 불편함을 느끼고 있다. 제품이 잘못되었을 때 수리 및 보상을 해주는 시스템이 부족하여 고객들은 제품 구매 후 느끼는 불편함으로 인해 다시 재구매가 이루어지지 않는 것이다. 즉, 기업은 팔면 그만이다라는 생각을 하고 있지만 고객들은 구매 후에도 지속적인 기업의 자원 및 도움을 기대하고 있는 것이다. 이처럼 자원적 가치란 고객들이 제품 구매시 도움뿐만 아니라 구매 후 사용에서도 끊임없는 기업의 자원의 공유를 요구하고 있는 것이다. 또 다른 예를 들면 많은 기업들이 휴대폰을 선택하면서 휴대폰 회사가 가지고 있는 여러 다양한 혜택을 비교하면서 구매의사결정을 한다. 즉 휴대폰 회사와 제휴관계에 있는 다양한 제휴기업들을 고려하는 것이다. 이를 고객이 기업을 자신이 활용할 수 있는 자원으로서 고려한다고 할 수 있고 이를 고객은 자원적 가치로 고려하는 것이다. 특히 기술적인 자원이나 전문적인 지식을 가진 전문가 자원이 많이 필요한 B2B기업 고객에게는 경제적 가치도 중요하지만 자원적 가치가 매우 중요한 이슈로 떠오르고 있다.

세 번째 가치는 최근 가장 이슈가 되고 있는 것으로 사회적 가치(Social Value)이다. 고객은 기업으로부터 단지 제품만을 구매하지는 않는다. 제품이 가지고 있는 브랜드 이미지와 기업의 이미지, 최근에는 기업의 사회적 책임과 윤리적인 측면까지도 고려하면서 그 제품이나 서비스를 구매한다. 많은 고객들이 자기의 이미지와 유사하고 또 익숙한 제품이나 서비스를 구매하는 경향이 있다. 소위 명품이라는 제품을 고객들은 왜 구매하려고 할까? 수백 만원을 호가하는 샤넬 가방을 왜 구매하려는 것일까? 그것은 자신에 대한 보상 측면도 있고, 고객 자신의 사회적 지위 혹은 가치를 표현하고자 하는 욕구도 있는 것이다. 유한양행이라는 기업은 오랫동안 '우리강산 푸르게' 라는 캠페인을 통해 많은 고객들에게 사회적 책임을 다하는 기업으로 인식되어 있다. 고객들은 이 기업의 제품을 구매하면서 자신도 사회적으로 기여를 하고 있다는 인식을 가지고 싶어한다. 최근 들어 기업의 최고

경영자들의 비윤리적인 행위가 많이 이슈가 되고 있고, 소비자들은 불매 운동을 통해서 그 기업을 제재하려고 한다. 또한 이러한 고객들의 움직임이 단체화되고 규제 기관이나 정부에서도 사법적인 조치까지 취하고 있다. 소통이라는 측면에서도 이 사회적 가치 및 관계적 가치는 매우 중요하다. 깨끗하지 못하고 책임을 다하지 못하는 기업은 퇴출위기에 직면하고 있다. 이러한 사회적 가치는 기업에게 보다 포괄적이고 영리 행위 이외의 여러 기업 및 기업 구성원들의 행위들에 대해서 제약을 가하고 있다. 따라서 기업은 경제적 가치 및 자원적 가치 추구 및 창조 활동도 중요하지만 점점 더 기업의 규모가 커지고, 역할이 사회적으로 중요해진 만큼 사회적 가치 창출 활동에도 관심을 기울여야 할 것이다.

이 세 가지 가치요인들을 중심으로 고객들은 기업과의 장기적 관계(Long-term Relationship)를 추구한다. 우리나라에서 많이 사용되는 단골이라는 개념이 그것이다. 이 세 가지 가치를 추구하면서 고객들은 궁극적으로 자기가 그 기업의 단골이라는 인식을 가지게 되는 것이다. 기업과의 장기적 관계를 지향하면서 기업가치와 기업이 중요시 하는 제품가치가 아닌 고객의 가치를 최우선하고 고객가치를 창출하고 극대화시키기 위한 과정이 고객가치기반 마케팅 과정이다. 다음 장에서 이 고객기반과정 마케팅에 대해서 보다 구체적으로 알아보도록 하겠다.

CHAPTER 01

고객가치기반 마케팅 과정에 대한 이해

Learning Objectives

L01 마케팅의 정의 및 역할을 이해하고 개념을 정립하여 본다.

L02 고객가치기반 관점에서의 마케팅 과정을 재정립하고 이를 통해 마케팅 개념이 제품 중심에서 고객관점으로 이동함을 이해한다.

L03 시장환경의 변화가 마케팅에 미치는 영향에 대해서 알아본다.

L04 고객가치기반 마케팅 프로세스에 대해서 알아보고 기존의 마케팅 개념이 고객가치를 중심으로 어떻게 재정립이 되는가를 살펴본다.

"고객경험 혁신" 강조 LG전자 대표… 현장경영 앞장

조주완 LG전자 사장이 현장경영을 중심으로 한 소비자 마케팅에 주력하고 있다. 구광모 LG 회장이 줄곧 강조하고 있는 '고객가치' 실천에 앞장서는 모습이다. 19일 업계에 따르면 조 사장은 최근 서울 홍대역 서비스센터를 방문해 에어컨 사용이 늘어나는 6~8월 서비스 성수기 준비 상황을 점검했다.

현장 점검을 마친 조 사장은 서비스매니저들과 간담회를 갖고 매니저들이 현장에서 느끼는 보람과 어려움, 더 빠르고 효율적인 서비스를 위한 아이디어를 청취했다. 조 사장은 "서비스매니저는 고객과 가장 가까운 거리에서 고객을 미소 짓게 하는 LG전자 고객 서비스의 상징"이라며 "여러분의 얼굴에도 미소가 계속될 수 있게 회사 차원에서 다양한 방안을 찾겠다"고 격려했다.

지난 2021년 말 인사를 통해 LG전자 CEO에 오른 조 사장은 지난 1987년 LG전자의 전신인 금성사에 입사해 해외 주요 시장을 거치며 글로벌 감각과 사업 전략 역량을 쌓아온 '전략통'으로 꼽힌다.

1996년 독일 뒤셀도르프 지사에서 근무하며 해외 사업 역량을 쌓기 시작했으며 이후 캐나다법인장과 호주법인장을 맡았다. 조 사장이 미국법인장으로 부임한 2014년부터 3년간 LG전자의 미국 시장 매출은 12% 이상 늘기도 했다. 프리미엄 제품 판매와 거래선 확대가 주효했다는 평가다. 조 사장은 미국 시장에서 거둔 성과를 인정받아 2017년부터는 미국과 캐나다를 관할하는 북미지역대표를 겸임했다.

재직 기간인 34년의 절반 이상을 해외에서 근무하며 다양한 시장을 경험하고 고객 인사이트를 축적한 조 사장은 시장과 고객에 대한 풍부한 이해를 바탕으로 일하는 방식의 변화와 디지털전환을 기반으로 사업 포트폴리오 고도화를 이끌어왔다.

조 사장의 '고객가치' 기반 경영은 CEO 취임 이후에 더욱 가속화되고 있다. 조 사장은 올 초 CES 2023 개막을 하루 앞두고 개최한 'LG 월드 프리미어'에서 "지난 3년, 우리는 많은 일들을 겪어왔지만 지치지 않고 이겨낼 수 있었다"며 "항상 답은 고객에게 있다는 신념을 갖고 있었기 때문"이라고 강조했다. 이후 CES 2023에서 "모든 혁신의 시작과 끝은 고객"이라며, 다양한 고객 접점 현장을 찾아 고객 경험을 혁신하는 데 집중하고 있다.

지난 3월에는 고객 최접점에 있는 하이텔레서비스를 방문해 상담 컨설턴트들을 만나기도 했다. 상담 컨설턴트의 근무환경 개선이 고객경험 개선으로 이어진다는 점에 주목해 3주는 집에서, 1주는 사무실에서 일하는 '밸런스 근무제'와 직원 간 소통 지원 활동 등 도입을 적극 독려했다.

조 사장은 글로벌 현장경영도 적극적으로 챙기고 있다. 조 사장은 CES에 이어 지난 2월 스페인 'ISE(유럽 최대 디스플레이 전시회)' 및 미국 'AHR 엑스포(북미 최대 공조 전시회)' 등을 다녀왔으며, 3월 멕시코·브라질·칠레·호주의 주요 사업현장을 방문했다. 지난 4월에는 베트남, 인도네시아, 태국 등 아시아 국가들을 방문해 전장·가전·TV의 생산성, 품질 고도화, 공급망, 원가구조 개선, 안전환경 등 오퍼레이션 고도화 전략을 직접 챙겼다.

조 사장은 LG전자 현지법인 직원들에게 "현지에 최적화된 오퍼레이션 방식을 고도화하고 고객들에게 세계 최고 수준의 QCD(품질·비용·납기)를 제공해 시장 지배력을 더욱 높이는 동시에 지속가능한 성장 기반을 공고히 하자"고 강조했다. 또 "기회는 탁월한 고객경험으로부터 나온다는 신념을 가지고 기존 방식에서 벗어난 도전과 혁신을 통해 미래를 개척하자"고 당부했다.

조 사장은 올 들어 북미, 유럽, 중남미, 아시아까지 총 9개국을 방문했다. 비행시간만 150시간이 넘는다. 조 사장이 중점을 두고 있는 '소비자 마케팅'은 구광모 회장의 경영철학과 결을 같이하고 있다.

구 회장은 2018년 취임 후 매년 신년사를 통해 '고객가치'를 강조해왔다. 구 회장은 올해도 "고객가치 실천을 위해 노력하는 LG인들이 모여 고객감동의 꿈을 계속 키워 나갈 때, LG가 고객으로부터 사랑받는 영속하는 기업이 될 수 있다"며 LG가 나아갈 방향은 '고객'임을 다시 한 번 강조했다.

구 회장은 더 높은 고객가치에 도전하는 구성원들을 '고객가치 크리에이터'라 칭하며 "올해는 여러분이 LG의 주인공이 돼 '내가 만드는 고객가치'를 찾는 한 해가 되었으면 한다"며 "이를 위해 구성원 각자의 고객은 누구이고 그 고객에게 전달하려는 가치는 무엇인지 생각해 보자"고 주문했다.

조 사장은 "진정한 고객경험 혁신은 고객의 소리를 듣는 것에서 시작해, 고객이 만족의 미소를 지을 때 완성된다"며 "고객 접점에서 듣는 고객의 귀중한 목소리를 고객경험 혁신의 기회로 삼겠다"고 밝혔다.

출처: 뉴데일리경제, 2023년 6월 19일

1

마케팅이란?

마케팅이라는 단어는 우리에게 매우 익숙한 단어이다. 이익을 추구하는 기업뿐만 아니라 비영리 단체에 종사하는 많은 사람들도 마케팅이라는 단어를 매우 친숙하게 사용하고 있다. 하지만 학교 강의나 기업 강의에서 학생들에게 "마케팅이란 무엇인가?"라는 질문을 하면 그에 대해 자신 있고 명료하게 답을 하는 학생은 거의 찾아볼 수 없다. 많은 학생들과 심지어 기업에 종사하는 사람들 조차도 제품, 영업 그리고 광고라고 대답한다. 이는 아직도 마케팅의 개념이 정확하게 인식되지 않고 있고, 마케팅은 곧 판매를 잘하기 위한 것이라는 잘못된 개념이 팽배해 있기 때문이다. 마케팅의 의미에 대해서 생각하지 않고 단순하게 판매를 촉진하거나 영업을 잘하기 위한 수단으로만 인식하기 때문이다. 또한 마케팅이라는 용어 자체가 다른 경영학의 전공들과는 달리 영어 그 자체를 사용하기 때문에 더 그렇다고 생각한다.[1]

이에 본 서에서는 마케팅에 대한 정의로 가장 널리 이용되고 있는 미국마케팅학회(AMA: American Marketing Association)의 정의를 소개하면서 마케팅에 대한 이해를 높이고자 한다. 미국마케팅학회에서는 2004년과 2007년 각각 마케팅에 대한 정의를 발표한 바 있다. 2004년의 정의에 따르면, 마케팅이란 고객을 위한 가치를 창출하고 그 가치를 효과적인 의사소통을 통해 전달함으로써 조직과 주주에게 이익을 가져다 주는 조직적 기능이자 일련의 과정(Marketing is an organizational function and a set of processes for creating, communicating, and delivering value to customers and for managing customer relationships in ways that benefit the organization and its stakeholders)이라고 정의하였다. 한편, 2007년에는 마케팅을 고객, 거래처, 그리고 사회 전체에 가치를 제공하는 것들을 창조하고, 커뮤니케이션하고, 전달하고, 교환하기 위한 활동, 기관 및 과정(Marketing is the activity, set of institutions, and processes for creating, communicating, delivering, and exchanging offerings that have value for customers, clients, partners, and society at large)이라고 정의하고 있다.

두 정의 모두 가치의 창조, 커뮤니케이션, 전달, 교환 활동, 기관 및 프로세스 명시하고 있다. 이는 마케팅을 광고, 영업 또는 유통관리 등을 담당하는 기능으로 간주하였던 과거의 정의와는 달리 고객, 거래처, 파트너, 나아가 사회 전체가 가치를 얻을 수 있는 비즈니스의 본질을 구성하는 개념으로 마케팅의 전사적인 비즈니스 프로

---

1 Finance는 재무, Accounting은 회계 등 다른 전공은 영어와 한글 표기가 있지만 마케팅은 한글이 없다. 상품학 혹은 시장학이 가장 근접한 의미이다. Market이라는 의미는 시장에 상품을 내어놓는 동사적 의미가 있다. 즉 market에 ~ing를 붙여 동명사적인 의미인 시장에 상품을 내놓는 모든 활동과 과정이라는 의미가 marketing이다.

세스를 강조하는 것이다. 또한 두 정의 모두에서 가치(value)의 개념이 강조되고 있다. 2004년의 정의에서는 가치의 개념이 고객에게 제공하는 가치와 그 대가로 기업과 이해관계자가 얻는 가치로 명확하게 표현되어 있으며, 2007년의 정의는 가치를 제공해야 할 대상을 사회 전반까지 확대하여 기업의 사회적 책임을 명시적으로 마케팅의 정의에 포함하고 있다.

　이러한 정의는 조직의 목적을 달성하는 방안으로 고객창출이라는 개념에서부터 관계관리와 유지라는 고객 애호도에 의한 성과관리의 개념을 내포하고 있다. 요약하면 마케팅의 정의는 고객에게 전달할 가치를 발견하여 창조하고 전달하는 프로세스, 그리고 이에 의하여 고객으로부터 가치를 수확하는 전사적인 비즈니스 프로세스 활동 및 그와 같은 기능을 담당하는 기관들의 집합체라 할 수 있다.

2

마케팅 지향성의 변화

　현재의 마케팅 정의가 나오기까지 마케팅의 지향성은 시장환경의 변화에 따라 많은 변화를 겪어왔다. 현재의 마케팅 정의를 살펴볼 때, 현재의 마케팅 지향성을 고객의 가치 충족 과정을 통해 마케팅 활동이 고객과의 장기적인 관계 형성 및 유지를 가능하게 함으로써 기업의 장기적인 존속과 경쟁우위 창출이라는 결과를 가져다 준다고 간주하고 있다.

　<그림 1>에서 보듯이 과거에는 생산과 판매를 지향하는 기업들이 대다수였다. 공급자가 거의 없는 상황에서 수요가 공급을 초과하던 20세기 초반에는 기업이 만들면 팔리는 시기였고, 어떻게 해야 생산을 많이 할 수 있을까를 고민하는 시기였다. 제1차 세계대전 이후 공급이 수요를 초과하면서 경쟁이 시작되자 기업은 어떻게 하면 잘 팔 수 있을까를 고민하였고, 단순히 판매를 높이기 위해 많은 영업사원을 고용하였다. 제2차 세계대전 이후 경제가 발전하고 경쟁이 더욱 가속화되면서 고객들은 더욱 자기가 원하는 제품을 구매하려는 경향이 커졌다. 즉 기업들은 팔릴 수 있는 제품을 만들기 위해 수요를 측정을 하고 고객이 어떤 제품을 만들어주기를 원하는지에 초점을 맞추었다. 이를 마케팅 지향적이라고 한다. 반면 판매 지향의 경우는 이미 만들어진 물건을 파는 것을 말하는데 고객이 어떤 제품을 만들어주기를 원하는지가 아닌 공급자가 제품을 어떻게 판매하는지에 더 초

점을 맞추었다. 20세기 말에 접어들어 경쟁 강도가 극에 달하고 인터넷의 등장으로 고객들의 정보교환이 용이해지면서 고객의 욕구는 더욱 다양해지고 복잡해졌다. 또한 기업 및 고객의 글로벌화가 가속되면서 기업들은 생산지향이나 판매지향을 추구한다기보다는 시장지향으로 시대를 앞서나가야 하는 시대가 대두되었다.

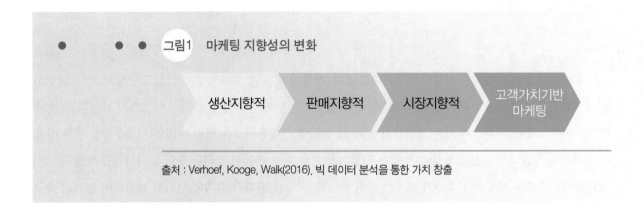

그림1 마케팅 지향성의 변화

생산지향적 → 판매지향적 → 시장지향적 → 고객가치기반 마케팅

출처 : Verhoef, Kooge, Walk(2016). 빅 데이터 분석을 통한 가치 창출

시장지향적 기업이 경쟁우위를 가지기 위해서는 고객가치를 최우선으로 고려해야 한다. 이것이 고객가치기반마케팅(Customer value Based Marketing)이다. 즉, 고객가치기반 마케팅은 고객에게 제공할 가치가 무엇인지 이해하고 이를 창조하여 효과적으로 전달하는 과정이다. 이 과정 속에서 마케터들은 고객가치정보의 중요성을 인지하고 고객과 경쟁자에 대한 정보를 생성하고 생산적으로 이용할 수 있는 능력을 가져야 한다. 연구개발(R&D), 제조 등 기업 내의 다양한 부서들이 협력을 넘어서 상호기능적인 자원을 공유함으로써 원-윈 할 수 있는 전략을 내놓을 수 있다. 고객가치를 발굴하고 새로운 가치를 창출하는 능력은 고객의 반응을 예측하고 변화를 감지하는 능력인 시장감지(market sensing) 능력과 고객과의 관계를 발전시키고 관리하는 고객관계관리 능력에서 비롯된다고 볼 수 있다. 고객이야말로 진정한 기업의 자산이므로 마케팅에 있어서 이러한 능력은 필수적이다. 고객가치를 기반으로 한 마케팅은 지출이 아닌 장기적인 관점에서 볼 때 미래에 대한 투자로 여겨지며 마케터는 그들의 투자에 대한 수익성 등을 측정하고 평가할 수 있어야 한다.

고객관계관리(CRM)는 상생과 공동 성장이라는 측면에서 매우 중요한 요소라 할 수 있다. 고객을 세분화하여 그들의 현재와 잠재적인 니즈를 파악하고 제품으로써 그들의 니즈를 구체화 해주는 것이다. 이처럼 기업은 수익성과 고객을 최우선 가치로 두고 기업 내에서 다양한 기능부서들을 통합하고 자원을 효율적으로 관리할 수 있어야 한다.

이와 같이 시장지향성을 강조하는 고객가치기반 마케팅이 대두되게 된 배경에는 다음과 같은 시장 환경의 변화를 지적할 수 있다.

3

시장 환경의 변화

21세기 들어 급격한 변화가 시장에서 일어나고 있다. 시장이 변하면, 이에 맞추어 기업도 변해야 한다. 급변하는 경영환경은 예측하기가 더욱 힘들어지고 상품 수명주기는 짧아지고 있다. 특히 스마트기기 보급과 소셜 네트워크 서비스(SNS)의 확산에 따른 고객들의 진화 등 변화에 선대응하고 기업의 미래와 지속성장을 위한 상품과 서비스의 차별화가 절실한 상황이다. 많은 기업이 변화의 흐름 속에서 기회를 찾아 고객가치를 발굴하고 차별화된 경쟁력으로 시장을 선점하기 위해서 노력 중이다. 시장의 변화와 고객의 진화를 탐색하여 고객의 욕구와 고객의 가치를 발굴해내도록 해야 할 것이다.

가장 빠르게 기회를 선점하는 기업들이 가장 가치 있는 고객 욕구를 찾아낼 수 있다. 마케팅 환경 변화에서 새로운 기회를 어떻게 발견할 것인지, 고객가치를 전달·확신할 수 있는 방법들에는 어떤 것들이 있는지에 대해서 기업들은 끊임없이 마케팅 트렌드를 예의주시하고 고객과의 의사소통이 원활히 이루어지는 전략을 만들어야 할 것이다. 현 시대의 주요 환경변화는 다음과 같다.

1) 디지털 시대의 도래와 참여형 마케팅의 바람

급격한 기술혁신의 결과, 우리는 디지털 시대의 도래를 맞이했다. 컴퓨터, 텔레커뮤니케이션, 정보, 수송, 기타 기술의 폭발적 성장은 기업이 고객에게 가치를 제공하는 방식에 큰 영향을 미치고 있다. 기술혁신은 새로운 유형의 커뮤니케이션·광고 수단을 만들어냈고, 마케터는 이와 같은 새로운 매체를 적극 활용해야만 경쟁에 대응할 수 있는 시대가 되었다.

특히 최근 트위터, 페이스북 등의 소셜미디어의 폭발적 성장은 현대인들의 삶을 다양한 측면에서 바꾸어 놓고 있다. 기업 또한 소셜미디어 트렌드에 대해 점차 관심을 갖고 마케팅에의 활용방안을 적극 모색하고 있다. 최근 소셜미디어를 활용한 몇몇 성공 사례들은 사람들의 공감과 참여를 끌어낸다면 보다 쉽고 저렴한 비용으로 브랜드에 대한 소비자 애호도를 높일 수 있음을 보여주고 있다.

지난 날의 온라인과는 또 달리 앞으로의 소셜미디어 시대는 영향력, 정보의 파급 속도 및 접근 용이성 측면에서 지난 10년과 판이한 양상을 보인다. 이전의 온라인이 개인간 관계도 지인에 국한된 폐쇄형(closed) 네트워크 시대였다면 지금의 온라인은 각 개개인이 개방적으로 그리고 실시간으로 연결되어 있는 개방형 네트워크 시대로 진화했다. 또한 지금의 모바일 환경은 언제 어디서나 24시간 접속하기 쉬운 웹 환경을 제공함으로써 사용자

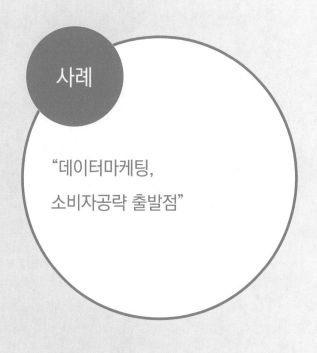

"데이터마케팅,
소비자공략 출발점"

유통 마케팅에 소셜 데이터(Social Data)를 적극 활용해야 한다는 주장이 나왔다. 이른바 데이터 드리븐 마케팅(Data Driven Marketing) 기법으로 중요한 의사결정에 앞서 다양한 소비패턴을 분석하고 활용하는 방식이다. 기업들은 이를 통해 미래시장을 보다 정확히 예측하고 확실한 타깃 소비자층을 골라낼 수 있을 것으로 기대된다.

여명랑 롯데중앙연구소 상무는 20일 서울 여의도 콘래드 호텔에서 열린 2023년 딜사이트 유통포럼에서 '소비자와 브랜드전략'이라는 주제로 발표에 나섰다. 여 상무는 스마트폰 보급의 확산과 함께 무수히 많은 소셜 데이터들이 쏟아져 나오고 있는 가운데 이에 대한 관찰은 기업들이 미래시장을 정확히 예측하는데 큰 도움이 되고 있다고 밝혔다. 정보의 흐름을 파악하는 것은 시장과 소비자의 심리를 유추하는 중요한 단서가 될 수 있어서다.

앞서 소셜 데이터가 주목 받기 이전의 마케팅 데이터는 소비자에게 질문하고 대답을 듣는 설문조사 방식과 기업들이 가진 구매이력 등 소위 '반쪽' 데이터에 그쳤다. 소비자 설문조사는 의견청취라는 한계가 명확했고, 기업이 가진 구매이력 역시 결과에만 한정된 내용이었다. 반면 소셜 데이터는 소비자의 행동 전반을 보여준다. 물론 온라인이라는 제한된 환경이지만 과거보다 면밀하고 광범위하게 소비자의 행동과 요구를 파악할 수 있게 된 것이다.

여 상무는 "다양한 소셜 네트워크나 카드구매이력 등의 정량적 데이터들은 미래시장을 예측하는 가늠자로 활용할 수 있다"며 "이 데이터들을 기반으로 기업의 마케팅 플랜을 만들고 실행해 성공한 사례도 점차 늘고 있는 추세다"고 말했다.

그는 롯데칠성음료의 '처음처럼 새로' 소주를 성공한 데이터 마케팅 사례 가운데 하나로 꼽았다. 실제 처음처럼 새로는 개발단계에서부터 MZ세대를 겨냥하고 그들이 선호하는 요구를 적극 반영했다. 이들이 낮은 도수의 술에 대한 요구가 큰 것을 감안해 소주 도수를 16도로 과감히 낮췄고, 아울러 건강을 중시하는 흐름을 파악해 설탕 대신 감미료를 사용한 무가당 소주로 출시했다. 제품 개발 이후에는 소주에 구미호 캐릭터를 접목해 젊은 세대의 뉴트로 감성도 자극했다.

여 상무는 "롯데칠성음료의 처음처럼 새로의 경우 현재 월평균 100억원 안팎의 매출을 내는 히트제품으로 자리매김했다"며 "상품개발 단계부터 빅데이터를 적극 활용해 MZ세대의 선호도와 구매력, 생활습관 등을 분석해 이에 맞는 마케팅 전략을 잘 수립한 결과"라고 강조했다.

한편 여명랑 상무는 최근의 빅데이터를 바탕으로 1

인 가구의 확산을 향후 주목해야 할 소비자 변화 중 하나로 지목했다. 그는 현재 국내 전체 가구 중 물리적인 1인 가구는 약 33% 비중에 그치지만 40~50대까지는 독립적인 삶을 살고 있기 때문에 실질적으로 1인의 삶을 사는 사람의 비중은 약 70%에 달하고 있다고 분석했다.

이에 국내 유통기업들도 1인 가구 소비자 요구에 맞춘 상품과 구매채널 변화에 속도를 내야 한다고 제언했다. 특히 건강과 편의성의 가치가 갈수록 더욱 중요해지고 있다고 덧붙였다.

여 상무는 "최근 1인 가구 비중이 늘면서 건강과 편의성의 가치가 높아지고 있다"며 "실제 식품을 예로 데이터들을 분석해보면 맛과 건강 그리고 간편함까지 모두 고려한 건기식이나 가정간편식(HMR) 등의 제품들이 각광받는 시대가 열렸다"고 말했다. 이어 "데이터를 기반으로 마케팅을 하는 것은 흡사 이삭줍기와 같다"며 "이삭들을 모아 수확의 기쁨을 누리듯 유통기업들이 데이터들을 잘 모으면 훌륭한 마케팅의 소재로 활용할 수 있을 것"이라고 덧붙였다.

출처: 딜사이트, 2023년 6월 22일

의 참여를 확산시키고 이를 통해 정보의 공개 및 공유를 구현하는 문화가 빠르게 확산되도록 하고 있다. 기업이 소비자들의 네트워크에 들어간다는 것은 소비자들에게 메시지를 전달하기보다는 소비자들과 자연스럽게 관계를 형성하면서 그들로부터 의견을 듣기 위한 도구로 활용해야 함을 의미한다. 세상이 개인화된 네트워크로 과거 그 어느 때보다 밀접하게 연결되어 있다는 것은 기업 입장에서 온라인 네트워크를 활용하여 인간관계를 구축해야 할 필요성이 그 어느 때보다 커졌음을 의미한다.

2) 급속한 글로벌화

점점 더 가까워져 가는 글로벌시대에서 많은 기업이 전세계 고객 및 마케팅 파트너와 연결되어 있다. 규모와 상관없이 거의 모든 기업은 글로벌 경쟁에 직면하고 있다. 이제 기업은 국내에서 생산된 제품을 국제시장에 더 많이 판매하려고 노력할 뿐 아니라 더 많은 소모품과 부품을 해외에서 구매하고 있다. 가령, 미국의 선도적 패션디자이너인 아이작 미즈라히(Isaac Mizrahi)는 오스트레일리아 양모를 사용하고, 이탈리아에서 나염한 원단을 선택하여 옷을 디자인한 후 홍콩 에이전트에게 이메일로 전송한다. 홍콩의 에이전트는 이제 세계 각국의 관리자는 자사가 속한 산업, 경쟁자, 시장기회를 국내시장의 관점이 아니라 글로벌 시각에서 보기 시작하고 있다. 바야흐로 전 세계적인 경쟁과 협력이 필요한 시대가 도래한 것이다.

3) 기업의 윤리성과 사회적 책임의 강화

마케터는 사회적 가치와 책임, 생존의 기반이 되는 지구 자체에 대해 많은 관심을 가져야 한다. 이제 기업은 그들의 행위가 사회와 환경에 미치는 영향의 책임을 과거보다 더 많이 지도록 요구 받고 있다. 기업 윤리성과 사회적 책임은 거의 모든 사업영역에서 주요 논쟁거리가 되어 왔다. 또한 가중되는 환경보호운동을 무시할 기업은 별로 없다. 사회적 책임과 환경보호에 대한 요구는 갈수록 엄격해질 것이다. 기업의 사회적 책임(CSR: Corporate Social Responsibility)은 윤리적인 활동과 자선행위를 통해 존중을 받았던 이전과 다르게 변화하고 있다. 사회적 책임을 다하기 위한 기업들의 노력이 필요하다는 세계적인 관심은 이들에게 어느 정도 부담으로 작용하고 있으며, 기업을 이끄는 리더에게 있어 '사회적 책임'은 실적달성과 더불어 기업 경쟁력을 향상시킬 수 있는 중요한 도구라는 인식이 새롭게 자리잡고 있기 때문이다. 전향적인 사고를 가진 기업은 사회적 책임을 기업성과를 높일 수 있는 기회로 보고 고객과 사회의 장기적 복리에 헌신하고 있다. 최근 기업들은 사회적 책임에 대한 노력이 실적증가를 포함하여 궁극적으로 기업에 긍정적인 기여를 한다는 것을 증명하기 위해 다양한 노력을 기울이고 있다.

4) 비영리 마케팅의 성장

오랜 기간 동안 마케팅은 주로 영리추구 사업분야에 적용되어 왔다. 그러나 최근 들어 마케팅은 많은 비영리 조직(대학, 병원, 박물관, 동물원, 오케스트라, 교회 등)의 경영전략에서 중요한 부분을 차지하고 있다. 1960년대 이후 미국의 대학교, 병원, 박물관 등 많은 비영리 조직들이 경영난을 겪으면서 비영리 조직에게도 마케팅 개념의 도입 필요성이 제기되었다. 마케팅의 주체는 영리기업에서 대학, 박물관, 교회, 사회봉사단체 등 비영리조직으로 확장되어 갔다. 그리고 단체뿐 아니라 정치인, 의사와 개인들도 마케팅을 필요로 하게 되었다. 마케팅의 객체 역시 상품이나 서비스뿐 아니라 사람, 장소, 아이디어, 경험, 조직 등 마케팅의 대상이 확대되었다. 사회적 욕구가 커짐에 따라 비영리조직들은 더 많은 일들을 해야 하나 정부의 지원은 한정되어 있으므로 비영리 조직들에게 있어서 안정적인 재정확보는 중요한 이슈가 되었으며 비영리조직들도 시장에서의 교환과 프로모션을 위한 전문적인 마케팅의 도입이 요구되고 있다. 비영리조직도 시장, 기업과 같이 고객과의 관계가 매우 중요해지고 있다. 시장에서 기업은 고객과 그들의 상품과 서비스를 교환하는 활동을 통해 마케팅을 수행하는데 비영리 조직은 고객과의 교환활동이 상품중심이 아니라 가치중심적인 것이 더 중요하게 작용한다. 비영리 조직에서 적절한 마케팅은 회원과 후원을 끌어들이는데 도움을 줄 수 있다.

고객가치기반 마케팅 프로세스

본 서에서 마케팅에 고객가치기반(Customer Value Based)이라는 말을 앞에 붙인 이유는 비즈니스와 마케팅 프로세스에서 고객가치의 중요성을 다시 한번 강조하기 위함이다. 고객가치기반 마케팅(Customer Value Based Marketing)은 이전의 마케팅 개념들과 전혀 다른 새로운 개념이 아니다. 고객가치기반 마케팅은 비즈니스와 마케팅 프로세스에서 가장 기본이 되는 고객가치에 중점을 두고, 그러한 가치를 확인, 창출, 전달, 평가하는 과정으로서 마케팅에 대한 개념을 재정립해보자 하는 것이다.

"마케팅은 고객으로부터 출발한다"의 개념은 정확히 서술하자면 "마케팅은 고객가치로부터 출발한다"이다. 즉, 마케팅의 핵심이란 고객가치의 이해라는 의미인데, 이는 마케팅 활동을 통하여 고객들이 현재 원하는 가치와 고객들이 앞으로 원하게 될 가치를 예측함으로써 그들의 잠재되어 있는 니즈를 창출하는 동시에 충족시키는 것이다.

앞서 우리는 마케팅이란 다양한 기업의 이해관계자 집단을 위해 가치를 창출하고 그 가치를 효과적인 의사소통을 통해 전달함으로써 이익을 제공해 주어야 하는 기관, 활동 및 프로세스라는 AMA의 정의를 소개한 바 있다. 이는 마케팅이 단순히 기업 내 기능적 역할뿐 아니라 기업과 환경, 시장, 그리고 고객 및 이해관계자들 간의 모든 관계에 있어서 전사적 역할을 수행한다는 의미이다. 더불어 최근에는 기업 또한 사회구성원의 일원으로 봄으로써 고객뿐 아니라 사회 전체를 위한 가치를 실현하고자 하는 CSR(기업의 사회적 책임)이 기업의 이미지 향상에 중요한 역할을 하고 있다. 이러한 고객의 가치 충족 과정을 통한 마케팅 활동은 고객과의 장기적인 관계 형성 및 유지를 가능하게 함으로써 기업의 장기적인 존속과 경쟁우위 창출이라는 결과를 가져다 준다.

고객가치기반 마케팅(Customer Value Based Marketing)의 필요성은 크게 두 가지로 나눌 수 있다. 첫째, 최근 기업을 둘러싼 환경이 매우 빠르게 변화함에 따라 치열해진 경쟁 때문이다. 기업간의 경쟁이 더욱 치열해짐에 따라 기업은 경쟁사보다 더 나은 고객가치를 창출해야만 차별화된 경쟁 우위를 가질 수 있고 이를 기반으로 수익을 창출할 수 있다. 이를 위해서라도 기업은 시장과 환경의 변화에 대해 정확히 예측함으로써 사업의 기회를 보다 빨리 포착하고 세분화된 목표(target)를 설정한 후 그들의 니즈(needs)를 충족시켜 줄 수 있는 고객가치기반의 마케팅 활동에 더욱 몰입해야 한다.

둘째, 마케팅의 수요와 공급에 대한 가정에 있어 경제학과의 차이이다. 마케팅 학문의 근본이라 할 수 있는 경제학에서 수요공급 논리의 기본가정은 동일한 수요와 동일한 공급이다. 즉 소비자들은 동일한 니즈를 가지고 있고, 공급자들도 동일한 제품을 공급한다는 것이다. 그러나 마케팅의 관점은 다르다. 마케팅에서 수요 측면인 고객의 니즈는 끊임없이 변화하고 다양하다고 가정한다. 즉 다양한 수요가 존재하기 때문에 시장을 세분화하고 특정 시장에 집중하는 것이 중요하다. 공급자 또한 차별적인 제품 공급을 가정하고 있다. 기업은 경쟁에서 살아남기 위해 그리고 소비자의 니즈를 차별적으로 충족 시켜 주기 위해 노력한다. 마케팅에서 공급 측면인 기업의 자원들은 한정되어 있다. 따라서 마케팅에서 수요와 공급의 균형을 이루기 위해서는 기업의 한정된 자원을 효율적으로 할당함으로써 고객의 다양한 니즈를 충족시키는 것이 필수적이다. 본 서에서 제시하는 고객가치기반 마케팅 프로세스는 다음과 같으며, 이는 일반적인 비즈니스 프로세스에 기반을 둔 것이다.

'제로 슈거' 돌풍 이끈 롯데칠성음료 '처음처럼 새로'

롯데칠성음료의 새로운 소주 브랜드 '처음처럼 새로'(새로)가 지난해 이어 올해도 '제로 슈거' 돌풍을 이어가고 있다. 새로는 롯데칠성음료가 지난해 9월 선보인 제품으로, 출시 한 달여 만에 680만병이 팔렸다. "깔끔한 맛의 소주가 나왔다"는 입소문을 타며 올해 4월에는 누적 판매량 1억병을 돌파했다.

새로가 입소문을 타기 시작한 건 이 제품이 다른 소주들과 달리 과당을 사용하지 않아 맛이 산뜻하고 부드럽다는 점이 알려지면서다. 새로는 실제 목 넘김이 부드럽고 알코올 특유의 향이 덜해 마시기 편하다는 평가를 받고 있다. 롯데칠성음료는 소주 특유의 맛을 살리기 위해 새로에 증류식 소주를 첨가했고, 올해부터 본격적으로 도입된 주류 제품의 영양성분 표시도 선제적으로 적용했다.

한국적인 멋과 아름다움을 담은 곡선 형태의 제품도 소비자들의 이목을 끈 데 제 역할을 했다고 회사는 설명했다. 롯데칠성음료 관계자는 "새로의 병 디자인에는 도자기의 곡선미와 물방울이 아래로 흐르는 듯한 세로형 홈을 적용했다"며 "한국적이고 현대적인 감성을 제품 형태에 녹였고 다른 제품과 달리 투명한 병을 선택해 고급스럽고 세련된 이미지를 돋보였다"고 덧붙였다.

롯데칠성음료는 제로 슈거 제품인 새로를 알리기 위해 브랜드 마케팅도 활발하게 진행했다. 브랜드 앰배서더로 캐릭터 '새로구미'를 선정했고, 제품 전면에 이 캐릭터를 배치해 다른 소주 제품과 차별화했다는 분석이다. 새로구미는 국내 문화 콘텐츠에서 매력적인 이미지로 등장하는 '구미호'를 '새로'와 합친 단어다. 이 캐릭터의 이야기를 담은 유튜브 콘텐츠는 게재 한달여 만에 1500만 조회수를 달성했다.

롯데칠성음료는 새로의 브랜드 마케팅을 강화하기 위해 오프라인으로 활동 영역을 확장했다. 새로를 생산하고 있는 강릉공장에 올해 4월 브랜드 체험관을 연 것이 대표적이다. 롯데칠성음료는 이 체험관을 중심으로 소주 브랜드인 '처음처럼'과 '새로' 등을 방문객들에게 알리고 있다. 강릉을 찾는 관광객들에게도 롯데칠성음료의 강릉공장이 새로운 콘텐트로 자리잡았다는 설명이다.

출처: 이코노미스트, 2023년 7월 3일

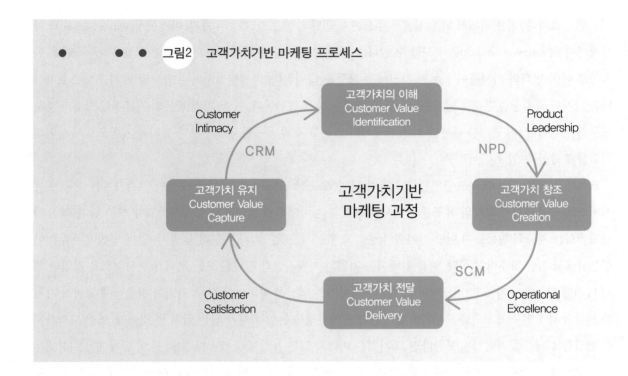

그림2　고객가치기반 마케팅 프로세스

비즈니스 활동의 시작은 자원의 투입으로부터 시작된다. 즉 기업이 경영활동을 위해 보유한 자원(물적 자원, 재무적 자원, 인적 자원과 더불어 고객가치)을 투입하는 단계이다. 자원의 투입과 더불어 많은 프로세스를 거치면서 고객의 가치가 창출되는 것이 기업활동의 핵심이다. 대부분의 기업들은 그들의 물적 자원, 재무적 자원, 그리고 인적자원의 투입과 관리에만 초점을 맞추고 있으나 그들이 간과하고 있는 점은 고객의 가치가 실질적으로 기업의 핵심 자원이라는 사실이다. 이러한 고객가치라는 부분이 무시되기 때문에 기업은 결국 제품이 최종 산출물이라는 생각을 가지고 있다. 고객가치에 초점을 맞추어서 투입과 산출을 고려하고 정립해 나가는 것이 고객가치기반 마케팅인 것이다.

이러한 고객가치의 투입 및 산출을 위한 고객가치기반 마케팅 프로세스는 가치확인(value identification), 가치창출(value creation), 가치전달(value delivery), 가치유지(value capture)에 이르는 4단계로 구성되어 있다.

먼저 고객가치 확인단계는 고객이 중요하게 생각하는 가치가 무엇인가를 이해하고 파악하여 이와 같은 가치를 창출하여 전달하기 위한 준비단계라 할 수 있다. 이 단계는 현재 국내 기업들의 가장 취약한 부분이라고 할 수 있다. 대부분의 기업들이 신제품의 개발과 관리에는 초점을 맞추고는 있으나 고객이 어떠한 핵심 가치를 가지고 있는지는 간과한다. 다시 말하자면, 기업들도 고객이 중요하다는 사실은 인지하고 있으나 정작 제품과 서비스를 기획할 때에는 기업이 가지고 있는 핵심역량을 토대로 신제품을 개발하기 때문에 고객들이 진정 원하는 가치를 충족시켜 줄 제품을 생산하지 못하는 것이다. 이와 같이 고객보다는 제품과 영업을 중점으로 마케팅 활동이 이루어지는 것이 우리나라 기업들의 현실이기 때문에 우리는 고객가치를 이해하고 파악하는 것이 우선적으로 필요하다. 이를 위해서 이 단계에서 주요한 마케팅 활동으로 크게 두 가지, 마켓센싱(Market Sensing)과 마케팅리서치(Marketing Research)를 제시할 수 있다. 마켓센싱은 시장 내 잠재되어 있는 수많은 정보와 현상들을 인지하고 어떤 변화와 가치들이 있는지 확인하는 활동을 의미하며, 마케팅리서치는 탐색된 가치를 테스트하여 다음 단계인 가치창출 단계로 넘겨주는 전단계 역할을 하는 활동이다. 이 두 가지 활동의 기본적인 방법과 분석 도구는 동일하다. 이 단계를 통해 우리는 잠재되어 있는 고객의 욕구를 경쟁사보다 빨리 인지함으로써 사업의 기회를 포착할 수 있다.

고객가치 창출(Value Creation)단계는 고객가치 확인(Value Identification)단계에서 도출한 고객가치를 제품 또는 서비스로 구체화시켜 고객의 욕구를 경쟁사의 그것과는 차별화된 방식으로 충족시키고자 하는 단계이다. 이 단계에서는 지금의 활동들이 어떤 가치를 창출하고 있는지, 또한 그 가치를 더 높일 수 있는 방법에는 무엇이 있는지에 초점을 맞추어야 한다. 이를 위해서는 기업의 가치사슬과 관련된 모든 부서가 전사적으로 기업의 현재 마케팅 활동을 평가하고, 피드백하고, 발전시켜나가는 혁신을 이루어야 한다. 가치를 창출함에 있어서 가치를 전달할 대상인 목표고객을 세분화하지 못한다면 마케팅을 논할 가치가 없는 일이 될 것이다. 또한 고객가치를 반영할 신제품을 개발하지 못한다면 그 기업은 미래가 없는 기업이 될 것이다. 따라서 이 단계에는 시장세분화와 신제품 개발이 핵심적인 역할을 담당한다. 우선 세분시장을 확인하고 이들 중에서 하나 혹은 그 이상을 표적 시장으로 선정한 후, 각 세분시장에 맞는 제품을 구체화하여 차별화를 시켜야 한다. 특히 최근 들어 기술력, 시장 경쟁, 그리고 고객 욕구가 빠르게 변화함에 따라 기업은 신제품과 서비스를 지속적으로 개발하고 관리해야 한다. 성공적인 신제품을 개발하기 위해 기업은 우선적으로 3C(시장, 고객, 그리고 경쟁자)를 잘 이해하고 체계적인 신제품 개발과정을 통하여 가치를 전달할 수 있는 제품을 만들어야 한다.

고객가치 전달(Value Delivery)단계에서는 기업이 고객가치를 반영한 제품 또는 서비스를 전달하는 과정에서 부가적인 가치를 더하는 단계이다. 만약 기업이 창출한 가치를 고객에게 전달하지 못한다면 그 기업의 수익률은 매우 낮을 것이다. 앞서 말한 가치창출 단계는 고객의 욕구를 구체화하는 과정이라면, 가치전달은 가치창출 단계를 통해 만들어진 구체적인 상품을 어떻게 전달해야 가치가 극대화될 것인지에 대해 고민하는 과정이다. 따라서 부가가치를 창출하기 위한 마케팅믹스 설계가 이 단계의 핵심이 된다. 사실상 기업의 가치창출 단계는 전체 가치단계의 30%를 차지하는 반면, 가치전달은 나머지 70%를 차지한다. 많은 기업들이 혁신적인 제품을 개발하고도 성공하지 못하는 이유가 바로 이 사실을 간과하고 있음에 있다. 효과적인 가치전달은, 원하는 시간에 원하는 장소에서 고객이 원하는 제품을 제공해주는 것을 말한다. 즉, 고객가치 창출 단계에서 만들어진 제품에 나머지 3P(가격, 유통, 홍보) 전략을 효과적으로 실행함으로써 고객이 원하는 가치에 다른 부가적인 가치를 더하여 고객가치를 극대화시키는 단계이다.

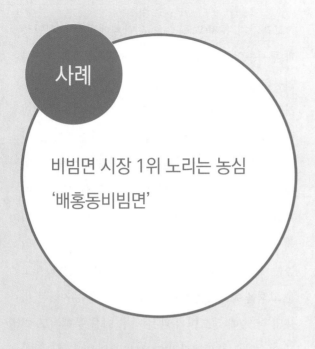

사례

비빔면 시장 1위 노리는 농심 '배홍동비빔면'

신종 코로나바이러스 감염증(코로나19)이 유행하는 동안 수많은 브랜드가 사라졌다. 그러나 위기를 기회로 만든 기업도 많았다. 다른 결과는 다른 판단에서 나왔다. 소비자의 목소리를 듣고 끊임없이 혁신한 브랜드는 흔들리는 경기 속에서도 살아남았다. 기업과 브랜드를 향한 소비자들의 믿음은 견고했기 때문이다.

브랜드는 어떻게 생존할까. 정해진 답은 없다. 하지만 변화를 반복하며 살아남은 브랜드의 공통점은 있다. 소비자 만족이 기업 경영의 핵심이라는 가치를 믿었다는 점이다. 이코노미스트가 선정한 2023 상반기 소비자 브랜드 대상은 이런 기업들에 주어졌다. 소비자의 마음을 얻은 기업들은 도전과 변화로 소비자의 요구에 끊임없이 응답했다.

사랑받는 브랜드는 시장 환경 변화에도 기민하게 반응했다. 소비자들이 상품과 서비스를 선택하는 데 사회적 가치를 고려했기 때문이다. 소비자들은 불황에도 더

건강하고 편리한, 지속가능한 삶을 지향했다. 이런 가치를 함께 좇은 기업들이 소비자 만족 브랜드 대상에 이름을 올린 이유다.

농심의 비빔면 브랜드 '배홍동'이 쫄면 시장을 개척한 데 이어 비빔면 시장 1위에 도전한다. 이 회사의 비빔면 제품인 '배홍동비빔면'과 쫄면 제품인 '배홍동쫄쫄면'을 통해서다. 농심은 배홍동쫄쫄면에 건면을 사용해, 쫄면 특유의 탱글탱글하고 쫄깃한 식감을 살렸다. 건면은 바람에 말리는 방식이라 기름에 튀기는 다른 면보다 표면이 매끄럽고 밀도가 높아 면발이 탄력 있다.

농심은 배와 홍고추, 동치미로 맛을 낸 배홍동비빔면의 비빔장을 배홍동쫄쫄면에 적용했다. 배홍동비빔면의 비빔장에 매콤함을 더해 쫄면 소스를 완성했다. 농심 관계자는 "소비자들 사이에서 배홍동비빔면의 비빔장이 입소문을 탔다"며 "이 소스를 확장할 수 있는 제품을 개발하다 젊은 소비자들에게 꾸준히 사랑받는 메뉴인 쫄면을 선택하게 됐다"고 설명했다. 농심은 배홍동쫄쫄면에 후첨 튀김을 첨가해 분식점에서 먹던 쫄면의 맛을 그대로 구현하기도 했다.

배홍동비빔면은 농심이 2021년 출시한 비빔면 제품이다. 출시 첫해 국내 비빔면 시장 2위 자리에 올랐다. 지난해에는 출고가를 기준으로 250억원이 넘는 매출을 기록했다. 시장 3위 제품과 격차를 벌려 입지를 다지고 있으며, 제품 경쟁력과 마케팅 활동을 강화해 1위 제품을 빠르게 따라잡고 있다. 브랜드 마케팅을 위해 최근 방송인 유재석을 배홍동 브랜드의 모델로 3년 연속 발탁했다.

농심은 비빔면 수요가 높아지는 여름을 맞아 유재석이 푸드트럭을 타고 전국을 다니며 배홍동 브랜드를 알리는 "배홍동으로 전국을 비빈다" 광고를 확대할 계획

이다. 여러 축제와 리조트를 순회하며 소비자들이 실제 배홍동 브랜드 제품을 맛볼 기회도 제공할 예정이다. 농심 관계자는 "배홍동 브랜드의 제품력을 기반으로 영업·마케팅 활동을 적극적으로 추진해 올해는 국내 비빔면 시장에서 역전을 이뤄낼 것"이라고 했다.

농심은 배홍동 브랜드를 통한 포트폴리오 다각화와 매출 확대도 기대하고 있다. 금융감독원 전자공시시스템에 따르면 이 회사의 지난해 연결기준 매출과 영업이익은 각각 3조1291억원, 1122억원이다. 매출은 전년 대비 18%, 영업이익은 6% 늘었다. 당기순이익은 같은 기간 17% 증가한 1160억원이다. 농심이 연간 매출 3조원을 돌파한 것은 지난해가 처음이다. 올해도 실적 성장을 지속해 나간다는 구상이다.

출처: 이코노미스트, 2023년 7월 3일

고객가치 유지(Value Capture)단계에서는 고객만족과 투자수익률(Return On Investment) 등과 같은 지표를 이용하여 마케팅 성과를 평가 및 확인하는 단계이다. 기업은 차별화된 가치를 창조 및 전달하며 지속적인 관계를 형성함으로써 고객애호도를 새롭게 창출 및 장기간 유지해야 한다. 높은 고객애호도는 해당기업 제품에 대한 고객의 반복구매가 이루어지도록 하여 기업의 재무적인 성과를 창출하기 때문이다. 이를 위해 우선적으로 기업은 고객의 높은 만족도가 고객의 높은 애호도로 전환된다는 것을 인식해야 한다. 새로운 고객을 유치하는 비용은 기존 고객을 유지하는 비용의 다섯 배 정도이기 때문이다. 이를 통해서도 최근 이슈인 고객관계관리(CRM)가 무엇보다 중요하다는 것을 알 수 있다.

지금까지 가치기반 마케팅 프로세스에 대하여 설명하였다. 이와 같이 가치기반 마케팅은 전 과정이 4단계 순으로 일방적 방향이 아닌 순환고리로 연결되어야만 고객에게 진정한 가치를 제공할 수 있고 이를 통해 신규고객을 유인하고 기존 고객을 만족 및 유지할 수 있다.

산출단계(output)는 가치기반 마케팅 프로세스를 통해 창출된 또 다른 새로운 고객가치(New Customer Value)이다. 이 단계에서는 기존의 고객가치와 새로운 고객가치를 지속적이고 장기적인 가치가 될 수 있도록 하는 단계이다. 스티브 잡스(Steve Jobs)가 "많은 경우, 사람들은 원하는 것을 보여주기 전까지는 무엇을 원하는지 잘 모른다"라고 말했듯이, 고객들은 기업이 제품 또는 서비스를 통해 그들의 욕구를 구체화시켜주기 전까지 자신들의 욕구를 알지 못하는 경우가 많다. 예를 들어, 아이폰(iPhone)의 경우 우리는 기존 아이폰에서 무엇이 불편한지는 알 수 있다. 하지만 애플사가 새로운 아이폰을 보여주기 전까지는 이 핸드폰이 어떤 새로운 기술을 가지고 있는지에 대해서는 알 수가 없다. 고객들은 종종 기존의 제품에 대해 불편함을 느끼게 되는데, 이러한 고객들의 욕구를 반영하기 위해서 기업들은 기존의 문제점들을 파악하고 이를 보완하여 새로운 제품, 즉 새로운 가치를 창출하려고 노력해야 할 것이다. 더불어 기업은 고객의 니즈를 확장시켜 욕구화(wants)화 시킬 수 있어야 한다. 때문에 기업들은 기존의 고객가치를 발전시키고 새로운 고객가치를 창출하도록 노력해야 한다.

Further Discussions

FD1 　마케팅의 정의를 정립하여보고 이에 대해서 토론해보자.

FD2 　주변에서 발생하고 또한 실제 경험하고 있는 시장의 가장 큰 변화 중 하나를 예를 들어보고 이에 대해서 토론해보자.

FD3 　실제 기업들은 어떠한 마케팅 개념을 가지고 있는지에 대해 토론해보도록 하자.

FD4 　기업 하나를 선정해서 그 기업이 고객가치기반 관점에서 각 단계별로 어떤 일을 하고 있는지를 이야기해보자.

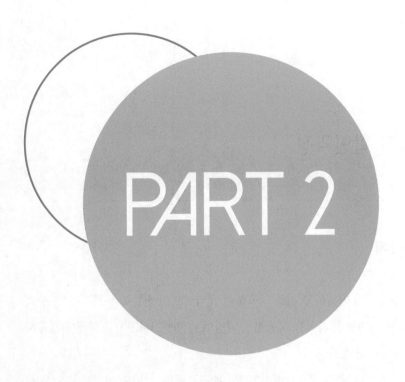

PART 2

고객가치 확인과정

PART 2

고객가치 확인과정

고객가치 확인과정에 관한 이해

마케팅이란 고객에게 제공할 가치가 무엇인지 이해하고 이를 창조하여 효과적으로 전달하는 과정이다. 장기적으로 기업이 경쟁사에 비해 시장에서 지속 가능한 가치를 창출하는 과정이 마케팅이다. 즉, 고객에게 제공하는 것은 단순히 제품이 아닌 가치 묶음(package)인 것이다.

소비자는 자신의 욕구를 충족시킬 수 있는 수많은 제품 및 서비스 대안에 직면한다. 그러면 어떻게 수많은 시장 제공물들 가운데 특정 대안을 선택할까? 고객은 각 시장 제공물이 전달할 가치와 만족에 대한 기대를 형성하고, 이를 토대로 구매한다. 만족한 고객은 반복 구매할 것이고, 다른 사람에게 자신의 긍정적 경험을 이야기한다. 반면 불만족한 고객은 경쟁사로 전환하고 자신의 부정적 경험을 다른 사람에게 전달한다.

따라서 마케터도 올바른 기대수준을 설정하는 데 주의를 기울여야 한다. 기대수준을 너무 낮게 설정하면 자사제품의 구매자를 쉽게 만족시킬 수 있지만 고객을 충분히 끌어들이지 못할 것이다. 이에 반해 고객의 기대수준을 너무 높이면, 구매자는 실망할 가능성이 높다. 고객가치와 고객만족은 고객관계를 구축/관리하는 데 토대가 되므로 **고객가치 확인**(Value identification)은 고객가치를 구현하는 중요 첫 단계가 된다.

고객가치 확인을 하기 위해선 다음의 요소들을 고려해야 한다.
- 어떤 종류의 가치가 현재 존재하는가
- 이 가치는 어디서 발현되어 영향을 미치고 있는가
- 경쟁자로부터 이 가치를 어떤 전략을 통해 명백하고 다르게 고객에게 전달할 것인가

고객가치 확인(Value Identification)의 목적

　고객가치 확인 단계는 현재 국내 기업들의 가장 취약한 부분이라고 할 수 있다. 대부분의 기업들이 신제품의 개발과 발전에 초점을 맞추고는 있으나 고객이 어떠한 핵심 가치를 가지고 있는지는 간과한다. 다시 말하자면, 기업들도 고객이 중요하다는 사실은 인지하고 있으나 정작 제품과 서비스를 기획할 때에는 기업이 가지고 있는 핵심역량을 토대로 신제품을 개발하기 때문에 고객들이 진정 원하는 가치를 충족시켜 줄 제품을 생산하지 못하는 것이다. 이와 같이 고객보다는 제품과 영업을 중점으로 마케팅 활동이 이루어지는 것이 우리나라 기업들의 현실이기 때문에 우리는 고객가치를 이해 및 파악하는 것이 우선적으로 필요하다.

　고객가치 확인은 시장감지(Market Sensing)를 통해서 거시환경(Environment), 시장(Market), 3C(Competitor, Company, Customer)에 존재하는 고객가치들을 발견·감지하고, 시장조사(Market Research)를 통해서 발견한 가치들을 검증하는 것이다. 시장감지는 흘러가고 있는 수많은 정보와 현상들을 인지하고 어떤 변화와 가치들이 있는지 확인하는 단계이고 시장조사는 탐색된 가치를 테스트하는 단계이다. 그러나 이 둘의 기본적인 방법과 분석도구는 같다.

　시장감지는 기존에 지속해오거나 혹은 새로 시작한 조사에 의해 자료를 수집하고 자료 분석 및 해석을 통해 기업 가치를 확인하고 도출하는 것이다. 시장조사는 이렇게 발견한 가치를 검증하기 위한 목적으로 자료를 체계적으로 획득, 분석, 해석하는 객관적이고 공식적인 과정이다. 시장감지에서 도출된 가설에 문제를 제기하고 마케팅 조사 설계를 통해 자료를 수집하고 내용을 분석, 해석해서 결과를 평가하는 과정이다.

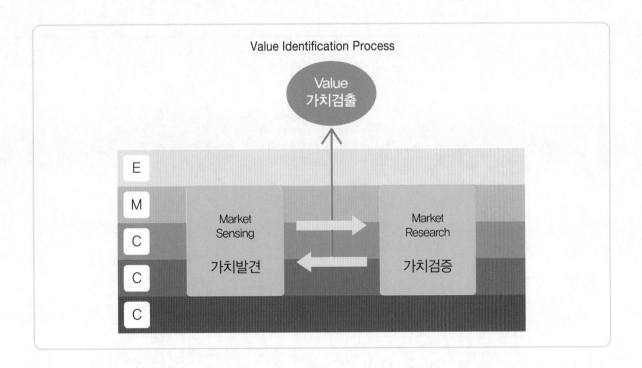

고객가치 확인의 필요성 및 구성요소

시장감지와 시장조사 과정을 통해 고객가치 확인의 세가지 구성 요소를 분석할 수 있다. 첫 번째는 **시장 정보**로 제품수명주기와 시장의 성장 또는 쇠퇴, 상품 기회를 알 수 있다. 두 번째는 **고객 정보**로 전략의 중요성 및 방향을 확립하고 고객의 고객을 파악하여 주요 의사 결정자와 구매 기준 및 고려 요인과 구매 행동을 알 수 있다. 세 번째는 **경쟁자 정보**로 경쟁사의 전략적 의도를 파악하여 마케팅 및 영업 전략, 판매 행동, 경쟁자 점유율에 대한 정보를 얻는다. 이 같은 구성 요소를 통해 기업은 전략적 측면으로 자원을 할당하고 제품 개발, 가격 정책, 재고 관리를 고려한 구체적 마케팅 활동을 수립하게 된다. 시장감지와 시장조사 과정을 통해 시장, 고객, 그리고 경쟁자에 대한 정보를 분석함으로써 해당 기업에 적합한 가치를 발견 및 검증을 할 수 있고, 이는 **기업의 전략적 의사결정**에 결정적인 도움을 준다. 시장감지와 시장조사의 반복 과정을 통해 가치를 발견 · 검증하고, 최종적으로 검증된 가치를 검출하여 기업은 잠재되어 있는 고객의 욕구를 경쟁사보다 빨리 인지함으로써 사업의 기회를 포착할 수 있다.

CHAPTER 02

시장감지(Market Sensing): 고객가치 발견과정

Learning Objectives

LO1 시장감지에 대한 정의, 역할 및 방법에 대해 학습한다.

LO2 시장감지과정에서 각 단계별 활동과 역할에 대해 알아본다.

LO3 시장환경의 변화와 고객, 자사 및 경쟁사의 활동에 대해 이해하고 어떤 정보를 취합하고 분석해야 하는지에 대해서 학습한다.

스마트 워치, 개인 디바이스
중심 헬스케어 시장서 대세 될까

실제 환자 대상 임상 연구 시작된 애플 워치와
갤럭시 워치
환자 대상 정확도 검증…스마트 워치는 헬스
케어에 진심일까

개인 건강관리 디바이스로 자리매김하고 있는 스
마트 워치 개발사들이 실제 환자에 대한 임상 연구를
진행함으로써 의학적 유용성 검증에 나서고 있는 것
으로 나타났다. 그렇지만 이를 의료 시장 진출 의지
로 해석해야 할 지는 지켜봐야 한다는 의견도 나오고
있는 상황인 만큼, 스마트 워치의 의료 시장 진출은
좀 더 지켜봐야 할 전망이다.

히트뉴스가 23일 미국국립보건원(CMS) 국립
의학도서관이 운영하는 '클리니컬트라이얼즈
(ClinicalTrials.gov)'를 살펴본 바에 따르면, 최근 해외 연
구기관들은 애플(Apple)의 스마트 워치인 '애플 워치'
와 삼성전자 스마트 워치인 '갤럭시 워치'를 활용한

심장질환 환자 모니터링 및 우울증·불안징후 모니터
링 등 임상 연구를 시작한 것으로 확인됐다.

심장질환 환자 대상 정확성 검증 나선 '애플 워치'
사우디아라비아 움 알쿠라 대학 의료센터는 애플
워치 시리즈 중 산소포화도(SpO2) 모니터링 기능을
제공하는 6 시리즈 이후 제품들을 활용해 성인 심장
질환 환자 100명을 대상으로 심장 박동(HR) 및 SpO2
측정 정확도 연구에 나서겠다고 밝혔다.

심장 박동이 규칙·불규칙한 환자군 50명씩 2개 코
호트로 진행되는 이번 연구는 운동 중 15분,

운동 후 Polar 가슴 스트랩과 애플 워치를 착용한
후 심장박동 정확도를 측정하고, 휴식 시와 운동 후
산소 포화도 측정 정확도를 측정한다.

대상이 되는 심장질환 환자는 △심근경색이 지난
후 6주가 경과한 환자 △관상동맥우회수술(CABG)을
받은 환자 △판막질환이 있는 환자 △안정적인 심방
세동 및 심부전이 있는 환자를 대상으로 하며 올해 9
월 마무리 될 예정이다.

삼성 '갤럭시 워치', 우울증 불안 징후 감지

미국 매사추세츠종합병원은 삼성전자 갤럭시 워치를 활용해 주요 우울장애(MDD) 진단을 받은 성인 환자를 대상으로 성능 평가에 나서겠다고 밝혔다. 전체 150명(우울장애 진단환자 75명과 건강한 성인 75명)을 대상으로 심박수, 수면 시간, 걸음 수 등 데이터 수집을 통해 우울증이나 불안 징후를 감지하는 알고리즘 성능 검증에 나설 예정이다.

주요 우울증 환자군은 18세에서 65세 성인으로 벡 우울증 평가목록 정도(Beck Depression Inventory) 점수가 9점 이상이거나 전반적 임상 인상척도(Clinical Global Impressions, CGI)가 3 이상인 환자다. 아울러 정신약물학적 또는 심리사회적 치료를 받고 있으나 등록 전 9주 동안 안정적인 환자 등도 포함된다.

환자 대상 정확도 검증…스마트 워치는 헬스케어에 진심일까?

그렇지만 애플과 삼성전자와 같은 대형 전자제품 기업들의 헬스케어 시장 확대 움직임에 대해 공산품 산업계가 헬스케어 시장의 중요성을 인식하고 있다는 의견과 아직은 마케팅 측면 접근이라는 정반대 의견이 양립하고 있는 상황이다.

데이터, 인공지능(AI) 등과 융합되고 있는 디지털 헬스케어 관점에서는 환자의 데이터 수집을 위한 개인용 디바이스의 등장은 필수라는 의견이 있는 반면, 의료제품으로서 거쳐야 할 인허가, 보험 등 제도적인 측면에서 봤을 때는 아직은 공산품의 마케팅 요소로 해석해야 한다는 의견이 나오고 있는 것이다.

업계 관계자는 "디지털 헬스케어의 중요한 요소 중 하나는 사용자의 데이터인 만큼 데이터를 수집할 수 있는 개인용 디바이스 개발은 필수"라며 "헬스케어 산업 패러다임이 의료기관에서 제공받는 서비스에서 일상생활 중심으로 확대되고 있는 만큼 기존 의료제품들과 유사한 수준의 정확도 검증이 이뤄지고 있는 것으로 보인다"고 설명했다.

반면 임상적인 효과성을 검증한다 하더라도 해당 기기들의 직접적인 의료 시장 진출 여부는 좀 더 지켜봐야 한다는 신중론도 있다. 공산품의 대량 생산에 맞춰진 기존 기업들의 의사결정 구조가 질환과 대상 환자를 특정(인허가 기술문서 상 사용목적 등)해야 하는데, 임상시험을 통해 검증해야 하는 의료산업 특성을 반영할 지는 미지수라는 것이다.

다른 관계자는 "의료시장 제품화는 인허가와 임상시험을 고려해야 하며 국내외 진출 시에는 각국 허가기관 규제에 맞춘 여러 검증 절차를 거쳐야 한다"며 "해당 연구들이 직접적인 의료시장 진출을 목표로 한다기보다, 아직은 공산품의 구매 유인을 위한 요소로 봐야 할 것"이라고 밝혔다.

출처: HIT NEWS, 2023년 6월 23일

시장감지(Market Sensing)의 정의와 목적

시장감지는 전반적으로 시장 및 환경에 대한 이해를 통해 경영전략의 틀을 마련하고 구체적인 실행전략 대안을 만들기 위해 선제적으로 필요한 과정이다. 마케터는 가장 중요한 고객을 비롯한 회사 외부의 파트너들과의 관계를 발전시키는 데 능숙할 필요가 있다. 이를 효율적으로 수행하기 위해 마케터는 주요 환경적 요인을 이해해야 한다. 회사의 마케팅 환경은 표적고객과의 성공적인 관계를 구축하고 유지하는 데 영향을 미치는 마케팅 외부의 참여자와 요인으로 구성된다. 성공적인 회사는 지속적으로 성장하고 변화하는 환경을 추적하고 이에 적응하려는 노력의 중요성을 잘 이해하고 있다.

환경은 지속적으로 빠르게 변화하고 있고, 소비자와 마케터는 미래를 예측하기가 점점 더 어려워지고 있다. 회사의 다른 분야보다도 마케터는 추세분석, 기회 포착의 전문가가 되어야 한다. 마케터는 두 가지 성향을 가져야 한다. 마케팅 환경에 관한 정보를 수집하기 위한 마케팅조사와 분석을 실행하고 결과 해석을 통한 마케팅 인텔리전스(Intelligence)에 정통해야 한다. 또한 고객과 경쟁자를 파악하기 위해 많은 시간을 들여야 환경을 주의 깊게 연구함으로써 타기업보다 새로운 시장기회를 더 잘 확보할 수 있어야 한다.

학계에서의 시장감지의 정의는 조지 데이(George

Day) 교수에 의해 처음 주장되었고 고객과의 관계유지방법, 경쟁자의 능력과 의도, 경로구성원의 역할변화, 시장의 새로운 경향, 사업기회나 위협요인 등을 신속하고 정확하게 감지하는 것을 말한다. 실무적인 의미로 시장감지는 외부 시장(거시환경, 시장, 자사, 소비자, 경쟁사)의 다양한 변화를 신속하게 감지해서 가치를 발견하는 능력으로 적용된다.

기업의 시장감지를 위한 지향성: 고객지향성, 시장지향성과 학습지향성

1) 고객관계관리의 시작: 고객지향성

고객지향적 기업(Customer Oriented Company)은 기업의 내·외부적으로 발생하는 모든 기업활동의 중심에 고객을 둔다. 그리고 고객가치창출을 가장 중요한 핵심활동으로 인식을 하고 최상의 고객가치를 창출하기 위해 노력한다. 즉 고객지향성은 모든 가치를 고객에게 두고 고객을 학습하며 고객의 니즈를 충족시키는 최상의 가치를 가장 중요하게 생각하는 것이라고 할 수 있다[1]. 이러한 고객지향성에 바탕을 두고 고객과 관계를 형성하고 이러한 관계를 통해 최상의 가치를 고객에게 전달하는 효율적인 마케팅이 관계지향적인 마케팅인 것이다. 고객가치와 고객관계 창출이 없다면 어떠한 영업도 지속적이지 못하며, 장기적으로 이윤을 창출할 수도 없을 것이다. 관계지향적인 마케팅의 시작점인 고객지향성은 고객에 대한 이해에서 비롯된다. 그리고 고객지향성을 높이기 위해서는 다음 몇 가지 이슈에 주목하여야 한다.

① 고객의 니즈를 정확하게 이해하고 이를 충족시켜주기 위해 조직전체의 역량과 자원을 집중한다. 고객의 니즈는 고객의 문제 지각(Problem Recognition)에서 시작된다. 이야기를 많이 하면 목이 마르고 배가 고프다. 그래서 사람들은 무엇인가를 마시고 먹고 싶은 욕구가 생긴다. 이 과정에서 목마름과 배고픔이 고객이 지

---

1 고객지향성은 고객에 대한 가치를 최상으로 두는 것을 의미하며 이것이 고객이 원하는 것을 다 들어준다는 것은 아니다. 이는 고객가치에 대한 학습의 중요성을 강조하는 것이다. 많은 경우에 고객은 니즈를 가지고 있지만 정확한 원하는 것(Wants)이 무엇인지를 모르고 있는 경우도 많다. 즉 고객의 니즈를 정확하게 이해하고 이를 만족시켜주기 위해 최선을 다한다는 것이지 무엇이든 원하는 것을 다 들어준다는 의미는 아니다. 스티브 잡스가 이야기 했듯이 고객은 기업이 제품으로 보여주기 전까지는 무엇을 원하는지 정확하게 모른다. 따라서 마케터는 고객을 학습하고 이해하여 서로 win-win하는 마케팅을 해야 할 것이다.

각하는 문제이고 마시고 먹고 싶은 욕구가 니즈인 것이다. 이를 구체적인 제품으로 고객에게 제공하는 것이 기업이 제시하는 구체적 욕구(Wants)인 것이다.

② 시장에 대한 이해를 강조하고 기업의 모든 구성원에게 시장에 대한 지식을 학습시키고 공유한다. 시장에서 고객과의 끊임없는 소통을 하는 것이 마케팅이다. 이들을 통해 구체적인 시장에서의 고객과 경쟁사에 대한 정보를 획득하고 이를 기업 내의 연구개발부서를 비롯한 다른 부서의 구성원들과 공유하고 해석하여 시장 지식을 만드는 것이 마케팅의 중요한 역할인 것이다. 이를 위해 마케터는 학습지향성을 가져야 하고 시장에 대한 학습에 대해서도 전사적인 지원이 있어야 할 것이다.

③ 내부적으로 고객시스템을 강화하고 혁신적이고 경쟁사와 차별화된 만족을 일으키는 제품과 서비스 제공에 최선을 다한다. 기업은 제한된 자원으로 시장에 존재하는 모든 고객의 니즈들을 충족시켜 줄 수는 없다. 따라서 마케터는 자사의 핵심 경쟁력이라는 것을 개발하여 제한된 고객의 제한된 욕구를 충족시켜주는 것에 최선을 다하여야 할 것이다. 즉, 선택과 집중을 통해 기업의 자원이 효율적으로 사용되도록 해야 한다.

고객지향성을 강화하기 위해서는 단순한 이윤 창출이라는 성과지향적인 사고가 아니라 고객을 만족시키고 이해하는 것이야 말로 마케팅 업무를 수행에 있어서 가장 중요한 부분이라는 마케터의 사고의 전환이 필요하고, 고객의 사고방식(customer mindset) 이해에 많은 시간과 노력을 투자하여야 할 것이다. 또한 고객지향성을 만들어가고 관계지향적인 마케팅을 하기 위해서는 마케터는 다음 4가지 요소에 주목하고 이를 실천해야 할 것이다. 즉, 고객지향성을 강화하기 위해서 영업사원들은 고객에 대한 정확한 이해, 고객정보의 중요성, 고객가치 창조, 그리고 고객에 관한 윤리의식에 관해 주의를 기울여야 할 것이다.

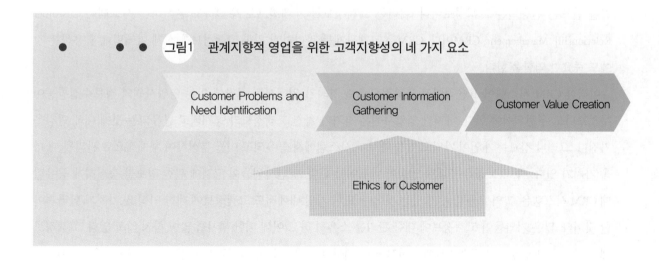

그림1　관계지향적 영업을 위한 고객지향성의 네 가지 요소

Customer Problems and Need Identification

Customer Information Gathering

Customer Value Creation

Ethics for Customer

(1) 고객의 문제와 니즈를 확인하는 것(Identifying Customers' Problems and Needs)

고객에 대한 이해는 고객이 원하는 고객가치를 창출하는 고객지향성의 출발이다. 고객지향성의 프로세스는 고객의 니즈와 문제의 파악에서 시작된다. 즉, '고객은 왜 구매를 할까? 무슨 문제와 어떤 니즈가 있는 것일까?'라는 질문에서부터 마케팅활동이 시작되는 것이다. 고객은 스마트폰을 왜 구매할까? 컴퓨터기반의 휴대용 전화 혹은 통신 기계를 구매하는 이유는 무엇일까? 많은 고객들에게 이 질문을 해보면 다른 사람들이 구매하니까 혹은 무슨 유행인 것처럼 생각하는 경우가 많다. 하지만 이 응답을 조금만 더 들어가 보면 타인과의 관계 혹은 네트워크에서 탈락되지 않기 위해서라는 것을 알 수 있다. 요즘 대학생들은 새로 사귄 친구와 서로 전화 번호를 교환하면서 "전화할게"라는 말 대신 "카톡할게"라고 이야기한다. 이처럼 고객의 니즈와 문제를 파악하는 것은 단순하지 않으며 고객들도 모르고 있는 경우가 많다. 이를 정확하게 이해하고 발견하는 것이야 말로 고객지향적 마케팅의 첫 번째 숙제이고 이는 수많은 고객과의 만남과 대화 속에서 학습해야 할 가장 중요한 이슈이다.

● ● 그림2 고객 니즈에 관한 이해

Problems: 심리적 육체적 문제 → Needs: 추상적인 욕구 → Wants: 구체적으로 원하는 욕구

(2) 고객정보 수집하기(Customer Information Gathering)

장기적으로 기업에 이익이 되는 고객과의 장기적 관계를 확립하고, 구축하고, 유지하는 데 있어서 기업의 성공을 만드는 원동력은 고객정보이다. 이러한 고객정보를 체계적으로 수집하고 분석하는 시스템이 Customer Relationship Management; CRM이다. CRM은 고객관계를 관리하기 위한 고객정보를 실제 마케팅에 활용하는 것에도 중요한 역할을 한다.

이러한 CRM 시스템이 효율적이고 효과적으로 운영되기 위해서는 현장에 있는 영업사원의 정보수집활동이 무엇보다도 우선되어야 한다. 하지만 영업사원은 자기가 가진 고객정보가 공개되고 공유되는 것에 대해 반감을 가진다. 그러나 정보는 개인이 가지고 있을 때보다 시스템에서 공유되고 이를 분석하여 체계적으로 관리될 때 더욱 가치가 있다. 즉, 정보공유에 대한 인식이 바뀌어야 한다. 영업사원들이 고객에 관한 정보를 충실하게 공유할 때 CRM 시스템은 그 역할을 할 수가 있는 것이다. 또한 기업 내에서도 고객정보에 대한 인식 및 가치가 달라져야 할 것이다. 많은 기업들이 고객정보에 대한 관리를 소홀히 하고 이에 대한 투자를 많이 하지 않고 있다. 고객정보에 대한 가치를 인정하고 고객조사에 투자를 하여 이를 바탕으로 모든 영업과 마케팅이 수행되어야 할 것이다.

2) 시장지향성

90년대 초반 이후부터 시장의 경쟁이 심화되고, 점점 더 마케팅의 중요성이 부각되면서 기업의 새로운 마케팅의 역할이라는 이슈에 대한 논의가 활발하게 진행되었다. 이에 부응하여 여러 마케팅 학자들이 기업의 마케팅 관점을 반영하는 개념에 대한 연구를 시작 하면서 시장지향성이라는 개념을 도입하였다. 시장지향성은 고객의 욕구와 경쟁사의 변화 등 시장의 환경변화에 대한 정보를 수집, 분석, 제공하여 경쟁자들보다 더 잘 대응함으로써 기업의 지속적 경쟁우위와 높은 수익성을 실현하기 위한 전사적인 활동을 의미한다(Kohli and Jaworski, 1990).

시장지향성에 대한 논의는 아직까지 활발히 진행되고 있고 가장 일반적으로 받아들여지는 것은 Kohli와 Jaworski(1990) 그리고 Narver와 Slater(1990)의 행동적 관점과 조직문화적 관점이다. Kohli와 Jaworski(1990)는 시장지향성을 "현재 및 미래의 소비자욕구를 반영하는 시장정보를 전사적으로 창출하고, 창출된 정보를 조직 내에 확산해 나가며, 그 시장정보에 대해 전사적으로 대응하는 것"으로 정의하고 있다. 즉, 조직구성원들의 시장정보와 관련한 행동에 초점을 두고 있다. 이는 고객에 대한 초점을 고객의 욕구와 선호에 영향을 주는 외부 시장요인까지를 고려한 포괄적인 개념으로 보고 있으며 이를 바탕으로 시장지향성을 구성하는 하위개념으로 정보 창출(intelligence generation), 정보 확산(intelligence dissemination), 기업의 대응성(responsiveness)을 제시하고 있다. 여기서 말하는 시장정보는 현재 고객 욕구뿐만 아니라 미래의 욕구까지 포함되며, 내·외부적 요인에 대한 정보가

● ● ● **표1** 기존 연구에서의 시장지향성의 정의

저자	정의
Kohli and Jaworski (1990)	현재와 미래의 고객욕구와 관련된 정보를 전체 조직차원에서 창출하고, 모든 구성원들에게 확산시키며, 그러한 정보에 조직적으로 반응하는 일련의 기업의 활동
Narver and Slater (1990)	우수한 고객가치와 성과를 위해 요구되는 활동을 가장 효과적, 효율적으로 창출할 수 있는 조직문화를 의미함. 구성요소는 고객지향성, 경쟁자지향성, 부서 간 협조
Day (1994)	다양한 시장정보를 획득하고, 확산시키며, 이를 활용할 수 있는 기업의 역량을 의미함. 고객의 욕구를 가장 중요시하며, 우수한 고객가치를 제공하기 위하여 전체 조직차원에서 협력함
Han, Kim and Srivastava (1998)	고객들에게 우수한 가치를 지속적으로 제공하려는 성향을 의미하는 조직문화로서 고객지향성, 경쟁자지향성, 부서 간 협력 등으로 구성됨, 상대적으로 고객지향성의 역할이 중요함
Hult, Ketchen and Slater (2005)	기업은 시장 지식을 생성, 확산, 반응하여 현재와 미래의 고객의 욕구와 경쟁자 전략과 유통채널의 요구와 역량, 기업의 환경을 확장시켜나감

포함됨으로써 시장정보 창출은 기업 내 특정 부서의 일이 아니라 전사적 차원에서 수행하는 것을 뜻한다.

Narver와 Slater(1990)는 시장지향성을 "조직 내 모든 구성원들이 소비자를 위한 가치창출을 위해 효과적, 효율적으로 행동하고 그것이 곧 뛰어난 성과를 지속적으로 제공해 주는 기업문화"로 정의하였다. 즉, 시장지향성을 조직의 문화에 초점을 두고 있으며 이를 바탕으로 하위 개념으로 고객지향성(customer orientation), 경쟁자지향성(competitor orientation), 부서 간 협조(inter-functional coordination)를 제시하였다. 성과와의 관계에서는 시장지향성이 사업성과에 정(+)의 관계가 있고 자산수익률(ROA)과도 유의한 정의 관계가 있다는 것을 증명하였다(Narver & Slater, 1990). 후속연구에서도 시장지향성과 자산수익율, 판매량의 증가, 신제품 개발 성공 등의 기업성과와 유의한 관계가 있음을 발견하였다(Slater and Narver, 1994). 대부분의 연구가 시장지향성이 성과에 직접 영향을 미치는 것으로 주장하지만 시장지향성이 어떤 과정으로 성과에 미치는 지에 대한 이슈는 조금 더 연구해야 할 분야이다(Han, Kim and Srivastava, 1998). 이러한 시장지향성을 바탕으로 시장기반 학습에 관한 연구가 기존의 학습조직 연구와 병행하여 마케팅 분야에서 연구되기 시작하였다. <표 1>은 기존의 주요 연구에서 시장지향성에 대한 정의를 정리한 것이다.

오늘날의 시장상황은 기업 간 경쟁이 매우 역동적이고, 급속히 가속화되고 있고, 기업 활동의 모든 분야에서 매우 중요한 결정 요인이 되고 있다. 이에 기업들은 마케팅을 위한 여러 의사결정 과정 및 부분들에서 기업 간의 전략적 행동을 반영하고 있다. 다시 말해 시장의 안정성은 종종 신제품, 신기술, 새로운 진입자, 산업 내 기업들의 전략적 주도권, 그리고 계속적으로 진화하고 변화되는 시장의 경계(boundary) 등에 의해서 끊임없이 위협을 받고 있다. 이러한 불확실성이 높아지는 시장에서의 수요와 공급이 점점 더 복잡화되고 공급자와 구매자들의 반응도 매우 다양하게 나타나기 시작했다. 이러한 공급자와 구매자의 반응에서의 변화와 다양성에서 발생하는 시장 기회를 보다 빨리 포착하고 실행하는 기업들이 보다 나은 성과를 창출하고 있다. 기업이 이러한 기회에서 이득을 취하기 위해 새로운 시장의 등장을 인지하고 시장 수요 변화에 적극적으로 반응하기 위해서는 시장지향적이 될 필요성이 있다. 경쟁적인 시장에서 기업은 소비자의 욕구를 충족시키는 것 뿐만 아니라 다른 경쟁자보다 빨리 움직여야 할 것이다.

3) 학습지향성

학습지향성 또한 시장 지향성과 더불어 기업의 마케팅 역량 및 성과에 매우 유의하게 영향을 미치는 요인들 중 하나이다(Baker and Sinkula, 1999). 학습지향성의 모태인 조직 학습은 과거보다 나은 지식과 이해를 통해 기업의 전략적 행위를 개선하는 과정이라고 정의될 수 있다(Fiol and Lyles, 1985). 오늘날처럼 정보화 시대가 가속화되고 그에 따른 정보의 홍수 속에서 무한 경쟁시대에 살아남기 위해서 학습지향성은 기업의 매우 중요한 역량으로 인식되고 있다(Hunt and Morgan, 1996). 학습지향성은 자원기반이론을 주장한 Barney(1991)의 경쟁우위요소가 되기 위한 기준들을 모두 잘 충족시키고 있다. 우선 학습지향성은 고객에게 더 나은 가치를 제공해주기 위한 기반이 되는 것으로 인식되어 있다. 즉, 고객들이 요구하는 여러 가지를 기업 내에서 잘 받아들이고 개선해나가는 과정에 있어 학습지향성은 매우 중요한 토대를 제공하고 있다. 둘째, 학습지향성은 개발하기 매우 복잡하며 따라서 경쟁사가 모방하기가 매우 어렵다. 즉, 학습지향성은 기업의 지속적 경쟁우위의 원천이 될 수가 있으며, 이를 통해 마케팅 역량 등을 강화할 수 있는 중요한 기본이 되는 것이다. 마지막으로 학습지향성은 역동적인 경쟁 환경에 매우 적절하다(Slater and Narver, 1994). 경쟁에서 살아남기 위해 기업은 외부의 정보를 항상 수집하고 인지하고 있어야 한다. 이러한 의미에서 기업의 학습지향성은 외부환경에 대한 기업 내부의 학습의 필요성을 부각시키고 있다.

시장지향성과 학습지향성은 다음 세 가지 측면에서 매우 밀접한 관계에 있다(Bell, Whitwell and Lukas, 2002). 첫째, 두 지향성 모두 조직문화와 규범을 이해하는 것과 관계가 있다. 즉, 두 지향성 모두 조직의 문화에 영향을 받고 미치기도 하며, 조직의 규범에서도 상호작용을 가지고 있다. 둘째, 두 지향성 모두 개인과 조직 간의 관계성과 상호의존성에 관련이 있다. 즉 학습지향적이 되기 위해서는 조직의 지속적인 지원이 있어야 하며, 조직의 학습지향성은 또한 개인의 학습의욕과도 상호의존적이라고 할 수 있다. 마지막으로 두 지향성 모두 유형적 자원과 무형적 자원의 통합적 사용에 모두 관계되어 있다. 즉, 학습을 위해서는 기업의 문화 및 경영층의 의지, 기업 역량 등의 무형적 자원이 기반이 되고, 이를 시스템과 같은 유형적 자원이 뒷받침이 되어야 가능하다는 것이다.

3

시장감지 프로세스

시장감지는 외부 환경에 대한 인지 및 이해를 위한 것으로 조직 또는 기관들이 시장에 대해 배우기 위해 사용하는 정보 처리 활동의 일반적 순서를 따른다. 이는 전 고객을 대상으로 정보를 수집, 상호적인 정보 배분, 정보 해석의 과정을 통하여 달성될 수 있다. 시장감지 프로세스를 통하여 고객과의 관계를 창출 및 유지시켜 줄 수 있는 고객연결고리 능력이다.

<그림3>과 같이 시장감지 프로세스는 다음 단계에 따라 진행된다.
- **1단계**: 경영 성과 하락과 같이 우리 기업에 닥친 문제를 해결하기 위해서 또는 기업의 미래 의사결정을 하기

위해 필요한 정보를 정의한다.

- 2단계(2차 자료 수집): 시장의 니즈와 반응에 대해, 시장이 어떻게 세분화되는지에 대해, 누구와의 관계가 어떻게 유지되는지에 대해, 경쟁자의 전략에 대해, 채널파트너의 역할에 대해 정보를 수집한다.
- 3단계: 조직시스템(인트라넷, 리포팅 시스템, 하드카피)을 통해 2차 자료를 배분한다.
- 4단계: 매니저의 정신적 모델(The mental models of managers)은 정보 필터링을 위한 규칙을 결정하고, 정보해석을 통해 예상된 결과에 대한 정보에 어떠한 행동을 취할 것인지를 결정한다.
- 5단계: 정보를 이용하는 단계로 Market Sensing을 통한 정보를 토대로 전략을 수립 및 실행한다.
- 6단계: 전 단계의 정보를 토대로 의사결정에 대한 결과를 평가한다.
- 7단계: 조직 기억은 모든 과정에서 문제의 답을 필요로 할 때 종합적 통찰력을 제공하는 저장소로 제공되며 적합한 질문을 창출하는 주요 요인으로 사용된다.

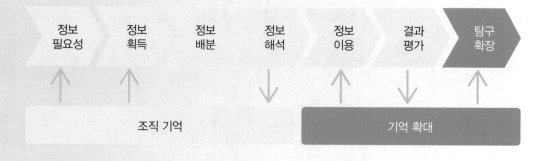

● ● ● 그림3　Market Sensing 과정

시장감지 능력

기업의 경쟁적 우위를 위해서는 해당기업의 핵심역량(Core Competency)과 더불어 프로세스 관리상의 우선순위, 지식의 통합, 배움의 확산을 통틀어 일컫는 차별적 역량(Distinctive Capability)이 필요하다. 시장감지 능력 또한 이 차별적 능력에 속한다고 볼 수 있다. 차별적 역량은 기업 내 여러 부문에 걸쳐 있는 능력을 고객의 니즈에 부합시키기 위해 하나의 과정으로 집결시킨 것이다. 시장지향성(Market Orientation) 연구에 의하면 차별적 역량은 고객과 경쟁자에 대한 우월한 정보를 창출, 보급, 이용하는 조직의 능력으로 묘사된다. 차별적 역량은 개발되기 어려우나 일단 시장에서 성공적으로 발휘되면 타기업에 의해 쉽게 모방이 가능하기 때문에 이를 구축하고 유지하는 것은 기업의 지속적인 과제일 것이다. 기업은 시장 환경 변화에 차별적 역량을 얼마나 효과적으로 빠르게 접목시키느냐에 따라 시장에서의 기업의 입지가 달라진다. 기업은 시장감지 역량을 통해 어떤 자원적 재능을 가졌는지 확인하고 환경변화에 대한 적응력을 높이기 위한 방법으로 활용할 수 있다.

시장감지 역량을 향상시키기 위한 방법은 다음과 같다.
1. 도식화(Mapping)와 벤치마킹(Benchmarking) 방법론들을 통하여 기업의 현황과 현재 능력을 진단한다.
2. 고객가치 창출을 위한 전략과 함께 미래의 수요를 정확하게 예측한다.
3. 세부과정 또는 역할에 따른 조직을 하위부서부터 상위부서까지 재디자인한다.
4. 상급 매니저로부터 Top-down 방식으로 지속적인 고객중심화를 명확하게 보여준다.
5. 정보기술을 효율적으로 활용한다.
6. 타깃에 대한 과정을 관리한다.

Market Sensing 방법론

1) 최고경영층(Executive/Management)의 직관적 평가

최고경영층의 직관적 평가는 기업 내의 주요 경영자들의 의견을 종합하여 판매량과 같은 미래를 예측하는 방법이다. 구체적으로, 여러 명의 경영자들에게 기업의 과거판매자료 및 시장에 대한 배경정보를 제공하고, 이를 토대로 기업은 판매규모 혹은 추세를 예측하게 된다. 이때, 시장상황에 대한 각 경영자의 확신에 비례하는 가중치를 부여하는 경우도 있다.

사례

일본이 놀란 국산 볼펜
'제로지볼'

국내 필기구 시장에서 일본 제품의 점유율은 50% 이상으로 일본 필기구에 대한 선호와 영향력은 절대적이라고 할 수 있다. 이런 상황에서 일본 필기구 시장에서 주목을 받으며 성공가도를 달리고 있는 국산 필기구가 있어 화제가 되고 있다.

일본경제신문에서 발행하는 월간지 '닛케이트랜디' 6월호에 보도된 '2023년 상반기 100대 히트 상품 필기구부문'에 한국산 필기구 '제로지볼(ZERO G Ball)'이 선정되었다.

세계 최대의 필기구 격전지라 불리는 일본 필기구 시장에서 한국산 필기구가 히트 상품으로 선정된 것은 무척 드문 일이다.

국내에서 개발하고 생산한 토종 브랜드로 제로지볼(ZERO G Ball)이라는 제품명은 '무중력(Zero Gravity) 상태'와 같이 편안한 필기감을 제공한다는 뜻이다. 볼펜의 끝부분이 15도 꺾여 있어 볼펜을 쥐었을 때 볼펜

촉이 자연스럽게 지면과 수직을 이루기 때문에 필기 시의 저항감을 최소화하는 장점이 있다.

획을 많이 사용하는 한글이나 한자 등에 최적화된 특징이 있으며, 특히 왼손잡이에게도 매우 편안한 각도를 제공한다.

현재 일본에서는 판매 개시 1개월만에 약 4만자루 이상 판매 되었으며 특히 일본 필기구 매장 가운데 가장 트랜디하다는 로프트(Loft)전 지점에서 판매 중이며, 그외 츠타야, 요도바시카메라, 일본 아마존 등 온오프라인에서 판매되고 있다.

일본은 우리나라와 달리 아직도 필기구가 많이 소비되는 시장이기 때문에 업체마다 매년 새로운 필기구를 개발하고 출시하는 등 전세계에서 필기구 제품 경쟁이 가장 치열한 나라이다.

필기구에 대해 매우 까다롭다고 소문난 일본 소비자들 사이에서 한국 제품이 히트 상품에 선정이 되었다는 것은 특별한 경우가 아닐 수 없다.

제로지볼을 생산하는 '㈜제로지텍'은 이 독창적인 아이디어를 상품화하기 위해 설립된 법인으로 현재 제로지볼과 관련해 다수의 발명, 디자인특허를 보유하고 있다. 또한 세계 9개국에 의장특허를 출원, 등록하고 있다.

출처: 매일경제, 2023년 7월 4일

경영자들이 시장과 산업에 대한 광범위한 지식과 경험을 가지고 있고 시장상황에 대한 통찰력이 있다면 시장의 큰 흐름이 잘 반영된 예측치를 도출할 수 있게 된다. 특히, 과거의 자료가 존재하지 않는 혁신제품의 수요예측에 경영자들의 지혜가 효과적으로 활용될 수 있다. 그러나 이 방법의 단점으로는 구체적인 근거가 부족한 개인 의견이 과다하게 반영될 수 있으며, 특정인(예컨대, 최고경영자)의 영향력이 작용할 수 있다. 그리고 경영자의 시간을 너무 많이 빼앗는다는 점 등을 들 수 있다.

2) 델파이(Delphi Method) 혹은 전문가 평가 기법

최근 기업들은 새로운 기술이나 혁신적인 제품에 대한 장기적인 예측을 하기 위해 델파이 기법을 많이 도입하고 있다. 이 방법은 특정 기술이나 제품에 대한 전문가들의 의견을 종합하고 조정하여 하나의 예측치로 도달해가는 방법이다. 구체적으로, 여러 명의 전문가들로 된 패널을 구성한 후 각 전문가에게 예측을 의뢰한다. 진행자는 예측치를 수집하여 평균과 예측치의 분포를 계산하여 전문가들에게 제공하고 이를 고려하여 다시 예측을 해주도록 의뢰한다. 이 과정은 참가자 전원의 예측치가 일치할 때까지 반복된다. 합의를 도출해내는 과정은 한 장소에 모여서 혹은 서면으로 진행될 수 있다.

델파이 기법은 전문적 지식을 반영하면서 구성원간의 역학관계에 의한 왜곡을 최소화할 수 있는 효과적인 예측방법이기는 하지만 시간과 비용이 과다하게 소요될 수 있다는 단점을 가지고 있다.

3) 판매예측 추적(Sales Forecast Tracking) 및 고객접점 활용

많은 경우 기업의 영업사원들은 고객, 경쟁자, 유통업자 등과 가장 가깝게 일을 하는 사람들이기 때문에 시장에 대한 상세하고 시의 적절한 정보를 가장 많이 보유하고 있다. 예를 들어 자사제품에 대한 고객들의 반응, 그들의 구매계획, 유통의 지원상황 등을 상세하게 판단할 수 있으며 이를 바탕으로 비교적 정확한 예측을 제공할 수 있다. 또한 각 영업사원이 담당하고 있는 제품이나 지역에 따라 세부 제품별 혹은 지역별 예측치를 도출하는 것도 용이하다. 본인들의 예측을 바탕으로 산출된 판매할당량에 대해서는 수용가능성이 높고 할당량을 달성하기 위해 노력을 기울일 인센티브가 많아진다는 점 등이 이 방법의 장점으로 들 수 있다.

그러나 이 방법은 몇 가지 중요한 문제점을 가지고 있다. 우선 영업사원들은 상당히 주관적 시각을 가지고 있는 경우가 많다. 최근의 실적에 따라 시장에 대한 시각이 과다하게 비관적이거나 낙관적일 수 있다. 더구나 본인의 예측이 판매할당량에 영향을 미칠 것이라는 점을 감안하여 부정확한 예측치를 제공할 수도 있다. 또한, 그들은 대체적으로 시장의 거시적 요소들에 대한 폭넓은 시야를 가지고 있지 못한 경우가 많기 때문에 시장의 구조적 변화를 예측에 반영하지 못할 수 있다. 이러한 점을 감안할 때 한두 명의 영업사원에게 예측을 의뢰하는 것보다는 여러 명으로부터 예측을 받아 이를 종합함으로써 영업사원 개개인의 편향(bias)를 상쇄시키는 것이 바람직하다. 예를 들어 어떤 영업사원은 고객정보에 편중하여 예측을 하고 또 다른 영업사원은 경쟁상황에 편중하여 예측을 하였다면 이들 둘의 예측치를 종합함으로써 고객과 경쟁상황 모두가 반영된 예측치를 도출할 수 있는 것이다.

4) 인터뷰

인터뷰에는 개인 인터뷰와 집단 인터뷰의 두 형태가 있다. 개인 인터뷰는 집, 직장, 길, 쇼핑몰 같은 곳에서 사람과 만나 이야기를 나누는 것이다. 이 면접은 매우 유연하게 전개될 수 있다. 훈련된 면접자는 인터뷰의 지침을 제공하고, 어려운 질문을 설명하고, 특정 상황이 제공하는 이슈를 탐색할 수 있다. 그들은 응답자에게 실제 제품, 광고, 패키지를 보여주고, 행동과 반응을 관찰할 수 있다. 그러나 개인 인터뷰는 전화 인터뷰보다 3~4배 높은 비용이 든다.

집단 인터뷰는 훈련된 사회자가 6~10명의 사람을 초청하여 제품, 서비스, 또는 기관에 관한 이야기를 나누는 것이다. 참가자는 대개 참석 대가로 사례비를 받는다. 사회자는 자유롭고 편안한 토론이 이루어지도록 조장하는데, 집단 구성원의 상호작용이 실제 감정과 생각을 이끌어낼 것이라는 기대 때문이다.

5) IT를 활용한 자료 수집

커뮤니케이션 기술의 발전은 이를 이용한 새로운 형식의 접촉방식을 불러 온다. 마케팅 조사의 최신 기술은 인터넷이다. 마케팅 조사자는 인터넷 설문조사, 온라인 패널, 온라인 실험, 온라인 표적집단 면접 등과 같은 온라인 시장조사를 통하여 1차 자료를 수집하고 있다. 실제로 기업은 2006년 마케팅 조사비의 30%를 온라인 조사에 쓴 것으로 추산되는데, 온라인은 이제 가장 많이 사용되는 자료 수집 방법이 되었다.

온라인 조사는 여러 가지 형태가 있다. 회사는 웹 사이트에 설문지를 올려놓고 이에 응답할 경우 응답자에게 인센티브를 제공한다. 또는 이메일, 웹 링크나 웹 팝업을 이용하여 사람들이 질문에 응답하고 상응한 보상을 받도록 할 수 있다. 회사는 채팅룸을 후원하면서 때때로 질문을 올리거나 토론이나 집단면접을 진행하기도 한다. 회사는 사용자가 웹 사이트를 방문하고 다른 사이트로 이동하는 클릭의 흐름을 추적함으로써 온라인 소비자의 행동을 파악할 수 있다. 회사는 여러 웹 사이트에서 서로 다른 가격을 실험하거나, 다른 광고 헤드라인을 올려놓거나, 다른 제품 기능을 제공하거나, 같은 제안을 다른 시기에 올려놓음으로써, 이들의 효과를 비교할 수 있다. 또한 신제품 개념을 검증하기 위해 실험용 기구를 웹 사이트에 설치할 수도 있다. 웹 리서치는 전통적인 설문조사나 집단면접에 비해 여러 가지 이점이 있다. 가장 확실한 장점은 빠른 속도로 결과를 얻는 것과 저렴한 비용이다.

6) 관찰조사(Observational Research)

관찰조사는 적절한 사람, 행동 상황을 관찰함으로써 자료를 수집하는 것이다. 예를 들어, 은행은 지점 주변의 교통량, 주거 여건, 경쟁지점의 위치를 확인함으로써 새로운 지점의 개설 가능한 위치를 평가할 수 있다. 조사자는 고객과의 인터뷰 등과 같은 대화로는 얻을 수 없는 직관적인 자료를 얻기 위해 소비자 행동을 관찰하기도 한다. 예를 들어, 세계적인 장남감 회사인 레고는 백화점이나 쇼핑몰에 재고 체험관을 두고 아이들이 어떻게 조립을 하는가를 관찰하여 신제품을 개발하기도 하고, 많은 유통점들이 점포내에 소비자들의 이동을 관찰하여 가장 적합한 소비자의 동선을 디자인하는 등의 관찰기법을 사용하고 있다.

관찰조사는 사람들이 제공하지 않으려고 하는 또는 제공할 수 없는 정보를 확보할 수 있게 알려준다. 때때로 관찰은 필요한 정보를 얻을 수 있는 유일한 방법이기도 하다. 반면 감정, 태도, 동기 또는 사적 행동 같이 관찰될 수 없는 것도 있다. 장기적인 또는 아주 드문 행동도 관찰하기 어렵다. 이 한계점 때문에 조사자는 종종 다른 자료수집 방법과 함께 관찰조사를 사용하기도 한다.

6

빅데이터를 활용한 시장감지

오늘날 빅데이터의 활용은 점점 더 쉽고 다양하게 변화하고 있다. 사전적인 의미에서 정의하는 빅데이터의 특징은 4V로 설명할 수 있다. 이 중 빅데이터의 기본 특징은 3V로 설명할 수 있다. 3V는 데이터의 크기(Volume), 데이터의 속도(Velocity), 데이터의 다양성(Variety)을 나타내며 이러한 세 가지 요소의 측면에서 빅데이터는 기존의 일반적인 데이터와 구분할 수 있다. 데이터 크기(Volume)는 단순 저장되는 물리적 데이터양을 나타내며 빅데이터의 가장 기본적인 특징인 많은 양의 데이터를 의미한다. 데이터 속도(Velocity)는 데이터의 고도화된 실시간 처리를 뜻한다. 이는 데이터가 생성되고, 저장되며, 시각화되는 과정이 얼마나 빠르게 이뤄져야 하는지에 대한 중요성을 나타낸다. 다양성(Variety)은 다양한 형태의 데이터를 포함하는 것을 뜻한다. 정형 데이터뿐만 아니라 사진, 오디오, 비디오, 소셜 미디어 데이터, 로그 파일 등과 같은 비정형 데이터도 포함된다. 빅데이터 시대에는 방대한 데이터의 양을 분석하여 일정한 패턴을 추출할 수 있다. 그러나 과연 데이터 일정 패턴을 설명할 수 있을 만큼 신뢰성이 있느냐는 문제가 생긴다. 데이터가 많아질수록 엉터리 데이터도 커질 가능성이 높아지기 때문이다. 따라서 빅데이터를 분석하는 데 있어 기업이나 기관에 수집한 데이터가 정확한 것인지, 분석할 만한 가치가 있는지 등을 살펴야 하는 필요성이 생겼고 이러한 측면에서 빅데이터의 새로운 속성인 정확성(Veracity)이 제시되고 있다.

그림4 Term Correlation 예시

sound	상관관계	good	apple	airpods	great
Uality à Quality	0.60	0.24	0.22	0.21	0.17

그림5 데이터 예시

	A	B	C
		X1	X2
1		Was a gift for mi son. He love it.	12-Nov-19
2		I love the apple products and the AirPods are awesome and easy to use for anyone.	12-Nov-19
3		AirPods	12-Nov-19
4		i liked	12-Nov-19
5		Great	12-Nov-19
6		I love my EarPods best purchase yet.	12-Nov-19
7		Genial, funciona segun esperado	12-Nov-19
8		These work good. However, sometimes they don't sync up	12-Nov-19
9		Great sounds...But! They will not stay in the ear! Despite the great appeal, if you move or are walking (God forbid running)	12-Nov-19
10		No adjustment	12-Nov-19
11		Present for grand daughter.	12-Nov-19
12		Really convenient and great battery life	11-Nov-19
13		Love my AirPods, take them everywhere I go, put them in when I need to just listen to music and tune out the world	11-Nov-19
14		Just awesome apple product. Use 1 by itself or both together. What I love is if one falls out and you don't know it they stop	11-Nov-19
15		Good product, the battery last a long time.	11-Nov-19
16		Perfect sound	11-Nov-19
17		I don't think mine are noise canceling. If you aren't used to wearing anything IN your ears it will take a while to get used to	11-Nov-19
18		As advertised	11-Nov-19
19		love them	11-Nov-19
20		I really love these iPods I can use them for a long time and don't need to charge often.. highly recommend to buy	11-Nov-19
21		Battery is amazing for how much i use them and still only need to charge 1 time a week	11-Nov-19
22		Good headphones	11-Nov-19
23		Overall: a happy customer	11-Nov-19
24		Love the size, fit, and sound quality. Battery life is limited when used for long conversations but not bad when just listening	11-Nov-19

빅데이터 분석법 중 일반적인 방법은 트위터, 구글 페이스북 등의 온라인상에서 사람들이 주고받는 문자로 된 자료를 기계적으로 수집하여 시각화(visualization)하여 요약하고 해석하는 것이다. 이를 위해 최근 text mining 기법이 많이 사용된다. R 프로그램으로 얻은 예시를 가지고 어떻게 활용할 수 있는지 설명하고자 한다. 분석 예

시로 사용하는 데이터는 아마존 닷컴에서 2019년 11월 12일부터 2019년 3월 29일까지 3632개의 제품 리뷰를 R을 사용해 scrapper.R 로 수집하였다.[2] 예시를 위해 애플사가 최근 출시한 Airpods를 선정하여 자료를 수집하고 분석하는 과정을 설명하였다.

<그림 4>는 품질이라는 단어와 동시에 사용된 단어들을 보여준다. sound와 quality는 100번 중 60번의 비율로 함께 리뷰에 사용되었다고 해석한다. <그림 5>를 보면 Airpods에 관한 제품 리뷰가 최신 순으로 정렬된 것을 볼 수 있다. 이는 데이터 모으는 작업이 순서대로 잘 진행되어 있는지를 알 수 있게 하는 의미 있는 정렬이다.

<그림 6>은 어떤 단어들이 많이 사용되었는지를 알려준다. 이를 통해서 전체적인 분위기와 중요한 단어가 무엇인지 알아낼 수 있다.

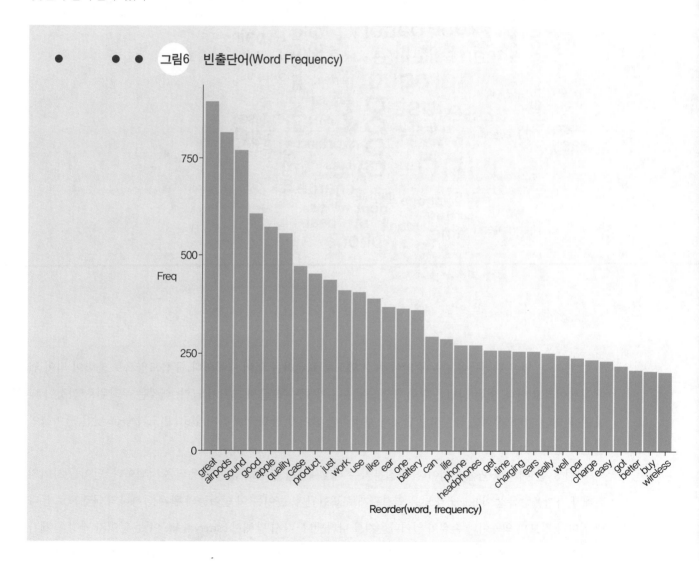

● ● ● 그림6 빈출단어(Word Frequency)

---

2 구체적인 코드에 대한 설명은 고객가치기반 신제품 마케팅전략(김경민, 박정은, 김태완 저, 2019, 박영사) 8장을 참조하기 바란다.

그림7   언어구름(word cloud)

<그림 7>은 많은 단어들을 한눈에 알아볼 수 있도록 표현하는 언어 구름이다. 구름모양으로 출력이 되어 언어 구름이라고 한다. 읽는 방법은 단어가 언급된 횟수가 클수록 글씨 크기가 크다. 색깔은 무작위로 선정이 되어 큰 의미는 없다. 장점은 긍정적인 단어와 부정적인 단어가 함께 어우러져 있고, 빈도가 높고 낮은 단어들이 한 눈에 볼 수 있다는 점이다.

<그림 8>은 위계적 군집 분석이다. 군집분석은 시장세분화를 위해 많이 사용되는 방법이다. 단어들 사이의 관계가 가까울수록 높이(height)가 낮은 연결관계로 표현된다. 높이는 이 단어들의 관계를 하나의 군집으로 본다면 얼마나 정보의 외곡이나 손실이 일어나는지를 나타낸다. 다시 말해서 battery와 life 이 두 단어가 가장 관계가 높다고 보면 된다. 빨간색 네모는 군집을 나타낸다. 군집의 수는 마케터가 지정할 수 있다. 따라서 적절한 군집 수를 찾기 위해서는 많은 반복적인 수행이 필요하다.

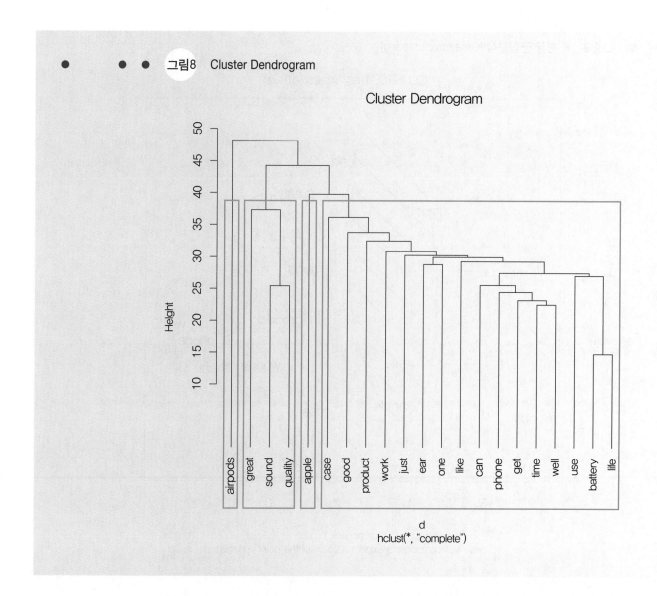

<그림 9>는 <그림 6>과 비슷한 K-평균 군집분석이다. 위의 그림은 군집에 포함된 단어들 사이의 거리를 가장 작게 하면서 동시에 군집과 군집의 거리는 가장 크게 하는 결과다. 하나의 군집으로 속한 단어들이 서로 연관성이 높다고 해석한다. 원 안에 빗금의 간격이 클수록 관계가 높은 경향이 있다. 역시 군집의 수는 연구자가 지정한다. Apple사의 Airpods제품의 리뷰를 해석해 보면 파란 원에서 음질이 좋음을 유추할 수 있다. 품질이 좋고 잘 작동한다는 해석은 파란군집에서 찾을 수 있다. 또 다른 중요한 이슈는 베터리 라이프와 전화사용에 대한 부분이다. 이렇듯 마켓 센싱을 할 때 한 제품의 리뷰를 통해서 소비자들이 어떤 점을 좋아하고 있는지 그리고 어떤 부분을 아쉬워하는지를 알 수 있다.

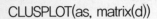

그림9 K-평균 군집분석(K-means clustering)

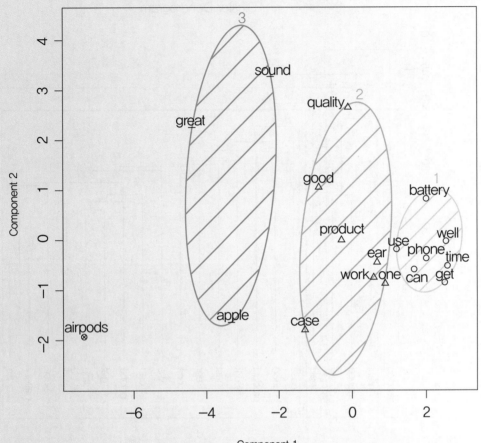

이상에서와 같이 다양한 빅데이터 분석방법을 통해 사람들이 온라인상에서 특정 제품에 대해 어떤 단어를 많이 사용하고 있는가를 밝혀내고, 또한 유사한 단어들의 군집을 통해 제품의 속성을 구성하는 데 많은 도움이 된다. 전통적인 실험과 서베이 조사 방법과는 달리 보다 많은 샘플을 구성하여 보다 일반화된 결과를 얻어낼 수 있다는 장점도 있다. 금융서비스에서도 빅데이터의 활용은 매우 유용하다. 은행 역시 소비자 경험을 개선하고 업무 효율을 높이기 위해 데이터를 적극적으로 활용하는 등, 데이터 중심의 디지털 트랜스포메이션을 시도하고 있다. 예를 들어 소비자의 입출금 내역이나 카드 사용 내역 같은 소비 패턴을 분석해, 맞춤형 금융 서비스를 제공할 수 있고, 소비자의 신용 등급을 정확하게 평가해 알맞은 대출 상품을 추천할 수도 있다. 또한 금융권에

서 빅데이터를 활용하는 대표적 사례는 맞춤형 마케팅을 위한 고객 분석 용도이다. 비교적 여러 사례를 통해 알려져 있는 분야이다. 이외에도 최근에는 트렌드 예측, 기업 리스크 및 운영 관리 등의 분야에서도 데이터를 활용을 시도하고 있다.고객 맞춤형 마케팅에서 빅데이터는 고객의 특징을 찾는데 활용된다. 고객의 금융 거래, 카드 소비 등의 데이터를 분석해 고객의 특징을 찾고, 이를 맞춤형 마케팅의 근거로 활용한다. 따라서 이러한 빅데이터 분석은 시장 감지의 또 다른 중요한 방법으로 대두되고 있다.

Further Discussions

FD1 주변 기업에서의 시장감지활동에 대해 예를 들어 설명해보자.

FD2 주변에서 발생하는 고객 니즈 변화의 예를 들고 이를 시장감지의 관점에서 어떻게 활용되는지 토론해보자.

FD3 주변의 시장상황에 대해서 각각의 방법론을 활용하여 시장감지를 해보고 토론해보자.

CHAPTER 03

시장조사 (Market Research): 고객가치검증과정

Learning Objectives

LO1 시장조사가 무엇인지, 시장감지와 어떤 차이점이 있는지에 대해 학습한다.

LO2 시장조사과정과 각 단계별 활동에 대해서 학습한다.

LO3 시장조사의 방법론에 대해서 학습한다.

LO4 시장조사의 국내외 실제 방법 및 활동에 대해서 학습한다.

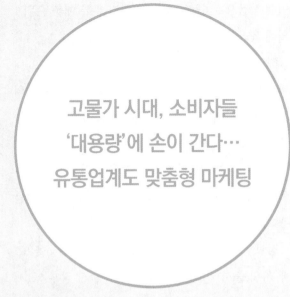

고물가 시대, 소비자들
'대용량'에 손이 간다…
유통업계도 맞춤형 마케팅

고물가 상황이 이어지면서 비교적 저렴한 가격에 더 많은 용량을 즐길 수 있는 '대용량 기획 상품'의 인기가 높아지고 있다. 크면 클수록 좋다는 '거거익선(巨巨益善)' 트렌드다. 이에 식음료업계를 비롯해 편의점 등 유통채널들도 용량을 키운 제품을 잇달아 선보이며 소비자 지갑 열기에 나섰다.

시장조사전문기업 엠브레인 트렌드모니터가 최근 1~2개월 기준 식품 소비(구매) 경험이 있는 전국 만 19~59세 성인 남녀 1000명을 대상으로 조사를 실시한 결과, 고물가 시대에 식비 부담이 커지며 양이 많고 저렴한 대용량 식품을 선호하는 경향이 강해진 것으로 조사됐다. 조사 응답자의 대부분(86.8%)이 대용량 식품을 구매한 경험이 있었고 그에 대한 만족도 역시 68.0%로 나타났다.

대용량 식품을 구매하는 이유로는 용량 대비 가격이 저렴하고(64.6%, 중복응답), 원래 자주 이용하던 제품이며(31.2%) 오래 먹을 수 있다(24.8%)는 점을 꼽았다. 실제 hy(한국야쿠르트)의 대용량 발효유 브랜드 '야쿠르트 그랜드'는 최근 누적 판매량 1억병을 돌파했다. 야쿠르트 그랜드는 지난 2015년 '야쿠르트'를 대용량으로 즐기고 싶다는 소비자 의견을 반영해 출시했다. 용량은 280ml로, 기존 제품의 4배 이상이다. 출시 당시 SNS를 통해 입소문이 나며 일평균 7만병씩 팔렸다. 첫 해 누적 판매량도 1500만병을 넘겼다. 현재 총 8종의 그랜드 제품을 판매 중이다.

편의점업계도 대용량 제품 수요 증가에 따른 수혜를 톡톡히 입으며 관련 제품을 확대하고 있는 추세다. 최근 런치플레이션으로 한 끼 해결을 위해 '빅(Big)', '더블(Double)', '롱(Long)' 등의 이름을 달고 용량을 늘린 삼각김밥, 김밥을 찾는 수요가 크게 늘면서다. 이마트24가 올해(1월 1일~6월 19일) 삼각김밥·김밥 판매 데이터를 분석한 결과 '더빅·더블삼각김밥', '대용량 김밥' 매출이 전년 동기 대비 71% 증가한 것으로 나타났다. 이는 일반 삼각김밥·김밥 증가율인 33%와 비교해 38%p 높은 수치다.

대용량 삼각김밥·김밥 매출 증가율을 상권별로 살펴보면 학교·학원 상권이 210%로 가장 높게 나타났고, 오피스 91%, 독신주택 76%, 산업지대 71%, 일반주택가 56%가 뒤를 이었다. 런치플레이션에 학교·학원, 오피스, 독신주택가 상권을 중심으로 간편하면서도 가성비 좋게 식사를 해결할 수 있는 대용량 삼각김밥·김밥을 찾는 고객이 크게 늘어난 것으로 풀이된다.

이마트24가 판매하는 더빅삼각김밥은 일반 삼각김밥(100g~110g)보다 중량을 약 50% 늘린 상품(150g~160g)으로 밥 한 공기(200g)와 비슷한 양이다. 가격은 1500원~2000원 수준이다. 전주비빔, 통햄참

치마요, 매콤제육 삼각김밥 등 총 13종의 더빅 상품을 운영 중인 이마트24는 빅사이즈 삼각김밥을 찾는 고객 수요에 맞춰 '더빅 2종'을 결합한 더빅더블삼각김밥 판매 실험에 나선다. 기존에 일반 삼각김밥 2종을 결합한 더블삼각김밥은 있었지만 '더빅 상품을 더블로 선보이는 것은 이번이 처음이다.

또 기존 8알에서 14알로 용량을 늘린 롱롱김밥에 대한 고객 호응이 높아짐에 따라 다양한 롱롱김밥 상품도 지속 확대해 나간다는 방침이다.

이마트24 관계자는 "이처럼 가성비를 앞세워 용량을 늘린 상품을 지속 확대하는 것은 고물가에 대응하고, 합리적인 가격에 고객들의 소비를 촉진시켜 가맹점 매출 증대에도 도움이 되겠다는 전략"이라고 밝혔다.

GS25도 용량을 크게 늘리고 '점보' 타이틀을 내건 제품을 속속 출시하고 있다. 점보 상품들이 완판, 품절을 기록하며 '소량화'에 주력하던 편의점의 MD 전략 또한 '대량화'로 변화하고 있다는 설명이다.

편의점 GS25가 지난 15일 넷플릭스와 손잡고 선보인 '넷플릭스점보팝콘'은 출시 직후 '새우깡', '포카칩' 등을 제치고 400여종의 스낵 중 매출 1위를 기록했다. 해당 상품은 일반 팝콘 상품 대비 6배에 달하는 특대형 스낵(중량 400g) 콘셉트로 기획됐다.

특대형 PB 스낵이 카테고리 1위에 올라선 것은 최초 사례다. 초기 넷플릭스와의 협업 마케팅 효과로 주목 받은데 이어 '가용비'(단위 용량당 가격)가 입소문을 타며 판매량이 폭증했다는 것이 GS25의 설명이다.

지난 1일 GS25가 선보인 '혜자로운맘모스빵' 또한 편의점에서 찾아보기 힘든 빅사이즈(420g, 4900원)로 기획돼 성공한 상품 중 하나다. 가성비 도시락의 대명사로 불린 '김혜자 브랜드'를 베이커리로 확장한 첫

번째 상품으로 6월 기준, 베이커리 분류 매출 순위 1위에 올라섰다.

해당 상품도 일반 빵(100g 기준, 평균 가격 1800원) 대비 높은 가성비에 '반값 행사'(애플페이 결제 시) 등의 혜택까지 더해져 베이커리 분류에서 가장 높은 매출을 끌어냈다.

한정 수량만 시범 운영하기로 했던 '점보 도시락'은 폭발적인 인기에 힘입어 GS25의 정식 상품으로 전환됐다.

점보 도시락(729g)은 기존 '팔도 도시락'(86g)을 8.5배 키워 출시한 초대형 컵라면으로 출시 직후 5만개 물량이 빠르게 완판됐다. 전국 가맹점과 고객들의 추가 물량 요청이 계속되면서 GS25는 점보 도시락을 정식 상품으로 운영키로 결정했다.

이에 따라 GS25는 지난 16일부터 주 1회 3만여개 물량의 '점보 도시락' 공급을 재개했으며 완판이 이어지고 있다. 일반 구매 수요 외에도 해외 관광객의 기념품, 고객 사은품으로 활용하려는 업체들의 이색 수요까지 확산된 영향으로 풀이된다.

권민균 GS리테일 가공기획팀 MD는 "불황형 소비 경향 확대로 가성비, 가용비를 비롯해 '가잼비' 등을 갖춘 편의점 대용량 상품이 매출 상승을 견인하는 킬러 콘텐츠로 발돋움 하고 있다"며 "젊은 고객들의 가벼운 주머니 사정을 지원하는 취지로 차별화 대용량 상품을 지속 선보여 갈 계획"이라고 말했다.

출처: 오피니언뉴스, 2023년 6월 28일

시장조사의 정의 및 목적

    시장조사는 시장감지에서 발견한 가치를 기업관점에서 기업의 목적 및 마케팅 자원과의 적합성을 검증하기 위한 목적으로 자료를 체계적으로 획득, 분석, 해석하는 객관적이고 공식적인 과정이다. 일반적으로 시장조사는 고객의 새로운 니즈 또는 고객의 새로운 행동패턴을 발견하기 위해 탐색조사를 실시하는데, 시장조사를 통해 발견한 가치는 가치창출(Value Creation)에서 중요한 제품개발 및 마케팅 활동 등을 통해 구체화된다. 또한 시장조사는 성과하락 등 기업에 닥친 문제 또는 이슈를 해결하기 위한 단기적 전략의 기초자료로 활용될 뿐 아니라 기업의 장기적 전략수립 및 의사결정을 위해서도 활용된다.

    대부분의 큰 기업들은 회사 내부에 마케팅 조사 부서를 가지고 있다. P&G(Procter Gamble)의 거대한 시장조사 부문은 Consumer & Market Knowledge(CMK)라고 불린다. CMK 전문가들은 브랜드 추적조사(Tracking)와 같은 전통적인 조사들과 경험적 소비자 접촉(experiential consumer contacts)과 지식 종합 사건들(knowledge synthesis events) 등과 같은 최신 조사 방법들을 잘 활용한다. 그 이후 P&G의 제품 포트 폴리오를 완성할 기업의 매입과 같은 장기 계획을 세우거나 어떤 제품군을 출시할지 등과 같은 전략적 선택을 하는 데 활용하기 위하여 이런 모든 원천과 시장 감지력을 통합한다.

    시장조사를 통해 기업은 이익이 되는 고객과 이익이 되지 않는 고객으로 나눌 수 있다. 여기서 이익이 되는 고객이란 기업의 제품 또는 서비스 구매에 비교적 많은 돈을 투자하고 반복적으로 구매하는 고객을 뜻하는 반면, 이익이 되지 않는 고객이란 제품 또는 서비스 구매에 비교적 적은 돈을 투자하고 반복구매를 하지 않는 고객을 뜻한다. 이러한 고객 구분을 통해 고객에게 적합한 마케팅 판촉 등의 활동을 기획하고 실행할 수 있다.

    시장조사는 기업에서 다음과 같은 다양한 분야에서 활용될 수 있다.

- **시장자료를 수집할 때**: 시장의 트랜드 및 거시환경 분석
- **소비자 조사를 실시할 때**: 소비자의 문제 파악 및 수요예측
- **고객 니즈를 발견하고자 할 때**: 소비자의 잠재 니즈 파악
- **우리 제품을 시장에서 테스팅할 때**: 신제품의 시장 시험
- **고객의 반응을 평가할 때**: 신제품에 대한 소비자의 태도 및 구매 행동 조사
- **잠재적 제품 판매량을 평가할 때**: 시장의 수요 및 판매 예측

2

시장조사의 원칙

원칙 1. 리서치의 적시성과 타당성

시장조사는 오늘날의 중대한 사회 문제와 관련된 조사를 적시에 착수해야 한다.

미국의 대표적인 자동차 기업인 Ford와 GM은 시기 적절하고 현 시대의 중대한 트렌드를 반영한 시장조사를 통해 성공적인 새로운 자동차 시장(예: SUV시장)을 개척했다. 그리고 2004년 이 시장의 후발주자들인 Volvo, Porsche, 그리고 Volkswagen 또한 막대한 투자를 거쳐 새로운 시장인 SUV시장에 진입하였다. 하지만 이후 2007년 미국발 경제위기상황에서 소비자들은 급상승한 연료비로 인해 SUV에 대한 인식과 구매의도가 떨어졌고, SUV시장보다는 소형차 시장이 큰 폭으로 증가하였다. 이처럼 소비자 수요 조사의 결과들이 시장의 반응결과와 일치해서 나타나지는 않는다.

Microsoft e-Home 출시 발표

원칙 2. 리서치의 명확한 목적

조사 목적을 주의 깊고 분명하게 규정해야 한다. 시장조사를 통해 어떤 문제를 해결할 것인가에 대한 목적이 명확해야 그 목적을 달성하기 위해 조사가 실행되고 타당한 해결책을 제시할 수 있을 것이다. 마이크로 소프트 사는 당사의 Microsoft e-Home 컨셉의 고객 수용도를 시장조사를 통해 증명하고자 하였다. Microsoft e-Home 실행은 당시 연관된 인터넷 기반 기술들이 사용할 수 없었기 때문에 연기되었다. 이는 제품을 고안하기 전에 리서치의 목적을 명확하지 않았기 때문에 발생한 문제이다.

원칙 3. 이미 만들어진 결정을 지지하는 설문 조사는 행해져서는 안 된다.

Sony Mini-disc Players는 일본에서 성공한 제품이었다. Sony는 미국에서의 성공을 낙관적으로 바라보며 시장조사를 했고 조사결과는 이미 정해진 미국 진출을 지지하게 되었다. 그러나 미국에서는 이미 Apple의 iPod과 같은 경쟁력 있는 기술이 존재했기 때문에 Sony는 처참히 실패하였다. 이는 시장조사가 시장의 상황을 반영하고 소비자의 인식을 조사하는 것이 아니라 자사의 마케팅 활동을 지지하기 위한 수단으로 실행되었기 때문에 적절한 대응을 할 수가 없었던 것이다.

시장조사의 프로세스

시장조사는 시장감지에서 발견한 가치를 검증하기 위한 과정이다. 기업이 검증하고자 하는 문제를 정의하고, 이에 대한 조사를 설계 및 실행하여 수집된 자료를 바탕으로 분석 및 해석을 해서 마케팅 의사결정에 도움을 주기 위한 과정이다.

1) 1단계: 문제, 의사결정 대한 그리고 조사 목적을 정의한다.

마케팅 관리자들은 연구 문제를 너무 넓지 않게 혹은 좁지 않게 신중하게 정의해야만 한다. 마케터와 조사자는 문제를 정의하고 조사목적을 공유하기 위해 긴밀하게 협조해야 한다. 관리자는 의사결정을 위해 필요한 정보가 무엇인지 가장 잘 알고 있고, 조사자는 마케팅 조사와 정보를 수집하는 방법을 가장 잘 알고 있다. 문제와 조사 목적을 정의하는 것은 조사과정에서 가장 어려운 단계이다. 관리자는 구체적인 원인이 무엇인지는 모를지라도 무엇이 잘못되었는지는 알 수 있다.

관리자는 조사 문제를 주의 깊게 정의 내린 다음, 조사 목적을 수립해야 한다. 마케팅 조사 프로젝트는 그 목적에 따라 세 가지 유형으로 구분된다. **탐색적 조사**(exploratory research)의 목적은 문제를 정의하고 가설을 세우는 데 도움이 되는 기초자료를 수집하는 것이다. 탐색적 조사는 고객의 소리를 듣기 위함이기 때문에 일반적으로 심층 면접, 포커스 그룹과 같은 정성적인 방법으로 이루어진다. **기술적 조사**(descriptive research)의 목적은 제품의 시장 가능성, 제품을 구매하는 소비자의 인구통계적 특성과 태도 같은 사실을 기술하는 것이다. 기술적 조사는 보통 육하원칙(누가/언제/어디에서/무엇을/어떻게/왜) 조사라고 불리며 이는 정량적인 방법으로 이루어진다. 일반적으로 마케터는 시장과 관련 있는 변수들을 확립하기 위해 탐색적 조사를 행한 후 그 가치를 알아내는 기술적 조사를 한다. **인과관계적 조사**(causal research)의 목적은 인과관계에 관한 가설을 검증하는 것이다. 인과관계적 조사는 하나의 변수와 다른 변수와의 관계를 검증하는 조사로서, 서베이(survey)나 실험과 같은 정량적 방법이 주로 사용된다.

2) 2단계: 조사 계획을 개발한다.

두 번째 단계는 효과적으로 필요한 정보를 수집할 수 있는 조사를 설계하는 것이다. 이를 위해서는 데이터 원천, 조사 접근 방법, 조사 도구, 표본 계획, 접촉 방법 등을 결정해야 한다.

조사 문제와 조사 목표를 정의한 후, 조사자는 필요한 정보를 정확하게 결정하고, 이를 효율적으로 수집하기 위한 계획을 개발하여 관리자에게 제시해야 한다. 조사 계획은 기존자료의 정보 원천을 요약하고, 새로운 정보를 수집하기 위해 사용될 조사방식, 응답자 접촉방법, 표본계획, 자료수집 도구 등을 기술한다.

시장조사는 크게 **정성적 조사**와 **정량적 조사**로 나뉜다.

정성적 조사는 **가설 설정 과정**으로서 상황 분석의 탐색 단계로 활용된다. 고객, 채널, 그리고 경쟁사에 대해서 이해하고 그에 대한 가설을 세우기 위해 사람들과 상호 질의응답을 한다. 대표적인 정성적 조사로는 포커스그

그림1 시장조사의 프로세스

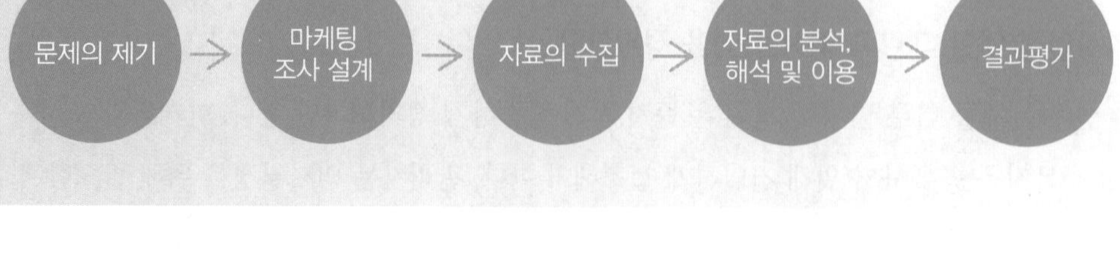

문제의 제기 → 마케팅 조사 설계 → 자료의 수집 → 자료의 분석, 해석 및 이용 → 결과평가

룹 인터뷰(FGI: Focus Group Interview)가 있다. FGI는 중재자 한 명이 6~10명의 고객들을 대상으로 신제품에 대한 그들의 의견을 묻는 형식으로 이루어진다.

정량적 조사는 가설 검증 과정으로서 상황 분석의 확인 단계로 활용된다. 이 조사의 목적은 고객 또는 파트너들이 어떻게 행동하는가에 대한 세부적인 가설들을 검증하는 것이기 때문에 정성적 조사보다 체계적인 질문들로 조사가 이루어진다. 대표적인 정량적 조사로는 비슷한 상황에서 조작변수의 효과를 검증하는 실험이 있다.

(1) 자료출처

조사자는 **1차 자료(Primary Source), 2차 자료(Secondary Source)** 혹은 두 가지 종류의 자료를 모두 수집할 수 있다. **1차 자료**는 마케터가 직접 조사를 통해 새롭게 수집한 자료를 의미한다. **2차 자료**는 다른 사람이나 기관에서 과거에 수집한 이미 존재하는 자료를 의미한다. 조사자들은 보통 비용이 더 많이 소요되는 1차자료를 수집하지 않고도 부분적으로 혹은 전체적으로 문제를 해결할 수 있는지 확인하기 위해 2차 자료를 조사함으로써 연구를 시작한다. 2차 자료는 조사를 위한 시작점으로 비용이 적게 들고 즉시 이용할 수 있는 장점이 있다. 그러나 필요한 자료가 존재하지 않거나 오래 되었거나 부정확, 불완전하며 신뢰할 수 없는 경우가 있기 때문에 2차 자료가 가장 좋은 정보가 아니라는 것을 명심해야 한다. 일반적으로 탐색적 조사는 1차 자료(depth interview, focus group 등)와 2차 자료(통계자료, 여론조사 자료 등) 모두를 활용한다. 기술적 조사는 주로 2차 자료에 의존하나, 관찰과 설문조사를 통해 1차 자료 또한 활용한다.

(2) 조사 도구

마케팅 조사자들은 원시 자료를 수집하는 데 있어 주요한 **세 가지 조사 도구**(설문지, 정성적 측정치 그리고 기계적 장치) 중 하나를 선택할 수 있다. **설문지**는 응답자에게 제공되는 질문들의 집합으로 이루어진다. 큰 규모로 시행하기 전에 주의 깊게 설문지를 개발하고 테스트하며 오류를 제거할 필요가 있다. 설문지는 객관식과 주관식 질문을 포함한다. 객관식(closed-end) 질문들은 모든 가능한 답을 구체화하여 해석하거나 표로 만들기가 쉽다. 주관식(open-end) 질문은 응답자가 그들 자신의 표현으로 응답할 수 있다. 특히 주관심은 사람들이 어떻게 생각하고 있는가에 대한 통찰력을 얻기 위해 사용되는 **탐험적 조사(exploratory research)**에 유용하다.

일부 마케터는 고객의 행동이 설문 조사 응답과는 일치 하지 않기 때문에 고객의 의견을 측정하기 위해 더욱 질적인 방법을 선호한다. **질적 조사 방법**은 일정 범위 내의 가능한 답변들을 허용하는 상대적으로 구조화되지 않은 조사 접근법이며, 소비자 인식을 확인하는 창조적인 방법이다. 예를 들며, 디자인 회사인 IDEO는 고객 경험을 이해하기 위해 많은 테크닉을 사용한다. 하나는 제품을 사용하거나 쇼핑하는 사람들을 관찰하는 쉐도우잉(shadowing)이다. 다른 하나는 한 공간, 즉 병원대기실 같은 곳에서 2~3일 동안 사람들의 사진 찍는 행위 매핑(behavior mapping)이다. 세 번째 테크닉은 소비자들에게 제품에 연관된 활동과 느낌에 대해 시각 일기를 쓰도록 요청하는 카메라 저널이다.

기계적 장치는 마케팅 조사에 간헐적으로 사용되고 있다. 검류계(Galvanometer)는 특정 광고 혹은 그림에 노출됨으로써 발생하는 흥미나 감정을 측정한다. 눈 카메라는 응답자들의 눈이 어디로 먼저 가는지, 주어진 품목에 얼마나 오래 머무르는지 등을 보기 위해서 응답자 눈의 운동을 연구한다.

(3) 표본 계획

조사 접근 방법과 수단을 결정한 후에 마케팅 조사는 표본 계획을 다음 세 가지 결정에 기초하여 설계해야만 한다.

• 표본 단위: 조사 대상이 누구인가?

조사자는 표본을 추출할 목표 모집단을 정의해야만 한다. 표본 단위가 결정되면 목표 모집단에 있는 모든 사람이 표본에 포함될 기회가 같도록 하기 위해 표본 프레임이 개발되어야만 한다.

• 표본 규모: 얼마나 많은 사람이 조사대상이 될 것인가?

큰 표본 규모는 작은 표본 규모보다 더 신뢰성 있는 결과를 제공한다. 그러마 모집단의 1%보다 작은 표본도 확실한 표본 추출 절차를 통하면 신뢰성을 확보할 수 있다.

• 표본 추출 절차: 응답자를 어떻게 선정해야 할 것인가?

대표성 있는 표본을 얻기 위해 모집단에 대해 확률 표본 추출을 사용해야 한다. 확률 표본 추출에서는 표본 오차에 대한 신뢰도 한계를 계산할 수 있다. 확률 표본 추출에 수반되는 비용 혹은 시간이 너무 높을 때 마케팅 조사자는 비 확률 표본을 사용한다.

(4) 접촉 방법

일단 표본 계획이 결정되면 마케팅 조사자는 어떻게 접촉할 것인가를 결정해야만 한다. 여기에는 메일 인터뷰, 전화 인터뷰, 대인 인터뷰 혹은 온라인 인터뷰가 있다.

3) 3단계: 정보를 수집한다

마케팅 조사의 자료 수집 단계는 일반적으로 가장 비용이 많이 들면서 오차를 발생시키기 쉬운 부분이다. 2차 자료의 경우 관련 홈페이지나 공개된 자료 등을 활용할 수 있다. 예를 들어 주가 변동에 대한 자료는 증권거래소나 관련 연구기관 혹은 증권사의 홈페이지 등에서 자료를 수집할 수 있다. 인구통계학적인 자료나 기업의 산업구조적인 자료는 통계청 홈페이지에서 쉽게 구할 수 있다. 그렇지 않은 전문적인 2차 자료는 조사회사 등의 전문기관으로부터 구매를 할 수도 있다. 하지만 1차 자료의 경우 수집기간과 비용을 고려하여 체계적으로 자료를 수집하여야 하고, 이때 신뢰성과 타당성의 문제를 잘 고려해야 한다.

표1 리서치 접촉 방법

접촉방법	장점	단점
우편 질문	대인 인터뷰를 하지 않으려는 사람들이나 면접자에 의해서 응답이 편중되고 왜곡될 수 있는 사람들에게 접근할 수 있는 능력	응답률이 보통 낮거나 느림
전화 인터뷰	정보를 빨리 수집하고 응답자들이 이해 못하는 문제들을 명확히 하는 능력, 우편 질문서보다 더 높은 응답률	면접자는 짧게 인터뷰해야 하고 너무 개인적이지 않아야 함. 전화하는 것에 대한 소비자 혐오 증대가 생길 가능성
대인 인터뷰	추가적인 질문이나 복장과 보디랭귀지 같이 응답자에 대한 추가적인 관찰을 얻을 수 있는 능력	가장 비싼 접촉방법, 더 많은 계획과 감동이 필요, 인터뷰하는 사람에게 지나치게 편중되거나 왜곡할 우려
온라인 인터뷰	웹에서 질문을 올릴 수 있는 능력, 배너를 만들고, 채팅방을 후원하거나 참가자들을 채용하거나 조사하는 다른 테크닉을 빠르고 쉽게 사용, 비용이 덜 들고 다양함, 응답자가 온라인상에서 더 솔직	샘플이 작고 편중될 수 있음. 온라인 조사는 기술적인 문제점들과 일관성이 적을 가능성

특히 1차 자료 수집의 대표적인 조사방법인 설문조사의 경우 다음 네 가지 중요한 문제가 발생한다. 첫째, 외부 응답자의 경우에는 문제 또는 변화가 발생시 다시 접촉하거나 대체하여야만 한다. 설문시점에서 문제가 변화하였거나 질문의 형태가 바뀐 경우 다시 그 표본을 찾아서 응답을 다시 받아야 한다. 최근 온라인 조사가 많이 실시되고 있는데 이런 경우 응답자를 다시 찾는 것이 매우 어려울 수도 있다. 둘째, 협력하지 않으려는 응답자들도 있다. 자료를 수집하기 위해서는 일정 수의 응답자를 확보하여야 한다. 표본 크기에 대해서는 많은 논란이 있지만 최소한 정규분포나 일정한 분산을 가지는 표본 수를 확보하여야 한다. 하지만 많은 경우 응답자들이 설문에 응하지 않으려고 하기 때문에 시간과 비용이 많이 소모된다. 따라서 많은 기업들이 응답율을 높이기 위한 방법을 찾고자 노력하고 있다. 셋째, 어떤 사람들은 여전히 편향되거나 정직하지 못한 응답을 한다. 특히 이러한 응답을 사회적으로 바람직한 대답을 하려고 하는 경향이라고 한다. 예컨대 흡연 음주 등과 같은 건강에 좋지 않은 행동에 대한 질문을 하면 흡연과 음주를 많이 하면서도 많이 하지 않는다는 식의 바람직한 응답을 하려고 하거나 숨기는 경향이 있다. 이는 질문을 어떻게 하느냐와 질문 순서 등에 따라서 신뢰성과 타당성에 영향을 미치는 부분이다. 마지막으로 일부 피조사자들은 편향되거나 부정직할 것이다. 정확한 응답자들을 확보하는 것이 매우 중요하다.

4) 4단계: 정보를 분석한다

마케팅 조사과정에서 다음 단계는 수집된 데이터로부터 결과를 도출하는 것이다. 조사자는 먼저 데이터를 표로 만들고 빈도분포를 파악하고 주요 변수의 평균과 분포를 계산한다. 다음으로 조사자는 또한 인과관계 분석과 같은 추가적인 결과를 분석하기 위해 다양한 통계적 방법과 모델을 적용해야 한다.

어떤 통계적 방법을 시장조사 분석에 사용할 것인가는 대단히 중요한 문제이다. 그러나 항상 좋은 결과를 가져다 주는 방법은 없다. 다양한 분석기법들은 모두가 나름대로의 특징적인 면을 지니고 있기 때문에 특정 분석기법이 한 기업에게 언제나 유용한 것은 아니다. 기업이 특정 분석기법을 적용하고자 할 때에는 여러 요소들이 고려되어야 하며, 특히 시장환경요소와 제품수명주기단계는 상당히 중대한 영향을 미친다. 또한 분석에 할애할 수 있는 시간이 얼마나 되는가 등도 함께 고려되어야 할 사항이다. 결국 분석기법의 선택은 현재 기업이나 제품이 처해 있는 상황에 맞게 이루어져야 한다. 따라서 마케팅 관리자는 분석기법의 선택 및 적용에 있어서 각 분석기법들의 장·단점과 사용상 적절한 제품수명주기단계, 예측에 요구되는 시간 및 주요 환경의 변화요인 등을 신중히 검토하여야 한다.

① **시나리오 분석기**: 복잡하고 급속한 환경의 변화속에서 개별적으로 발생하는 사건을 예측한다는 것은 개별사건과 관련을 맺고 있는 여러 사건들이 상호작용을 한다는 점에서 볼 때 단순한 문제는 아니다. 이러한 복합적인 관계를 다루는 방법 중의 하나는 미래의 환경과 소비자의 변화가 어떠한 양상을 보이면서 변화하고, 그에 따른 결과가 어떻게 나타날 것인지에 대한 전체적인 시나리오로 개발하는 것이다. 이 시나리오 기법을 활용하여 미국의 석유 기업 로열 더치 셸(Royal Dutch Shell)은 초우량기업으로 도약할 수 있었다. 석유 수급에 문제가 없을 것으로 예상했던 1970년대, 셸은 유일하게 석유 위기에 대응하는 미래 시나리오를 세워 대비하였다. 실제 석유파동이 현실로 일어나자 시나리오대로 석유를 충분히 비축하고, 시장을 적절히 활용한 덕분에 중위그룹에 머물던 셸사가 업계 2위까지 올라가는 데 시나리오 플래닝이 결정적인 역할을 했다. 미래에 대한 시나리오는 단지 하나의 변수에 의해서만 구분되는 것보다는 다른 변수들이 추가됨으로써, 시나리오의 내용이 보다 구체화되고 각 시나리오간의 차이가 명확해질 수 있다. 시나리오를 형성하기 위한 또 다른 방법은 미래의 환경 및 소비자의 변화와 관련한 몇 가지 변수들을 인식하고, 이들 변수들을 이용하여 발생 가능한 여러 시나리오 가운데 분석을 위한 3~4개의 시나리오를 선택하여 제시하는 방법이다. 최종적인 시나리오는 긍정적인 것과 부정적인 시나리오로 나누어질 수 있다.

② **인과관계모형**: 가장 과학적인 방법으로 인과관계모형 방법은 수집된 자료를 분석하여 원인 요인과 그 요인의 변화에 따른 결과간의 관계를 찾아 그 결과를 설명하고 예측하는 것이다. 경영층의 의사결정 과정에서 고려해야 할 범위를 확장해 더 많은 요소를 포괄하고, 복잡한 인과관계를 분석해 주요 변수 사이의 관계를 확인한다. 이를 통해 경영층은 보다 합리적이고 과학적인 해결법을 찾아갈 수 있다. 따라서 이 모형

에 대한 기업의 성과 및 소비자의 구매관련 행동 예측은 다른 기법에 비해 보다 과학적이며 설명력이 우수하고 주로 정기적인 예측에 이용된다. 대표적인 인과관계 모형으로는 회귀분석 방법이 주로 사용된다. 이 모형을 이용하여 독립변수 요인 전체가 기업 성과에 미치는 영향에 대한 예측은 물론 개별적인 요인들이 기업에 미치는 영향에 대해서도 평가할 수 있다. 이 분석은 둘 또는 그 이상의 변수들 사이의 관계, 특히 변수 사이의 인과관계를 분석하는 통계의 매우 기본적이면서 우수한 방법이다. 회귀분석은 특정 변수값의 변화와 다른 변수값의 변화가 가지는 수학적 선형의 함수식을 파악함으로써 상호관계를 추론하게 되는데 추정된 함수식을 회귀식이라고 한다. 이러한 회귀식을 통하여 독립변수의 변화가 종속변수의 변화와 어떤 인과의 관련성이 있는지 관련이 있다면 어느 변수의 변화가 원인이 되고 어느 변수의 변화가 결과적인 현상인지 등에 관한 사항을 분석할 수 있다.

③ **시계열 자료의 분석**: 시계열 데이터는 '일정 시간 간격으로 배치된 숫자 데이터들의 나열'이라고 말할 수 있다. 오래전부터 시계열 데이터는 우리 주변에 존재해 왔었고, 어딘가에 저장되고 처리돼 왔음에도 불구하고 크게 주목받지는 못했다. 기상정보와 주식정보는 대표적인 시계열 데이터이다. 이를 저장하고 분석함으로써 다양한 형태의 미래를 예측하거나 알지 못했던 과거의 사건을 이해하는 데 큰 도움이 된다.

2010년 전후로 빅데이터라는 용어가 세상에 알려지고, 빅데이터를 위한 다양한 형태의 솔루션들이 시장에 출시되면서 시계열 데이터 처리에 대한 관심이 급격하게 증가하기 시작했다. 이렇게 습득해야 할 정보가 시계열 데이터의 형태를 띠고 있으며, 조작해야 할 대상물의 개수가 늘어나면 늘어날수록 처리해야 할 시계열 데이터의 수가 기하급수적으로 증가하고 있다.

시계열 분석은 과거의 추세가 미래에도 그대로 연장될 수 있다는 기본가정하에 성립되기 때문에 이를 이용한 분석은 먼저 과거의 자료가 분석에 사용이 가능하도록 그 추세가 명확하고 또한 안정적인 관계를 이루고 있어야 활용할 수 있다. 따라서 과거자료에서 보편적인 시장의 상황을 반영할 수 없는 자료는 사용하지 않거나 조정을 하여 사용하여야 한다. 계절에 따른 시장상황의 변화, 일정한 주기를 지니는 주기적 변화는 따로 분리되어 분석되어야 한다. 한편 과거의 추세가 미래에도 계속될 것이라는 가정 때문에 시계열 분석은 장기예측보다는 상대적으로 단기적인 예측에 유용하다. 이것은 시간의 흐름에 따라 변수가 변화할 수밖에 없다는 변수의 역동성 때문에 과거의 자료를 이용하는 데는 한계가 있음을 나타내는 것이다. 시계열 자료를 이용하여 기업의 성과를 예측하는 기법으로는 이동평균법, 지수평활법 및 박스-젠킨스 모형 등이 있다.

시계열 데이터베이스의 기술적인 특징은 시장의 요구 사항을 만족시키기 위해 특별히 고안된 기능들의 집합이다. 그리고 지향하는 시장에 따라 특화된 기능을 제공한다. 그러나 가장 기본이 되는 것은 시계열 데이터를 어떻게 얼마나 빨리 처리하느냐에 대한 것이다. 따라서 최근에는 기하급수적으로 늘어나는 시계열 데이터를 분석하기 위해 AI를 활용한 딥러닝(Deep Learning)분석 등을 비롯한 다양한 분석기법들이 개발되고 있다.

5) 5단계: 결과를 평가한 후 의사결정

이 단계에서 조사자는 경영자가 직면하고 있는 핵심 마케팅 의사결정에 관련되어 주요 결과를 제시한다. 조사를 위탁한 경영자는 조사결과로 나온 주요 결과를 바탕으로 조사목적에서 규정한 문제를 평가하고 의사결정을 내려야 한다. 결정을 내리는 것은 경영자이지만 조사는 그 문제에 대한 통찰을 제공해 주는 것이다.

여러 조사 및 분석 기법들은 각기 장·단점을 지니고 있기 때문에 특정방법이 언제나 다른 방법들에 비해 높은 정확성을 가지고 있는 것은 아니다. 어느 방법을 사용하더라도 자사제품이나 기업성과에 대한 예측이 정확하기를 바라는 것은 모든 기업에 있어서 마찬가지일 것이다. 대체적으로 좋은 예측은 다음과 같은 사항을 필요로 한다. 첫째, 시장, 제품, 기업조직 등과 같은 예측과 관련된 모든 요소들을 전부 고려하고, 또한 이들 요소들로 구성된 시스템에 대한 이해가 충분히 반영된 상태에서 행해져야 한다. 둘째, 결과로 나타날 수 있는 가능한 모든 형태의 결과의 정확도나 범위에 관한 추정이 포함되어 있어야 한다. 셋째, 시장조사를 행하는 담당관리자가 시장조사 결과가 행해지는 절차나 사용한 분석 기법의 특성 및 과정 등을 잘 이해하고 있어야 한다. 따라서 이상과 같은 점들을 통해서 볼 때 시장조사는 단지 수학적·통계적 자료들을 기술적으로 활용하여 미래를 투시해 보는 것 이상을 의미하는 관리적 과정임을 알 수 있다. 그러므로 이러한 노력이 함께 이루어질 때 시장조사의 정확성을 보다 높일 수 있고 좋은 결과를 얻을 수 있다. 이를 바탕으로 기업은 합리적인 의사결정을 할 수 있는 것이다.

시장조사 방법론

시장조사는 마케팅 정보가 수집되고 분석되는 과정이다. 여기서 마케팅 정보의 대상은 고객은 물론 경쟁사, 채널, 그리고 마케팅 파트너들을 일컫는다. 마케터는 마케팅 인텔리전스, 내부 조사 마케팅, 외부 시장조사를 통해서 필요한 정보를 확보할 수 있다.

"300조 시장 잡아라"…SI업계, 빅데이터 플랫폼 구축 잰걸음

시스템 통합(SI) 기업들이 '구슬이 서말이라도 꿰어야 보배'라는 말처럼 여러 곳에 흩어져 있는 데이터를 한데 모아 재가공하는 빅데이터 플랫폼 구축 사업에 뛰어들고 있다. 빅데이터는 현재 맞춤형 제품 마케팅을 비롯해 대통령 선거, 일기예보 등에 다양하게 쓰이고 있다.

빅데이터 시장은 연평균 10.6%씩 성장해 오는 2025년 2294억 달러(약 298조원)에 달할 것으로 전망된다. 이에 롯데정보통신, 신세계아이엔스, CJ올리브네트웍스 등 SI업체들이 신사업 브랜드 출시, 해외시장 공략, 인프라 구축 등에 적극적으로 나서고 있다.

4일 업계에 따르면 롯데정보통신은 올 하반기 빅데이터사업 출시를 위한 준비에 한창이다. 이를 위해 지난 6월 특허청에 '스마트리온'이라는 상표를 출원하는 등 사업 브랜드를 다각도로 구상하고 있다. 식품·화학·유통·서비스 등 다양한 고객과 제품의 데이터를 모아 새롭게 정보를 가공해 활용할 수 있도록 플랫폼도 구축 중이다. 이렇게 축적된 데이터 분석 경험을 바탕으로 향후 고객사의 비즈니스 혁신을 이끈다는 전략이다.

실제로 지난해 12월 제주지역 롯데하이마트와 SK텔레콤 고객의 가명정보를 결합한 데이터를 분석했다. 분석 결과, 가전 구매 1~2개월 전부터 제품 정보를 검색하고 구매 후 이사와 인테리어 앱 사용이 증가한 것으로 나타났다. 이를 통해 시기 적절한 마케팅 전략을 세울 수 있다는 분석이다. 롯데정보통신 관계자는 "내부에서 우선 브랜드 선점을 위해 출원한 상태"라면서 "아직 최종 브랜드 이름이 결정된 것은 아니다"라고 말했다.

신세계아이앤씨도 하반기부터 유럽 소매 기업들과 손잡고 AI 비전 기술 기반의 '매장관리 플랫폼'을 테스트한다. 매장 진열대에서 수집된 영상 정보를 AI 비전 기술로 분석해 상품 별 진열 상태, 결품, 재고 등 매장 관리에 필요한 다양한 데이터를 실시간으로 제공할 수 있다. 신세계아이앤씨는 이 플랫폼을 내세워 유럽 빅데이터 시장까지 노리고 있다.

또한 '스파로스 AI 수요예측' 솔루션도 운영 중이다. 이 솔루션은 트렌드, 프로모션, 날씨 등 리테일에 특화된 데이터 기반의 발주 자동화로 과대 재고 및 결품을 방지한다. 아울러 행사, 프로모션, 시즌 등에 따른 최적의 판매가격을 제안하는 가격 최적화 기능까지 제공한다. 현재 스파로스 AI 수요예측은 국내 소매점, 생활용품점 등 전국 100여개 매장과 물류센터 등으로 확산되고 있다.

CJ올리브네트웍스는 CJ그룹과 계열사의 빅데이터 플랫폼을 구축한 노하우를 바탕으로 오픈소스 기반의 자체 개발한 빅데이터 분석 플랫폼을 운영하고 있다. CJ올리브네트웍스가 운영하는 멤버십 CJ ONE의 2900만 회원 데이터를 활용한 회원의 특징, 잠재 선호 콘텐츠, 소비지역, 회원 이탈 등 이상 감지 등을 분석한 빅데이터 서비스를 제공한다.

출처: 파이낸셜 뉴스, 2023년 7월 4일

1) 마케팅 인텔리전스(MI, Marketing Intelligence)

시장조사는 보다 체계적으로 조사를 한다는 행위에 강한 의미가 부여되는 반면, 마케팅 인텔리전스는 소비자들의 의견, 즉 데이터를 분석하여 통찰력을 이끌어내어 기업에게 유용한 정보를 도출한다는 의미가 강하다. 마케팅 인텔리전스(Marketing Intelligence)는 경쟁사와 시장의 전개 상황에 관한 공개적으로 수집할 수 있는 정보를 체계적으로 분석하는 것이다. 마케팅 인텔리전스의 목적은 전략적 의사결정을 개선하고, 경쟁사 활동을 추적하고, 기회와 위협에 조기 경보를 제공하는 것이다.

많은 회사가 경쟁사 정보를 찾아다니기 때문에, 경쟁적인 인텔리전스에 관한 자료 수집은 엄청나게 증가해왔다. 이와 관련된 기술은 종업원에게 관련된 자료를 수집하게 하는 것, 경쟁사 제품을 벤치마킹하는 것에서 인터넷을 탐색하는 것, 산업 트레이드 쇼에 참가하는 것, 경쟁사의 휴지통을 검색하는 것에 이르기까지 다양하다.

많은 인텔리전스는 회사 내부 사람(이사진, 엔지니어와 과학자, 구매 에이전트, 판매사원 등)에게서 수집될 수 있다. 회사는 공급업자, 재판매업자, 조사 고객에게 중요한 인텔리전스 정보를 수집할 수도 있으며 경쟁사를 관찰하거나 이에 관한 공개적인 정보를 수집함으로써 좋은 자료를 확보할 수 있다. 경쟁사 제품을 구매하거나 분석할 수 있고, 그들의 판매를 추적하고, 새로운 특허를 점검하며, 다양한 형태의 증거를 분석할 수 있다. 예를 들어, 한 회사는 경쟁사의 주차장을 정기적으로 점검한다. 꽉 찬 주차창은 일이 많음과 사업의 번창을 의미하고, 주차창이 반쯤 채워져 있다면 어려운 시기임을 의미한다.

회사는 때때로 연간 보고서, 사업 간행물, 트레이드 쇼 전시품, 보도자료, 광고, 웹페이지를 통하여 인텔리전스 정보를 공개한다. 인터넷은 경쟁사가 제공하는 방대한 새로운 정보원천임이 검증되고 있다. 인터넷 검색엔진을 통하여 마케터는 구체적인 경쟁사 이름, 이벤트, 추세를 탐색할 수 있고, 경쟁사가 어떤 성과를 내고 있는지 확인할 수 있다. 더 나아가 회사는 웹 사이트에 방대한 양의 정보를 올려놓고 고객, 동업자, 공급업자, 투자자, 프랜차이즈 계약자를 유인하기 위한 세부 자료를 제공한다. 웹 사이트는 경쟁사의 전략, 시장, 신제품, 시설, 기타 사건의 유용한 정보를 제공한다.

인텔리전스 게임은 두 가지로 진행된다. 경쟁사가 필살의 각오로 임하는 마케팅 인텔리전스 노력에 대항하여 기업 대부분은 자신의 정보를 보호하기 위한 작업을 하고 있다. 예를 들어, 유니레버는 광범위한 경쟁적 인텔리전스 훈련을 시키고 있다. 종업원은 인텔리전스 정보를 어떻게 수집할 것인가 뿐만 아니라 어떻게 경쟁사에게서 자사의 정보를 보호할 것인지 배우고 있다. 유니레버는 내부 보안을 무작위로 확인하기도 한다. 내부 마케팅 회의에서 회의 참가자 집단에 잠입하기 위해 일부러 사람을 고용해서 테스트하기도 했다. 목적은 그가 회의에 참가하는 동안 얼마나 오랜 시간 그가 회의에서 발각되지 않고 머무르는지 확인하는 것이었다. 결과는 오랜 시간 회의에 참여할 수 있었던 것으로 나와 직원들을 놀라게 하였다.

마케팅 인텔리전스 이용의 증가는 여러 가지 윤리적인 문제를 야기한다. 앞서 언급한 기술이 합법적이기는 하지만, 일부는 교활하고 경쟁적이기도 하고, 일부는 윤리적으로 문제가 있을 수 있다. 분명히 회사는 공개적으로 수집 가능한 정보를 활용해야 하지만 자료를 훔치는 것은 중단해야만 한다. 기업은 합법적으로 확보 가능한 인텔리전스 정보원천이 있기 때문에, 좋은 인텔리전스를 확보하기 위해 법이나 행동강령을 위반할 필요가 없는 것이다

2) 내부 시장조사

마케팅 관리자들은 주문, 판매, 가격, 비용, 재고 수준, 외상매출금, 미지급금 등에 관한 내부 기록 데이터에 의존한다. 이러한 정보를 분석함으로써 중요한 기회와 문제를 탐지할 수 있다.

오늘날 많은 기업들이 고객 DB, 제품 DB, 판매원 DB 등의 데이터베이스의 정보를 조직화 한다. 그리고 나서 다른 데이터베이스의 자료와 결합한다. 예를 들면 고객 데이터베이스는 모든 고객의 이름, 주소, 과거의 거래, 심지어 인구통계학적 정보는 물론 활동과 관심 그리고 의견(AIO)에 관한 심리학적인 정보까지 포함한다. 기업은 이러한 데이터들을 모아서 의사결정자들이 마케팅 프로그램을 보다 잘 계획하고 표적화하고, 추적하기 쉽

표2 외부 시장조사의 질 향상

활동	예
다른 수단으로는 놓칠 수도 있는 새로운 변수들을 탐지하고 보고함으로써 판매원을 교육하고 동기를 부여한다.	영업사원이 고객이 회사제품을 어떻게 혁신적으로 사용하는지를 관찰하도록 한다. 이는 신제품 아이디어를 창출하는 데 도움이 된다.
회사는 중요한 정보를 얻기 위해 유통업자, 소매상, 다른 중간거래상을 동기 부여한다.	프로세스를 개선하고 직원을 재교육할 수 있도록 해결할 수 있는 서비스 문제점을 규명하도록 암행 고객(mystery shoppers)을 사용한다.
윤리적 혹은 합법적인 방법으로 자료를 수집하기 위해서 내부적으로 네트워크화 한다.	경쟁자가 무엇을 하고 있는지에 대한 신규 정보를 보고하는 직원에게 포상한다.
고객 자문 패널을 조직한다.	제품에 대한 피드백을 제공하기 위해서 가장 대표격인, 뛰어난 혹은 예민한 고객을 초대한다.
정부 자료 자원을 이용한다.	인구통계학적 그룹, 인구 변동, 지역적 이동 그리고 변화하는 가족 구조에 대하여 연구 하기 위해서 U.S 센서를 체크한다.
자료를 직접 모으기보다는 더 낮은 비용으로 외부 공급자로부터 정보를 구입한다.	Information Resources Inc. 로부터의 슈퍼마켓 스캐너 자료를 획득한다. Nielsen으로부터 TV 시청자들에 대한 자료를 획득한다. MRCA Information Services로부터 소비자 패널 자료를 획득한다.
온라인 고객 피드백 시스템으로부터 자료를 수집한다.	경쟁자 상품의 장점과 단점을 비교하기 위해서 Epinions.com 같은 웹사이트에서 소비자 순위를 체크한다.

도록 한다. 이외에도 분석가는 통계학적 방법으로 데이터를 채굴하여 고객을 세분화하고 최근의 고객 트렌드를 파악하며 다른 유용한 정보를 얻을 수 있도록 새로운 통찰력을 제공한다.

3) 외부 시장조사

내부 시장조사(Market Research)가 결과로서 나타난 데이터를 공급하는 반면, 외부 시장조사는 일어날 수 있는 데이터를 공급한다. 외부 시장조사는 마케팅 환경변수들에 대한 일상의 정보를 얻기 위해 경영자에 의해 사용되는 절차와 원천들(sources)의 집합이다. 마케팅 관리자는 책과 신문, 그리고 출판물을 읽고 고객, 공급자, 유통업자와 이야기하며, 인터넷 소스를 체크하고 다른 기업 경영자들과 회의를 함으로써 마케팅 정보를 수집한다. 기업은 외부 시장조사의 품질을 개선하기 위해 <표 2>에 있는 7가지 활동을 한다.

이것으로 마케팅 관리자들은 최신 시장 동향과 접할 수 있고, 마케팅 의사결정과 프로그램들의 효과를 평가할 수 있다. 일반적으로 기업들은 매출액의 1~2% 가량의 시장조사 예산을 세 범주의 외부 조사 회사에 지출한다.

(1) 대규모 기업

닐슨 조사회사는 신디케이트 서비스 조사 회사(Syndicated-service research firms)로 고객정보와 거래정보를 모아서 요금을 받고 판매한다. 즉, 이러한 고객 마케팅 조사 회사는 특정 산업이나 고객 집단을 대상으로 연구를 계획하고 수행하며 그 결과물을 산출하여 미디어를 통해 보고한다. 닐슨은 유통산업에 특화된 기획 조사를 하고 이러한 유통 조사결과를 많은 기업들에게 판매한다. 이렇게 특화된 마케팅 조사 회사(Specialty-line Marketing Research firms)는 현장인터뷰와 같은 특화된 서비스를 제공한다. 최근 한국의 한 온라인 조사기업은 소비자의 구매 행태를 특정 소비자를 중심으로 조사하여 조사결과를 언론을 통해 발표하고 기업의 마케팅 부서에 유료로 제공하고 있다.

(2) 소규모 기업

중소기업과 같은 소규모 회사는 마케팅 조사 회사 서비스를 이용하거나 비용을 감당할 수 없기 때문에 창조적인 방법으로 자체적으로 조사를 실시할 수 있다. 소규모 기업들은 시장조사 프로젝트를 설계하고 실행하기 위해 학교의 교수나 학생들을 참여시키거나 인터넷을 사용하며 경쟁사 홈페이지에서 정보를 수집하기도 한다. 이처럼 시장조사는 기업의 규모와 활용 가능한 예산 등을 고려하여 기업과 조사의 목적에 맞게 실행하여야 한다.

5

글로벌 시장조사(Global Market Research)

기업은 매해마다 급격히 변화하는 글로벌 경제상황에 매우 큰 영향을 받고 있다. 이에 따라 글로벌환경 내에서 사회적, 기술적, 경제적, 환경적, 정치적 요소들을 정리하여 보다 체계적인 전략을 도출할 수 있다. 따라서 최근, 특히 해외시장 진출을 노리는 많은 기업들에게 글로벌 시장조사는 매우 중요한 의미를 가진다.

글로벌 시장조사란 기업의 제품을 가장 효율적으로 수출입 혹은 직접 진출에 관한 의사결정을 돕기 위해서 특정 해외 시장을 탐색하기 위한 절차로서 해당 제품군의 거래에 관련된 여러 가지 정보와 해당 국가의 문화적 특징 및 소비자의 특성 등을 과학적 방법으로 최대한 합리적으로 수집 · 종합 · 분석하는 일련의 활동이다.

글로벌 시장은 국내시장과는 달리 지역적인 격리성, 상이한 문화, 종교, 상관습 및 언어 등의 차이로 어려움이 많으나, 외국과 거래를 함에 있어서 위험을 최소화하고, 이익을 극대화하기 위해서는 사전에 정확한 시장조사가 필수적인 전제조건으로 마케팅 성과의 성패의 중요한 과제 중의 하나가 된다.

글로벌 시장조사의 방법으로는 전통적 방식의 해외시장 조사와 인터넷을 이용한 해외시장 조사가 있다. 전통적 방식의 해외시장 조사 방법은 UN이나 IMF등에서 발간하는 국가별 통계자료를 이용한 조사, 대한무역투자진흥공사나 전문시장조사기관과 같은 국내외 경제단체 및 유관기관을 통한 조사, 국내에 주재하고 있는 주한 외국 공관원 상무관실을 통해 확보 가능한 자료를 이용한 조사. 해외에 지사가 있거나 혹은 글로벌 광고회사와 같은 광고회사를 통한 조사, 마지막으로 직접 방문하는 자체 방문 조사 등이 있다.

인터넷을 이용한 해외시장 조사방법은 검색어를 가지고 사이트를 검색하는 구글과 같은 검색엔진을 황용한 시장조사 방법과 한국무역협회와 같은 무역정보 전문 사이트를 활용한 시장조사가 있다.

글로벌 시장조사의 6가지 활동들은 다음과 같다. 구체적인 6가지 글로벌 시장조사활동 내용은 <표 3>에 서술되어 있으니 참고하기 바란다.

1. 국제화하기 위해서 조직적인 준비가 되어있는지를 분석한다.
2. 해외시장을 위한 제품과 서비스의 적합성을 측정한다.
3. 매력적인 목표시장을 확립하기 위해서 다른 나라들을 확인한다.
4. 제품과 서비스에 대한 산업시장 잠재력 혹은 시장 수요를 측정한다.
5. 공급자 혹은 분배자와 같은 자격 있는 사업 파트너를 선택한다.
6. 각각의 목표시장을 위한 회사의 판매잠재력을 측정한다.

표3 Global Research의 6가지 활동

활동	이유 및 근거	업무 유형
1. 국제화하기 위해서 조직적인 준비가 되어있는지를 분석	국제적인 사업활동을 하기 위해서는 회의의 객관적인 측정을 제공한다.	회사의 강점과 약점에 대한 리스트뿐만 아니라 자원의 결함과 회사의 목표를 성취하는 데 방해물이 되는 다른 단점에 대한 부분도 리스트를 만든다.
2. 해외시장을 위한 제품과 서비스의 적합성을 측정	해외 고객을 위한 제품과 서비스의 적절함에 대해서 체계적인 측정을 제공한다.	타겟 시장에 대한 고객의 니즈와 특성, 그리고 제품 또는 서비스 사이의 적합성의 정도를 평가한다.
3. 매력적인 목표시장을 확립하기 위해서 다른 나라들을 확인	소수를 관리하기 위해 실시하는 심층조사 대상 국가들을 줄인다. 이것은 조직적인 원천이 효과적으로 사용되고 측정업무의 복잡함에서 일련의 교훈을 얻는 데 도움이 된다.	회사를 위해 5~6개의 높은 잠재력을 가진 전도유망한 나라들을 정립할 수 있어야 한다. 시장 크기, 시장 성장율, 시장 강도, 소비력, 적절한 사회기반 시설, 경제자유의 정도와 정치적 위험, 그리고 다른 적절한 요인들을 고려해야 한다.
4. 제품과 서비스에 대한 산업시장 잠재력 혹은 시장 수요를 측정	해외 시장 속에서의 제품과 서비스의 잠재적인 판매에 대한 이해를 얻기 위해서 매니저들을 따라한다.	• 각각의 타깃 국가들에서 산업판매의 선도를 측정한다. • 회사의 특정한 산업들을 분석해야 한다. 따라서 산업 진입 장벽에 대한 조사와 평가를 실시해야 한다. • 시장에 대한 산업 판매 예상을 3~5년마다 발전시켜나야 한다. • 진입장벽을 명확히 해야 한다. • 시장크기, 시장 성장속도, 그리고 토렌트와 같은 주요 요인을 설명해야 한다. • 산업에서 경쟁자의 특성에 대해서 평가를 한다. • 산업의 특별한 보호무역주의의 정도에 대해서 조사한다. • 회사의 제품을 지원할 수 있는 기준과 법규에 대해서 분석해야 한다. • 사회기반 시설 분배의 유효성과 정교성에 대해서 평가를 해야 한다.
5. 공급자 혹은 분배자와 같은 자격 있는 사업 파트너를 선택	적절한 파트너들과의 협동은 해외시장에 대한 기업의 목표를 성취하는 것을 돕는다. 이 단계는 매니저들이 가장 적절한 파트너들을 명확히 하고 결정 하는 데 도움을 준다.	이상적인 파트너의 자질에 대한 위시리스트를 준비한다. 예를 들면 외국기업 파트너가 요구하는 가치주가 활동, 외국기업 파트너에 대한 바라는 특징, 그리고 파트너들이 행할 활동의 본질 등이 여기에 속한다.
6. 각각의 목표시장을 위한 회사의 판매잠재력을 측정	매니저들은 특정한 흥미로운 시장 속에서 주어진 기간 동안 기업이 결과물을 얻을 수 있도록 기업의 믿을 만한 예상들을 발전시킬 수 있어야 한다.	• 타깃 시장 속에서 기업의 판매예상을 3~5년 주기로 발전시켜야 한다. • 시장 속에서 제품을 팔기 위해 회사의 가능성을 측정하고 기업의 판매잠재력에 영향을 미칠 수 있는 요인들을 이해해야 한다. • 파트너의 역량, 가능한 유통경로, 경쟁 정도, 적절한 가격 스키마, 그리고 해외시장의 상위 경영에 대한 위험요소를 견디는 것에 대해 설명한다.

6

시장조사를 통한 전략계획과 의사결정

1) 시장조사의 역할

시장조사는 우리 조직의 목적과 자원할당에 대한 계획, 마케팅 전략 수립 및 실행과 통제 등 전략적인 마케팅 계획에 기초자료를 제공한다. 예를 들어 신제품 출시할 때 우리는 효과적인 마케팅 전략에 대해 많은 고민을 하게 되는데, 시장조사를 통해서 '이 제품의 예상수요량은 얼마인가?', '마케팅 전략에 얼마만큼의 예산을 할당해야 하는가?'에 대한 의사결정 활동에 기초자료를 제공한다.

시장조사는 마케팅 4P믹스(제품, 가격, 프로모션, 채널)전략에 영향을 미친다. 예를 들어 '어떤 가격정책 및 광고 전략이 효과적인가?'과 같은 질의응답과 시장조사를 통하여 마케팅 믹스 전략에 대한 의사결정에 중요한 역할을 한다. 시장조사로부터 검증된 가치는 마케팅 믹스전략을 통해 구체화되기 때문에 고객 또는 시장으로부터 시작한 시장조사는 결국 다시 순환적 고리로써 고객 및 사회에 영향을 미치게 된다.

2) 마케팅 의사결정에 대한 일반적인 이슈들

마케팅부서는 시장주소를 통해서 아래와 같은 이슈들에 대한 답을 찾아서 기업의 마케팅 의사결정에 반영하고자 한다.

(1) 거시환경 트렌드

먼저, 인구통계와 사회문화와 같은 거시환경에 대한 트렌드 분석이 이뤄져야 한다. 이는 주로 마켓센싱(Market Sensing) 또는 전문가 인터뷰를 통해 이루어지며, 사업 기회를 포착하는 데 근본이 된다.

(2) 고객만족과 애호도

고객에 대한 시장조사를 위해서 소비자들의 인구통계, 라이프 스타일, 우리 기업 또는 제품(서비스)에 대한 태도 및 행동를 조사해야 한다. 더불어 고객과 장기간의 관계형성을 위해서 무엇보다 고객생애가치(Customer Lifetime Value), 고객정보시스템, 데이터베이스 마케팅, 그리고 관계마케팅에 대해 주의를 기울임으로써 고객만족과 고객애호도를 향상시켜야 한다. 이러한 고객에 대한 시장조사는 고객 선호도 분석, 고객가치 산출, 그리고 고객의 구매과정 트래킹을 가능케 해주며 목표고객 선정을 위한 의사결정에 도움을 준다.

(3) 제품 유형과 컨셉

제품에 대한 조사는 신제품 소개, 제품 포지셔닝, 패키징, 그리고 브랜드 전략에 대한 의사결정을 목적으로 이루어진다. 이 조사는 일반적으로 어떤 제품 또는 서비스가 갖고 있는 속성 하나하나에 고객이 부여하는 가치(효용)를 추정함으로써, 그 고객이 어떤 제품을 선택할지를 예측하는 기법인 컨조인트 분석으로 이루어진다.

(4) 가격 레벨

가격에 대한 조사는 소비자가 지불의사가 있는 가격이 얼마 정도인지, 어떤 고객세분화 그룹이 더 많은 가격을 지불할 것인지, 그리고 가격 민감도 테스트를 통하여 경쟁사 가격 변화에 기업은 어떠한 반응을 보여야 하는지에 대한 조사를 함으로써 가격 레벨에 대한 의사결정을 하는 데 도움이 된다.

(5) 유통 유형과 범위

유통에 대한 시장조사는 고객들이 어떤 유형의 아울렛에서 기업의 제품을 구매할 것인지에 대한 유통 선호도와 유통 경로, 우리의 점포를 어디에 얼마나 많이 설립해야 하는가에 대한 유통범위, 그리고 기업의 유통 파트너들이 마케팅 4P믹스의 어떤 요소에 반응하는가에 대한 조사이다.

(6) 프로모션 방법과 결과

프로모션에 대한 시장조사는 현재 기업의 광고가 얼마나 인지도 있는가에 대한 광고 인지도 측정, 한 달에 몇 번 광고를 해야 효과적인가에 대한 광고 빈도수, 어떤 미디어 매체가 효과적인가에 대한 미디어 노출 및 선호도 조사, 어떤 광고전략, 쿠폰전략, 디스플레이 전략이 효과적인가에 대한 판촉 구성전략에 관한 의사결정, 기업은 입소문 효과를 창출하는 고객에 대해 얼마나 아는가?, 비용 대비 효과 측정에 대한 조사이다.

(7) 영업 효율성

영업에 관한 시장조사는 기업 영업사원들에 의한 매출은 어느 정도인지, 고객들이 기업 영업사원들에 대해 어떻게 생각하는지, 어떤 특성이 기업 영업사원들의 성공과 연결되는지, 영업 내부 조사와 소비자 조사를 통한 결과가 일치하는지, 그리고 영업사원 선발 및 인센티브 제공을 통한 영업조직 관리에 대한 조사이다.

사례

생성형 AI가 이끄는 새로운 마케팅

개인정보보호가 강화되면서, 기존 앱과 웹 기반 타깃 마케팅이 갈수록 어려워지고 있다. 변화에 대응하는 최적의 방안으로 떠오른 건 인공지능, 특히 생성형 AI다.

전 세계적으로 마케팅 산업 지형과 패러다임이 바뀌고 있다. 최근 미국 라스베이거스에서 열린 글로벌 마케팅 콘퍼런스 'MAU VEGAS'에서는 타깃팅의 종말을 주요 주제로 다루며, 변화하는 마케팅 시장의 역학 관계를 강조해 눈길을 끌었다. 이처럼 현재 글로벌 마케팅업계의 화두는 단연 '타깃마케팅'이 통하지 않는 세상이 됐다는 것이다.

변화의 배경에는 글로벌기업들이 개별 이용자에 대한 트래킹을 제한하는 움직임을 강화하는 데 있다. 애플리케이션과 웹 환경에서 개인정보 보안이 강화되고 있는 점이 주효하게 작용하는 것이다. 애플은 iOS 기반 기기에서 개인정보 수집을 어렵도록 한 '앱 추적 투명성(ATT)' 정책을 도입했고, 구글도 자사 웹브라우저인 크롬의 쿠키 추적을 2024년 하반기에 차단할 것이라고 밝혔다. 한마디로 이제는 내 마케팅 대상을 어떻게 '타깃'해야 할지 모호해지는 세상에서 효과적인 대응 방안을 찾아 나서야 할 때가 된 것이다.

그동안 전통적인 마케팅은 콘텐트, 타깃팅, 예산 집행 등 세 가지 요소가 맞물려 진행됐다. '콘텐트'는 논리보다는 예술적 해석의 영역에 머물렀고, '예산 집행'은 퍼포먼스 마케팅이라는 이름 아래 효율 극대화를 위한 타깃팅에 크게 의존했다. 타깃마케팅의 힘이 약해진 지금, 어떻게 하면 더 효과적으로 마케팅을 할 수 있을까?

새로운 물결 속 중추적인 역할을 하게 된 것은 인공지능(AI)이다. 그중에서도 고도화된 알고리즘으로 콘텐트 패턴을 학습하고 텍스트, 이미지, 음악, 비디오 같은 원본 콘텐트를 생성할 수 있는 '생성 AI'가 주인공이다. 생성 AI는 방대한 콘텐트를 빠르게 생성하고 관리하면서 예산 배분까지 효율적으로 이뤄지도록 돕는다.

이전에는 큰 금액을 투자한 소수의 고품질 크리에이티브에 중점을 두었다면, 이제는 AI를 통해 매력적인 개인 맞춤형 크리에이티브를 최대한 많이 생성하는 동시에 마케팅 효율성을 극대화하는 데 초점을 맞추고 있는 셈이다. 그 결과, 많은 기업의 콘텐트 제작 단가가 절감되고 오히려 맞춤형 콘텐트 생산량은 증가하는 방향으로 나아가는 중이다.

이미 국내외 시장은 빠른 속도로 혁신하고 있다. 글로벌 애드테크 기업인 '스마틀리아이오(Smartly.io)'는 AI 기반 자동 크리에이티브 제작을 지원하고, 콘텐트 소재를 효과적인 채널에 광고할 수 있도록 예산을 배분하는 형식으로 업계의 주목을 받고 있다. 실제로 나 또한 생성 AI가 영상 리뷰를 기반으로 쇼트폼 마케팅 소재를 자동으로 만들어주고 다양한 채널에 마케팅 활동을 진행해주는 솔루션 '앰프(AMP)'를 기반으로 시장 변화에 대응해왔다. 앞으로도 신기술을 활용해 디지털 마케팅 메커니즘을 진화시킬 기업들의 행보가 주목된다.

출처: 포브스코리아. 2023년 6월 23일

Further Discussions

FD1 어떠한 마케팅 의사결정에 시장조사가 도움을 주는지 사례를 들어 설명해보자.

FD2 시장조사의 주제를 선정한 후 시장조사의 여러 방법론 중 하나를 실행해보고 그 결과에 대해서 토론해보자.

FD3 글로벌 시장에 대한 시장조사 방법에 대해서 학습하였다. 국내 조사와의 차이점은 무엇이고, 어떻게 실행해야 하는지에 대해서 토론해보자.

FD4 시장조사의 내부 및 외부 조사 활동에 대해서 알아보았다. 이 둘의 차이점은 무엇인지, 실행방법에 대해서 토론해보자.

CHAPTER 04

거시환경분석: 시장기회 및 위협파악

Learning Objectives

LO1 거시환경분석의 필요성 및 중요성에 대해서 알아보자.

LO2 거시환경분석의 6가지 주요 요소에 대해서 알아보고 각각의 주요 내용에 대해 학습한다.

LO3 거시환경분석의 시사점 및 활용성에 대해서 학습한다.

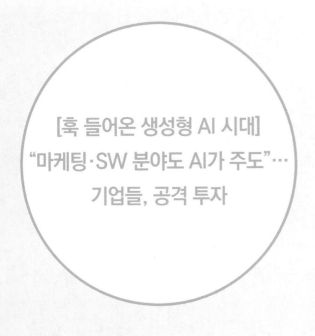

[훅 들어온 생성형 AI 시대]
"마케팅·SW 분야도 AI가 주도"…
기업들, 공격 투자

생성형 AI(인공지능)가 2023년 세계 최대 화두로 떠올랐다. 그 흐름에 올라타 기회를 잡기 위해 기업들은 인재 확보부터 재교육, 마케팅·제조까지 생성형 AI 활용 레이스를 시작했다. 상품과 서비스를 기획하고 제조하고 서비스하는 것부터 사업을 펼치는 방식, 문제를 해결하는 방식까지 AI를 바탕으로 재설계하고 있다. 최근 글로벌 컨설팅사 매킨지는 '생성형 AI의 경제적 잠재력' 보고서를 통해 생성형 AI가 세계 경제에 연간 2조6000억달러(3429조4000억원)에서 최대 4조4000억달러(약 5803조6000억원)까지 가치를 만들어낼 것으로 예측했다. 다양한 업무용 SW(소프트웨어)에 생성형 AI가 내장되며 발생할 효과까지 포함하면 이 두 배 규모도 될 수 있다는 게 매킨지의 전망이다.

특히 이번 보고서에서는 고객서비스, 마케팅·세일즈, SW엔지니어링, R&D(연구개발)의 네 가지 업무 영역에서 생성형 AI 도입·적용 효과가 가장 클 것으

로 분석했다. 24시간 365일 응대가 필요한 고객서비스 분야는 이미 생성형 AI의 본격적인 등장 이전부터 AICC(AI고객센터) 수요가 커지기 시작했다. R&D 분야에서는 특히 신약 개발이나 신소재 물색 등에 소요되는 시간과 비용을 줄여줄 것으로 기대된다. 국내외 제약바이오 기업들은 AI 기술 기업을 인수하거나 협력하는 등 다각적인 투자를 하고 있다.

특히 주목되는 분야는 마케팅과 SW개발 영역이다. 가트너는 2025년까지 대기업의 마케팅 메시지 중 약 30%가 생성형 AI 등을 통해 합성된 문장으로 만들어질 것으로 예상했다. 고객 문의에 대한 응답이나 이메일 작성을 대신하고 카피라이터 역할부터 시장조사 업무에 이르기까지 다양한 쓰임새가 기대된다. 전문가 수준의 업무 역량을 보인다면 일자리를 위협할 수 있다는 우려도 나오고 있다. 가디언에 기고한 영국의 한 카피라이터는 자신이 한 시간 동안 작업해 500파운드(약 84만원)를 받을 수 있는 글을 챗GPT가 불완전하긴 해도 30초만에 작성했다는 우려를 내냈다.

전용준 리비젼컨설팅 대표는 "국내에서는 생성형 AI를 마케팅에 실제 활용하는 비중이 아직 높아보이지 않지만 광고사나 신용카드사의 관련 업무 담당자 중 그 가능성에 주목하는 이들이 늘고 있다"면서 "마케터들은 챗GPT가 아니라 이를 잘 활용하는 사람을 두려워할 필요가 있다. 1년 이내에 챗GPT로 마케팅에서 성과를 내는 이들이 유의미하게 증가할 것"이라고 짚었다. 이미 '깃허브 코파일럿' 등을 시작으로 생성형 AI가 업무에 접목되기 시작한 SW개발 분야도 큰 큰 변화가 예상된다. 초급 개발자들의 SW 코딩 업무를 즉각 도와줄 수 있고, 노코드 플랫폼 등을 통해 코딩을 몰라도 애플리케이션을 개발하는 사례가 갈

수록 늘어날 것으로 전망된다. 또한 개발과 운영을 유기적으로 연계하는 데브옵스 과정에서 단순 반복적인 업무를 자동화해 담당자들의 부담을 덜어주는 것도 가능하다.

최근 열린 SPRi(소프트웨어정책연구소) 포럼에서 유호석 SPRi 산업정책연구실장은 "LLM(대규모언어모델)에는 페르소나를 부여할 수 있는 만큼 SW 개발 과정에서 아키텍트나 코드 리뷰어로 설정해 AI의 도움을 얻을 수도 있다"며 "다만 생성형 AI가 아직 미션 크리티컬 업무에 쓸 수 있는 수준은 아니다. 여전히 사람의 손길을 필요로 하는 고관여 영역이 엄연히 존재하는 만큼, 우리는 AI에 의해 쫓겨나거나 대체되는 게 아니라 증강될 수 있어야 한다"고 설명했다.

맥킨지는 이번 보고서에서 생성형 AI를 통해 오늘날 직원들의 업무시간 60~70%를 차지하는 업무들이 자동화되고, 2030년에서 2060년 사이엔 전체 업무의 절반이 자동화될 것으로 내다봤다. 앞서 골드만삭스는 생성형 AI가 10년 후 글로벌 GDP를 7% 증가시키며 세계 일자리 3억개에 영향을 미칠 것으로 예상한 바 있다.

출처: 디지털타임즈, 2023년 7월 2일

거시환경분석의 필요성과 6가지 요소

마케팅 환경은 타깃 고객과 성공적인 관계를 형성하고 유지하는 데 영향을 미치는 요소를 뜻하며 이는 크게 **거시환경**과 **미시환경**으로 나뉜다. 미시환경은 우리가 고객에게 가치를 제공하는 데 가까운 곳에서 영향을 끼치는 기업, 고객, 공급자, 중개자, 그리고 경쟁자를 의미하는 반면, 거시환경은 앞에서 언급한 미시환경에 영향을 끼치는 인구통계, 경제, 사회문화, 기술, 정치, 법, 그리고 자연환경 등의 요소를 의미한다.

먼저 우리는 우리의 사업을 둘러싼 거시환경의 변화흐름을 분석함으로써 우리 사업의 기회를 포착할 수 있다. 최근 특히 빠르게 변화하는 환경흐름 속 경쟁사들이 간과한 또는 경쟁사보다 빨리 고객의 잠재된 욕구를 포착 및 충족시킬 수 있다. 또한 급격한 환경의 변화에 따라 함께 변화하는 고객의 니즈에 대응하는 경쟁자 및 파트너들의 전략 패턴 또한 거시환경분석을 통해 파악할 수 있다.

마케터들은 거시환경 추세를 밝혀냄으로써 많은 기회를 찾는다. 추세(trend)는 어떤 힘이나 지속성을 가지고 있는 사건이나 방향이나 연속성이다. 반면에 일시적인 유행(fad)은 "예상이 불가능하고 수명이 짧고 사회적, 경제적 그리고 정치적 의미가 있는 것이 아니다." 신제품이나 새로운 마케팅 프로그램은 강력한 추세에 반하지 않고 그것과 동일선상에 놓인다면 훨씬 더 성공적일 것이다.

기업과 공급업자, 마케팅 중간상, 고객 그리고 경쟁자는 모두 기회를 형성하고 위협을 초래하는 영향력과 추세를 행사하는 거시환경하에서 활동하고 있다. 거시환경 주요 6요소는 기업이 모니터링하여 대응해야만 하는 '통제할 수 없는 것들'을 나타낸다. 이는 인구통계학적, 경제적, 사회문화적, 자연환경적, 기술적 그리고 정치·규제적 환경이다.

마케터들은 거시환경 주요 6요소의 상호작용에 주의를 기울여야 한다. 왜냐하면 거시환경 주요 6요소는 위험 뿐만 아니라 새로운 기회를 제공하기 때문이다. 예를 들어 인구 증가(인구통계적 환경)는 자원 고갈과 공해(자연적 환경)를 초래하고 소비자에게 더 많은 법률(정치·규제적 환경)을 필요하게 만든다. 이러한 법적 제약은 새로운 기술과 제품을 필요하게끔 하고 기업은 기술개발에 투자하게 된다 (기술적 환경). 만약 기술로 인해 개발된 새로운 해결책이 소비자들이 경제적으로 수용할 수 있다면(경제적 환경), 소비자들은 이 신제품에 대해로 태도와 구매행동을 바꿀 것이다(사회·문화적 환경).

그림1   거시환경분석의 주요 6요소

자연환경적 요소

기후, 자원

인구통계적 요소

인구밀도, 연령, 성비,
인종, 직업
다문화와 고령화

핵심 Trends
반영

기술/사업적 요소

첨단기술, 산업육성
혁신

사회문화적 요소

사회적 가치, 문화
글로벌화

정치규제적 요소

정치성향, 법규제
투자유치 극대화
중앙정부 지원확대

경제적 요소

경제규모, 성장률, 소득
여러 가지 움직임
위기속 기회

거시환경분석의 주요 6요소에는 인구통계적 요소, 자연환경적 요소, 기술산업적 요소, 경제적 요소, 정치규제적 요소, 그리고 사회문화적 요소가 있다.

1) 인구통계적 요소

인구통계적 요소는 시장의 기본요소로서 인구크기, 인구밀도, 연령, 성별, 직업 등과 같은 통계적 자료로 나타낸다. 최근 인구크기는 기하급수적으로 증가하고 있는데, 이러한 크고 다양한 인구는 우리 기업에게 기회가 될수도 있고 위협이 될 수도 있다. 예를 들어, 세계 1위 인구 국가인 중국은 이전에 산아 제한 정책으로 가족당 아이를 한 명만 낳을 수 있었다. 이 때문에 중국 부모들은 한 명의 자식에게 그들 수입의 많은 비중을 투자하는 경향이 있었다. 이는 교육 시장에게 큰 기회로 다가왔다. 또한, 중국의 산아 제한 정책으로 인해 부모들은 한 명 이하의 자식이 부모 곁을 떠나면 자신들을 부양해 줄 자식들이 없어 독립적이게 되는 고령화를 가져오는데, 이는 시니어 교육, 레저, 그리고 양로원과 같은 서비스 시장에 큰 성장을 불러일으킬 것이다. 또한 1977년과 1994년 사이에 태어난 Y세대는 삶의 질과 가족을 더 중시하는 특징을 지닌 X세대보다 컴퓨터, 디지털, 인터넷과 같은 최첨단 기술을 잘 다룰 줄 알며 개성을 중시하고 주목을 받고 싶어하는 성향이 있는데, 이와 같은 세대 차이는 자동차 시장에게 고객맞춤형 주문이라는 큰 변화를 주었다. 이외에도 점차 많은 교육을 받고 전문업 직종에 종사하는 사람들이 증가하고 있고, 앞으로 특정지역에 다양한 인종이 존재하는 경향은 우리 사업에 작지 않은 영향을 끼칠 것이다.

1인가구, TV 이용시간 급락…스마트폰 이용은 급증

1인 가구의 TV 이용시간이 2018년 대비 20분 감소한 반면 스마트폰 이용은 급격히 증가한 것으로 조사됐다. 1인 가구의 지상파 프로그램 시청률과 유료방송 가입률은 가장 낮았다.

정보통신정책연구원(KISDI)가 최근 발표한 〈1인 가구의 확산과 미디어 이용 변화〉보고서에 따르면 1인 가구 TV보유율은 90.4%로 다른 가구(1세대 가구 98.4%, 2세대 가구 97.7%, 3세대 가구 100%)에 비해 적었으며 데스크탑, 노트북, 태블릿PC 보유율은 타 가구의 절반 수준이다.

1인 가구 스마트폰 보유율은 88.7%로 타 가구와 비교해 가장 낮은 반면 스마트 워치 보유율은 14.7%로 가장 높다. 이 같은 이유에 대해 KISDI는 "스마트폰 보유율이 매우 낮은 70대 이상의 비중이 20%를 차지하는 데서 기인한 것"이라고 분석했다.

1인 가구는 20대 비중이 23.8%로 가장 높았으며 70대 이상이 20%로 뒤를 이었다. 50대 17%, 30대 16.8% 40대 10.7%, 60대 9.8% 순이다. 2021년 통계청에 따르면 국내 1인 가구는 716만 5,788가구(33.4%)로 전체 가구 형태 중 비중이 가장 높다.

1인 가구 TV 이용자 비율(주 5일 이상 이용)은 69.5%로 1세대 가구 92.6%, 2세대 가구 71.4%, 3세대 가구 77.4%와 비교해 가장 낮았지만, 이용시간은 3시간 14분으로 1세대 가구(3시간 21분) 다음으로 길었다.

1인 가구 스마트폰 이용자 비율은 가장 낮았으나 이용시간은 2시간 14분으로 가장 긴 것으로 조사됐다. 특히 1인 가구 TV 이용시간은 2018년 조사 대비 20분 감소한 반면 스마트폰 이용시간은 28분 증가했다.

1인 가구의 유료방송과 IPTV 가입률은 각각 85.3%, 33.8%로 타 가구에 비해 가장 낮은 것으로 집계됐다. 세대별 OTT 이용 기기 조사 결과 1인 가구의 경우 TV수상기를 이용한다는 비율이 12.8%로 타 가구와 비교해 가장 낮은 것으로 조사됐으나 '노트북', '스마트패드' 이용 비율은 각각 18.1%, 9%로 가장 높았다.

출처: 미디어스, 2023년 6일 9월

2) 자연환경적 요소

자연환경적 요소는 우리 기업에 투입되는 또는 우리 기업의 활동을 통하여 영향을 받는 자연 자원들을 일컫는다. 이 요소와 관련된 이슈에는 자원 부족, 지구 온난화로 인한 탄소세 정책과 같은 환경에 대한 정부 규제, 그리고 증가하는 오염 이슈가 있다. 이러한 변화 속에 우리나라 유통기업들은 공짜로 제공되던 모든 비닐 봉투를 유료화했고, 스타벅스와 같은 커피전문점 기업들은 플라스틱 용품을 줄이기 위해 노력하고 있고, 최근에는 플라스틱 빨대를 없애고 종이 빨대로 대체하였다. 또한 최근 미세먼지의 증가로 마스크를 생산하는 기업들은 호황을 맞았고, 석유 연료를 사용하는 자동차 제조기업들도 친환경적인 자동차를 만들기 위해 투자를 하고 있다.

재활용 못 하는데 "해양 플라스틱"… 친환경 탈 쓴 그린워싱 OUT

지난해 코카콜라 등 글로벌 기업이 재활용 가능한 플라스틱이나 해양 플라스틱을 사용한다며 '친환경적'이라고 홍보했지만 실상 허위 · 과장 광고를 한 것이라는 환경단체의 지적이 나오면서 전 세계적으로 '그린워싱(Greenwashing)'에 대한 논란이 거세진 바 있다.

그린워싱은 친환경 제품에 대한 소비자의 관심이 높아짐에 따라 제품을 친환경적인 것처럼 보이게 하는 위장 광고를 칭한다. 친환경을 상징하는 단어인 '그린'과 세탁한다는 뜻의 '워싱'을 합성한 말이다.

공정거래위원회가 점점 만연해 가는 그린워싱 행위를 방지하기 위해 환경 관련 표시 · 광고에 관한 심사지침 개정안을 마련, 오는 28일까지 행정예고한다고 밝혔다.

최근 기후 변화와 코로나19 팬데믹의 영향으로 환경 문제에 대한 관심이 높아지면서 친환경 제품과 기업을 선호하는 그린슈머(환경을 상징하는 그린과 소비자를 뜻하는 컨슈머의 합성어)가 늘어나고 있다. 컨설팅기업 PwC의 조사에 따르면 그린슈머 성향을 띠는 소비자는 2021년 글로벌 소비자의 53%로 2019년보다 약 20% 포인트 증가했다.

이에 따라 기업도 환경 관련 마케팅을 공격적으로 벌이고 있지만, 친환경적이지 않은 제품과 기업 활동을 친환경적이라고 속이는 그린워싱을 자행하고 있다는 논란이 지속적으로 제기되고 있다. 실제로 국내에서도 제품을 친환경적인 것처럼 위장 표시 · 광고해 적발된 건수는 지난해 1~8월 1383건으로 2021년 한 해 동안 적발된 272건의 5배에 이르렀다.

공정위는 이러한 그린워싱을 방지하고자 환경 관련 부당 광고를 판단하는 심사기준을 구체화하고 법 위반 유형별 예시를 포함한 심사지침 개정안을 마련했다.

개정안에 따르면 사업자는 일부 단계에서 환경성이 개선됐더라도 원료의 획득 · 생산 · 유통 · 사용 · 폐기 등 상품의 생애주기 전 과정을 고려할 때 그 효과가 상쇄되거나 오히려 감소한 경우 환경성이 개선된 것처럼 표시 · 광고하면 안 된다.

또 소비자의 구매 · 선택에 중요한 영향을 미치는 사실의 전부 또는 일부를 누락 · 은폐 · 축소해서도 안 된다. 일례로 침대의 매트리스 부분에 대해서만 친환경 인증을 받았음에도 제품 전체에 대해 인증을 받은 것처럼 '친환경 침대'라고 광고하면 이는 기만 광고에 해당한다.

사업자가 환경과 관련해 향후 달성하고자 하는 목표를 표시 · 광고할 때는 구체적인 이행 계획과 이를 뒷받침할 인력, 자원 등의 확보 방안이 마련돼야 하고 측정할 수 있는 목표와 기한 등도 밝혀야 한다.

브랜드를 홍보할 때 일부 상품에 해당하는 환경적 속성 · 효능이 브랜드 전체 상품에 적용되는 것처럼 표시 · 광고하거나, 사실과 다르게 환경적 이점이 있는 상품을 보유 · 제공하는 브랜드인 것처럼 소비자가 인식하도록 문구 · 도안 · 색상 등을 디자인하는 것도 안 된다.

출처: 서울신문, 2023년 6월 9일

3) 기술산업적 요소

기술산업적 요소는 최근 첨단기술의 급속한 발달로 인해 주목 받고 있는 분야이다. 예를 들어 스마트칩이라고 불리는 작은 RFID(Radio-Frequency Identification)는 구매하는 모든 제품 속에 포함되어 있어 고객을 넘어 공급자와 유통자에게도 언제 어디에서든 제품의 경로에 대한 정보를 제공해주는 획기적인 기술 발전이다. 많은 제조기업들이 이 칩을 전세계 유통망 속 제품들에 부착했고, 마트와 백화점과 같은 큰 유통업체들 또한 공급자들에게 RFID 칩을 부착해달라고 요구하고 있고 자체적으로도 RFID를 활용하여 재고관리 및 점포관리 등에 활용하고 있다. 이러한 혁신적인 기술발달은 새로운 시장과 기회를 창출하고 제품의 혁신성과 안정성을 향상시켜 줄 수 있기 때문에 마케터들은 빠르게 발달하는 기술혁신에 적응해야만 한다.

AI 마케팅 플랫폼, 광고효과 톡톡

LG CNS는 인공지능(AI)과 수학적 최적화 기반의 마케팅 플랫폼 'MOP(Marketing Otimization Platform)'를 통해 마케팅·광고 분야로 영토 확장에 나서고 있다고 27일 밝혔다.

MOP는 고객사의 제품이나 서비스 광고를 위해 포털 검색광고, 쇼핑 검색광고, 디스플레이 광고 등을 최적화하는 플랫폼이다. 고객사는 MOP를 통해 광고 비용 효율을 높이며 24시간 광고 운영이 가능하고, 동일한 광고비로 더 많은 구매 전환을 일으킬 수 있다고 회사는 설명했다.

MOP의 차별화된 측면은 AI와 수학적 최적화 방식이다. MOP는 네이버, 카카오, 구글 등에서 고객사의 광고 실적 데이터를 수집한다.

이후 탑재된 AI가 수집한 데이터를 분석해 미래 광고 실적 예측 모델을 생성한다. 마케팅 환경 변화에 민첩하게 대응하기 위해 다양한 예측 모델을 조합해 활용하는 AI 앙상블 기술도 플랫폼에 적용했다.

수학적 최적화 기술은 현재 가진 자원과 변수로 발생할 수 있는 모든 경우의 수를 계산하고, 최대 효율을 내는 답을 찾는 기술이다. 광고 효과가 높은 노출 위치, 시간대, 빈도 등을 고려해 광고 예산 분배와 최적 입찰가를 선정하고, 자동 입찰까지 실시한다.

성과도 드러나고 있다. 지난해 11월부터 100여 개 고객사에 MOP를 제공한 결과, A 건강기능식품 기업은 광고비 대비 매출액이 30.1% 향상됐으며, C 제조기업은 광고 노출 빈도수 15.3% 상승, 검색광고 단가 12.9%를 절감하는 효과를 검증했다. LG CNS는 MOP를 통해 노동집약적 광고 운영 체계를 변화하고, 고객의 광고 퍼포먼스를 극대화해 나갈 계획이라고 밝혔다.

출처: 동아일보, 2023년 6월 30일

4) 경제적 요소

경제적 요소는 시장의 구매력에 영향을 미치기 때문에 기업이 필수적으로 고려해야 하는 요소이다. 경제적 요소의 변화는 크게 소비자들의 소득 증가와 구매패턴 변화로 볼 수 있다. 마케터들은 소득 분배에 주의를 기울이는데, 그 이유는 소득 차이에 따라 소비 패턴이 달라지기 때문이다. 고소득층은 경제적 상황에 제한받지 않고 럭셔리 제품을 구매하고, 중상층은 지출이나 삶의 질에 주의를 기울이지만 하위 소득층은 기본적인 의식주를 중시한다. 또한 이러한 경제적 요소의 변화로 최근 가성비와 가치 구매 등의 경향이 나타나고 있다.

소비심리, 13개월 만에 '낙관적' 전환…'U자형 경제 회복' 가능할까

하반기 경제가 상반기보다는 나아질 거라고 생각하는 소비자가 늘면서 '소비 심리'가 되살아나고 있는 것으로 나타났다. 신종 코로나바이러스 감염증(코로나19) 거리두기 종료로 대면 활동이 늘고, 물가와 금리 상승세가 다소 꺾인 영향으로 풀이된다. 소비는 수출과 함께 경제 성장률(GDP)을 끌어올릴 수 있는 핵심 동력이라는 점에서 'U자형 경제 회복'에 대한 기대도 커지고 있다.

28일 한국은행에 따르면 소비자심리지수(CCSI)가 1년1개월만에 낙관적으로 돌아섰다. 6월 소비자심리지수는 100.7로 5월(98.0)보다 2.7포인트 상승했다. 4개월 연속 오름세로, 이 지수가 100을 넘은 건 지난해 5월(102.9) 이후 13개월 만이다. 100보다 높으면 장기평균(2003년~2022년)과 비교해 소비 심리가 낙관적, 100을 밑돌면 비관적이라는 의미다.

소비자심리지수는 6개월 전과 비교한 현재 생활형편, 6개월 후 소비지출 전망, 향후 경기 전망 등 6개 지수를 합성한 것으로, 경제 전반에 대한 소비자의 인식을 나타낸다. 특히 6월 소비자심리지수가 전월 대비 2.7포인트 상승했는데 6개 지수 중 소비지출전망(0.7포인트)의 기여도가 가장 높았다.

한은 분석에 따르면 소비심리와 실제 소비는 큰 흐름에서 대체로 비슷한 움직임을 나타내왔다. 한은이 1996년 2분기~2018년 4분기 자료를 토대로 소비자심리지수와 민간소비 증가율(전년 동기 대비)의 상관관계를 추정한 결과 0.75로 동행성이 뚜렷했다. 다만 실제 소비는 소비심리 외에도 가계소득, 고용상황 등 경제 변수의 영향을 받기 때문에 일시적으로 차이가 발생할 수 있다.

주원 현대경제연구원 경제연구실장은 "하반기 한국경제는 서서히 회복하는 'U자형'이냐, 장기 침체에 빠지는 'L자형'이냐의 갈림길에 서 있다"며 "정부 재정으로 성장을 견인하기 어려운 상황인 만큼 하반기 내수시장 회복력은 민간 소비에 달려있다고 본다"고 말했다.

출처: 중앙일보, 2023년 6월 28일

5) 정치규제적 요소

정치규제적 요소는 법, 정부관계기관, 그리고 조직 또는 개인의 활동에 영향을 미치는 압력단체 등으로 구성된다. 경영규제는 크게 세 가지의 목적을 가지고 있다. 불공정한 경쟁으로부터 자사를 보호하기 위해서, 불공정한 경영실행으로부터 고객을 보호하기 위해서, 그리고 억제할 수 없는 경영행위로부터 사회의 이익을 보호하기 위해서이다. 자사보호를 위한 규제로서 대표적인 예로 아시아 시장의 모조품(짝퉁)을 들 수 있는데, 이는 정부의 엄격한 통제로 규제된다. 고객보호를 위한 규제의 예로서는 온라인 쇼핑몰과 최근 카드회사 등의 고객정보 침해, 제품의 과장광고, 그리고 패키징 또는 가격정책으로 속이는 오픈 프라이스 정책으로부터 고객들을 보호하는 규제들을 들 수 있고, 마지막으로 사회보호를 위한 규제의 예로는 지연재해로 인한 피해를 도와주기 위해 기업의 제품 제공 활동과 같은 사회적 책임에 대한 정부의 의무부여를 들 수 있다.

"의무휴업일 평일전환 막자" 마트노조 파업…대형마트 '진퇴양난'

대구광역시를 시작으로 탄력을 받을 것으로 예상됐던 대형마트의 의무휴업일 제도 개편이 노동조합과 소상공인의 반대에 부딪혀 표류하고 있다.

4일 업계에 따르면 전국민주노동조합총연맹(민주노총) 서비스연맹 마트산업노동조합은 7일 오후 서울시청 인근에서 총파업대회를 연다. 이날 파업대회에는 매장에 소속된 민주노총 소속 조합원을 비롯한 1000여명의 조합원이 참석할 예정이다.

의무휴업일은 전통시장과 소상공인 보호를 위해 2012년부터 월 2회 공휴일에 쉬도록 하는 제도다. 하지만 온라인 쇼핑이 대세로 자리잡았을 뿐만 아니라 의무휴업일까지 대형마트 입장에서는 족쇄로 작용해 올해 경영상황도 녹록치 않을 전망이다.

민주노총 관계자는 "실질임금 인상과 주말휴무 보장을 요구하고 있다"며 "유통산업발전법을 개정해서 일요일 휴무를 더 많이 보장해야 한다"고 주장했다.

올해 들어 2월에는 대구광역시, 5월부터는 충청북도 청주시가 대형마트의 의무휴업일을 평일로 전환했다. 현 정부가 기업규제 완화 정책의 일환으로 대형마트 영업규제 완화에 나서면서 일부 지방자치단체가 이를 수용한 것이다. 하지만 서울과 수도권, 주요 광역시의 규제완화 동참이 이어지지 않으면서 현재는 지지부진한 상태다. 지역의 소상공인과 마트 노조의 반대가 거세기 때문이다. 대구와 청주시의 경우는 소상공인이 상생에 손을 내밀면서 극적으로 규제가 완화됐다.

반면 서울시의 경우는 올해 초 한차례 각 자치구의 의견을 청취한 데 그쳤을 뿐 이후 어떤 움직임도 없다. 유통법 12조 2항에 따라 기초자자체장이 의무휴업을 변경할 수 있는 만큼 사실상 손을 놓고 있는 상황이다.

서울시내 한 구청 관계자는 "서울시가 서울시상인연합회와 논의해서 구청에 의견을 줘야 구청도 이를 검토할 것"이라며 "서울은 사실상 하나의 생활권이기 때문에 시에서 지침이 없으면 특정 자치구가 먼저 나서기는 어려운 게 사실"이라고 전했다. 이어 "연초 논의 당시에도 전통시장에서 부정적 의견이 많았다"며 "대형마트 노동자의 의견도 반영해야 하기 때문에 규제완화에는 다소 시간이 필요할 것"이라고 덧붙였다.

유통업계 관계자는 "노조의 역할과 존재가치는 충분히 필요하다고 생각한다"면서도 "대형마트가 성장둔화를 넘어 생존을 걱정해야 하는 상황인데 무조건 반대하는 행보는 안타깝다"고 전했다.

출처: 이데일리, 2023년 7월 4일

6) 사회문화적 요소

사회문화적 요소는 사회의 기본적 가치, 인식, 선호, 그리고 행위에 영향을 끼치는 요소들을 일컫는다. 핵심 믿음과 가치는 부모, 할머니 등 윗세대로부터 대대로 내려오는 문화적·관습적 행동과 학교, 종교, 사업, 그리고 정부로부터 교육을 통해 강화되는 비교적 영구적인 신념이다. 기업은 특정 지역 시장 진출 시 이를 필수적으로 고려해야 한다. 예를 들어 나이키는 아동인권을 중시하는 인도에서 어린이들이 나이키 운동화를 만드는 장면의 광고를 함으로써 불매운동이 일어나 나이키의 인도 시장 진출은 실패하고 말았다. 중국 시장의 경우 소비자들이 푸른색보다는 빨간색을 선호하기 때문에 펩시는 상표로고에 빨간색을 더욱 강조하였다.

오뚜기, ESG 경영 성과·비전 담은 '2023 지속가능경영 보고서' 발간
이중 중대성 평가 통해 6가지 핵심 주제 선정, 지속가능경영 활동 및 성과·계획 등 제시
보고서 매년 발간, 다양한 이해관계자들과 소통 강화
㈜오뚜기가 다양한 이해관계자들과 소통 강화를 위해 ESG 경영 활동과 성과를 집약한 '2023 지속가능경영 보고서'를 발간했다고 4일 밝혔다.

이번 보고서에는 '인류 식생활 향상에 기여하여 행복한 세상을 만든다'는 ESG 경영 활동과 목표를 담았다. 구체적으로 지속가능한 포장, 책임 있는 소싱, 식품 안전 및 품질, 기후변화 대응, 건강과 영양, 인권 경영 등 6개의 핵심 주제를 선정하고, 이에 대한 전략 및 성과, 계획 등을 상세하게 기술했다.

㈜오뚜기는 이슈의 중요도를 결정하기 위해 기업 내외부 주요 이해관계자들을 대상으로 설문조사를 진행했으며, 사회 · 환경적 요인이 기업 재무 상태에 미치는 영향과 기업 비즈니스가 사회 · 환경에 미치는 영향을 동시에 고려하는 '이중 중대성' 평가를 바탕으로 핵심 주제를 도출했다.

경영 현황을 투명하게 공개하기 위해 품질관리 체계, 고객 커뮤니케이션, 조직문화, 지배구조, 윤리경영, 이해관계자 참여, 중대성 평가 등을 확인할 수 있는 페이지도 별도 구성했다. ㈜오뚜기는 2010년 환경경영을 선포한 이후 2017년부터 지속가능경영으로 확대해 전사적 노력을 기울이고 있다. 지난해에는 다양한 이슈에 선제적으로 대응하기 위해 최고 의사결정 기구인 이사회 내에 ESG위원회를 설치하는 등 조직을 정비했다.

ESG 경영을 위한 전담 조직인 'ESG추진팀'도 신설했다. ESG추진팀 내 'ESG워킹그룹'은 환경(공장 · 조달실 · 환경안전팀 · 연구소), 사회(품질보증실 · 홍보실 · 인사팀 · 환경안전팀), 지배구조(법무팀 · 내부회계팀 · 재경실) 등 각 부문 실무부서로 구성돼 과제를 이행하고 있다.

㈜오뚜기 관계자는 "ESG 활동 및 성과를 투명하게 공개하고 다양한 이해관계자들과 공유하기 위해 지속가능경영 보고서를 발간했다"며, "더욱 탄탄한 ESG 경영 체계를 확립해 지속가능한 미래가치를 창출하고, 건강한 식문화를 선도해 나갈 것"이라고 전했다.

출처: 머니투데이, 2023년 7월 5일

2

거시환경분석을 통한 핵심 트렌드 도출

1) 인구통계적 요소의 트랜드

(1) 고령화: 인구 구조의 변화와 생활패턴의 변화가 새로운 문화 형성

앞으로 국내 사회는 급속도로 고령화 사회로 진전될 것이며, 2020년 이후에는 인구의 증가율이 마이너스가 될 것으로 예상된다.

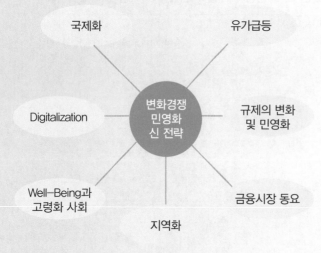

● ● ● **그림2　거시환경의 주요 변화**

비록 고령화는 전 세계적 경향이 있지만, 한 국가의 인구는 연령 대에 따라 다양하다. 인구는 연령에 따라 여섯 그룹으로 나눌 수 있다. 미취학 아동, 초등학생, 10대, 젊은 성인(25~40세), 중년층(40~65세) 그리고 노년층(65세 이상)으로 구분되며 가장 많은 수의 연령대가 마케팅 환경을 형성한다. 미국에서는 1946~1964년 사이에 태어난 7천 8백만 명의 '베이비붐 세대(baby boomers)'가 시장을 형성하는 강력한 힘이 되고 있다. 이들은 텔레비전 광고와 함께 자라서 1965~1976년에 태어난 X세대보다 접근하기가 쉬운 시장이다. X세대들은 시장에서 마케터가 할 수 있는 것 이상의 약속을 원하는 까다로운 고객의 전형적인 스타일이다. 다음 세대는 1977~1994년에

태어났으며 컴퓨터나 인터넷에 많은 영향을 받고 그것들을 쉽게 사용하는 Y세대이다. Mountain Dew는 X세대와 Baby boomers에 태어난 사람들을 대상으로 X 스포츠 게임을 사용한 광고를 실시하여 음료수 시장에서 4위의 점유율을 가진 기업으로 부상하게 되었다. 최근에는 MZ세대와 알파세대 등으로 추가로 분류하기도 한다.

(2) 가구 패턴

미국에선 가구 중 1인 가구가 '비전통적' 가구이다. 여기에는 독신가구, 동거가구, 편부모 가구, 부자녀 가구, 자식들이 출가하여 내외만 사는 부부 등이 포함된다. 더 많은 사람들이 이혼을 하거나 이혼 후 결혼을 안 하거나 늦게 하려고 하고 자식을 가지려는 생각 없이 결혼을 하는 등 다양한 가구 패턴이 생겨나고 있다. 각각의 그룹은 구별할 수 있는 니즈와 구매 습관을 가지고 있다. 예를 들어, 독신이거나 별거, 미망인 혹은 이혼한 사람들은 더 작은 집과 가전제품 그리고 가구, 더 작은 단위로 포장된 음식을 필요로 한다.

마케터들은 점차적으로 비전통적인 가구들의 특별한 니즈를 고려해야 한다. 왜냐하면 이들은 전통적인 가구보다 훨씬 빨리 증가하고 있기 때문이다. 평균적인 미국인과 비교할 때, 게이라고 분류되는 응답자들은 10배 이상은 전문직에 종사하고 있으며, 휴가 별장을 두 배나 더 소유하고 있으며, 노트북 컴퓨터를 8배 더 많이 소유하고 있고, 개인 주식 보유는 2배 달한다. Absolute, American Express, IKEA, Procter & Gamble 그리고 Subaru와 같은 기업들은 이 사장과 비전통적 가구 시장의 가능성을 인식했다.

(3) 웰빙 라이프 스타일

급변하게 변화하는 사회구조와 경제성장으로 인한 생활 수준의 향상과 수명연장으로 보다 건강하고 즐거운 삶을 향유하려는 욕구가 증가하고 있으며 이러한 욕구는 웰빙에 대한 태도와 행동에 긍정적인 영향을 미치고 있다. 웰빙을 추구하는 소비자의 태도는 과거와 달리 변화하고 있다. 다시 말해서, 집단 가치, 기능적 가치를 중시하는 태도에서 개인의 가치, 감성적 가치, 내면적 가치를 중요시하는 태도로 변화되어 남이 나를 어떻게 보는 것이 중요한 것이 아니라 내 스스로에 대한 가치를 중시하게 되었다. 따라서 이러한 소비자의 태도 변화는 자신의 삶에 대한 만족을 찾으려는 노력이나 행동으로 이어질 것으로 예상되며 특히 웰빙 라이프 스타일은 웰빙에 대한 인식, 웰빙을 지향하려는 의도 또는 웰빙 제품을 이용하는 것에 대한 인식 등으로 나타난다.

2) 기술산업적 요소의 트랜드

(1) 인터넷의 확산과 디지털 혁명

4차산업혁명으로 인한 기술의 발달은 모든 인간의 생활과 행동을 변화시키고 있다. 특히, AI, 빅데이터, VR, IOT 등의 기술은 급격하게 우리생활을 디지털화 시키고 있다. 디지털 융합(Convergence)의 시대로 접어들면서 지식서비스 기반 사업/네트워크를 통한 경제효과는 상상 이상으로 커져가고 있다. 오늘날의 과학자는 제품개발과 생산 과정을 혁명적으로 변화시키는 바이오 공학이나 로봇공학 같은 신규 기술적 환경하에서 일을 하고 있다. 혁신에의 도전은 기술적인 것뿐만 아니라 구매 가능한 신제품을 개발하는 상업적인 것이기도 하다. 많은 혁신적인 기업들이 이미 가상현실을 사용하여, 사용자들이 청각, 시각 그리고 접촉을 통해 컴퓨터로 만들어진 환경인 3차원을 경험할 수 있는 기술의 결합을 이미 사용하고 있다. 가상 현실은 기업들이 신규 자동차 디자인, 스마트폰, 건축물의 구조 등의 다양한 제품에 대한 소비자의 반응을 즉각적으로 파악할 수 있게 한다. 이러한 디지털혁명에 따른 기술적 변화와 상업적 변화는 시장의 경쟁과 고객의 니즈를 급격하게 변화시킨다. 인터넷과 디지털 기술은 사람이 직장에 출근하지 않고, 가정에서 업무를 볼 수 있도록 하여 자동차 오염을 줄이며, 가족 간의 관계를 강화시키고, 가정에서 쇼핑 및 엔터테이먼트를 즐길 수 있는 기회를 창출한다.

● ● ●   표1   웰빙 개념의 확산에 있어서 선진국과 한국의 차이점

구분	미국	일본	한국
본격적 등장시기	1990년대 이후	1990년대 이후	2000년대 이후
등장배경	사회대안운동 확산과 함께 생활 속에서 웰빙 개념 체득	건강 붐 조성	대중매체의 적극적 개입 황사, 광우병 등 환경 재해에 대한 공포
사회적 웰빙과의 관련성	여성 건강 및 복지와 관련	고령자, 장애인 등의 복지와 관련	복지와는 무관 개인적 웰빙 추구에 집중
웰빙시장의 범위	요가 관련 상품 유기농 자연 식품	건강식품 중시	식품, 가전, 섬유, 건설 등 전 분야에 영향

(2) 그린관련 기술개발

전력기술 경쟁에서 살아남기 위해서는 중장기적 비전으로 핵심기술을 선택하고 집중적인 연구개발 투자를 지속적으로 해야 한다. 화석연료의 고갈과 친환경에너지원에 대한 관심의 증가로 새로운 발전기술의 필요성이 대두되고 있으며, 디지털 시대에 걸맞은 고품질 전력의 안정적 공급에 대한 니즈는 날로 증가하고 있다. 이러한 니즈에 맞춰 신재생에너지, 기후변화협약, 발전소 배기가스 절감, 방사성 폐기물 처리, 전력거래, 분산전원대두, 전력과 통신의 결합을 통한 부가가치 창출, 수소에너지의 활용, 신발전기술 등 전력과 에너지 산업의 기술이 급속하게 변화하고 있다.

표2	국내외 기술 개발 현황 및 전망
국내	· 태양광, 풍력, 조력 등 신 재생에너지 발전분야에 대한 관심 증가 · 석탄가스화 복합발전, 연료전지발전, 행 융합발전 등 고효율발전방식에 대한 연구 진행 · IT 기술 보급의 급속한 진행으로 전력IT산업 등 전력 신기술 대두
미국	· 정부주도하의 전력 분야 R&D 지원프로그램 개발 · 예산 및 사업목표를 고려한 포트폴리오 구성
일본	· 초전도 기술, 전력저장 기술, 태양광발전 기술 등 우위
영국	· 전력 자유화 및 규제완화: 에너지 관련 기술도 민간부문에서 담당 · 핵융합기술, 에너지 효율 향상, 재생에너지 기술개발에 주력

3) 경제적 요소의 트랜드

(1) 소득의 변화

1990년대를 통해서 미국 소비자는 소득의 증가, 주식시장의 붐, 주거가치와 경제적 자산의 급속한 증가로 과소비에 빠졌다. 무분별하게 이것저것 구매하는 것처럼 보였고, 엄청난 부채를 기록하게 되었다. 자유로운 소비와 좋은 시절이 지속되리라는 높은 기대는 2000년대 초반의 불황기에 의해 꺾이고 말았다. 실제로 지금은 경제적으로 압박 받는 소비자 시대를 맞이하고 있다. 일부의 소득이 증가하는 것과 함께 재무 부담도 증가하고 있다. 소비자는 소비과잉 시기에 빌린 부채를 지불해야 하고, 가계지출이 증가하며, 자녀의 학자금과 은퇴 후를 위한 자금을 저축해야 한다.

이처럼 재정적으로 넉넉하지 않는 소비자는 변화하는 재정상황에 맞추어 더 신중히 소비하고 있다. 가치 마케팅(Value marketing)은 많은 마케터의 표어가 되어왔다. 마케터는 비싸고 품질이 우수한 제품보다는 품질이 조금 떨어지더라도 값이 저렴한 제품을 제공함으로써 재정적으로 매우 보수적인 소비자에게 더 좋은 가치를 제공할 방법을 탐색하고 있다. 즉, 적절한 품질과 적당한 가격이 어우러진 제품이나 서비스를 개발하고 있는 것이다.

(2) 주요 국가 경제성장률과 산업구조전망

미국, 일본, 유럽연합은 경제성장세가 둔화될 것으로 예상되나, 신흥 경제 강국으로 부상하고 있는 BRICs의 경우엔 고성장추세가 이어질 것으로 전망된다. 미국, 일본, 유럽연합은 세계 평균 GDP 성장률에 크게 미치지 못할 것으로 전망된다. BRICs 국가들은 성장세보다 다소 둔화될 것으로 보이나 브라질을 제외하고는 모두 세계 평균을 넘는 성장을 기록할 것으로 전망된다.

주요 국가들의 산업구조는 점점 서비스 산업 비중이 확대되며, 제조업과 농어업 산업 비중의 축소가 예상된다.

점진적으로 중요한 경제 이슈는 제조업자와 서비스 산업이 외국으로 이전된다는 것이다. 많은 기업이 아웃소싱을 경쟁에서 필수적인 것으로 보는 반면에 많은 국내 노동자들은 그것을 해고의 원인으로 간주한다. 기업들이 동일한 작업에 대하여 20~70%의 인건비를 줄이는 절감 효과는 극적이다. 그러나 단기적으로는 고용주에게 이익이 되겠지만 실업으로 인한 노동력의 문제는 장기적으로 큰 문젯거리다. 특히 프로그램 업무가 외국으로 이동하는 기업의 기술 지배 미래를 의문시하게 만든다. 예를 들면, 인도의 Bombay에는 초고속 인터넷 접속, 세계적 수준의 대학, 그리고 벤처 캐피탈 산업이 있다. 이는 차세대에는 지축을 흔들 기술 혁신을 펼쳐가는 데 필요한 구성요소를 다 포함하고 있는 것이다.

(3) 불안정한 금융시장

글로벌 금융 위기 이후 세계경제가 다양한 위험요소에 노출되어 있는 것은 사실이나 본격적인 경기 재침체의 국면으로 빠질 가능성은 아직 낮다고 전망한다. 위험이 현실화되더라도 지난 서브프라임 위기 당시 같이 급격히 경기하강 국면에 빠지기보다는 선진국의 경기 회복이 지연되는 수준에 그칠 가능성이 높다. 최근 불안정한 금융시장은 세계경제와 그 기반에 크게 문제가 생겼기 때문이라기보다는 금융시장 참여자들의 불안정한 심리를 반영하고 있다고 볼 수 있다. 미국의 재정긴축, 유로 지역의 재정위기, 중국의 부동산 거품 형성 등의 위험요인은 단기간에 해결되기 어려운 문제이다. 이 요인들은 앞으로 상당 기간 상존할 가능성이 크며, 향후 금융시장의 변동성이 더욱 커질 것이라 전망된다.

4) 정치규제적 요소의 트랜드

(1) 입법조치의 증가

사업에 영향을 미치는 입법조치는 과거 수년 동안 지속적으로 증가했다. 사업에 관한 법률 제정은 여러 가지 이유로 시행되어 왔다. 첫째는 회사를 보호하는 것이다. 기업 경영자는 경쟁을 옹호하지만, 경쟁이 그들을 위협할 경우 이를 완화시키고자 한다. 그래서 불공정 경쟁을 정의하고, 이를 방지하기 위한 규제가 지정되었다. 정부규제의 두 번째 목적은 공정하지 않은 사업활동에서 소비자를 보호하는 것이다. 일부 기업은 위조품을 만들고, 소비자 사생활을 침해하거나, 기만광고를 하고, 패키지와 가격으로 소비자를 속이기도 한다. 여러 정부기관은 공정하지 않는 사업관례를 정의하고 법제화한다. 정부규제의 세 번째 목적은 규제 받지 않는 사업활동에서 사회의 이익을 보호하는 것이다. 수익을 추구하는 사업활동이 더 좋은 삶의 질을 보장하는 것은 아니다. 기업의 사회적인 책임을 확실하게 하기 위해 기업의 생산 또는 제품에 수반되는 사회비용에 규제가 생기기도 한다.

(2) 변화하는 정부기관의 법 집행

국제적인 마케터는 통상정책과 규제를 법제화하는 수많은 정부 산하기관을 만나게 될 것이다. 이 정부기관은 법규를 집행하는 데 결정권이 있기 때문에 이들은 회사의 마케팅 성과에 중요한 영향을 미칠 수 있다. 새로운 법규와 이의 법제화는 계속 증가할 것이다. 사업경영자는 제품이나 마케팅 프로그램을 기획할 때 발전과정을 주도면밀하게 관찰해야 한다. 마케터는 경쟁, 소비자, 사회 등을 보호하는 주요 법규를 알 필요가 있으며 그들은 이러한 법규를 주, 국가, 국제적인 수준으로 이해해야 한다.

5) 자연 환경적 요소의 트랜드

(1) 환경적 규제

온실가스 감축 의무가 해가 갈수록 더욱 무거워질 것으로 예상되므로 기후변화협약에 따른 전력산업의 영향을 대비해야 한다. 지구온난화(Global Warming)는 대기 중에 있는 온실가스가 지표로부터 우주로 발출되는 적외선을 흡수하여 지구가 더워지는 현상이다. 지구온난화를 막기 위해 국제적으로 온실 가스에 대한 규제가 시행되고 있다. 첫째로 선진국의 온실가스 감축시한을 정한 기후변화협약 교토의정서가 2005년 2월 발효되었다. OECD 회원국가 중 1차 대상국에 지정되지 않는 국가는 멕시코와 한국뿐이다. 멕시코의 이산화탄소 배출량은 OECD 국가의 1/3 수준이나 한국은 GDP 대비 이산화탄소 배출량이 OECD 국가 기준을 크게 증가하고 있어 2013~2017년까지 온실가스를 감축해야 하는 2차 의무 대상국에 포함될 가능성이 높다. 앞으로 기후협약의 영향으로 온실 가스 배출량 감축을 위한 노력의 필요성이 요구되며 새로운 기회가 생길 것으로 예상된다. 또한 탄소시장 형성, 온실가스 감축 전문기업의 태동, 청정개발체제(CDM) 사업의 출현 등 환경규제로 인한 다양한 현상이 일어날 전망이다.

(2) 환경변화에 따른 기업 행보

다시 얻을 수 없는 유한한 자원들의 고갈이 다가옴에 따라 기업들은 큰 비용 증가에 직면한다. 반면에 연구개발에 종사하는 기업들은 대체자원들을 만들 수 있는 절호의 기회를 갖는다. 석유처럼 한정적이며 재생 불가능한 자원은 가격이 폭등함에 따라 세계 경제에 심각한 문제를 일으켜서 태양, 핵 그리고 바람 등의 대체 에너지를 찾게 되었다. 기업 또한 더 나은 연료 효율성을 위해서 가솔린 엔진이 추진되는 전기모터 차인 Toyota의 Prius 같은 보다 에너지 효율적인 제품을 개발하고 있다.

그러나 어떤 산업의 활동은 자연 환경을 불가피하게 파괴한다. 해양의 위험한 수은 수준과 병과 다른 포장용 쓰레기들로 채워진 자연을 생각해 보라. 대체 생산방법과 포장 방법을 위한 큰 시장이 오염 통제 해결책을 위해서 생겼다. 예를 들면, 3M의 오염 방지 지불 프로그램(Pollution Prevention Pays Program)은 오염과 비용을 감소하였고, Dow의 Alberta에 있는 에틸렌 공장은 40% 절감된 에너지를 사용하고 폐수를 97% 덜 방출한다.

6) 사회문화적 요소의 트랜드

(1) 세계주의확산

세계주의는 WTO처럼 다자간 협상을 바탕으로 전세계 시장을 하나로 통합하려는 움직임으로서 각종 무역 및 투자장벽을 철폐하고 각국 시장을 개방하여 자유무역주의를 확대하려는 흐름이 있다. 시장 및 소비자, 경쟁, 마케팅, 생산 등 모든 여건과 활동이 개별 국가차원에서, 혹은 국경을 전제로 하여 고려되고 분석되기보다는 전세계를 하나의 커다란 시장으로 인식할 필요성이 증가가 있다. 기업은 세계화에 발맞추어 글로벌고객을 대상으로 신속하게 제품 및 서비스를 판매해야 하며 기업은 생산활동의 집중화, 표준화를 통한 비용 절감 효과를 누릴 수 있다.

(2) 지역화

지역주의는 EU나 NAFTA처럼 협정지역 내에서 관세 및 비관세장벽을 철폐하여 물적 및 인적흐름을 자유화하지만, 협정지역 이외의 국가에 대해서는 상대적으로 더 높은 무역 장벽을 쌓는 폐쇄적인 경제블록이다. 경제블록의 경우 역내 기업들은 협정지역내의 관세 및 비관세장벽의 철폐, 자본과 인력의 자유로운 이동 보장 등으로 역내에서의 경쟁력이 강화되는 반면, 역외기업들은 덤핑제소나 로컬 컨텐츠(local contents)규제와 같은 각종 무역 및 투자장벽에 따른 차별대우로 인해 오히려 역내에서의 경쟁력이 악화될 가능성이 크다. 따라서 역외기업들은 현지 직접투자를 통해서 적극적으로 역내 기업화를 도모하게 되고, 국제화를 빠르게 추진시킨다.

거시환경분석의 시사점

거시환경분석을 통해 마케터는 다음과 같은 여러 가지 활동에서의 시사점을 이해하여야 한다.
- 산업 내 변화와 외부적인 변화의 영향의 차이에 관한 이해를 할 수 있다.
- 법적 규제의 변화 및 민영화에 대한 예측 및 대응 방안 필요하다.
- 국내 경제의 체감성장과 아시아, 아프리카 지역의 높은 성장에 따른 해외사업 진출의 필요성 대두된다.

- 국내 산업구조 변동 및 낮은 인구증가율로 에너지 소비량 증가율은 향후 둔화될 것으로 예상된다.
- 효율 향상을 위한 기술개발 외에도 장기 성장을 위해서는 급격한 기술환경변화에 대응하기 위한 핵심기술 확보를 위한 R&D가 필요하다.
- 환경의 변화 및 산업 동향에 대한 지속적인 추적 및 파악이 필요하고, 그에 따른 예측 및 대응 방안 필요하다.
- 산업 내 변화와 외부적인 변화의 영향의 차이에 대한 이해를 할 수 있다.
- 전략수립 과정에 대한 이해를 토대로 환경분석이 전략 수립의 시작점이라는 환경 분석의 필요성을 기억해야 한다.
- 환경분석을 통해 전략적 기회 및 위협 요소를 찾는다, 이 때 포착한 기회는 선택적 집중화가 필요하고, 포착한 위기는 선택적 대응방안이 필요하다.
- 정성적 방법과 정량적 방법의 통합과 다양한 분석 도구의 활용 또한 필요하다.

Further Discussions

FD1 거시환경 분석의 주요 시사점에 대해서 토론해 보자.

FD2 거시환경의 주요 6가지 요소에 대해서 알아보았다. 각각의 요소들에 대한 실제 환경변화 현상에 대해서 예를 들어보고 이에 대해서 토론해보자.

FD3 거시환경의 6가지 요소에 대해 하나의 산업을 예를 들고 어떠한 요소의 변화가 중요한지에 대해서 토론해보자.

CHAPTER 05

시장분석 (3Cs분석): 기업의 경쟁우위 요소 확인

Learning Objectives

LO1 3C analysis의 내용 및 중요성에 대해서 학습한다.

LO2 고객 분석의 중요성과 주요 내용에 대해 학습한다.

LO3 경쟁자 분석의 내용과 시사점 및 활용성에 대해서 학습한다.

LO4 자사 분석의 고려 내용과 분석방법에 대해서 학습한다.

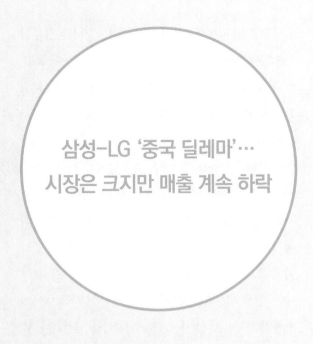

삼성-LG '중국 딜레마'···
시장은 크지만 매출 계속 하락

삼성전자와 LG전자의 중국 시장에 대한 고민이 커지고 있다. 지난해말부터 중국 코로나 봉쇄정책이 완화되면서 리오프닝 효과를 기대했지만 올해 상반기가 지나도록 뚜렷한 개선 분위기가 잡히지 않고 있다. 양사 모두 중국 상류층을 대상으로 한 초프리미엄 마케팅 전략을 펼치고 있지만 전체 점유율과 매출 상승 부문에서는 한계점이 드러나고 있다.

29일 삼성전자와 LG전자 양사에 따르면 올해 중국 리오프닝에 따른 실적 개선 효과는 미미할 것으로 전망되고 있다. 오히려 실적이 지속적으로 하향곡선을 그리면서 전체 매출에서 중국이 차지하는 비중이 점차 줄어들고 있는 것으로 나타났다. 현 추세대로라면 삼성전자와 LG전자 모두 지난해 보다 낮은 중국 매출을 기록할 것으로 예상된다.

양사 사업보고서에 따르면 삼성전자는 중국에서 2021년 59조7247억원, 2022년 54조6998억원의 매출을 기록했다. 올해 1분기 매출은 7조9153억원으로 이대로라면 연매출 50조원 이하 가능성도 점쳐진다. LG전자도 2021년 2조6009억원, 2022년 2조6395억원에 이어 2023년 1분기 6090억원의 매출로 제자리걸음을 하고 있다.

삼성전자와 LG전자 모두 중국의 거대한 시장 규모를 감안해 현지 마케팅은 꾸준히 이어가고 있다. 삼성전자는 지난 4월 마이크로LED TV를 중국에 처음 선보인데 이어 이달에는 베이징에서 테크 세미나를 열었다. LG전자는 현지 백화점을 중심으로 초대형·롤러블·벤더블 올레드 TV 라인과 프리미엄 생활형 가전을 앞세운 마케팅 전략을 펼치고 있다. 다만 매출 정체로 인해 마케팅 효과는 과거와 같지 않은 것이 현실이다.

하반기 업황 역시 크게 다르지 않을 전망이다. 최근 한국경제연구원이 발표한 '이슈분석-대중국 수출 부진 현황 및 적자기조 장기화 가능성' 보고서에 따르면 우리나라의 대중국 무역수지는 계속 악화되고 있다. 올해 1월부터 지금까지의 적자폭이 118억달러에 달한다. 이는 지난해 5월부터 12월까지의 52억달러 적자의 두 배가 넘는 수치다. 향후 전망에서도 중국의 빠른 기술발전 속도를 감안할 때 단기간에 상황 반전은 어려울 것으로 내다보고 있다.

이 같은 추세는 중국 TV시장에서의 한국 비중을 보면 극명해진다. 시장조사업체 옴디아에 따르면 중국 TV시장에서 자국 메이커 점유율은 2019년 79.2%에서 2022년 87.7%로 상승한 반면 한국 메이커 비중은 같은 기간 7.1%에서 4.1%로 줄었다.

삼성전자와 LG전자는 혐한정서의 계기가 됐던 사드사태 이전의 시장 상황을 감안해도 중국 시장에 대한 추가적인 기대가 힘들다는 평가다. 당시에도 중국 현지 브랜드에 대한 영향력이 컸던 만큼 점유율 확대에 한계가 있었고, 이는 최근 들어 더 심해지고 있다는 설명이다. 때문에 같은 노력이라면 중국에 집중하기 보다는 동남아시아와 중동 국가 마케팅을 병행하는 것이 더 효과적인 것으로 보고 있다. 양사는 올해 들어 UAE 두바이에서 경쟁적으로 신제품을 선보이는 등 중동·아프리카 지역 공략에 공을 들이고 있다.

업계 관계자는 "중국은 일본과 함께 자국 브랜드에 대한 충성도가 높아 외국계기업이 영업을 하기 까다로운 시장"이라며 "규모는 크지만 매력도가 과거와 같지 않고 많은 해외 유통사들이 철수하고 있는 만큼 인도와 중동·아프리카 시장으로 마케팅 포트폴리오를 넓혀가고 있다"라고 말했다.

출처: 전자신문, 2023년 7월 2일

시장감지와 시장조사의 내용범위는 거시환경분석과 3C분석으로 대표되는 시장분석으로 나누어 볼 수 있다. 3C분석은 사업 시작 전 시장에 대한 사전 분석으로써 고객(Customer), 경쟁자(Competitor), 그리고 자사(Company)에 대한 분석으로 구성된다. 고객분석은 고객을 이해하고 가치를 제안하는 것을 말한다. 자사분석은 자사의 강점과 약점을 분석하고 자사의 경쟁우위 창출 가능성을 식별하는 것이다. 경쟁사 분석이란 경쟁사의 생산능력, 경쟁사의 시설투자규모의 진척 정도, 경쟁사의 주요고객 및 판매전략 등에 대해서 분석하는 것이다. 시장을 세분화한 다음 기업은 세분된 시장 내에서 마케팅 전략을 펼칠 시장, 즉 표적시장을 선정한다. 3C분석을 통하여 사업의 범위와 내용을 정의한 후에야 세부적으로 다음단계인 가치창출(Value Creation)과정과 가치전달(Value Delivery)과정으로 진행된다.

고객(Customer) 분석

고객은 자신의 물리적 문제 혹은 심리적 문제를 해결하고, 이에 따른 욕구를 충족시키기 위하여 제품을 구매한다. 고객들의 소득이 증가하여 의·식·주에 대한 기본적인 욕구충족이 가능해지면 고객은 자아실현 욕구를 해결하기 위해 구매행동을 개성화하고 자신들의 가치를 나타내주는 제품을 구매하는 성향을 보인다. 따라서 기업이 경쟁우위를 확보하기 위해서는 다양하고 개성적인 고객들의 욕구를 파악하여 이에 맞는 제품을 만들어 내는 것이 중요하다. 시장형성의 초기에는 주로 경영자의 주관적인 판단이나 경험과 같은 비체계적인 방법으로 고객욕구를 파악하여 필요한 의사결정을 하였으나, 시장환경이 점점 복잡해지고 변화의 속도가 빨라짐에 따라 마케팅 관리자와 고객의 거리가 점점 멀어지면서 관리자의 주관적인 판단만으로는 고객의 욕구를 정확하게 파악하거나, 자사의 마케팅 활동에 대한 고객들의 반응을 파악하기 어려워졌다. 따라서 고객에 대한 체계적이고 정확한 분석을 통해 고객을 정확히 파악하지 못하면, 시장세분화, 표적시장의 선정 등과 같은 마케팅 활동을 효과적으로 전개할 수 없다. 따라서 마케팅 관리자는 급변하는 시장환경 속에서 다양한 고객욕구를 만족시킬 수 있는 마케팅 전략을 수립하기 위해 고객의 행동을 체계적으로 이해하고 있어야 한다. 마케팅 관리자는 고객이 시장에서 제시되는 마케팅믹스에 대하여 어떻게 반응을 보이는가 하는 부분과 고객이 어떠한 과정을 거쳐서 제품을 구매하는가 하는 부분으로 구분하여 고객행동을 파악해야 한다. 이와 같이 시장에서 얻어지는 고객에 관련된 정보와 이에 영향을 미치는 요인들을 파악함으로써 마케팅 관리자는 고객을 몇 개의 세분화된 시장으로 분류하고, 이 중에서 표적시장을 선정하여 효율적인 마케팅 전략을 수립하고 마케팅믹스를 수행할 수 있다. 이를 통해 효과적인 고객가치를 제안하고 기업의 지속적인 성과를 달성할 수가 있다.

소비자행동을 이해하기 위해 기본적으로 이해가 필요한 두 가지 이론이 있다. 소비자 구매의사결정과정과 소비자 정보처리과정 이론이다. 본 서에서는 이 두 이론에서 중요한 역할을 하는 관여도와 기본적인 개인의 구매의사결정과정과 소비자가 처리하게 되는 정보처리과정에 대해 알아보도록 하겠다.

1) 관여도와 의사결정

관여도란 어떤 제품이나 서비스에 대해 관심을 갖거나 중요하게 여기는 정도라 할 수 있다. 소비자가 고관여일 때는 상당한 시간과 노력을 들여서 신중한 의사결정을 하게 되는데 이러한 것을 포괄적 문제해결(extensive problem solving)이라고 한다. 반면 소비자가 저관여 일 때 비교적 적은 시간과 노력을 기울여서 의사결정을 하는 것을 제한적 문제 해결(limited problem solving) 혹은 습관적 구매(habitual buying)라고 한다.

2) 소비자의 구매의사결정

일반적으로 소비자의 구매의사결정과정은 포괄적인 구매과정이다. 저관여일 때는 소비자가 밟게 되는 구매의사결정과정이 축소되며 고관여일 때는 늘어나기 때문이기 때문에 포괄적인 구매의사결정과정을 이해하면 자연스럽게 모든 상황에 대해 이해할 수 있을 것이다.

소비자의 구매의사결정과정이란 소비자가 구매에 대한 어떠한 문제를 인식하고, 그 문제의 해결을 위하여 몇 단계의 과정을 거쳐 최선의 결정을 내리는 것이라 할 수 있다. 이러한 소비자의 구매의사 결정과정은 몇 단계를 거쳐서 진행되는데 앞 단계가 만일 충족되지 않으면 다음단계가 일어나기가 힘들게 된다. 그러므로 마케터는 소비자가 구매하는 각 단계마다 심혈을 기울일 필요가 있다.

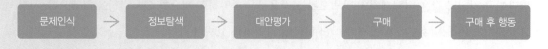

그림1 　소비자의 구매의사결정과정

문제인식 ➡ 정보탐색 ➡ 대안평가 ➡ 구매 ➡ 구매 후 행동

(1) 문제 인식

첫 번째 단계는 문제 인식의 단계로 소비자가 구매의 필요성 인식하는 단계이다. 소비자는 자신의 현재 상태가 바람직한 상태와 현상태가 차이가 있다고 지각하게 되면 그 차이를 메울 수 있는 수단을 찾으려는 욕구가 나타나게 된다. 이 단계가 문제인식의 단계이다. 이 욕구가 충분히 커져서 구매 동기(motive)가 있어야 비로소 구매 행동으로 나타나게 된다. 욕구가 동기로 발전을 하기 위해서는 현재의 상태와 이상적인 상태의 차이가 크거나 차이를 메우는 것이 중요하다고 느껴야 된다. 소비자들이 이러한 문제인식을 갖게 되는 것은 내적요인과 외적요인으로 나타난다. 즉 내적요인은 자기 폰이 잦은 고장 등으로 소비자 자신이 스스로 문제를 인식하는 것이며 외적요인은 신형폰 광고를 보고 문제를 인식하는 것이다.

(2) 정보 탐색

두 번째 구매의사결정과정의 단계는 정보 탐색의 단계로 소비자가 구매에 필요한 정보를 수집하고 알아보는 단계이다. 이전 단계인 문제인식단계를 거쳐 구매동기가 형성된 소비자는 문제를 해결할 수 있는 구체적 대안들에 대한 정보를 찾게 된다. 먼저 소비자들은 필요한 정보가 자신의 기억 속에 이미 저장되어 있는지를 살펴보게 되는데 이러한 것을 내적정보탐색이라고 한다. 그러나 일반적으로 기억에만 의존하기에는 부수적인 정보들이 요구되는데 이때 소비자들은 외부의 다양한 방법으로 정보를 찾게 되는데 이를 외적정보탐색이라고 한다.

(3) 대안 평가

소비자들은 정보탐색단계에서 수집한 정보를 가지고 대안들을 비교, 평가하여 우선순위를 정하게되는데 이러한 단계를 대안평가단계라고 한다. 이러한 대안에 대해 소비자들은 태도를 형성하게 되는데 이러한 대안에 대해 호의적이거나 중립적 혹은 비호의적인 태도를 갖게 된다. 호의적인 태도를 형성하게 되는 것은 선호도(preference)를 갖게 된다는 것을 의미한다. 높은 선호도를 갖게 되면 다음단계인 구매로 이어질 확률이 높아지게 된다. 그렇다면 소비자들은 어떻게 태도를 형성하는지를 파악하는 것은 매우 중요하게 된다.

(4) 구매(선택)

소비자들은 우선순위로 정해 놓은 몇 가지 대안들 중에서 자신의 평가 기준에 가장 적합하고 선호하는 것을 대개 구입하게 된다. 이때 소비자들은 자신의 욕구, 경제적 능력, 구매 시기, 구매 장소, 대금 지불 방법 등을 고려하게 된다. 뿐만 아니라, 소비자들은 몇 가지 요인들로 인해 가장 선호하던 대안 대신 다른 대안을 구입하거나 때에 따라선 구입을 포기 혹은 미루게 된다.

(5) 구매후 행동

소비자가 구매한 다음 그 결과를 평가하여 행동을 나타나는 단계이다. 제품을 구매할 때 소비자는 구매행동을 통해 어떠한 결과를 기대한다. 이러한 기대가 얼마큼 잘 충족되었느냐에 따라 소비자는 구매한 결과에 대해 만족을 하느냐 혹은 불만족을 하느냐가 결정된다. 즉, 선택한 제품이 구매 이전의 기대 수준과 같거나 클 경우에는 만족할 것이고, 반대로 기대 수준에 못 미치게 되면 불만족할 것이다. 이러한 만족과 불만족 그리고 불평행동이외에 소비자들은 구매후 부조화가 생기게 되는 데, 이는 내가 선택을 잘한 것일까? 하는 의구심에서 생기는 불안감을 의미한다. 대체로 중요한 구매일수록, 그리고 대안들이 서로 유사할 때 소비자들은 구매후 부조화가 많이 나타나게 된다. 이러한 부조화가 없어지지 않으면 소비자는 자신이 구입한 제품에 대해 불만족을 느끼게 되므로 마케터는 구매자에게 자신의 선택이 잘된 것이라는 확신을 주는 커뮤니케이션을 해야 할 것이다.

3) 소비자 정보처리과정

다음으로 구매의사결정과 더불어 소비자 행동에서 매우 중요한 소비자의 정보처리과정에 대해 살펴보자. 우리는 일반적으로 많은 마케팅 자극에 노출이 되고 이를 통해 특정 제품과 서비스에 대한 태도가 형성된다. 이러한 과정을 소비자 정보처리과정(consumer information processing)이라고 한다. 즉 소비자들이 마케팅 자극에 노출되어 주의를 기울이고 그 내용을 지각하여 제품이나 서비스에 대해 태도를 형성하는 과정을 정보처리과정이라고 한다. 이러한 정보처리단계를 통해 형성된 태도는 구매의사결정과정에 즉각적으로 활용되기도 하지만 기억 속에 저장이 되어 다음 의사결정과정에도 많은 영향을 끼치게 된다.

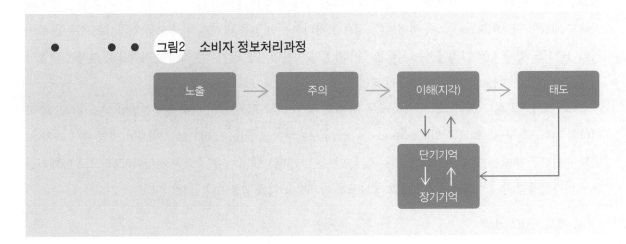

그림2 소비자 정보처리과정

(1) 노출(exposure)

노출에는 소비자가 정보를 찾기 위해 스스로 정보에 노출시키는 의도적 노출과 우연하게 노출되는 우연적 노출의 두 가지 경우가 있다. 의도적 노출은 소비자가 의식을 가지고 외부 자극에 노출을 하는 것이고 우연적 노출은 의도하지 않고 무의식적으로 노출되는 것을 의미한다. 예를 들어 스마트폰 구매 과정에서 스스로 스마트폰 정보에 노출을 하는 경우는 의도적 노출이고 영화를 보고 있는데 우연히 제품이 노출되는 경우를 우연적 노출이라고 한다.

(2) 주의(attention)

일단 소비자에게 노출이 되면 다음단계인 주의의 단계로 이어지는데 소비자는 노출된 모든 정보에 주의를 기울이지 않는다. 소비자들은 이미 관심을 갖고 있던 정보와 이전에는 관심이 없었지만 이목을 집중시키는 정보에 대해 주의를 기울이게 된다. 그러므로 의도적 노출의 경우는 소비자들이 일반적으로 주의를 기울이게 되지만 우연적 노출의 경우에는 고관여 제품이거나 주목을 이끄는 정보인 경우에만 주의를 기울이게 된다. 그러므로 소비자들의 주의를 이끌기 위해서는 광고와 패키지 등의 특색을 살려서 디자인 하는 것이 중요하게 된다.

(3) 이해(comprehension)

이해를 인지심리학에서는 지각(perception)이라고 하는데 이 단계는 유입된 마케팅 정보들을 조직화 하고 해석(interpretation)하는 과정이다. 지각은 지각적 조직화와 지각적 해석의 두 단계로 구성된다. 소비자들은 어떠한 제품의 광고를 보고난 후 그 제품에 대한 평가(또는 태도)는 소비자들간에 많은 차이가 존재할 수 있다. 또한 판매원으로부터 제품에 대한 이야기를 듣게 된 소비자들은 광고와도 다르게 평가를 할 수도 있다. 이와 같이 동일한 자극에 노출된 경우도 개인마다 상이하게 된다. 이러한 이유는 소비자들의 지각적 조직화와 지각적 해석이 다르기 때문이다.

(4) 기억(memory)

소비자는 정보처리과정을 통해 형성되거나 변화되는 신념과 태도를 기억 속에 저장하였다가 나중에 새로운 제품정보에 노출되었을 때 이에 대한 의미를 부여하기 위해 기억 속에 저장된 정보를 활용한다. 기억은 정보의 처리와 저장이 이루어지는 장소를 의미한다. 정보를 처리하는 영역을 단기기억, 정보를 저장하는 부분을 장기기억이라고도 한다. 단기기억에서는 지각을 형성과정이 이루어지면 장기기억에서는 지각을 형성하는 과정에서 중요한 역할을 하는 사전지식이 저장이 되어 있다.

소비자들은 제품이나 서비스를 구매하게 될 때 여러 경쟁브랜드들 중에서 극히 일부분만을 구매대상으로 고려하게 된다. 즉 구매고려 집합안(Consideration Set)에서 구매하려고 한다. 그러므로 소비자가 기억 속에 자사 브랜드에 관련된 정보를 쉽게 인출할 수 있는지의 여부는 마케터들에게 매우 중요한 것이다. 그러므로 마케터들은 소비자들에게 자사의 제품이 기억에 오래 남도록 마케팅 노력을 기울여야 할 것이다.

(5) 태도(attitude)

BTS의 팬클럽인 아미처럼 마케터가 자사의 제품의 팬클럽을 갖고 있다면 얼마나 행복할까? 이들은 외국이라도 적극적으로 방문하려고 하고 구전을 능동적으로 수행한다. 이러한 현상은 애플제품에도 비슷한 현상이 나오는데 신제품을 구매하기 위해 며칠을 밤새우기도 하며 자기의 제품에 대해 호의적인 내용의 유튜브 등에 적극적으로 개시하기도 한다. 이와 같은 것은 결국 태도로 설명될 수 있다. 즉, 태도란 대상(제품 혹은 서비스)에 대한 평가가 얼마나 긍정적 혹은 부정적인가를 의미한다. 태도는 구매행동의 선행변수이기 때문에 소비자의 태도를 조사하여 자사에게 유리하게끔 변화시키는 것은 마케터에게 매우 중요한 일이 된다.

4) 가치제안(Value proposition) 분석

'마케팅은 고객가치의 이해로부터 시작한다'라는 말이 있듯이 마케팅에서는 고객에 대한 이해 및 분석 과정이 필수적인 데 반해 이 부분은 국내기업들의 가장 취약한 부분이다. 대부분의 기업들은 자신들이 가지고 있는 자원을 토대로 최고의 제품을 만들지만 정작 고객이 진정으로 원하는 니즈를 파악하지 않은 상태에서 그들이 생산할 수 있는 제품을 만들기 때문에 고객의 욕구를 충족시켜 주지 못한다. 따라서 우리는 고객분석을 통해 고객이 가지고 있는 현재 문제점 또는 잠재되어 있는 욕구를 발견함으로써 사업의 기회를 포착해야 한다. 또한 우리는 고객이 가치를 부여하는 체계를 이해함으로써 고객의 가치를 우리의 상품에 반영할 수 있어야 한다. 즉 다양한 고객의 욕구, 즉 육체적 욕구(의, 식, 주, 안전), 사회적 욕구(소속감, 인정받기, 출세), 도구적 욕구(자기표현, 지식, 행복), 궁극적 욕구(허영, 권력, 사회정의, 구원, 정직, 신용)를 우리가 고객의 원츠(Want)화 시킴으로써 우리의 상품을 찾도록 유도해야 한다.

기업은 목표고객에게 무엇을 제공할 것인지도 결정해야 하는데, 이는 차별화 방안과 시장에서 기업의 제품 포지션을 선택하는 것을 포함한다. 기업의 가치제안(value proposition)은 소비자의 욕구를 충족시키기 위해 제공하겠다고 약속한 편익 혹은 가치의 집합을 말한다. 사브(Saab) 자동차는 탁월한 운전성능과 짜릿함을 고객에게 약속하는데, 이러한 약속은 "제트엔진에서 출발한 사브를 통해 당신은 이륙하지 않고도 하늘을 나는 기분이 어떤지를 경험할 수 있습니다"라는 메시지를 나타낸다. 이와 대조적으로 스바루(Subaru) 자동차는 안정성을 약속하는데, "에어백은 당신의 생명을 구하고, 사륜구동은 에어백의 생명을 구합니다. 이것은 스바루를 스바루답게 만듭니다"라는 주장은 약속을 전달한다. 레드불(Red Bull) 에너지 드링크는 정신적/육체적 피로를 해소하는 데 도움을 준다는 약속을 기반으로 에너지 음료시장의 70%를 점유했다.

이러한 가치제안은 경쟁브랜드와 차별화시키는데, 이는 왜 고객이 경쟁사 브랜드가 아니라 자사 브랜드를 구매해야 하는지에 대한 답을 준다. 기업은 목표시장 내에서 최고의 경쟁우위를 제공하는 강력한 가치제안을 설계해야 한다.

5) 고객가치제안(Customer Value proposition) 의미

고객가치제안은 기업의 제품이나 서비스가 고객에게 제공하는 기능적, 감성적, 사회적, 자기표현적 편익을 말한다. 성공적인 전략을 지원하기 위해서는 가치제안이 지속적이어야 하고 경쟁자들로부터 차별화되어야 한다. 고객가치제안은 다음과 같은 요소를 포함한다.

① 좋은 가치를 제공

Ex) 월마트는 고객에게 물건을 싸게 공급하는 가치를 제공한다.

② 탁월한 제품 또는 서비스의 중요한 속성

    Ex) P&G의 Tide는 "옷감을 깨끗하게 해준다"는 가치제안을 한다.

③ 산업 내에서 최고의 품질을 제공

    Ex) 렉서스의 가치는 품질이다. 렉서스는 2011년 JD Power의 품질 평가에서도 1위를 차지했고 1990년부
        터 22번의 평가 중 13번 1위를 한 최고의 차이다.

④ 제품 종류의 범위

    Ex) 아마존에는 세상의 모든 것이 있다고 할 정도로 많은 제품을 취급한다.

⑤ 혁신적 제품

    Ex) 3M은 포스트잇 등 혁신적인 제품을 다수 개발했다.

⑥ 제품이나 기업 활동에 대한 열정을 공유

    Ex) 전세계의 Harley Davidson 사용자들은 HOG라는 자발적인 모임을 만들어 서로의 경험을 공유한다.

⑦ 글로벌 커넥션과 명성

    Ex) 씨티은행의 지주회사인 씨티그룹은 세계적인 금융그룹으로서의 품격을 지녔다.

3가지 종류의 가치제안(Value proposition) 유형에는 ① All Benefits(모든 이점 강조형), ② Favorable Points of Difference (차이점 강조형), ③ Resonating Focus(공감 중심형)이 있다.

● ● | 표1 | 가치제안 3가지 유형

가치 제안 유형	All Benefits (모든 이점 강조형)	Favorable Points of Difference (차이점 강조형)	Resonating Focus (공감 중심형)
구성 요소	제품으로부터 고객이 받는 모든 이점	최선의 차선책(경쟁) 대비 자사의 제품이 제공하는 모든 차이점	개선을 통해 가까운 장래에 고객에게 가장 큰 가치를 줄 수 있는 한두 가지 차이점 또는 공통점
고객관점에서의 질문	왜 당사가 귀사의 제품을 구매해야 하는가?	왜 당사가 귀사의 경쟁사 제품 대신 귀사의 제품을 구매해야 하는가?	귀사의 제품에 대해 당사가 명심해야 할 가장 중요한 점은 무엇인가?
요구 사항	자사 제품에 대한 지식	자사 제품 및 경쟁사 제품에 대한 지식	최선의 차선책(경쟁) 대비 자사의 제품이 어떻게 월등한 가치를 고객에게 전달할 수 있는가에 대한 지식
잠재적인 결함 요소	혜택 단정	모든 차이점이 가치 있는 차이점이라는 가치 추정	고객가치 연구필요

6) 고객 이해하기(Customer Understanding)

소비자는 평가기준에 대해 여러 대안들을 평가한 후 그 내용을 종합하여 최종적인 구매결정을 내린다. 이렇게 평가의 내용을 처리하는 방법을 평가방식이라고 하며, 크게 보완적인 방식(Compensatory)과 비보완적인 방식(non-Compensatory)으로 나누어진다.

(1) 보완적 방식(Compensatory)

상호 보완적인 관계에 있는 다양한 평가기준들을 종합적으로 평가하는 방식이다. 가령, 보상적 선택은 제품의 성능이 떨어져도 가격이 저렴하면 고객이 물건을 구매할 의사가 있는 것을 말한다.

보완적 방식의 예시

• 가중 평균 방법(Weighted Average Method)

가중 평균 방법은 각 속성의 중요도에 따라 가중치를 부여하고, 여기에 평가된 점수를 곱하여 총점을 구하여 제품의 가치를 평가한다. 이 방법은 종합적으로 제품의 장점과 단점을 보완할 수 있는 제품을 고를 수 있다. 가중 평균한 A제품의 가치 = 8(.2)+8(.4)+7(.1)+5(.3) = 7 가 가장 높으므로 A제품이 선정된다. 고객이 가중 평균 방법에 의해 제품을 평가한다면, 마케터는 다음과 같은 방법에 의하여 자사제품에 대한 평가를 우호적으로 변화시키는 전략을 수립할 수 있다. 우선 전반적으로 고객 평가기준의 점수를 높이고, 자사 제품이 상대적으로 높은 평가를 받았던 평가 기준의 중요도를 높인다. 이렇게 전체적인 제품의 평가가 향상될 수 있다. 또한, 기능성 제품 출시와 같이 새로운 평가 기준을 추가하여 자사 제품에 대한 전체적인 평가 향상을 모색하는 방법도 있다.

● ● ● 그림3 가중 평균 방법 예시

각 속성의 Maximum score=10

	속성	A	B	C
2	브랜드 선호도	8	4	7
4	품질	8	8	6
1	신뢰성	7	6	8
3	가격	5	6	7
	평가 결과	7.0	6.4	6.7

(2) 비보완적 방식(non-Compensatory)

보완적 방식이 여러 대안들을 종합적으로 비교, 평가하는 데 비해 이는 각각의 평가기준이 제한적이거나 최소한의 점수를 미리 정해 놓는 방식이다.

비보완적 방식의 예시

• 사전편집식(Lexicographic Rule)

고객이 제품을 선정할 때 가장 중요하게 생각하는 하나의 평가기준에 대해 가장 높은 평가를 받는 상표를 선택하는 방식이다. 만약 점수가 동일한 경우는 두 번째로 중요한 평가기준에 의하여 제품을 선택한다. 아래 표에서 우선 순위인 품질 항목에서 A, B 제품의 평가 값이 같으므로 차 순위인 가격 항목을 비교한 후 제품 B를 선택한다.

● ● 그림4 사전 편집식 예시

	속성	A	B	C
	브랜드 선호도	8	4	7
1	품질	8	8	6
	신뢰성	7	6	8
2	가격	5	6	7

• 결합식(Conjunctive rule)

결합식은 각각의 평가 기준에 최저 점수를 정하고, 모든 속성에서 최저 점수 이상으로 평가된 제품을 선택하는 방식이다. 아래 표에서 모든 속성의 최저 점수가 6이므로, 고객은 모든 항목이 최저 점수 이상인 제품 C를 선택한다.

● ● 그림5 결합식 예시

	속성	A	B	C
(6)	브랜드 선호도	8	4	7
(6)	품질	8	8	6
(6)	신뢰성	7	6	8
(6)	가격	5	6	7

2

경쟁(Competitor) 분석

마케팅은 고객의 가치를 이해하여 기회를 발견하고 경쟁자보다 더 차별화된 서비스를 제공하여 고객에게 만족을 주는 것이다. 고객이 가치 부여에 대한 체계를 이해, 기회를 발견하고 상품에 반영할 수 있어야 한다.

1) 경쟁자 분석 틀(Competitor Analysis Frame)

경쟁자의 목표, 전략 및 역량, 성과 분석을 통하여 경쟁자의 강점 및 약점을 파악하고, 이를 자사 전략 개발의 기본자료로 활용한다. 경쟁자가 보유하고 있는 우월한 지식은 경쟁우위의 원천이다. 경쟁우위의 원천은 기업이 선택한 시장에서 우월한 고객가치를 제공하는 것이다.

2) 경쟁자 분석 목적

기업은 경쟁자 분석을 통해 경쟁자의 전략 및 역량, 강점 및 약점, 성과와 자사의 전략적 위치를 이해할 수 있다. 기업은 경쟁사의 현재 전략과 강점 및 약점을 이해하게 되면 향후 준비해야 할 기회/위협을 알 수 있다. 이를 통해 기업은 시장상황의 변화 또는 자사의 전략 변화에 대한 경쟁자의 반응을 예측하게 된다. 분석 자료는 경쟁자의 강점 및 약점에 대응하는 자사 전략 개발의 기본자료로 활용되기 때문에 경쟁사의 전략 대응 패턴을 알게 되면 기업의 전략 대안의 결정이 쉬워진다.

3) 경쟁자 선정하기(Defining Competitors)

시장을 어떻게 정의하느냐에 따라 경쟁이 달라진다. 경쟁의 범위를 잘못 규정하는 경우 기업은 거시적인 경

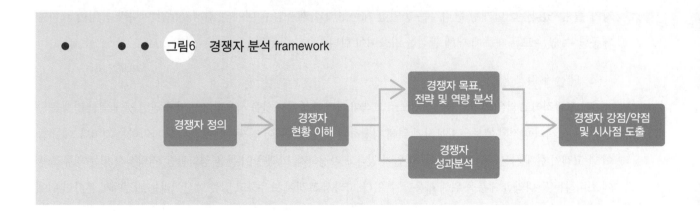

그림6 경쟁자 분석 framework

경쟁자 정의 → 경쟁자 현황 이해 → 경쟁자 목표, 전략 및 역량 분석 / 경쟁자 성과분석 → 경쟁자 강점/약점 및 시사점 도출

쟁 위협을 간과할 수 있고(marketing myopia), 경쟁에 대한 불확실한 정의로 인해 마케팅 전략의 불확실성을 가져올 수도 있다.

(1) 제품형태에 의한 경쟁

동일한 제품형태로 인해 발생하는 경쟁으로 가장 좁게 보는 관점의 경쟁이다. 이 경쟁을 흔히 브랜드에 의한 경쟁(brand competition)이라고 하며 동일한 세분시장 내에서 현재의 주요 경쟁자가 누구인가를 파악하는 것이다. 예를 들어 펩시콜라가 자신의 경쟁사를 또다른 콜라를 생산하는 코카콜라로만 한정짓는 경우 이를 제품형태에 의한 경쟁이라 한다.

(2) 제품범주에 의한 경쟁

유사한 속성을 보유한 제품을 경쟁자로 파악 파악하는 방법이다. 마케팅 관리자들은 이 수준의 경쟁을 가장 일반적인 경쟁집합이라고 생각한다. 예를 들어 콜라, 사이다, 환타, 게토레이, 포카리스웨트 등이 청량음료시장에서 경쟁을 하고 있는 것을 제품범주에서의 경쟁이라고 한다. 이 관점은 제품형태에 의한 경쟁보다는 포괄적이지만, 시장을 정의하는 데는 여전히 단기적인 관점이다.

(3) 본원적 효익에 의한 경쟁

고객의 동일한 욕구를 충족시키는 제품 모두를 경쟁관계에 있다고 보는 관점이다. 이것을 본원적 효익에 의한 경쟁이라고 하며, 고객의 동일한 욕구를 충족시키는 제품 모두를 경쟁관계에 있다고 보는 관점이다.예를 들어 갈증해소라는 고객들의 욕구에 초점을 맞춘다면 청량음료의 경쟁자는 주스, 생수, 맥주 등이 될 수 있다. 또한 패스트푸드 점포들은 간편한 식사라는 측면에서 편의점의 삼각김밥 및 샌드위치와 경쟁관계에 있다고 볼 수 있다. 이러한 고객의 본원적 효익에 기초한 경쟁관계의 파악은 장기적 관점에서 기업이 위협에 대처하고 기회를 발굴하는 데 핵심적인 근거자료가 될 수 있다. 기업이 제품형태나 제품범주에 의한 경쟁에만 초점을 맞출 경우 마케팅 근시(Marketing Myopia)에 빠질 가능성이 크다. 예를 들어 철도산업의 경우 철도청이 새마을호의 경쟁자를 KTX로만 본다면 좁은 시야로 경쟁을 파악한 것이라 할 수 있다. 철도산업은 철도산업만의 경쟁이 아니라 교통수단이라는 본원적 효익을 만족시켜주는 대중교통을 비롯하여 자동차, 비행기 및 트럭 등이 모두 경쟁자가 될 수 있다. 즉, 마케팅 관리자는 동일한 제품형태와 제품범주 내의 경쟁자뿐만 아니라 동일한 효익을 제공할 수 있는 모든 제품에 대해 관심을 기울여야 한다.

(4) 예산에 따른 경쟁

가장 포괄적이고 넓은 의미의 경쟁상황으로 고객이 어떤 제품에 예산을 사용할 것인가에 관한 것에 의한 경쟁을 말한다. 즉, 고객의 한정된 예산을 확보하기 위해 경쟁하는 모든 제품들이 경쟁관계에 있다고 파악하는 것이다. 예를 들어 한 고객이 현재 사용 가능한 예산이 5만원이 있다고 가정하자. 고객은 이 돈을 영화관람, 저녁식사 또는 의류 쇼핑에 소비하는 등 다양한 제품을 위해 사용할 수 있다. 따라서 고객이 보유하고 있는 예산이라는 관점에서 본다면 위에 제시된 모든 소비의 예들은 경쟁관계에 있다고 파악할 수 있다. 이 관점의 경쟁은 개념을 파악하기에 유용하기는 하지만 너무 많은 수의 경쟁관계가 존재하기 때문에 마케팅 전략에 응용하기는 어렵다. 그러나 예산에 따른 경쟁은 거시환경분석에서 어느 정도 파악할 수 있으며 성공적인 예산경쟁의 확인은 기업의 장기적인 방향설정에 도움이 된다.

4) 경쟁자 분석하기(Analyzing Competitors)

(1) 역량 기반의 경쟁(Capabilities-Based Competition)

역량 기반 경쟁은 사업전략의 주요 기반이 제품 시장이 아니라 비즈니스 프로세스에서의 역량임을 시사한다. 경쟁사를 능가하는 프로세스를 구축하고 관리하는 데 대한 투자가 지속적 경쟁우위를 가져오게 할 수 있다. 그러나 경쟁보다 여러 부문에 적용될 수 있는 비즈니스 프로세스를 전략의 핵심 요소로 여기는 기업은 드물다. 그러므로 기업은 조직 내의 가장 중요한 비즈니스 프로세스를 파악하고, 성과를 어떻게 측정해야 하는지를 규정하며, 표적 성과수준을 정하여 고객가치 및 경쟁우위를 연결시켜야 하고 이를 실천하도록 해야 한다.

이러한 비즈니스 프로세스의 예를 신제품개발과 도입과정에서 볼 수 있는데 일본 자동차회사들은 시장의 요구에 잘 적응하여 높은 경쟁우위를 발휘하면서도, 그 과정을 5년에서 3년으로 단축시켜 커다란 우위를 점하고 있다. 이는 신제품을 빠르게 시장에 보급하고 제품을 적시에 생산함으로써 고객 니즈에 빠르게 대응할 수 있었다. 프로세스를 단축화시킴으로써 품질을 유지하고 고객의 또 다른 니즈를 예측하는 데 시간을 번 기업은 시장에서 지속적인 경쟁우위를 차지하게 된다. 또 다른 예는 소매업의 주문과 물류에서 볼 수 있다. 물류센터혁신, 전용트럭시스템, 컴퓨터화된 주문 등으로 주문과 물류에서 획기적인 향상을 이룬 월마트는 경쟁자에 비해 엄청난 원가절감과 재고감소를 가져와 우위를 누리고 있다.

(2) 산업분석의 도구-Five Forces model

마이클 포터에 의하면, 장기적으로 특정 산업의 수익성 및 매력도는 산업의 구조적 특성에 의하여 영향을 받으며 이는 5가지 힘(Five Forces)에 의하여 결정된다고 한다. 5-Forces Model은 산업의 경쟁을 결정하는 요인과 경쟁 강도, 그리고 그에 따른 잠재적 수익성을 파악할 수 있는 툴로 산업에 미치는 거의 모든 영향을 나타낼 수 있으므로 산업의 구조를 전반적으로 파악하고 산업의 미래환경을 예측하는 데 효과적이다.

5가지 경쟁유발 요인을 살펴보면 특정 산업에서 경쟁이 기존 기업들 사이의 경쟁만이 아니라 훨씬 넓은 범위에서 보아야 한다는 것을 알 수 있다. 지금까지 전혀 경쟁자라고 생각하지 않았던 고객과 공급자, 대체재, 잠재적인 진입기업들도 모두 그 산업에서 활동하는 기업들에는 엄연한 '경쟁자들'이며, 상황에 따라 5가지 경쟁유발 요인이 두드러지게 나타날 수 있다. 이 같은 넓은 의미의 경쟁을 **확대경쟁**이라 부른다.

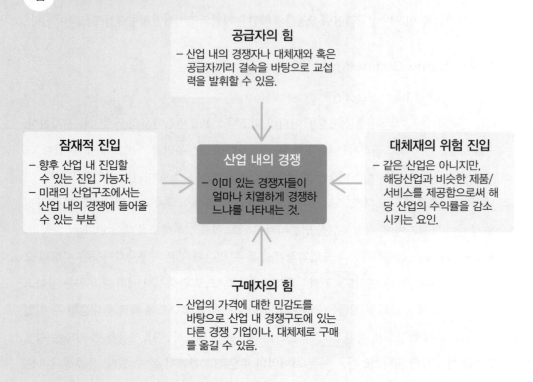

공급자의 힘
– 산업 내의 경쟁자나 대체재와 혹은 공급자끼리 결속을 바탕으로 교섭력을 발휘할 수 있음.

잠재적 진입
– 향후 산업 내 진입할 수 있는 진입 가능자.
– 미래의 산업구조에서는 산업 내의 경쟁에 들어올 수 있는 부분

산업 내의 경쟁
– 이미 있는 경쟁자들이 얼마나 치열하게 경쟁하느냐를 나타내는 것.

대체재의 위험 진입
– 같은 산업은 아니지만, 해당산업과 비슷한 제품/서비스를 제공함으로써 해당 산업의 수익률을 감소시키는 요인.

구매자의 힘
– 산업의 가격에 대한 민감도를 바탕으로 산업 내 경쟁구도에 있는 다른 경쟁 기업이나, 대체제로 구매를 옮길 수 있음.

산업구조의 분석은 사업전략이라는 측면에서 환경을 분석할 때 사용하는 방법으로 이러한 환경 분석으로는 산업구조분석(Five Force Analysis)이 대표적이다. 경쟁전략의 수립은 기업과 그 기업을 둘러싸고 있는 주변 환경을 연결시키는 데 본질적인 의미가 있다. 그러나 기업과 그 기업을 둘러싸고 있는 주변 환경을 연결시켜 경쟁전략을 수립하는 일이 쉽지는 않다. 따라서 전략가들은 모든 환경요인을 분석하기보다는 오히려 기업간 경쟁에 가장 큰 영향을 미치는 환경 요인, 즉 산업을 집중적으로 분석한다. 산업은 여러 환경 요인 중에서 기업활동에 가장 직접적인 영향을 미치는 요인이기 때문이다. 산업구조는 기업이 잠재적으로 활용할 수 있는 여러 가지 전략뿐만 아니라, 경쟁의 규칙에도 큰 영향을 미친다. 특정 산업의 경쟁상황은 예시된 바와 같이 다섯 개의 기본적인 경쟁 요인들에 의해 좌우되며 이러한 요인들의 총체적인 힘이 그 산업에서 기대할 수 있는 궁극적인 이윤 잠재력을 결정짓는다. 이 같은 관점에서 볼 때 경쟁전략의 목표란 기업이 이러한 경쟁 요인으로부터 스스로를 잘 방어할 수 있거나 또는 그러한 요인들을 기업에게 유리한 상태로 변화시킬 수 있는 위치를 산업에서 찾아내는 것이다. 포터(M.E.Porter)는 산업의 경쟁강도가 5개의 기본적인 경쟁세력(Five Force Analysis) 즉, 잠재적 진출기업의 위협, 대체상품의 위협, 구매자들의 교섭력, 공급자들의 교섭력, 기존 기업들간의 경쟁에 의해 좌우되고 있으며, 이러한 요인들의 총체적인 힘이 그 산업에서 기대할 수 있는 궁극적인 이윤잠재력, 즉 투자에 대한 장기적인 측면에서 측정된 이윤잠재력을 결정짓는다고 보고 있다.

① 수직적 관계

〈구매자의 힘 결정요소〉

구매자는 시장에서 상품을 구매하는 사람으로, 최종 소비자뿐만 아니라 유통업자나 다른 제조업자까지도 포함한다. 일반적으로 구매자의 교섭력이 높을수록 그 시장의 매력도는 낮아진다. 교섭력을 가진 구매자는 기업으로부터 가격인하를 직·간접적으로 요구하거나 추가적인 서비스를 요구하게 되고, 그 결과 시장의 수익성이 낮아지게 된다. 다음과 같은 경우에 구매자의 교섭력은 증가된다.

- 구매자의 수가 적거나 구매자가 조직화된 경우
- 구매자가 후방 통합하여 제품의 일부나 전부를 만들 수 있을 때
- 차별화의 정도가 낮을수록
- 구매자들이 비교구매를 하거나 쉽게 타 제품과 가격과 품질을 비교할 수 있는 경우
- 구매자들이 구입선을 전환하는 데 들어가는 전환비용이 낮은 경우

〈공급자의 힘 결정요소〉

원유, 철강, 농산물 등 기초원료의 가격변동은 기업들의 전략변화를 가져올 만큼 기업에게 중요한 영향을 미친다. 예를 들어, 원유가 생산되지 않는 우리나라에서는 OPEC의 결정에 따라 변동하는 원유가격에 기업들의 원가구조가 크게 영향을 받고 있다. 이처럼 공급자의 교섭력은 산업구조에 큰 영향을 미칠 수 있다.

일반적으로 공급자의 교섭력은 구매자의 교섭력과 관련 지어 생각할 수 있다. 공급자와 구매자는 상대적인 개념이므로 위에서 살펴본 구매자의 경우와 반대의 경우를 생각해 보면 된다. 대개 공급자의 교섭력이 높아질수록, 시장의 수익성은 위협을 받게 되며 따라서 시장 매력도는 낮아진다. 공급자의 교섭력은 다음의 경우에 높아진다.

- 공급자의 수가 적거나 공급자들이 조직화된 경우
- 구매자가 공급자를 교체할 때 전환비용이 높을 경우
- 공급자가 전방 통합할 가능성이 높을 경우
- 구매자가 가격에 민감하지 않을 경우

공급자의 협상력은 기업이 통제할 수 없는 요인으로 인해 결정되는 경우가 많다. 그러나 기업들은 후방통합에 대한 위협(공급자의 산업에 직접 진출할 수 있다는)을 제기하거나 전환비용을 낮추려는 시도를 함으로써 공급자의 협상력을 제한하기 위한 노력을 기울이기도 한다.

② 수평적 관계

〈잠재적 진입〉

경쟁자의 수가 많아질수록 시장에서의 수익성은 낮아지게 되기 때문에 새로운 경쟁자들이 쉽게 진입할 수 있는 시장은 매력도가 낮다. 따라서 시장에 진출해 있는 기존사업은 새로운 경쟁자들이 쉽게 들어오지 못하도록

여러 가지 장벽을 쌓기도 하는데, 이것을 진입장벽이라고 한다. 기존의 기업들은 진입장벽을 통해 새로운 경쟁자로부터 진입의 위협을 덜 받으면서, 더 높은 이익을 창출할 수 있다.

진입장벽 종류는 구조적 장벽, 전략적 장벽, 제도적 장벽이 있다. 구체적 진입 장벽의 예시는 <표 2>에 제시되어 있다.

● ● ● **표2** 진입 장벽의 예시

규모의 경제	일반적으로 새로운 기업은 규모가 작기 때문에 규모의 경제가 존재하는 산업에 진입하기가 어려우므로 진입장벽의 요인이 된다.
막대한 소요자본	초기에 거액의 자금을 필요로 하는 것은 진입의 장애요인이 된다. 특히 자금이 광고나 연구개발 등에 소요되는 것은 위험부담이 크고 회수가 불가능하기 때문에 더 큰 진입장벽이 된다.
제품의 차별화	새로운 기업이 제품의 차별화가 되어 있는 사업에 진출하기 위해서는 판매촉진이나 광고비 등에 상당한 초기투자를 필요로 하므로 진입장벽의 요인이 된다.
막대한 교체비용	새로 진출하는 기업의 제품이 가격이나 성능 면에서 현저하게 우수하지 않다면 구매자는 기존 공급자에서 신규 공급자로 구매를 전환하는 데 있어 많은 교체비용을 필요로 하므로 진입장벽의 요인이 된다.
견고한 판매망	기존 제품의 판매망이 견고하면 새로운 기업이 초기 판매망을 확보하는 데 있어 진입장벽의 요인이 된다.
기존업체의 저렴한 제조비용	기존 업체가 독자적인 생산기술과 유리한 원자재 공급선을 확보하고 있으며 또한 유리한 입지조건과 정부보조 등으로 원가상의 우위를 차지하고 있다면 새로 진출하는 기업에게는 제조비용에 있어 진입장벽의 요인이 된다.
정부의 규제	정부가 사업허가를 제한하거나 규제를 통해 신규기업의 특정산업 진출을 제약하거나 원칙적으로 봉쇄하는 경우도 진입장벽의 요인이 된다.

〈대체재 경쟁〉

대체재(substitute products)란 해당 산업의 제품과 유사한 기능을 가지고 있거나 고객들에 의해 유사하다고 인식될 수 있어 결과적으로 동일한 욕구를 충족시킬 수 있는 제품을 의미한다. 이와 같은 대체재의 종류가 많을수록, 그 시장의 수익성은 낮아지며 따라서 매력도도 낮아진다. 왜냐하면 해당제품의 가격을 올렸을 때, 구매자들은 대체재로 구매를 쉽게 전환할 수 있기 때문이다. 결과적으로 가격인상이 상대적으로 어려워지고 수익성은 낮아진다. 예를 들어, 맥도날드, 버거킹, 롯데리아와 같은 햄버거점의 가격이 인상된다면 소비자들은 KFC와 같은 치킨 전문점이나 피자헛과 같은 피자점으로 발길을 옮기게 된다.

〈기존 업체 간의 경쟁 강도〉

산업의 모든 기업은 상호 의존적이다. 즉, 한 기업의 전략과 행동은 다른 기업의 행동과 성과에 직접적인 영향을 미친다는 것이다. 따라서 산업이 얼마나 매력적인가는 그 산업에 참여한 기업들간의 경쟁강도와 관련이 있다. 구체적으로 기존 경쟁사간에 치열한 경쟁을 하는 시장은 그렇지 않은 시장에 비해 수익성이 떨어지고 덜 매력적이라고 할 수 있다. 예를 들어 경쟁이 치열해질수록 기업이 동일한 점유율을 유지하기 위해 지출해야 하는 비용은 더 많아지고, 이러한 비용의 증가는 수익성 악화를 초래하게 된다. 기존 경쟁자 간의 경쟁강도를 결정짓는 주요 요인으로서 다음 표를 고려해볼 수 있다.

표3 경쟁강도를 결정짓는 주요 요인

경쟁 기업의 수	산업 내 경쟁기업의 수가 많을수록 경쟁강도가 높아진다.
산업의 성장률	산업의 성장률이 낮을수록 경쟁기업은 시장점유율 확대에 전력을 기울이기 때문에 경쟁강도가 높아진다.
가격경쟁 및 제품 차별화	가격경쟁이 높으면 출혈경쟁으로 비화되기 쉬워 경쟁강도가 높아지며, 제품의 차별화가 잘 되어있는 산업에서는 비가격경쟁이 일반적으로 출혈경쟁의 가능성이 적다.
고정비	총 생산비 중에서 고정비가 높은 상업에서는 조업도 수준에 따라 단위당 생산단가가 크게 달라지기 때문에 수요 증대를 통한 출혈적 가격인하를 도모할 가능성이 높으므로 경쟁강도가 높아진다.
재고 비용	재고유지비용이 많이 드는 산업은 재고를 줄이기 위해 가격을 인하시키려는 유혹이 높아 출혈경쟁의 가능성이 높다.
대규모 시설확장	시설확장은 일시적으로 수요와 공급의 불균형을 야기하며, 이 경우 유휴설비로 인하여 가격인하를 통한 경쟁이 유발된다.
경쟁기업의 다양성	산업 내 경쟁기업 간에 경쟁 전략 면에서 상이한 형태를 보일 때 경쟁양상은 복잡해지고 경쟁의 강도는 치열해진다.
전략적 이해 관계	특정 부분에서의 성공 여부에 커다란 이해관계가 걸려 있을 때 그 산업 내의 경쟁은 더 심한 양상을 띠게 된다.
높은 철수 장벽	특정산업에서 철수 장벽이 높을 경우 철수하면 막대한 희생을 감수해야 하므로 투자수익률이 낮거나 심지어 손해를 보고 있어도 해당 산업에서 철수하지 못하므로 경쟁강도가 높아진다.

(3) Five Forces 적용 시 주의할 점은?

산업의 구조적 매력도, 경쟁강도 및 수익성을 결정하는 요인은 5가지의 힘(5 Forces) 이외에도 다른 많은 요소들이 있다. 예컨대, 정부/정치적 요소, 글로벌 경제, 철수 장벽 등등. 동일 산업 내 일지라도 세부적인 세그먼트(전략집단)에 따라 매력도는 다양하므로 적절한 시장 및 경쟁 단위를 파악해야 한다. 마이클 포터는 산업의 구조가 기업들의 경쟁방식을 결정하고, 이러한 기업들의 행동이 산업 또는 기업의 수익성을 결정하는 요인이 된다고 주장하였다. 하지만, 산업구조는 산업 내 기업들의 전략적 의사결정과 기업들간의 경쟁에 따라 얼마든지 다양하게 변화 가능하다. 따라서 기업의 전략과 산업의 구조는 서로 상호작용하며 계속적으로 변화한다. Five

Forces 분석은 산업 트렌드 변화에 따른 산업구조 변화를 제대로 설명하지 못하는 정태적(Static) 분석이다. 이 모형에서는 경쟁과 산업구조가 동태적으로 변화한다는 사실을 충분히 고려하지 못하고 있다. 그러므로 기업은 과거-현재-미래의 시계열적 분석을 통해 산업의 구조의 변화와 그 흐름을 살핌으로써, 항상 변화하고 있는 산업구조에 대한 정확한 파악과 이해를 할 수 있어야 한다.

(4) 과거—현재—미래의 시계열 적 분석을 통한 산업 구조의 변화와 흐름

① 산업 구조의 정의(현재 시점)

현재 시점에서 산업구조를 대상산업에 영향을 미치는 요인(factor/force)으로 정의한다. 가장 쉽게 정의될 수 있거나 알기 쉬운 산업 내 경쟁구조를 정의하고 시작하는 것이 좋다. 또한, 대체재, 공급자 등은 다양한 기준과 요인이 존재하므로, 산업에 대한 정확한 기준을 세우고 접근하는 것이 좋다. Factor를 정의하는 것이지만, 과거-미래와 혼동할 수 있다는 점을 감안하여, 현재를 기준으로 현재의 요인만을 다룬다는 것을 계속적으로 상기할 필요가 있다.

② 시계열 분석

과거-현재-미래의 시계열적 분석을 통해 산업 내 트렌드를 파악하고 핵심변화 포인트를 도출한다. 이 분석은 주요 시사점을 도출할 수 있다.

● ● ● **그림8 시계열 분석**

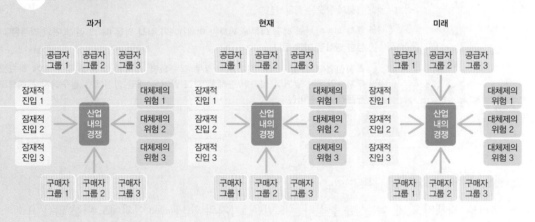

③ 핵심 변화 포인트 도출

산업구조가 변화하고 있는 부분, 변화한 부분, 변화할 것으로 예상되는 부분을 중점적으로 산업 변화 트렌드를 도출하며, 이슈를 정리한다. 이를 바탕으로 미래의 산업구조 변화를 살피며 핵심 쟁점을 살핀다.

자사(Company) 분석

가치제안(value proposition)을 기반으로 자사의 역량과 전략을 잘 고려해야 한다.

자사의 강점과 약점을 분석하여 자사의 경쟁우위 창출 가능성을 식별하는 것이 자사 분석이다.

- 강약점에 대한 원인분석을 철저히 함
- 다각적인 측면에서 시장리더(Market Leader) 혹은 후발 추격 주자와의 비교를 함
- 분석의 방법에는 시계열 분석, 비교 분석, 기능별 상대적 분석 등을 사용할 수 있음
- Matrix 분석은 자사와 경쟁사 분석에 공히 유용한 도구(tool)이다.

1) 자사분석의 틀

마케터의 목표는 탁월한 고객가치를 창출, 전달, 의사소통 함으로써 목표시장을 찾아내고, 집중 및 유지하며 키워나가는 것이다. 성공적인 마케팅 전략을 설계하기 위해서 마케터는 세 가지 핵심질문을 답할 수 있어야 한다. 어떤 고객을 대상으로 할 것인가(가치고객)와 선정된 고객에게 무엇을 제안할 것인가(가치제안)와 어떻게 전달할 것인가(가치 네트워크)가 그 질문이다.

기업은 핵심역량(core competence), 핵심제품(core product) 사업단위(business unit)로 이루어지는 계층(tree) 구조로 파악할 수 있다. 핵심역량이란 기업경쟁의 주역인 제품의 배후에 존재하는 중추적 능력이다. 구체적으로 경쟁사에 비해 압도적으로 우월한 기업의 독자적 능력의 집합이 핵심역량이다. 여기서 기업은 큰 나무에 비유될 수 있다. 줄기와 큰 가지는 핵심이 되는 제품이고, 작은 가지는 산업 단위, 잎·꽃·열매는 최종제품(End products)이다. 성장이나 생명 유지에 필요한 양분을 공급하고 안정을 가져다 주는 뿌리 부분이 핵심역량이라 할 수 있다. 그리고 이러한 핵심역량은 타사가 모방·복제·대체하기 힘든 그 기업 특유의 자원이나 능력을 의미한다.

기업의 경쟁우위 변화는 핵심역량의 상실과 확립으로 설명된다. 경쟁의 기본이 되는 것은 나무의 과실에 해당하는 최종제품(end product)과 역량(Competence)이며, 기업이 얼마나 확실한 역량이라는 뿌리를 가지고 있는가로 경쟁우위가 결정되는 것이다. 이상적인 기업은 경쟁자가 상대할 수 없는 기능을 가진 제품을 만들어 낼 수 있는 조직이거나, 나아가 고객이 필요로 하면서도 상상하지 못했던 제품을 만들어내는 기업이다. 이러한 기업을 가능하게 하는 것이 바로 핵심역량이다.

핵심역량의 예로서는 삼성전자의 반도체기술, 소니의 소형화기술, 3M의 접착테입기술, 혼다(Honda)의 자동차엔진과 전동차 기술, 캐논(Canon)의 정밀 기계와 광학 및 극소전자(microelectronics) 등의 기술이 있다. 이러한 역

량은 여러 사업의 밑바탕이 되며 보다 많은 것을 창조할 잠재력을 가지고 있다.

2) 핵심역량의 관리

기업은 핵심역량을 제대로 발견하고, 지속성을 고려하여 개발해 나가야 한다. 이는 성공적인 제품과 시장의 개발로 구현되어야 하고, 선택과 집중의 노력으로 키워나가야 한다.

기업은 다양한 방식으로 핵심역량에 투자하는데, 핵심역량과 관련된 주요 작업의 외부조달은 이를 약화시킬 위험이 있기 때문에 내부에서 하고, 최고수준을 달성하려 노력한다.

핵심역량이 기업의 지속적 경쟁우위를 창출하는 데 있어 중요한 것은 개발에 실패했을 때 단순히 하나의 제품시장에서 제외되는 것이 아니라 그것이 적용되는 여러 제품영역으로의 진출을 불가능하게 만들기 때문이다.

기업이 갖고 있는 능력들이 핵심역량이 되기 위해선 다음과 같은 조건을 갖추어야 한다. 첫째, 기업이 갖고 있는 능력이 고객에게 중요한 혜택을 줄 수 있어야 한다. 예를 들어, 혼다 자동차의 핵심역량은 우수한 엔진기술인데, 이는 탁월한 연료효율, 낮은 소음과 진동 등의 중요한 소비혜택을 충족시키는 데 기여한다. 둘째, 특정의 능력은 다른 회사들이 갖고 있지 않은 차별적인 것이어야 한다. 셋째, 하나의 능력이 여러 제품들에 적용될 수 있어야 한다. 웅진은 출판, 화장품, 코웨이 정수기 등의 여러 사업영역으로 다각화를 시도하여 성공을 거두었는데 이는 방문판매에서의 노하우가 핵심역량으로 작용했기 때문이다.

핵심 제품(Core product)은 핵심 역량을 바탕으로 만들어진 신제품이다. 이것은 기업에게 수익을 가져다 주는 결정체로서 시장에서 경쟁우위를 차지하게 만든다.

3) SWOT분석

자사분석을 하는 도구로서 SWOT 분석이 일반적으로 사용된다.

SWOT 분석은 강점(Strengths), 약점(Weaknesses), 기회(Opportunities) 및 위협(Threats)의 매트릭스 분석을 통해 바람직한 전략을 수립하는 과정이다. 기업의 강점과 약점이 기업내부의 환경요소라면 기회와 위협은 외부 환경요소라고 할 수 있다. 빠르게 변화하고 있는 시장경향과 발전과정을 파악하고 시장 내 경쟁우위를 획득하기 위해 마케팅 관리자들은 외부 요인인 기회와 위협을 더욱 세심히 살펴보아야 한다. 기회와 위협, 조직의 강·약점을 평가하는 방법에는 여러 가지가 있지만 일반적으로 마케팅 관리자의 주관적 판단에 크게 의존한다. 따라서 전략수립과 관련 있는 집단이나 관리자들도 평가작업에 참여하여야 주관적 판단에 따른 오류를 감소시킬 수 있다. 이는 주요 환경요인에 대해 공통된 인식을 보유하는 것이 전략도출 및 실행에 중요하기 때문이다.

자사분석의 핵심내용은 자사의 내부 강·약점에 대한 규명 및 평가, 자사가 직면한 외부시장기회와 전략적 기회에 대한 평가, 자사의 경쟁적 위치의 강·약점 분석, 자사의 핵심역량 구축을 위한 경영우위 및 경영자원의 분석을 포함한다. 이러한 내용들은 어떠한 사업전략이 자사의 전반적인 상황에 적합한가를 판단하는 데 핵심적인 역할을 하게 된다. 기업은 특정시장에서 경쟁기업에 비해 비교우위를 갖고 있을 때가 시장 자체의 매력도가 높은 시장에서 경쟁자에 비해 비교우위가 낮은 경우보다 이익을 남길 수 있는 가능성이 크다. 기업은 경쟁에서 살아남기 위해서 차별화되고 지속 가능한 경쟁우위를 창출할 수 있는 전략을 만들어야 하며, 이러한 전략은 자사분석을 통해 구체화된다. 자사를 분석하는 방법에는 성과분석, 원가분석, 강·약점 분석, 기업내부 능력 분석 및 과거·현재 전략 분석이 있다. 또한 기업의 SWOT분석을 통해 일정 시점에서 기업활동에 영향을 미치는 주요 환경요인을 기회와 위협으로 분류하고 이들을 전략적 관점에서 자사의 강·약점과 결합시킴으로써 효과적인 전략을 수립할 수 있다.

Further Discussions

FD1 3C 분석의 주요 시사점에 대해서 토론해보자.

FD2 고객 분석에 대해서 알아보았다. 고객 분석의 실례를 들어서 시사점에 대해서 토론해보자.

FD3 경쟁자 분석의 내용 및 방법에 대해서 알아보았다. 실제 한 기업의 사례를 들어 경쟁사가 누구이고 어떻게 대응해야 되는지에 대해서 토론해보자.

FD4 자사 분석의 주요 핵심은 경쟁우위요소의 파악과 강화이다. 한 기업의 예를 들어 그 기업의 경쟁우위요소가 무엇이고 이를 어떻게 해야 강화할 수 있는지에 대해서 토론해보자.

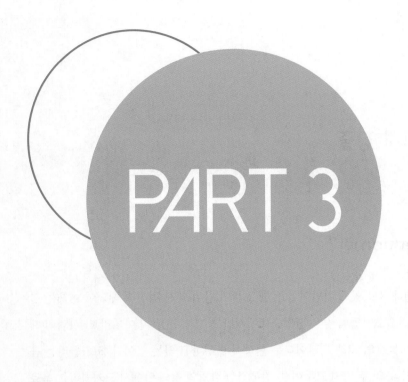

PART 3

고객가치 창출

PART 3

고객가치 창출

고객가치 창조(Value Creation)란?

갈수록 시장에서는 경쟁이 더욱 치열해지고 있고 기업이 보유한 고객의 범위 역시 점점 확대되어 이제는 산업 간의 경계도 점점 무너지고 있다. 즉, 제조기업이 같은 산업군내에서만 경쟁 하는 것이 아니라 타 산업의 제조기업과도 경쟁이 치열해지고 있고, 이들간의 고객 쟁탈이라는 현상이 발생하고 있는 것이다. 코카콜라는 음료회사일까? 답은 "그렇다"와 "그렇지 않다"의 두 가지 모두이다. 전통적인 산업의 정의 안에서 코카콜라는 음료제조회사로서 타 음료제조회사와 경쟁을 한다. 하지만 이를 고객가치의 관점에서 보면 고객은 콜라를 마시면서 얻는 갈증해소도 있지만 상쾌한 기분 혹은 기분전환과 같은 다른 유희적인 관점에서도 콜라 음료를 찾고 있다. 이런 관점에서 보면 코카콜라는 즐거움(fun)을 추구하는 엔터테인먼트(entertainment) 기업이다. 실제 코카콜라의 광고를 보고 있으면 이러한 생각이 더욱 확고하게 든다. 이 회사는 정말 광고 메시지를 통해 갈증해소보다는 "즐겨라"라는 메시지를 더욱 강조하고 있다. 코카콜라는 할리우드의 영화사들과 경쟁하고 있는 것이다. 또한 한편으로 영화를 보는 즐거움을 더욱 극대화하는 관점에서 고객들에게 팝콘과 함께 콜라 음료를 제공한다. 이런 관점에서 보면 경쟁사인 영화사와 협력하여 고객의 가치를 극대화 하고 있는 것이다.

일반적으로 사람들은 일반적으로 최고의 제품을 구매하는 것도 아니고 최저가격의 제품을 구매하는 것도 아니다. 소비자들은 자신에게 가장 큰 가치를 가져다 줄 것이라고 여겨지는 제품을 구매하는 것이다. 이러한 가치를 경제학에서는 효용이라고도 하는데 소비자들에게 더 높은 가치를 제공하는 제품이 결국 시장에서 성공하게 된다. 소비자가 쉽게 인지하는 가치는 일반적으로 단일의 가치가 아니라 여러 가지의 편익의 묶음으로 제시된다. 어떤 소비자가 스마트폰을 구매하면서 얻을 수 있는 것을 보면 기본 성능 외에도 세련된 디자인, 좋은 카메라, 배터리의 성능 등 여러 가지이다. 마케팅에서는 이러한 구매하면서 얻게 되는 것을 편익(benefit)이라고 한다. 일반적으로 어떠한 제품이든지 소비자에게 제공되는 편익은 한 개가 아니라 여러 개다. 그러므로 스마트 폰을 구매할 때 이러한 편익 중 어떠한 것이 중요함에 따라 그가 구매하거나 사용하는 브랜드는 달라질 것이다.

이러한 편익은 절대적인 것이 아니라 상황에 따라 바뀔 수 있다. 객관적이기도 하지만 주관적인 것이기도 하다. 앞서 설명한 스마트폰의 경우 화면 크기는 객관적으로 비교할 수 있지만 세련된 디자인의 정도는 객관화 하기 어려움이 있다. 그러므로 이러한 가치의 개념에서 시사하는 바는 단지 더 좋은 제품을 만드는 것으로는 충분하지 않으며 소비자가 우리의 제품이 더 좋은 제품이라는 것을 믿게 만드는 것이 중요하다.

그리고 가치는 금전적인 부분만 의미하는 것이 아니라 비금전적인 부분도 포함한다. 즉 제품을 구매하기 위해 지불하는 금액도 있지만 구매하기 위한 시간, 노력 그리고 유지보수 비용도 경우에 따라 매우 중요하기도 하다.

그러므로 고객에게 경쟁기업에 비해 더 많은 편익을 제공하여 가치를 상승하거나 만일 동일한 가치가 형성되어 있다면 지불비용을 줄이는 전략을 사용해야 할 것이다.

고객가치 창출(Value Creation)은 고객이 가진 가치와 기업의 가치가 매칭되는 시장을 찾아 선택하고 이에 따라 차별화 전략을 세워, 고객의 가치를 극대화시킬 수 있는 새로운 가치를 창출하는 것이다. 이 과정에서 타 산업의 기업과 경쟁을 하기도 하고 때로는 그 가치를 충족시키기 위한 자원이나 역량이 없는 경우에는 심지어 경쟁사와도 협력을 하는 것이다. 애플의 경우에도 아이폰을 만들기 위해 삼성전자나 엘지전자와 같은 경쟁사의 부품을 가져다 사용한다. 이는 기업 관점에서 제품을 만드는 것이 아니라 고객의 가치를 완성하기 위해서는 경쟁사의 자원과 역량도 가져다 사용해야 한다는 고객의 관점을 적극 반영하는 것이다.

고객가치(Customer Value)의 극대화	기업가치(Enterprise Value)의 극대화
고객이 재무적 위험(Financial Risk)을 감수 하고 얻는 효용(Benefit: 경제적, 사회적, 자원적 효용)이 가장 큰 경우	자사의 이익(Profit)을 극대화시키고, 이것은 지속적인(Sustainable) 핵심역량이 될 수 있는 것

고객가치와 자사 가치의 일치화(Matching)를 통해 가장 적합한 가치를 창출하는 것
고객은 우리가 제품으로 구현하기 전까지는 자기가 무엇을 원하는지 알지 못함(Jobs)

여기서 고객가치의 극대화는 고객이 가지고 있는 문제를 해결하고 재무적 위험을 감수하고 얻는 효용이 가장 큰 경우를 말한다. 고객의 효용을 크게 만들면서 기업의 이익도 상승시키고, 이것이 지속적인 기업의 핵심역량으로 사용될 수 있는 것이 바로 고객가치이다. 기업은 시장 내 모든 고객을 대상으로 설득하고 만족시킬 수는 없다. 적어도 모든 고객에게 동일한 방식으로는 설득할 수 없다는 사실을 알고 있다. 때문에 기업이 들어가야 할 시장을 정하고 그 내부에 있는 고객, 경쟁사에 대해 분석해야 한다. 고객가치 창출에서 가장 첫 번째 단계는 시장세분화를 하는 것이다. 다양한 고객의 니즈에 따라 크고 이질적인 시장을 작은 세분시장으로 나눈다. 이를 참고로 우리 기업이 가지고 있는 자원과 목표에 따라 기업 가치에 맞는 표적시장을 정하는 단계를 거친다. 회사가 선택한 시장 내에서 경쟁자와 비교하여 자사를 상대적으로 분명하고 바람직하게 고객에게 인식 시키는 것

으로 마무리를 한다. 이 세 과정은 단순히 한 방향으로 진행되는 것이 아니라 각 과정의 진행 중에 다시 앞선 과정으로 돌아가 재구성, 재선택될 수도 있음을 잊지 말아야 한다.

기존에 존재하는 기존 제품으로는 충족 시켜주지 못하는 고객의 가치를 찾아내고 이를 기업이 가진 역량과 자원으로 새롭게 가치를 창조하는 과정이 기업의 고객가치 창조과정이다. 스타벅스는 샌프란시스코의 작은 커피전문점이었다. 하지만 지금은 세계적인 커피전문체인 기업으로 성장하였고, 이들의 성장 배경에는 바로 기존의 커피 전문점에서 고객들이 만족하지 못하였던 가치를 찾아서 스타벅스의 자원과 마케팅 역량으로 새로운 가치를 재창출함으로써 세계적인 기업으로 성장할 수 있었던 것이다. 고객들은 스타벅스 매장에 들어서면서 새로운 커피 주문과 커피 제조 과정을 경험하고 공유하는 문화를 만들어 냈고, 스타벅스는 이러한 문화를 확산시키고 이를 바탕으로 커피문화와 독특한 공간이라는 경쟁우위를 창출함으로써 성공할 수 있었던 것이다.

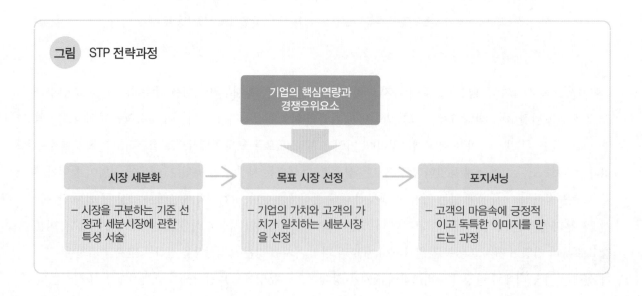

그림 STP 전략과정

기업의 핵심역량과
경쟁우위요소

시장 세분화	목표 시장 선정	포지셔닝
– 시장을 구분하는 기준 선정과 세분시장에 관한 특성 서술	– 기업의 가치와 고객의 가치가 일치하는 세분시장을 선정	– 고객의 마음속에 긍정적이고 독특한 이미지를 만드는 과정

이러한 고객가치 창조를 위한 과정에는 STP전략과 신제품 개발 전략이 중요한 과정이다. 즉, 고객가치를 찾아서 기업이 가진 핵심역량과 가장 적합한 시장을 선택하는 과정이 STP 중 시장세분화와 목표시장 선정 단계이고, 그 가치를 구체화시키고 이미지를 만드는 과정이 포지셔닝과 신제품 개발과정인 것이다.　포지셔닝은 기업이 가진 모든 마케팅 자원을 이용하여 고객의 마음속에 이미지를 형성시키는 것이고, 신제품 개발은 고객의 욕구를 구체화시켜 새로운 형상으로 제품을 개발하여 보여주는 과정이다.

　스타벅스는 특히 여성 커피 시장에 주목하였고, 여성의 감성과 이들의 대화 문화를 중시하고 이를 적극적으로 만들어주는 데 성공한 것이다. 이는 세분시장 중 특정 여성이라는 세분시장에 집중하였고, 이 목표시장에 기업의 자원을 집중하여 기업과 고객의 가치를 융합하여 새로운 커피 문화라는 이미지를 고객의 마음 속에 심어주는 것에 성공한 것이다.

CHAPTER 06

전략적 시장세분화와 포지셔닝: STP

Learning Objectives

L01 STP의 중요성과 과정에 대해서 학습한다.

L02 STP의 각 단계인 시장세분화, 표적시장 선정, 포지셔닝의 개념을 학습한다.

L03 산업재와 소비재 시장의 차이점을 알아보고, STP 적용에 있어 차이점에 대해서 학습한다.

L04 차별화의 정의와 방법에 대해서 학습한다.

L05 포지셔닝의 의미와 활용방법에 대해서 학습한다.

시장 세분화로 성공한 '인앤아웃 버거'

시장세분화는 기업이 특정 시장을 공략하기 위해 분석하는 방법이다. 시장세분화와 목표시장 선정을 위해서는 먼저 고려해야 할 두 가지 과제가 있다. 첫 번째는 어떻게 시장을 세분화해서 목표시장을 선정해야 하느냐 하는 것이고, 두 번째는 목표시장에서 무엇을 어떻게 해야 기업이 지속해서 성장할 수 있을까의 문제다.

성장전략에는 여러 방법이 있지만 기존시장에서 고객의 핵심 욕구를 충족시키고, 이를 토대로 지속해서 성장한 유명 햄버거 업체 '인앤아웃버거(IN-N-OUT BURGER)'의 사례를 살펴보자. '인앤아웃'은 70여 년 전 하나의 매장에서 출발해 현재는 380개 매장에 직원 2만7000여명, 연 10억 달러가 넘는 매출액을 기록하고 있다. '인앤아웃버거'는 어떻게 고객들의 엄청난 사랑을 받는 전설과도 같은 햄버거 기업이 될 수 있었을까?

해리 스나이더와 그의 부인은 1948년 남가주의 볼드윈파크 지역에서 햄버거 가게를 열었다. 이 가게의 이름이 '인앤아웃버거' 다. 당시 햄버거 업계에는 강력한 경쟁자들이 많았다. '인앤아웃버거'가 한정된 인력, 그리고 자금력에도 불구하고 지속해서 성장할 수 있었던 것에는 경쟁자들과는 다른 운영 전략이 있었기 때문이다.

'인앤아웃'은 지속적인 성장을 위해 나름대로 독특한 성장전략을 구사했다. '인앤아웃'은 매장 숫자를 늘려 성장을 시도하기보다는 기존 매장에서 가능한 최고의 매출을 올리면서 서서히 그러나 체계적으로 성장하는 방법을 택했다. 고객들의 절대적인 사랑과 입소문이 이러한 성장방법을 가능하게 했다.

'인앤아웃'은 건강과 직원 배려라는 점 때문에 칭찬을 받는 극소수의 패스트푸드(Fast Food) 기업 중의 하나다. 또한 줄리아 차일드, 앤소니 보데인 등 세계적인 유명 요리사들이 자신의 소셜 미디어를 통해 '인앤아웃 햄버거'를 소개도 하였다. 따라서 '인앤아웃' 매장 오픈은 그 지역의 이벤트가 되었다. 예를 들어 애리조나주 스코츠데일에 인앤아웃 매장이 오픈할 때 고객들은 4시간이나 기다렸고 TV 방송 헬기들이 매장 주차장 위를 촬영하기도 했다.

신선한 재료의 햄버거를 최상의 서비스로 제공한다는 전략은 고객들로부터 찬사를 받고, 경쟁자들은 따라 할 수 없다는 장점이 있지만 동시에 빠른 성장을 막는 약점도 된다. 신선한 패티용 소고기의 냉장유통이라는 한계 때문이다. 유통센터에서 24시간 또는 48시간 이내에 패티용 소고기가 매장에 공급되려면 많은 제약 조건이 따른다. 따라서 현재까지 6개 주에만 인앤아웃 매장이 있고 총 380개 매장 가운데 69%는 아직도 캘리포니아에 집중되어 있다. 그러나 과도한 자신감과 절제되지 않은 성장 전략으로 많은 기업들이 실패한 사례들을 볼 때 '인앤아웃'은 좋은 반면교사의 사례가 될 수 있겠다.

출처: 중앙일보, 2022년 12월 23일

고객가치 창출 과정에서 STP는 기업에게 새롭고 독특한 기회를 제공해주고, 목표로 고객과 가치를 함께 만들어가고 공감하는 과정에서 매우 중요한 마케팅 활동이다. STP야 말로 진정한 마케팅의 시작이고 마케팅 과정의 핵심이라고 할 수 있다. STP에서 결정한 목표 세분시장과 이미지는 STP 이후의 마케팅 과정과 활동에서 기본적인 지침이 되어야 하고 마케팅의 목표에 영향을 주며 성과달성과정에서도 매우 큰 역할을 담당한다. 즉, STP에서 결정한 세분시장의 고객가치는 신제품 개발과 신제품의 출시에 관련된 모든 마케팅 활동의 목적이 되는 것이다.

라면 시장에서 항상 후발 주자였던 팔도는 라면 시장 전체에서 고객의 가치를 파악하던 중 빨강 국물의 라면에 대해 지루해 하는 고객가치를 발견한다. 그러던 중 한 연예 프로그램을 통해 이경규의 꼬꼬면을 발견하고 이를 중심으로 라면 시장에서의 틈새인 하얀 국물 시장을 개척한다. 모든 마케팅 자원을 집중하여 하얀 국물이라는 개념을 고객의 마음속에 심어주는 것에 성공하였다. 마침 삼양라면의 나가사끼 짬뽕이라는 제품이 출시되고 이 두 하얀 국물은 라면시장의 트랜드로 자리를 잡는 데 성공한다. 하지만 그 이후 하연 국물이라는 시장을 벗어나 지속적인 가치를 이루는 것에 실패하여 주춤하고 있는 상황이다.

이 사례에서 보듯이 팔도는 고객시장을 제품 특성과 고객 욕구에 초점을 맞추어서 하얀 국물시장에 선택과 집중을 하여 성공하였지만, 후속으로 지속적인 시장 유지에 실패하여 다시 라면 시장에서의 점유율이 내려가고 있다. 이에서 보듯이 STP는 일시적인 것이 아니고, 계속해서 시장에서의 고객가치를 감지하고 확인하여 지속적인 변화를 추구해야 하는 데 한시적인 것으로 끝나버려 지속적인 시장가치 창출에 실패한 것이다.

STP의 필요성

기업이 왜 STP를 마케팅의 꽃이라 하고 이를 선택해야 하는 가장 큰 이유는 공급자 중심으로 소비자가 수용하던 단순화된 수요 패턴이 점점 다양화되고 세분화 되었기 때문이다. 공급자 위주의 시장에서는 고객은 단지 구매자로서 기업이 만드는 제품에 모든 수요 패턴이 정형화되어 있었다. 기업, 즉 공급자는 수요를 단순화시키고 대량 생산체제를 갖추어서 비용을 낮추고 대량 판매를 통해서 이익을 만들어 갔다. 하지만 경쟁이 점점 더 치열해지고 경쟁사들은 타 기업보다 독특한 차별적인 다양한 제품을 만들어 가기 시작하였고, 고객들 또한 이들에 자극을 받아 다양한 수요를 표출하고 다양한 제품에 대한 요구가 늘어나기 시작한 것이다.

이처럼 다양한 시장에서의 수요를 기업은 왜 다 충족시켜주지 못하는 것일까? 그것은 기업

의 자원과 능력이 제한적이기 때문이다. 코카콜라가 꿈꾸는 수요 현상 중 하나는 15억의 모든 중국인들이 하루에 1병씩 콜라를 마시는 것이다. 이것이 가능할까? 하루에 15억병의 콜라를 어떻게 만들 수 있을까? 설사 그렇게 된다고 하더라도 코카콜라의 자원과 능력이 뒷받침 해주지 못할 것이다. 그렇다면 제한적인 자원과 능력을 가진 기업은 이 자원을 효율적으로 사용하고 효과적으로 경쟁을 하여 가진 자원과 시장 범위 안에서 경쟁사보다 더 잘 혹은 차별적으로 경쟁을 해야 시장에서 생존하고 성장할 수 있는 것이다.

STP의 과정

STP 과정은 <그림 1>과 같은 과정으로 구성된다. 우선 첫 번째는 세분화를 통해 시장을 몇 개의 세분시장으로 구분(Segmentation)하는 과정이다. 이 과정을 거친 뒤 각 세분시장의 매력도 즉, 고객가치의 중요성과 시장성을

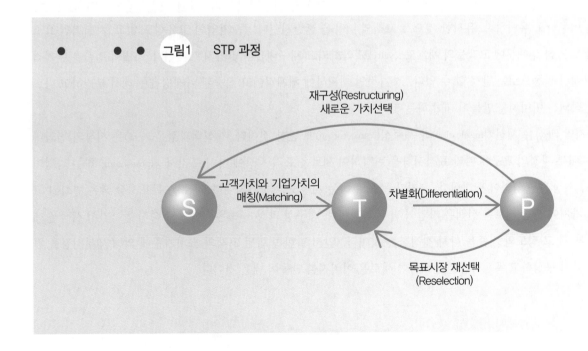

그림1   STP 과정

평가하고 이를 자사가 가진 기업 가치와 일치되는 시장을 찾아내는 과정이 목표시장 선택(targeting) 과정이다. 그 다음으로 세부적인 마케팅 활동을 통해 고객의 마음속에 이미지를 만들어서 인지(positioning)시키는 과정이다. 마지막 과정은 이러한 STP과정을 처음부터 끝까지 평가하여 목표 고객의 마음속에 이미지가 잘 형성되어서 기업의 마케팅 성과가 잘 나타나는지를 평가하여 이를 유지 및 재 구성화하는 과정이다. 이러한 과정이 반복적으로 정기적으로 수행되어서 변화하는 시장의 요구에 맞추어 나가는 과정으로 시스템화 되어야 할 것이다. 이 STP 과정을 다음과 같이 세가지 가치 구현에 관한 의사결정 과정으로 구분할 수 있다.

첫 번째 의사결정은 고객가치의 일치화(matching)이다. 일치화 과정(S→T)은 고객의 다양한 니즈와 자사의 자원, 능력 및 장기적 목표를 매칭시켜 기업이 고객가치에 가까이 다가갈 수 있고, 기업 이윤을 최대화할 수 있는 가치를 전달할 시장을 선택하는 것이다. 이 과정에서 중요한 것은 목표로 하는 시장 이외의 세분시장을 포기하는 것이다. 즉 선택도 중요하지만 포기는 더욱 중요하다. 목표시장 이외의 시장을 주변 시장이라 할 수 있다. 핵심 시장에 초점을 맞추고 주변 시장을 포기하면 역설적으로 주변 시장의 고객들을 끌어당길 수 있다. 하지만 핵심 시장을 선택하고도 주변 시장을 포기 하지 않고 이들에게도 자원을 배분하면 목표시장도 와해되고 주변 시장 고객들도 끌어들일 수가 없다. 따라서 선택과 집중은 다른 말로 타 시장을 포기하는 과정이다.

두 번째 의사결정은 선택한 목표시장에서 차별적 이미지를 만드는 것(differentiation)이다. 이를 차별화 과정이라 한다. 차별화 과정(T→P)에서는 선택한 각 시장의 니즈에 따라 차별화 전략을 세우는 것이다. 즉 경쟁 기업과 비교하여 목표 고객의 자사에 관한 인식에 다르게 위치하고자 하는 것이다. 이 의사결정에서 중요한 것은 기업의 고유성(singularity)과 독창성(uniqueness)을 만들어내는 것이다. 고객의 마음속에 자사 제품 이미지를 어떻게 차별적으로 만들어서 인식시키고 기억하게 만드는가가 중요한 임무이다. 최근 기업들의 제품과 마케팅 활동을 보면 너무나도 유사하다. 유사한 것으로 고객의 마음을 혼란시킨다. 즉, 기업의 고유성도 없고, 차별적인 요소가 매우 약하기 때문에 고객들의 애호도(loyalty)도 약화되고 재구매율이 낮아지는 것이다. 차별화 전략은 단기적인 마케팅 활동으로는 달성 할 수 없다. 장기적인 계획하에 체계적이고 집중된 마케팅을 통해서 분명하고 다르게 인식되는 이미지를 만들어 내야 하는 것이다.

마지막 과정은 재선택(reselection)과 재구성(restructuring)에 관한 것이다. 재선택과정은(P→T)은 시장의 변화나 외부, 내부 환경의 요구에 따라 표적시장을 변경하여 새로운 표적 시장에 다시 포지셔닝(positioning) 하는 과정이다. 즉 시장은 끊임없이 변화한다. 우리가 목표로 하는 시장도 마찬가지이다. 새로운 목표시장 혹은 변화된 고객의 가치에 관한 새로운 선택은 기업의 필수 과정이다. 재구성 과정(P→S)은 처음으로 다시 돌아가서 시장을 세분화할 때 그 정도와 기준을 다시 결정하는 것이다. 앞서 말한 변화된 고객의 가치기준에 의해 세분시장을 완전히 다시 구성하고 목표시장을 선택하여 새로운 이미지를 만들어 내는 것이다.

2

시장세분화(Segmentation)

1) 시장세분화의 정의

시장세분화를 하기 위해서 마케터가 해야 할 질문은 다음과 같다. 첫째는 시장을 구분할 필요가 있는가? 이고 두 번째는 시장 내 고객들이 얼마나 이질적인가?이다. 여기에 '아니오' 라는 대답이 나오면 시장을 세분화할 필요가 없고, STP의 의미도 없어진다. 하지만 대부분의 시장을 보면 많은 시장에서 이 두 질문에 '그렇다' 라는 대답을 할 것이다.

시장세분화는 전체 시장 내에 존재하는 잠재적인 구매자들을 ① 공통된 혹은 유사한 니즈를 가진 그리고 ② 기업의 마케팅 활동(marketing action)에 유사하게 반응하는 몇 개의 세분시장으로 구분하는 것을 의미한다. 즉, 시장 세분화는 비슷한 성향을 가진 잠재고객들을 다른 성향을 가진 사람들과 분리하여 하나의 집단으로 묶는 과정이다. 시장세분화의 결과 세분시장 간의 차이점이 극명하게 드러나야 하고 세분시장 내에서는 동질성이 극대화되어야 한다. 시장세분화가 필요한 이유는 기업이 가지고 있는 자원이 유한하기 때문이다. 시장을 세분화시켜서 마케팅을 진행하여 최소의 마케팅 비용으로 최대의 효과를 달성하는 것이 목적이다. 시장세분화를 통해서 마케팅 비용을 줄일 뿐만 아니라 타사에 비해서 경쟁우위를 확보할 수 있고 차별화를 통해 가격 경쟁을 완화시킬 수도 있다. 또한 시장을 세분화하는 과정에서 마케팅의 기회를 새롭게 발견할 수도 있다. 주의해야 할 점은 잘못된 시장세분화나 단순히 임의적 기준에 의해 시장을 분할하는 것은 기업의 자원과 노력을 헛되이 소진시키고 심한 경우 우량기업을 회생불능의 상태로 만들 수도 있다는 것이다.

2) 세분시장의 조건

시장세분화를 하기에 앞서서 우리가 확인해보아야 하는 조건은 네 가지가 있다. 첫 번째 측정가능성 (measurability)은 마케팅을 담당하는 관리자가 각 세분시장에 있는 고객들의 규모와 구매력을 측정할 수 있는지 확인하라는 의미이다. 만약 장식용 책을 구매하는 사람들의 경우에는 이러한 시장을 측정하기는 매우 어려울 것이다. 두 번째 규모(substantiality)는 세분시장의 수요가 기업이 소요하는 비용 이상의 이익을 제공해줄 수 있는지에 대한 문제이다. 허리둘레 40mm 이상의 사람들을 위한 옷가게를 개설하는 것은 이익을 제공하기가 매우 힘들 것이다. 세 번째 접근가능성(accessibility)은 마케팅 노력을 통해 세분시장에 접근할 수 있는 적절한 수단의 존재 유무에 대한 확인이 필요하다는 의미다. 고객들이 어떠한 매체를 주로 활용하는지 혹은 지역별로 어디에 거주하는지 등의 정보가 없거나 세분시장이 너무 작은 경우에는 온라인 커뮤니티를 찾아보는 등 시장에 접근 가능해야 할 것이다. 네 번째는 차별적 반응(differentiability)이다. 각각의 세분시장은 마케팅 믹스에 대해서 서로 다른 반응을 보여줘야 한다는 것이다. 같은 반응을 보이는 경우에는 시장을 세분화하는 의미가 없어지기 때문이다. 즉, 세분시장 내에는 동일한(homogeneous) 유사성을 갖고 있어야 하는 반면, 세분시장간에는 상이한 (heterogeneous) 유사성을 갖고 있어야 한다.

시장을 세분화할 때는 위의 네 가지처럼 세분시장이 정량적인 조건을 만족시키는지 확인할 필요가 있다. 우리 기업의 그 시장을 공략했을 때 재무적인 요건에 부합하는지 검토해야 한다.

● ● ● **그림2 세분시장의 요건**

측정가능성 (measurability)	마케팅관리자가 각 세분시장의 규모와 구매력의 측정이 가능해야 한다.
규모 (substantiality)	세분시장은 소요된 비용회수와 이익을 제공해 줄 수 있을 정도의 규모를 가져야 한다.
접근가능성 (accessibility)	마케팅노력을 통해 세분시장에 접근할 수 있는 적절한 수단이 존재해야 한다.
차별적 반응 (differentiability)	각각의 세분시장은 마케팅믹스에 대하여 서로 다른 반응을 나타내야 한다.

3) 시장세분화 절차에 대한 이해

시장세분화는 앞서 언급하였듯이 큰 시장 내에서 유사한 요구를 가진 고객들을 묶어서 상호 이질적인 세분시장으로 구분하는 과정이다. 이 세분시장화의 절차 중 가장 먼저 해야 하고 가장 중요한 일은 시장을 세분화하는 기준 변수의 선정이다. 소비자 니즈의 유사성(similarity)을 중심으로 시장을 세분화할 수 있는데 어떠한 세분시장 기준 변수를 사용하는가에 따라 시장을 다양하게 세분화할 수 있다. 가장 효율적인 시장세분화는 2~3개의 기준변수를 활용하여 시장을 구분하는 것이다. 기준 변수를 선정하고 나서 기준 변수를 사용하여 전체 시장을 나누게 되는 과정이 세분화 시행과정이다. 세분화 시행은 여러 가지 기준 변수를 사용하여 여러 번의 시행 착오과정을 겪어야 한다. 각 변수별로 시장을 세분화 한뒤 위에서 언급한 시장세분화의 네 가지 (측정가능성, 규모, 접근가능성, 차별적 반응) 조건을 이용하여 각 세분시장을 평가한 뒤 최적의 세분시장요건을 충족시키는 결과를 가지고 시행 세분화를 결정한다. 마지막 과정은 세분화 시행을 통해 구분된 세분시장들을 마케터가 마케팅 활동을 가능하게끔 세분시장의 특성에 따라 세분시장의 프로파일을 작성하고 세분시장의 명칭을 만드는 작업이다. 이때 프로파일은 비교적 세부적으로 작성하여 마케터가 쉽게 세분시장의 특성을 파악할 수 있어야 하고, 세분시장의 명칭은 각 세분시장의 특성을 대표하는 명칭을 작명해야 한다.

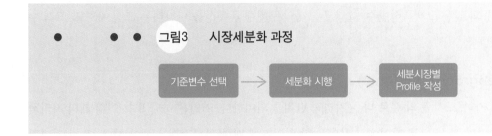

그림3　시장세분화 과정

4) 시장 세분화 기준 변수에 대한 이해

시장을 나눌 때 기준이 될 수 있는 변수는 고정적인 것이 아니라 기업의 상황과 필요에 따라 다양하게 적용될 수 있다. 하지만 B2C와 B2B시장 모두에서 통용될 수 있는 세분시장 기준변수는 크게 기본변수(bases)와 서술변수(descriptors)로 구분된다. 세분시장의 이질성과 마케팅에 대한 차별적 반응을 고려해 볼 때 이 기본변수로는 먼

표1　고객의 기본변수 정의와 예

정의		예
욕구 (Needs)	소비와 구매를 촉진시키는 기본적인 동기와 이유. 고객이 되고자 하는 상태(Desired)와 현재 상태(Perceived Current)의 차이. 요구에는 사회적, 물리적, 안전추구적, 자아실현에 관한 욕구 등이 포함된다.	갈증
요구 (Wants)	고객이 욕구를 충족시키기 위해 표현하는 구체적인 형태(Specific Form). 이러한 욕구는 문화, 경험, 상황 그리고 기업의 마케팅 활동에 영향을 받는다.	물, 사이다, 콜라, 샴페인
효용 (Benefits)	구매와 소비를 유발한 제품을 소비하고 난 뒤의 결과물. 효용은 제품과 제품 속성을 사용한 뒤에 느끼는 산출물이다.	갈증해소 편안함 맛
시장 수요 (Demand)	구매자의 구매 능력과 연계된 기본적인 욕구. 즉, 제품을 살 수 있는 시간과 돈을 포함하는 고객의 자원을 바탕으로 하는 구매에 대한 요구를 나타낸다.	비싼 샴페인과 고급 음료를 구매할 돈이 있고 갈증이 나는 고객

저 고객의 욕구(needs)와 요구(wants) 변수가 반드시 포함되어야 한다. 또 다른 기본변수로는 시장의 수요(demand)와 고객이 추구하고자 하는 효용(benefits) 변수가 포함되어야 한다.

세분시장을 구분하는 것도 중요하지만 앞서 말한 세분시장을 묘사하고 서술하는 것도 매우 중요한 일이다. 이러한 세분시장의 서술과 관련된 변수들이 세분시장 서술변수이다. 이 세분시장 서술변수로는 지리적 변수, 인구통계학적인 변수 등과 같은 고객특성변수, 그리고 고객의 구매행동 특성을 나타내는 고객 애호도, 고객 수익성 등의 변수들이 있다.

(1) 지리적 변수(geographic variable)

지리적 변수는 나라, 지역, 도시 등의 서로 다른 지리적 단위를 의미한다. 기업은 하나 또는 여러 개의 지리적 구역에서 사업을 할 것인지, 또는 모든 지역에서 사업을 할 것인지에 대한 의사결정을 해야 한다. 또한 지리적 특성을 고려해서 고객들의 니즈와 욕구가 달라진다는 것을 염두에 두어야 할 것이다. 우리나라의 경우 굳이 구분하자면, 도시와 농촌 지역 또는 서울의 강남, 강북, 신도시, 호남과 영남, 내륙과 해안지방 등에 따라서 문화의 차이와 이에 따른 고객 행동 및 특성에 차이가 있음을 인지하여야 한다.

(2) 인구통계적 변수(demographic variable)

인구통계학적 변수는 연령, 성별, 가족크기, 가족생애주기, 소득, 직업, 교육수준, 종교, 인종, 세대, 국적 등과 같은 변수들이다. 가장 보편적이면서 가장 구분하기 쉬운 세분화 변수들이다. 인구통계적 변수의 장점은 동일한 변수를 이용하여 각 세분시장의 특성을 묘사 할 수 있기 때문에 세분시장의 규명과 이들에 대한 묘사가 동시에 이루어진다는 것이다. 따라서 제반 마케팅전략 수립에 매우 유용하게 활용될 수 있다.

(3) 구매관련 고객특성 변수(customer characteristic variables)

구매관련 변수는 구매자의 사회계층, 개성 그리고 제품에 대한 태도 및 소비 패턴 등과 관련된 특징을 근거로 하는 변수들이다. 같은 인구통계적 집단에 속하는 사람이라고 해도 생활 양식이 다르고 다른 생활 양식에 따라 구매 행동 또한 달라질 수밖에 없다. 따라서 구매관련 고객특성 변수는 시간과 환경의 변화에 의해 이루어지므로, 기업의 입장에서는 재빨리 감지를 해야 성공할 수 있다. 즉, 주, 월, 분기, 년 등의 시간 단위로 고객의 구매 특성을 분석하고, 시장을 세분화 해보는 전략이 필요한 것이다. 구매관련 특성 변수로는 라이프 스타일, 제품 사용, 고객 애호도, 고객 수익성과 관련된 평생가치 등의 변수가 있다.

이와 같은 기본변수와 서술변수를 활용하여 다음 표와 같은 세분시장에 관한 특성을 작성할 수 있다. 아래의 표는 마케터가 세분시장의 특성을 파악하기 위한 유용한 표의 예이다.

표2 기본변수와 서술변수롤 통한 세분시장특성 파악

		서술변수				
		Age	**Income**	**Location**	**Loyalty**	**Profitability**
기본변수	Prestige					
	Quality					
	Economy					
	Performance					
	Reliability					
	Conformance					

요약하면 일반적으로 이러한 시장세분화를 할 하나의 변수만 세분화하는 경우는 없다. 그러므로 기본변수와 서술변수를 중심으로 시장을 정밀하게 세분해야 하며 서술변수역시 1차적으로 고객행동변수를 이용해 시장을 세분화하고 이후 각 세분시장에 대해서 고객특성변수들을 이용하여 세분시장 각각의 전반적인 특성을 파악해야 할 것이다.

한편 시장세분화가 바람직 하지 않은 경우도 있다. 에컨대 혁신적인 신제품일 경우는 시장의 규모가 적을 뿐만 아니라 고객의 욕구가 충분히 형성되기 이전이기 때문에 적절치 않기도 한다. 또한 지나친 시장세분화는 기업의 수익성이 악화되기도 하지만 전체 매출은 높아지더라도 비용 역시 상승하므로 수익성이 반드시 개선된다고 보기는 어렵다. 경우에 따라 후발기업들은 세분화된 시장을 통합하여 여러 세분시장에 동시에 소구하는 제품을 출시하기도 하는데 이러한 것을 역세분화(counter-segmentation)라고 한다.

5) 세분시장의 확인

(1) 불연속적 변수를 활용한 세분시장

소주의 경우, "한 주에 몇 병을 마십니까?" 라는 질문은 연속적인 데이터나 한 병 이상 한 병 이하로 나눌 경우는 불연속적 변수가 된다. 이러한 경우와 높은 애호도와 낮은 애호도라는 변수를 활용하여 시장세분화를 할 수 있다. 만일 소주 음용량과 애호도 사이에 관계가 있다면 세분화가 가능하다. 관계가 없다면 세분시장으로 나눌 수 없다. 이러한 방법은 카이스퀘어(x^2)방법을 통해 살펴보고 유의성이 있다면 교차테이블분석을 통하여 시장을 세분화해야 할 것이다.

그림4 교차테이블을 이용한 시장 세분화의 예

		건강 관여 정도								
		상			하					
		강한 맛 추구	순한 맛 추구	기타 맛 추구	강한 맛 추구	순한 맛 추구	기타 맛 추구	강한 맛 추구	순한 맛 추구	기타 맛 추구
세련/여성적 이미지 추구	하									
	감격 민감도									
	상									
이미지 비추구	하									
	감격 민감도									
	상									
대중적/남성적 이미지 추구	하									
	감격 민감도									
	상									

Segment 4
Segment 1
- 담배 맛과 향 중시 (순한 맛과 향 선호)
- 순한 맛과 향 중시 저 타르 및 목 건강 관심
Segment 5
- 담배의 여성적/젊은 이미지 선호
- 순한 및 기타 맛 선호
- 저 타르 및 목 건강 관심
- 담배 건강에 미치는 영향 정도를 중시 (저 타르, 목 건강 관심)
- 순한 맛 지향
Segment 3
- 담배 가격 중시 집단
- 순한 맛 지향 및 목 건강 관심
Segment 2
- 담배의 남성적/젊은 이미지 선호
- 순한 맛과 향 중시
- 목 건강 관심
Segment 6
- 진한 맛을 선호하는 집단
- 주류 담배를 습관적으로 피우는 집단

(2) 연속적 변수를 활용한 세분시장

위의 소주의 경우에 연속적인 데이터와 함께 숙취 정도, 지각된 부드러움 정도 등의 연속적 데이터를 사용할 경우에는 컴퓨터를 이용하여 소비자들간의 거리를 계산하여 가까이 위치한 소비자들을 하나의 집단으로 묶어나가는 군집분석이라는 방법을 통하여 시장 세분화를 할 수 있다.

6) 산업재 시장세분화에 대한 이해

산업재 시장세분화는 기존 소비자 시장에서의 시장세분화 변수를 사용하기도 하지만 추가적으로 사업운영상특징, 구매접근방식, 상황적요인, 개인적 특성등의 변수가 사용되기도 한다.

한편 우리나라에서는 산업재의 경우 표준산업분류(Standard Industrial Classification; SIC)를 이용하여 인구통계학적으로 세분화하기도 한다. 표준산업분류란 산업들을 비슷한 것들끼리 범주로 묶어 놓은 것이며 각 범주마다 고유번호가 부여되는데 이를 표준산업분류 코드 혹은 SIC코드라고 부른다. 표준산업분류표를 이용하면 각 기업의 위치, 종업원수, 매출액, 자본금 등을 알 수가 있어 인구통계학적인 변수로 활용될 수 있다.

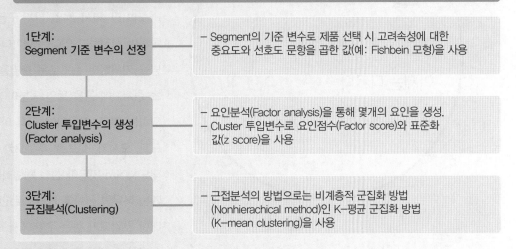

그림5 연속적 변수를 활용한 시장세분화 생성과정

– Market Segment 생성과정은 크게 Segment 기준 변수의 선정, Cluster 투입변수의 생성, 군집분석의 3단계 과정을 통해 이루어짐

1단계: Segment 기준 변수의 선정	– Segment의 기준 변수로 제품 선택 시 고려속성에 대한 중요도와 선호도 문항을 곱한 값(예: Fishbein 모형)을 사용
2단계: Cluster 투입변수의 생성 (Factor analysis)	– 요인분석(Factor analysis)을 통해 몇개의 요인을 생성. – Cluster 투입변수로 요인점수(Factor score)와 표준화 값(z score)을 사용
3단계: 군집분석(Clustering)	– 근접분석의 방법으로는 비계층적 군집화 방법 (Nonhierachical method)인 K-평균 군집화 방법 (K-mean clustering)을 사용

표3 산업재 시장세분화 변수 예와 내용

세분화 변수	변수명	내용
인구통계학적	산업 규모 위치	• 어떠한 산업에 중점을 두어야 하나? • 어떠한 규모의 회사에 중점을 두어야 하나? • 어떠한 지역에 중점을 두어야 하나?
사업운영상 특징	기술 사용자/비사용자 소비자능력	• 어떠한 기술에 중점을 두어야 하나? • 다량/중량/소량/비사용자 중 누구에게 중점을 두어야 하나? • 다양한 서비스
구매접근방식	구매조직 권력구조 기존의 관계양상 구매정책 구매시 고려되는 속성	• 고도로 집중화된 구매조직을 둔 기업에 중점을 두어야 하나? • 아니면 비교적 분산된 구매조직을 둔 기업에 중점을 두어야 하나? • 엔지니어/재무/마케팅 어느 쪽이 강한 기업에 중점을 두어야 하나? • 기존 호의적 관계의 기업/유망한 기업 어느 쪽에 중점을 두어야하나? • 리스 선호, 실제구입선호하는 기업 중 어느 쪽에 중점을 두어야 하나? • 제품의 질, 가격 서비스 중 어떤 내용을 중요하게 고려하는 기업에게 중점을 두어야 하나?
상황적요인	긴급성 특별용도 주문량	• 빠른 배달이나 서비스를 원하는 기업에게 중점을 두어야 하나? • 모든 용도에 중점을 줄것인가 아니면 몇몇 용도에 두어야 하나? • 다량주문자에 중점을 둘것인가 아니면 소량주문자에 두어야 하나?
개인적 특성	구매자-판매자 유사성 위험에 대한 태도 애호도	• 사람이나 가치가 자사와 유사한 기업에게 중점을 두어야 하나? • 위험감수형과 위험회피형 중 어떤 기업에 중점을 두어야 하나? • 공급자에게 높은 애호도를 보이는 기업에게 중점을 두어야 하나?

자료원: Bonoma and Shapiro(1983)

일본서 맥 못춘다?
이제는 다르다…
열도 열광시킨 한국게임

국내 게임사들이 'K게임 무덤'으로 꼽히는 일본 시장으로 진격하고 있다. 국내와 장르 선호가 판이한 데다 소니, 닌텐도를 중심으로 한 내수 기업이 워낙 강력해 여타 아시아 지역에서 성공을 거둔 국내 게임들이 그간 줄줄이 고배를 마셨던 지역이다. 하지만 현지 감성을 저격한 콘텐츠와 마케팅으로 일부 게임이 매출 상단에 속속 이름을 올리며 '이제는 다르다'는 분위기가 감지된다.

25일 빅데이터 플랫폼 모바일인덱스에 따르면 엔씨소프트 '리니지W'가 20일 일본 구글플레이 매출 순위 톱10에 진입했다. 일본 시장에서 선호도가 떨어지는 MMORPG(다중접속 역할수행 게임)가 출시된 지 2년 남짓 된 상황에서 역주행을 기록한 셈이다. 꾸준한 맞춤 콘텐츠 업데이트가 주효했던 것으로 풀이된다. 지난 3월 현지 인기 IP인 '베르세르크'와 지난해에 이어 2차 협업을 진행한 점이 일례다. 엔씨소프트 관계자는 "전 세계 12개국이 하나의 서버에서 모여 국가 단위 전투를 가능하게 한 점이 일본 MMORPG 팬들에 어필하고 있는 것으로 보인다"며 "언어의 장벽을 없애는 실시간 AI 번역도 인기 요인"이라고 전했다.

카카오게임즈가 15일 일본 시장에 출시한 '오딘 발할라 라이징' 역시 24일 현지 구글플레이 매출 8위를 기록하며 선전하고 있다는 평가다. 앞서 사전예약 100만 명을 기록하며 순조로운 출발을 예고한 바 있다. 콘텐츠 현지화에 공을 들인 덕분이다. 일본 인기 성우를 섭외하는 한편, 이용자에 닌자 아바타 보상을 제공했다. 도쿄, 오사카, 삿포로, 후쿠오카, 나고야를 비롯한 주요 대도시에서 잇달아 선행 체험회를 진행하기도 했다. 업계는 북유럽 신화를 기반으로 한 오딘이 유럽 세계관에 대한 호감도가 높은 일본에서 MMORPG 저변 확대에 기여할 수 있을 것으로 기대하고 있다.

일본 게임 시장은 세계 3위 규모로 국내 개발사들이 놓칠 수 없는 지역이다. 하지만 난이도가 가장 높은 시장으로 꼽힌다. 국내 게임사의 주요 플랫폼인 PC나 모바일보다는 콘솔 선호가 높기 때문이다. 모바일에서도 대규모 경쟁보다는 가볍게 혼자 즐길 수 있는 캐주얼이나 수집형 RPG 장르 선호가 높다. 쟁쟁한 국내 대작 게임이 일본 시장에서 연이어 쓴맛을 본 이유다.

하지만 올해 들어 분위기가 사뭇 달라졌다. 서브컬처(미소녀 등 마니아 취향) '종주국'으로 꼽히는 일본 시장에서 국내 게임이 두각을 나타내면서다. 시프트업의 '승리의 여신: 니케'가 대표적이다. 지난해 11월 출시 당시 하루 만에 일본 앱스토어 1위를 달성한 데 이어 이제 장기흥행 조짐을 보이고 있다. 지난 16일 시원한 바닷가 배경과 수영복 코스튬을 추가한 여름 업데이트 이후 일본 앱스토어 매출 2위를 탈환하기도 했다.

출처: 매일경제, 2023년 6월 25일

목표시장선정(Targeting)

1) 목표시장에 대한 이해

목표시장은 세분시장 중에서 자사의 경쟁우위요소와 기업환경을 고려했을 때 자사에 가장 유리한 시장기회를 제공할 수 있는 특화된 시장을 말한다. 목표시장이 결정되면 기업은 해당 시장에 가장 적합한 마케팅믹스를 개발하여 실행한다. 즉, 기업이 가진 모든 마케팅 자원을 목표시장에 집중시키고 목표시장 내 고객을 만족시키기 위해 최선을 다해야 한다. 목표시장의 결정을 위해 마케팅관리자들은 주로 <표 2>와 같은 시장세분화 매트릭스를 이용한다. 기본변수와 서술변수로 구성된 시장세분화 매트릭스를 통해 마케팅관리자들은 시장을 잠재적 목표시장과 비잠재적 목표시장으로 쉽게 구분할 수 있다. 여러 격자 중에서 비잠재고객을 제거한 다음 가장 좋은 시장기회를 잠재고객 격자를 찾는 과정으로 이루어진다. 즉 목표시장 선정은 앞서도 언급하였듯이 자사에 가장 적합한 시장을 선택하고 나머지 시장을 포기하는 과정이다. 즉 선택과 집중의 과정이 목표시장 선정의 핵심이라고 할 수 있다.

고객은 독특한 니즈와 요구를 가지고 있다. 각 구매자를 서로 다른 목표시장으로 볼 수 있으나 결국에는 너무 많은 수의 작은 규모의 고객집단에 직면하게 된다. 이렇게 되면 그 집단을 통해 이익을 얻는 것이 용이하지 않다. 기업은 더 넓은 세분시장을 탐색하도록 해야 한다. 따라서 기업은 기업 내-외부의 여러 요소들을 총체적으로 고려하여 목표시장 선정에 매우 신중을 가해야 한다.

2) 목표시장에서의 전략적 선택

기업은 세분시장들에 대한 평가가 수행된 후 어떤 시장을 공략을 하는가와 몇 개의 세분시장을 공략할 것인가의 문제를 해결해야 한다. 이러한 문제의 해답으로서는 마이클 포터는 본원적 전략의 형태로 기업이 선택할 수 있는 비차별 마케팅, 차별적 마케팅 그리고 집중 마케팅의 세 가지가 전략을 제시하였다. .

(1) 비차별 마케팅

비용우위 비차별 마케팅(undifferentiated marketing) 혹은 대량 마케팅(mass marketing) 전략을 사용함으로써 기업은 세분시장의 차이를 무시하고 하나의 제공물로 전체시장을 겨냥할 수 있다. 대량 마케팅 전략은 고객욕구의 차이보다는 공통부분에 초점을 맞춘다. 이때 기업은 대다수 소비자에게 소구할 수 있는 제품과 마케팅 프로그램을 시행한다. 비차별 전략이 일견 성공하기도 하지만 대부분의 마케팅 관리자들은 비차별 전략이 효과적인 경우는 매우 제한적이라고 생각할 수 있다. 즉, 모든 소비자들을 만족시킬 수 있는 하나의 제품이나 브랜드의 개발에 따르는 어려움이 문제가 되는 것이다. 비차별적 마케팅 전략을 구사하는 기업들은 일반적으로 시장에서 가장 큰 세분시장을 공략한다. 그러나 여러 기업들이 같은 시장에서 같은 전략을 구사한다면 격심한 경쟁이 일어나게 되며 그 결과 큰 세분시장은 심한 경쟁의 양상을 나타내기 때문에 오히려 수익을 창출하기가 더 어려울 수도 있다. 이러한 문제에 대한 인식은 기업들로부터 보다 작은 세분시장에 대해 관심을 갖게 한다.

(2) 차별적 마케팅

차별적 마케팅(differentiated marketing) 혹은 세분화 마케팅(segmented marketing)전략을 사용하는 기업은 여러 세분시장을 공략하기로 결정하고, 각 세그먼트별로 서로 다른 제공물을 설계한다. 농심의 경우 라면만 하더라도 신라면, 신라면 골드, 짜왕, 짜파게티, 사리곰탕, 둥지냉면, 해피라면, 무파마 등등 많은 제품을 생산하고 있다. 이렇게 함으로써 기업들은 제공하는 제품과 여타 마케팅 믹스의 다양성을 통해서 각 세분시장 내에서 높은 판매량과 강력한 포지션을 차지할 수 있다. 또한 기업들이 각 세분시장에서 강력하게 위치를 차지하는 것은 소비자들에게 기업의 전반적인 인식을 제고시킬 수 있으며 기업들이 소비자들의 욕구에 매우 부합된 제품과 서비스를 제공하기 때문에 높은 재구매 효과 역시 기대할 수 있다.

현재 많은 기업들이 차별적 마케팅 전략을 시행하고 있다. 이러한 이유는 차별적 마케팅은 일반적으로 비차별화 마케팅보다 높은 매출과 이익을 가져다 주기 때문이다. 그러나 차별화 마케팅은 각각의 세분시장에 적합한 차별적 마케팅을 구사하기 위해서는 마케팅조사와 기술개발이 요구되기 때문에 일반적으로 비용의 증가가 요구된다. 각 세분시장별로 적합한 마케팅 계획을 수립하기 위해서는 각 세분시장별로 조사, 예측, 차별적 광고 포함한 판매촉진 계획 그리고 유통 등이 이루어지기 때문에 당연히 고비용이 발생한다. 그러므로 기업은 차별적 마케팅 전략을 구사하기 위해서는 비용을 고려하여 예상수익 등을 같이 평가해야 할 것이다.

(3) 집중 마케팅

집중 마케팅(concentrated marketing)은 기업의 자원이 제한되어 있을 경우 주로 사용되는 방법으로 큰 시장에서의 작은 시장점유율을 선택하기보다는 하나 혹은 소수의 적은 시장에서 높은 시장점유율을 노리는 전략이다. 집중 마케팅 전략을 사용하면 기업은 자사가 공략하고 있는 소비자들을 매우 잘 알기 때문에 그 시장에서 강력한 위치를 얻을 수 있다. 그런데 이러한 집중 마케팅을 사용하는 경우 기업은 높은 위험이 도사리고 있다. 일반적으로 기업이 집중 마케팅전략을 구사하는 기업들은 매우 작은 규모의 시장을 공략하기 때문에 그 시장에 속한 소비자들의 구매행동이 변화하게 되면 더 이상 그 시장은 시장성을 갖지 못하게 된다. 또한 경우에 따라서는 보다 큰 경쟁자가 동일한 시장에 진입할 수 있다. 이러한 이유들 때문에 다수의 기업들은 하나의 시장을 선택하여 집중 마케팅전략을 구사하기보다는 복수의 세분시장에 접근하는 것을 보다 선호하게 된다.

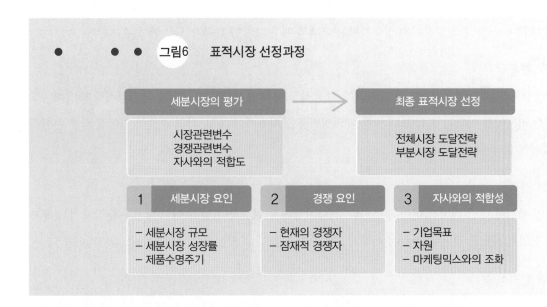

그림6   표적시장 선정과정

세분시장의 평가	→	최종 표적시장 선정
시장관련변수 경쟁관련변수 자사와의 적합도		전체시장 도달전략 부분시장 도달전략

1 세분시장 요인	2 경쟁 요인	3 자사와의 적합성
– 세분시장 규모 – 세분시장 성장률 – 제품수명주기	– 현재의 경쟁자 – 잠재적 경쟁자	– 기업목표 – 자원 – 마케팅믹스와의 조화

3) 목표시장의 선정 절차

서로 다른 세분시장을 평가한 후, 기업은 어떤, 그리고 얼마나 많은 세분시장을 공략해야 할지 결정해야 한다. 목표시장은 기업이 만족시키고자 하는 공통된 욕구와 특징을 공유하는 고객 집합으로 구성된다. 목표시장 선정전략을 선택함에 있어서 많은 요인을 고려할 필요가 있다. 어떤 전략이 가장 좋은가는 회사의 자원에 달려 있다. 그리고 가장 좋은 전략은 제품의 가변성에 달려있다. 또 다른 요인은 시장의 가변성이다. 마지막으로 경쟁사의 전략도 중요하다. 이처럼 목표시장 선정은 우선 시장변수, 경쟁변수, 그리고 자사와의 적합성을 고려하여 평가를 하여야 하고 목표시장 선정 후에는 어떻게 목표시장에 도달 할 것인가에 관한 전략을 선정하여야 한다.

(1) 세분시장 규모

시장의 상대적/절대적 크기를 말한다. 즉 얼마나 많은 고객이 세분시장 내에 존재하는가에 관한 것이다. 따라서 기업의 규모를 고려하여 적합하다고 판단되는 시장에 진출해야 한다.

(2) 세분시장 성장률

세분시장의 성장률과 미래의 잠재력에 관한 평가를 하는 것이다. 또한 미래의 경쟁상황 가능성을 동시에 고려하여 자사의 능력에 적합한 시장성장률을 가진 세분시장을 선정해야 한다.

(3) 제품수명주기

제품수명주기 분석을 통한 시장규모 및 경쟁강도를 파악한다. 일반적으로 수명주기는 성장기와 성숙기에 경쟁이 매우 치열하며 도입기와 쇠퇴기가 되면 경쟁이 약화된다. 또한 고객의 욕구도 도입기와 쇠퇴기에는 기본적인 제품에 대한 욕구가 있고, 성장기와 성숙기에는 고객의 매우 다양한 욕구가 시장 내에 존재한다.

(4) 현재의 경쟁자

현재의 경쟁강도 및 자사의 경쟁우위를 파악한다. 세분시장 내의 경쟁강도가 클수록 이 세분시장에 참여하고 있는 기업들은 경쟁에서 이기기 위해 보다 많은 마케팅비용을 지불해야 하고, 가격 경쟁이 벌어질 경우 손실을 감수할 수 있어야 한다.

(5) 잠재적 경쟁자

잠재적 진입 기업에 대한 대비책 마련해야 한다. 해당시장의 진입장벽이 낮고 이익이 클수록 잠재적 경쟁자는 시장으로 진입하고자 할 것이다. 따라서 어떻게 진입장벽을 높일 수 있는지에 대한 방안을 마련해야 한다.

(6) 기업의 전략적 목표

목표시장 선정 시 많은 기업들이 간과하는 부분이다. 아무리 매력적인 세분시장이라도 기업의 목표와 일치하지 않으면 선택할 수 없다. 즉 이익을 추구하려고 기업의 전략적 목표와 부합하지 않는 시장을 선정하면 매우 큰 실패를 경험할 수 있다. 웅진 그룹의 경우가 그러하다. 가정용 생활용품을 판매하던 웅진은 건설이라는 매력적인 시장에 들어간다. 하지만 웅진의 전략적 목표와 건설 시장은 맞지 않았다. 결국 웅진은 구조조정을 신청하게 되었다.

(7) 기업의 자원

목표시장 선정 시 기업이 고려하지 않는 또 다른 중요한 요소이다. 기업은 자사의 자원상황을 정확하게 파악하고 이를 효율적으로 사용할 수 있는 시장에 진입하여야 한다. 능력과 자원을 보유하고 있더라도 경쟁사에 비해 경쟁적 우위를 확보하고 있어야 효과적인 세분시장 공략을 할 수 있다.

(8) 마케팅믹스

기업이 보유하고 있는 기존 제품의 마케팅믹스와 시너지 효과 및 부작용을 파악해야 한다. 특정 세분시장이 매력적이라 하더라도 기업이 목표로 하고 있는 다른 세분시장의 수익을 감소시킨다면 목표세분시장으로서의 가치가 없을 것이다.

4) 목표시장 도달 전략

목표시장 도달 전략은 앞서 언급한 기업의 자원과 능력 그리고 마케팅 자원 등을 고려하여 결정하여야 한다. 기본적인 목표시장 도달 전략은 다음 네 가지 전략으로 구분할 수 있다.

① 선택적 전문화(selected specialization): 기업이 하나 혹은 소수의 세분시장만 선택적으로 도달하는 전

략으로 자원이 많지 않은 중소규모의 기업이 취할 수 있는 전략이다.

② 세분시장 전문화(segment specialization): 기업은 우선적으로 하나의 큰 세분시장을 선정하고 세분시장 내의 다양한 욕구를 충족시키기 위해 여러 가지 제품과 마케팅 프로그램으로 하나의 특화된 시장만을 공략하는 전략이다. 의류 시장 내에서 여성복 시장이나, 어린이 시장만을 특화하여 진입하는 의류 전문 기업들이 좋은 예이다.

③ 제품 전문화(product specialization): 하나의 제품에 초점을 맞추고 이 제품으로 여러 세분시장을 공략하는 전략이다. 식품 기업들이 하나의 건강 식품으로 모든 연령대의 고객에게 도달하려는 것과 같은 전략이다.

④ 전체시장 도달(Full market coverage): 한 기업이 모든 시장에 진입하는 전략으로 기업은 모든 세분시장이 원하는 다양한 제품들을 개발할 수 있는 자원과 능력을 보유해야 한다. 주로 대기업들이 취하는 전략으로 삼성전자는 모든 세대가 사용할 수 있는 휴대폰을 개발하고 판매하고 있다.

시장은 고객으로 구성되고 고객은 여러 가지 가치 측면에서 다른 욕구를 가지고 있다. 시장세분화를 통하여 기업은 전체 시장을 적정한 규모를 가진 여러 세분시장으로 나눔으로써, 각 세분시장의 독특한 욕구에 맞는 제품과 서비스로 더 효율적이고 효과적으로 세분시장에 도달할 수 있다. 시장세분화는 시장을 서로 다른 제품과 마케팅 믹스를 요구하는 독특한 욕구, 특징과 행동을 갖는 더 작은 고객 집단으로 나누고 이 세분시장에 효과적으로 도달하기 위한 전략을 수립하고 실행하는 것이다.

포지셔닝(Positioning)

기업이 특정 세분시장을 선택하여 진입하기로 결정하고나면 기업은 자사의 제품을 소비자에게 어떠한 위치로 자리시킬 것인가의 문제를 해결해야 한다. 이러한 측면이 고객에게 가치와 만족을 제공하는 것이고 그렇게 함으로써 수익을 실현할 수 있다.

마케팅의 힘(力), 제품 개발엔
수십억…브랜드 마케팅엔
얼마 투자하세요?

성공과 실패는 '한 끗 차이'! 제아무리 기술력을 확보하였더라도 그것만으로는 부족하다. 창업자들은 기술력만 있으면 성공 창업이 될 것으로 착각한다. 안타깝게도 예비창업자, 스타트업, 소상공인, 중소기업은 기술 개발의 중요성을 만병통치약으로 여긴다. 더 안타까운 것은 제품의 기술 확보 후에도 시장 진출에 있어서 기술 예찬론자에 머물러 있다. 이러한 자(者)에게 필요한 것이 바로 '마케팅(marketing)'이다. 탁월한 기술력을 가진 기업에 마케팅을 접목하느냐 그렇지 않느냐는 성공과 실패의 강력한 매개체이다. '2%의 차이', '한 끗 차이'의 주인공은 기술력이 아니라 마케팅이다.

창업기업의 마케팅이란! 먼저 기업에 접목할 마케팅의 항목을 [a to z] 관점 및 프로세스(process)로 접근이 필요하다. 브랜드마케팅, 디자인마케팅, 광고홍보마케팅, 콘텐츠개발마케팅, 영업활성화마케팅. 첫 번째는 브랜드마케팅에 해당하는 네이밍BI개발 및 콘셉트&포지셔닝 STP의 도출이다. 두 번째는 디자인마케팅에 해당하는 패키지디자인 개발이다. 세 번째는 마케팅 머티리얼의 [a to z] 구축 및 홍보물 개발이다. 네 번째는 광고홍보마케팅으로 채널 선택 및 콘텐츠 제작이다. 기업의 CEO는 마케팅의 접목 방법을 알면서도 마음만 급하거나, 마케팅의 적용 방법을 잘못 이해한 나머지 네 단계를 순서대로 진행하지 않는 경향이 있다. 마케팅 프로세스가 어긋날 경우 마케팅 적용의 오류라는 암초를 만나게 된다. 이는 기업에게 마케팅에 대한 재투자를 필요하게 하고, 투자비용 손실로 이어지는 결과를 낳는다.

이와 함께 창업기업 CEO의 마케팅 마인드는 선택이 아닌 필수이다. 창업 성공을 위한 마케팅의 필요성과 중요성을 인식하더라도 기업의 CEO가 행(行)하지 않으면 도루묵이 아닐까. 마케팅이 잘 적용된 사례를 살펴보면서 벤치마킹을 위한 매개체가 되기를 바라본다.

◇사례1: 안상규벌꿀…브랜드마케팅&디자인마케팅의 성공사례를 보면서

안상규벌꿀! 어떤 키워드가 떠오르는가. 필자는 창업기업을 대상으로 특강을 진행하면서 교육생에게 안상규벌꿀 브랜드의 연상 키워드를 물어보곤 한다. 1000여 명 수강생의 답변은 한결같다. 고급스럽다, 비쌀 것 같다, 양주 같다, 향수 같다, 선물하고 싶다. 안상규벌꿀을 유심히 살펴보면, 브랜드 아이덴티티(BI), 용기디자인, 패키지디자인, 상세페이지디자인. 섬네일디자인 등에 있어 남다름을 느낄 수 있다. 수강생들이 왜 그런 대답을 했을까를 충분히 이해하고도 남는다.

경쟁업체의 동일 용량(약 2.4KG)의 벌꿀이 4만~5만 원 선에서 판매되고 있지만, 안상규벌꿀은 7만~9만 원 선에서 판매되고 있다. 기업의 성장지표 중의 하나인 매출의 공식이 [객수*객단가] 임을 감안할 때, 안상규벌꿀의 적극적인 마케팅 접목은 영업 활성화를 위한 강력한 매개체가 되고 있다. 브랜드마케팅, 디자인마케팅 등을 제대로 접목한 안상규벌꿀은 시장에서 고객에게 가치 인정을 받고 있는 셈이 아닐까.

◇사례2: 비타500…콘셉트&포지셔닝 설정의 성공사례를 보면서

비타500! 전통적으로 건강드링크로 유명한 브랜드는 박카스이다. 박카스에 도전했던 브랜드는 구론산, 알프스, 원비디, 타우스. 하지만, 이들 브랜드는 출시된 후 박카스의 아성을 넘지 못하고 시장에서 사라지게 되었다. 반면에 비타500은 소비자의 선택을 받아 박카스와 쌍벽을 이룬다. 비타500은 왜 소비자의 선택을 받고, 구론산 등의 브랜드는 소비자의 선택을 받지 못했을까.

그 이유의 핵심은 콘셉트(concept)와 포지셔닝(positioning)의 설정에서 찾을 수 있다. 박카스의 콘셉트와 포지셔닝이 건강드링크임에도 불구하고 구론산 등의 브랜드도 건강드링크라는 동일한 콘셉트를 설정하게 되었다. 그 결과 구론산 등은 동종업계 브랜드파워 1위인 박카스의 아성을 넘기에는 역부족이었다. 반면에 비타500이 강조한 키워드는 비타민, 미용 등이었다. 소비자가 인식하는 콘셉트와 포지셔닝을 달리 도출한 비타500은 박카스의 아성을 단숨에 넘어섰고, 급기야 업계의 시장점유율을 선도하게 되었다.

요컨대, 예비창업자, 스타트업, 소상공인, 중소기업의 CEO는 오늘도 성공 창업을 위하여 밤을 낮삼아 피땀을 흘리고 있다. 기업에서 어렵게 구축한 기술 개발과 품질 수준을 시장에 진출함에 있어 관점의 변화를 가지는 게 중요하다. 기업은 기술 개발 시에는 연구개발(R&D)의 관점으로 접근하고, 그 이후 시장 진출 시에는 마케팅(marketing)의 관점으로 접근해 보기를 강추한다.

기업은 신상품 개발을 위하여 수 년에 걸쳐, 수억 원을 투자하게 된다. 기술 개발 및 제품 개발에 투자되는 시간과 비용은 아깝지 않게 생각하는 경향이 있다. 반면에 목표시장 및 타겟고객에게 시장 진출 시 마케팅에 투자하는 시간과 비용에 대해서는 소극적인 경우가 상당하다.

창업기업 및 기존기업에 있어 신상품 출시의 성공과 실패는 기술력이 아니라 마케팅의 힘(力)이 더 중요함은 아무리 강조해도 지나치지 않다. 기술과 품질에 '마케팅'을 접목하고, '브랜드'와 '디자인'을 입히고, '광고홍보'를 제대로 적용하는 프로세스(process)에 익숙해지는 CEO가 되어보자. 기업에서 출시하는 제품에 마케팅의 적용을 위해서 CEO의 몸에서 '연구개발의 피(血)'도 중요하지만 '마케팅 피(血)'가 흘러야 함을 명심하자.

출처 : 대구신문, 2023년 1월 8일

포지셔닝이란 목표시장 고객의 마음속에 경쟁기업들과 효과적으로 경쟁하고, 차별적인 "위치"를 차지하도록 기업과 제품의 이미지를 만드는 활동이다. 즉 포지셔닝은 고객의 마음속에 존재하는 제품 시장에서 자사의 독특하고, 가치 있고, 방어할 수 있는 위치(이미지)를 만들어내기 위해 자사가 가진 전 마케팅 믹스 자원(제품, 가격, 판촉, 유통)을 실행하는 작업이라고 할 수 있다. 고객의 마음 속에 이미지를 만드는 활동은 매우 어렵고 정교한 작업이다. 한번 만들어진 이미지는 바꾸기가 매우 어렵기 때문에 매우 신중한 작업이어야 한다. 좋은 포지셔닝은 제품과 브랜드의 본질을 고객에게 잘 전달하여야 하고, 고객이 추구하는 가치를 정확하게 파악하여 이와 부합하는 명확한 이미지를 만들어 주는 것이다. 또한 포지셔닝은 이후에 진행되는 모든 마케팅 활동의 가이드 라인을 제시하여 효과적으로 마케팅 믹스를 활용할 수 있도록 한다.

1) 포지셔닝 전략의 수립과정

기업이 표적소비자들에게 적절한 포지셔닝을 적용하기 위해서는 자료의 확보, 경쟁제품 및 자사의 위치 확인 그리고, 이상적 포지션의 결정 이후 적절하게 전달하는 과정을 거쳐야 할 것이다.

마케팅 조사를 통해 경쟁제품 및 자사제품 위치를 확인하게 된다. 이러한 경쟁제품 및 자사제품 위치를 확인하는 과정에서는 경쟁사 대비 경쟁적 강점을 파악하게 되는 데 이때 일반적으로 차별화를 파악하게 된다. 차별화에는 제품 차별화(product differentiation), 서비스 차별화(services differentiation), 인적 차별화(personnel differentiation), 이미지 차별화(image differentiation) 등이 있다. 제품 차별화는 소비자에게

그림7   포지셔닝 전략수립 절차와 실행과정

```
자료확보  →  경쟁제품 및 자사    →  이상적인       →  선택된
             제품 위치 확인         포지셔닝의 결정     포지셔닝 전달
```

제공하는 제품의 성능, 디자인 등과 같이 제품의 물리적 특성으로 차별화할 수 있다. 예컨대 갤럭시 폴드는 접었다 펼쳤다 하는 기능을 통해 다른 스마트과 차별화를 하고 있다.

서비스 차별화는 제품의 물리적 이외의 것인데 이러한 서비스를 통해서도 차별화 할 수 있다. 예컨대 마켓 컬리는 새벽배송으로 차별화로 경쟁적 우위를 누리고 있다.

인적 차별화에서 기업은 경쟁사보다 직원의 선발, 훈련 그리고 보상등에 있어서 많은 노력을 기울여 강한 경쟁력우위를 누리기 위해 많은 노력을 한다. 예컨대 하나투어는 자체 평가 지표인 HCEI(Hanatour Customer Experience Index)의 결과로 하나투어를 통해 중국으로 떠난 고객들 중 불만을 나타낸 고객들이 '가이드'에 대한 불만 비중이 가장 높은 것으로 드러났다. 인적 차별화에 대한 필요성을 인식하고 중국지역본부는 지속적으로 진행하고 있는 가이드 교육 외에 동기부여가 될 수 있는 '스타가이드' 제도를 마련해 고객만족도를 위해 인적 차별화를 시행하고 있다

마지막으로 이미지 차별화의 예로 Air France는 기내의 안전방송(safety video) 제작에도 예술적인 감각을 적용하여 세련된 이미지로 경쟁사에 대해 차별화 전략을 실시하고 있다.

2) 이상적 포지션의 결정을 위한 포지셔닝맵의 작성과 전략적 활용

포지셔닝 맵(Positioning Map)은 포지셔닝 전략을 수립하기 위해서 매우 유용하게 활용되는 도구이다. 포지셔닝 맵은 포지션 구축의 기반이 될 경쟁우위를 제공하는 차별적 고객가치의 조합을 제공해준다. 따라서 포지셔닝 맵은 우선적으로 고객가치에 대한 자료를 확보하고, 자사와 경쟁제품의 시장 위치를 정확히 파악하여야 하며, 이를 위해 정확한 기준이 무엇인지를 결정하여야 하고, 마지막으로 이상적인 자사 제품의 위치를 결정하는 단계로 진행된다. 전반적인 포지셔닝 전략을 선정하는 단계에 따라서 기업은 선정된 포지셔닝을 고객에게 효과적으로 의사소통하고 실제로 이를 전달해야 한다.

● ● ● **그림8**   90년대 미국 여성복시장의 포지셔닝맵

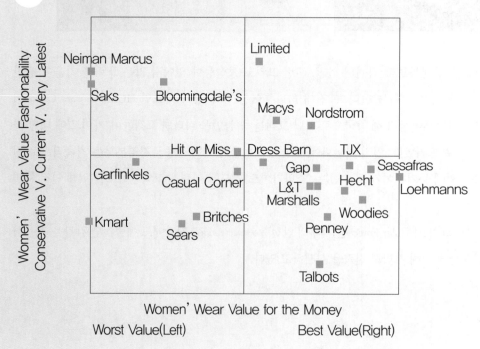

<그림 8>은 90년대 미국 여성복 시장의 포지셔닝맵의 예이다. 고객의 마음속에 자리잡은 여성복 시장을 복고풍과 현대적 이미지 축과 가격대비 가치를 기준으로 고객이 인지하고 있는 마음속의 지도를 형상화한 것이다. 이러한 포지셔닝을 하기 위해서 고객이 인지하고 있는 기준들에 대한 평가를 하고 이를 척도화 하여 인지적 거리를 계산하여 각 브랜드별 위치를 표시하는 것이다. 가격대비 가치가 높고, 현대적 이미지를 가진 노드스트롬의 입장에서 가장 직접적인 경쟁자는 리미티드(Limited)와 매이시스(Macys) 이다. 고객의 이상점이 조금 더 우측의 상향이라고 한다면 노드스트롬은 자사의 마케팅 믹스를 활용하여 보다 현대적인 이미지를 강조해야 할 것이다. 또한 경쟁자 분석시에도 삭스(Saks)나 블루밍데일(Bloomingdale's)이 아니라 리미티드와 메이시의 마케팅 전략과 활동에 주시해야 할 것이다. 이처럼 포지셔닝 맵은 현재 고객이 인지하고 있는 시장에서의 자사의 위치를 확인하고 경쟁자가 누구인지를 명확하게 알 수 있다.

포지셔닝은 목표시장에 있는 고객의 마음속에 경쟁제품과 비교하여 상대적으로 분명하고, 독특하며, 바람직한 위치를 차지하는 이미지를 계획하는 것이다. 기업 고유의 이미지를 통해서 기업의 자원과 마케팅 믹스를 활용하는 목표시장도달 전략을 통해 마케팅을 하게 된다. 즉 포지셔닝을 통해 기업은 목표시장 고객이 원하는 제품을 만들고 그들이 기꺼이 지불할 수 있는 가격을 제시하고, 목표시장 고객이 쉽게 접근할 수 있는 유통망을 계획하고, 목표고객들과 효과적으로 소통할 수 있는 판촉프로그램을 구성하여야 한다.

3) 포지셔닝 유형의 선택

포지셔닝의 유형은 어떤 기준을 사용하여 고객의 마음속에 이미지를 만들어 내는가에 관한 것이다. 많이 사용되는 포지셔닝의 기준으로는 속성/효익, 사용상황, 제품 사용자, 경쟁, 제품군 임시범주 등의 다양한 방법이 있다. 이러한 기준으로 고객의 마음속에 존재하는 제품에 대한 인지상태를 구분하고, 자사의 제품 위치를 확인하여 가장 이상적인 자사의 위치를 정하는 것이 포지셔닝이다.

(1) 속성/효익에 의한 포지셔닝

제품에는 저마다 속성과 고객이 추구하는 효용이 있다. 승용차의 경우는 튼튼하거나 소음이 적은 것이 제품의 특징이 된다. 독일의 유명 브랜드인 볼보 자동차는 안정성이라는 특징을 강조하여 포지셔닝한 대표적인 사례이다. 자동차 산업 외에도 우리에게 친숙한 에너자이저는 오래가는 건전지라는 속성, 상쾌환은 배부르지 않고 특유의 냄새 없는 간편한 숙취제의 효익, 자일리톨은 충치예방이 좋다는 것으로 소비자들에게 그들의 위치를 어필하고 있다.

(2) 사용상황에 의한 포지셔닝

어떤 상황이나 어떤 용도로 사용하는가에 따라 포지셔닝 전략을 수립하는 것도 가능하다. 단순히 목이 마를 때 마시는 것이 아니라 '운동 후엔' 게토레이라는 것을 고객들에게 인지시킨다. 음주 전과 후에 회식 자리에서 상사 몰래 먹기 편한 숙취해소제로 성공한 상쾌한이 좋은 예이다. 앞서 예를 들었던 자동차 시장에서 SUV도 도로가 험하거나 겨울철 도로사정이 좋지 못한 곳에서도 안전하게 운행할 수 있다는 것을 강조하고 있다. 소비자는 동일한 상황에 놓였을 때 그 상황에 포지셔닝된 제품을 선택할 가능성이 높아진다.

(3) 제품 사용자에 의한 포지셔닝

제품 사용자에 따른 포지셔닝을 통해서 좀 더 효과적이고 효율적으로 마케팅할 수 있다. 제품 말보로(Marlboro)의 경우에 카우보이를 통해 강한 남성의 이미지를 만들어 제품 구매를 증대시켰다. 또한 버지니아 슬림(Virginia slims)이라는 제품은 작고 화장품과 같은 여성스러운 이미지를 만들어 제품 구매로 연결시키고자 했고 뿐만 아니라 이러한 포지셔닝에 놓인 소비자들이 제품을 선택하게 될 가능성이 높아진다. 제품 사용자에 의한 포지셔닝은 특정한 제품의 사용자들이 가지는 가치관, 라이프스타일 등을 고려하여 그들에게 가장 어필할 수 있는 제품속성이나 광고메시지 등을 통해 이루어진다. 제품 사용자에 의한 포지셔닝은 실제 사용자가 아닌 이상적인 고객 유형을 새로 만들어 고객들이 그 제품을 사용함으로써, 그러한 고객 유형에 속한다고 느끼게 하는 방법이 사용되기도 한다.

(4) 경쟁에 의한 포지셔닝

경쟁에 의한 포지셔닝 방법은 고객의 지각 속에 자리 잡고 있는 경쟁제품과 명시적 혹은 묵시적으로 비교함으로써 자사제품의 혜택을 강조하려는 방법이다. 즉, 이 방법은 경쟁브랜드로부터 고객을 끌어오기 위해 경쟁브랜드를 준거점(reference point)으로 사용하는 것이다. 이 방법은 비교광고(comparative advertising)가 허용되는 외국에서 자주 사용되는 방법이며 국내에서도 최근에 조금씩 보이기 시작하는 광고기법이다.

동종 업계의 1위 기업을 인정하고 이를 목표로 최선을 다하고 노력한다는 이미지를 통해서 고객들이 제품을 선택할 수 있게 유도하였다. 렌터카 서비스인 AVIS는 1위 기업과 포지셔닝을 하여 자사의 서비스가 1위 기업과 다름없다는 것을 포지셔닝하였다. 과거 우리나라에서도 데이콤이라는 통신 기업은 자신이 있기 때문에 한국통신이 1위를 할 수 있다는 식의 경쟁 포지셔닝을 활용한 전략을 실행하였다.

(5) 제품군에 의한 포지셔닝

고객들이 특정 제품군에 대해서 좋게 평가하고 있는 경우에 자사의 제품을 그 제품군과 동일한 것으로 포지셔닝하고, 반대로 고객들이 특정 제품군에 대해서 나쁜 평가를 할 경우에는 자사의 제품을 그 제품군과 다른 것으로 포지셔닝하는 방법이다. 7up은 동일한 제품군에 의한 포지셔닝을 통해서 콜라가 아닌 non cola라는 형태의 제품군으로 소비자들에게 제품을 인식시키는 효과를 높이고자 했다.

컨디션·상쾌환 등 엔데믹에
날개 단 숙취해소제…
2030세대 중심 인기 '쑥'

사회적 거리두기 해제 이후 유흥 주류시장이 활성화하자 숙취해소제 시장이 덩달아 탄력을 받고 있다. 숙취해소제 시장은 코로나 이후 꺾였던 성장세가 회복되면서 역대 최대 규모로 도약했다. 특히 건강한 음주 문화 형성에 따라 2030세대의 수요가 증가했다는 점도 눈에 띈다.

시장조사업체 닐슨IQ코리아에 따르면 지난해 국내 숙취해소제 시장은 3127억원 규모로 전년(2243억원) 대비 39.5% 성장했다. 숙취해소제 시장이 연간 3000억원 규모를 넘어선 건 처음이다. 이는 국내 숙취해소제가 처음 출시된 1992년 이후 약 30여년 만이다.

숙취해소제는 지난해 코로나의 사회적 거리두기 해제 및 엔데믹 전환으로 술자리가 잦아지자 찾는 사람들이 많아졌다. 또 젊은 세대를 중심으로 가볍게 즐기는 음주 문화가 정착하면서 과도한 숙취를 예방하기 위한 수요도 증가하는 추세다.

업계 관계자는 "코로나 당시 술자리가 줄면서 숙취해소제의 매출 및 판매량이 감소했는데 최근 회복세다. 특히 작년의 경우 판매량이 코로나 이전과 비슷한 수준까지 올랐다"고 말했다.

숙취해소제는 의약품이 아닌 식품으로 분류돼 제약사와 식품사에서 취급하고 있다. 숙취해소제의 종류는 크게 음료와 환, 스틱형 등 비음료로 나뉜다. 숙취해소제는 음료 형태로 처음 출시됐으나 최근 환·젤리 등 비음료 형태가 개발되면서 선택의 폭이 넓어졌다.

숙취해소제의 전통 강자는 국내 최초의 숙취해소제 브랜드 '컨디션'이다. 컨디션은 HK이노엔이 생산 판매하고 있다. HK이노엔은 한국콜마가 CJ헬스케어를 인수한 뒤 사명을 변경해 운영 중인 전문 제약회사다. 컨디션은 출시 이후 시장점유율 부동의 1위를 지키고 있다.

다만 젊은 세대를 중심으로는 비음료 형태의 숙취해소제가 주목받고 있다. 환 제형 숙취해소제는 지난 2013년 삼양사의 큐원 '상쾌환'이 등장하면서 대중화했다. 이후 삼양사는 2019년 젤리 제형의 스틱형 숙취해소제를 최초 출시하며 입지를 다졌다. 삼양사는 환 부문으로는 1위, 현재 전체 숙취해소제 시장에서는 HK이노엔에 이어 업계 2위를 달리고 있다.

젊은 세대의 숙취해소제 수요가 증가하면서 브랜드 광고모델도 변화했다. 과거 4050대 직장인을 대상으로 시장이 형성된 음료형 제품의 경우 해당 연령대에 맞는 남성 모델을 기용했다면, 2030세대를 겨냥하는 비음료형 제품은 젊은 층에 친숙한 모델을 발탁하는 추세다.

일례로 삼양사는 상쾌환 모델로 걸스데이 혜리를 선정하고 광고를 진행해 젊은 세대와의 접점을 넓힌 바 있다. 이후 삼양사는 올해 신규 모델로 술을 소재로 한 인기 드라마에 출연한 배우 이선빈·한선화·정은지를 선정해 브랜드 입지를 다지고 있다. HK이노엔은 지난해 컨디션 모델로 가수 전소미, 올해는 박재범을 발탁해 마케팅을 진행 중이다.

업계 관계자는 "과거 숙취해소제는 4050대 직장인 중심의 수요가 많았다. 그러나 환·스틱형 숙취해소제는 2030세대를 대상으로 설정한 제품인 만큼 젊은 세대 모델을 기용해 차별화를 두고 있다"며 "숙취해소제는 주로 대학교 개강 시즌 및 연말 송년회 시즌에 판매가 신장하는데, 작년부터 전반적인 매출 및 판매량이 회복되고 있다"고 말했다.

출처: 한국정경신문, 2023년 6월 9일

(6) 임시범주에 의한 포지셔닝

평소에 고양이와 앨범은 전혀 유사한 관계가 아니다. 그러나 집에 불이 났을 때 가지고 나가야 할 것들이라고 할 경우에는, 혼자 사는 집에 항상 날 반기는 고양이와 과거의 소중한 추억이 담긴 앨범은 불이 날 때 급히 가져나가야 할 것이라는 공통점으로 유사하게 분류된다. 마케팅의 상황에서 어떤 소비자가 혼수용 가전제품들을 장만한다고 가정해 보자. 아마 그 소비자는 TV에어컨 냉장고 등을 머리에 떠올리게 될 것이고 서로 다른 제품 카테고리에 속한 제품들이 같은 예산을 놓고 경쟁하는 관계가 될 것이다. 평소에는 TV는 TV끼리 냉장고는 냉장고끼리 경쟁하는 것이 특정한 상황에서는 유사하게 지각된다. 이렇게 특정한 목적에 유도된 범주(goal-derived category)를 임시범주(ad hoc category)라고 하며 이는 마케터들이 제품 서비스를 포지셔닝을 할 때 매우 중요하다(Ratneshwar, Pechmann and Shocker, 1996). 이러한 임시범주를 이용한 마케팅 포지셔닝을 할 때에는 그 임시범주가 소비자들에게 자연스럽게 받아 들일 수 있는 있는 범주인가, 어떤 브랜드가 임시범주의 전형으로 받아들여질 수 있는가 그리고 이러한 임시범주를 이용해서 포지셔닝을 할 경우 충분히 소비자들의 수요를 갖고 있는 범주인가 등의 기준을 고려해야 한다. 이러한 임시범주의를 활용한 포지셔닝은 전문가들은 제품 범주가 잘 형성되어 있는 반면, 초심자들은 그렇지 않은 경우가 많으므로 초심가들에게 임시범주를 활용한 포지셔닝은 매우 유용할 수 있다.

4) 포지셔닝의 전달

차별점과 포지셔닝의 유형이 결정되면 기업은 표

적 소비자들에게 전달과정을 거쳐야 한다. 이때 모든 기업의 마케팅 믹스 노력은 포지셔닝 전략을 뒷받침 해야 하며 실질적인 노력이 수반된다. 예컨대, 기업이 자신의 제품을 좋은 제품과 서비스로 포지셔닝을 시도한다면 기업은 자사의 제품과 서비스의 개선이 이루어져서 좋은 제품과 서비스로 제작되어야 하며 가격, 판매촉진 그리고 유통의 모든 마케팅 믹스를 이러한 관점에서 기획·관리되어야 한다. 또한 적절한 포니셔닝이 이루어지고 난 후 기업은 이를 지속적으로 유지할 수 있도록 주기적인 감독과 관리가 필요할 것이며 경쟁사의 변화과정 그리고 소비자 니즈의 변화과정 또한 지속적으로 추적하여 계속해서 포지셔닝의 유효성을 점검해야 할 것이다.

즉, 자사제품의 포지셔닝을 수립 및 실행 후 마케팅관리자는 자사제품이 목표한 위치에 포지셔닝이 되었는지를 확인하여야 한다. 고객의 욕구충족과 경쟁사와의 경쟁을 포함한 여러 가지 환경은 시간의 흐름에 따라 지속적으로 변화되므로, 마케팅관리자는 계속적인 조사를 통하여 자사의 제품이 적절하게 포지셔닝되고 있는지를 확인하여야 한다. 또한 초기에는 적절한 포지셔닝이었다고 하더라도 환경변화 때문에 자사제품의 포지셔닝이 고객의 욕구충족과 경쟁사의 제품에 비해 적절하지 않은 포지션으로 변화될 수도 있다. 이와 같은 현상이 발생하게 되면 마케팅관리자는 포지셔닝의 절차를 반복 시행하여 자사제품의 목표 포지션을 다시 설정하고, 적절한 포지션으로 이동시키는 재포지셔닝(repositioning)을 해야 한다. 효과적인 포지셔닝의 확인과 재포지셔닝을 위해서 마케팅관리자는 정기적으로 포지셔닝맵을 작성하여 자사제품과 경쟁제품들의 변화추이를 분석하는 동태적인 포지셔닝 분석(dynamic positioning analysis)을 해야 한다.

Further Discussions

FD1 STP가 꼭 필요한 것인가? 필요하지 않은 시장은 어떠한 시장이 있으며 그 이유는 무엇인가에 대해서 토론해보자.

FD2 최근 급변하고 있는 정보기술로 인해 빅데이터의 활용이 매우 활발히 진행되고 있다. 이러한 빅데이터를 STP전략에 어떻게 적용시킬 수 있는지 논의해보자.

FD3 국내 중소기업의 경우에서는 어떤 적절한 포지셔닝을 실시할 수 있을까에 대해 토론해보자.

FD4 포지셔닝은 여러 환경적인 상황과 전략적 필요에 의해 가변적이게 된다. 어떨 때 이러한 포지셔닝 전략을 변경해야 할 것인가를 생각해보자.

CHAPTER 07

신제품 개발
(New Product Development)
: 새로운 가치의 구체화 과정

Learning Objectives

L01 고객의 가치와 신제품간의 관계를 이해하고 이를 구체화하기 위한 기업의 노력을 알아보자.

L02 신제품과 마케팅의 관계를 이해하고 신제품 개발과정에서 마케팅의 중요성에 대해 학습한다

L03 신제품 개발과정의 중요성에 대해 알아보고 신제품 개발과정의 단계에 대해서 학습한다.

L04 신제품 출시가 성공적으로 되기 위해 신제품 개발의 성공 및 실패요인에 대해서 알아본다.

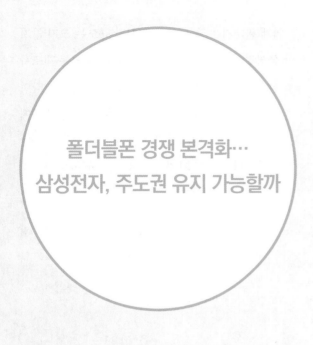

폴더블폰 경쟁 본격화…
삼성전자, 주도권 유지 가능할까

삼성전자가 오는 7월 접을 수 있는(폴더블)폰 신제품을 공개한다. '갤럭시 Z플립5·폴드5'가 주인공이다. 폴더블폰은 삼성전자가 만든 시장이다. 중국 업체와 구글의 참전으로 판이 커졌다.

폴더블폰은 삼성전자가 스마트폰 세계 1위를 지킬 수 있을지와 애플과 프리미엄폰 경쟁을 지속할 수 있을지를 내다볼 수 있는 잣대다. 삼성전자의 스마트폰 경쟁력 유지 여부는 삼성 정보통신기술(ICT) 부품 관계사를 비롯 국내 스마트폰 부품 생태계의 미래를 결정하는 변수기도 하다.

최근 삼성전자 등에 따르면 삼성전자는 오는 2023년 7월 26일 서울 강남구 코엑스에서 '갤럭시 언팩'을 개최한다. 이 자리에서는 폴더블폰 Z플립5와 Z폴드5를 공개할 예정이다.

삼성전자는 지난 2019년 폴더블폰 공략을 시작했다. 작년 판매량은 1000만대에 조금 못 미쳤을 것으

로 추정된다. 삼성전자 전체 스마트폰 판매량의 4%가 안 되는 수치다.

시장조사기관 트렌드포스는 올해 폴더블폰 스마트폰 판매량을 1980만대로 예상했다. 시장조사기관 IDC는 같은 기간 폴더블폰 판매량을 2140만대로 예측했다. 삼성전자가 전부 차지하더라도 삼성전자 연간 스마트폰 판매량의 10%에 미달하는 기록이다. 시장조사기관 스트래티지애널리틱스(SA)에 따르면 작년 삼성전자 스마트폰 판매량은 2억5970만대다.

최근 스마트폰 시장 경쟁은 '천하 삼분지계'다. ▲삼성전자 ▲애플 ▲중국 업체가 시장을 나누고 있다. 삼성전자는 프리미엄폰은 애플 중저가폰은 중국 업체와 경쟁 중이다. 애플은 애플 자체 생태계를 바탕으로 프리미엄폰 시장에서 강세를 보이고 있다. 중국 업체는 중국 내수 시장을 기반으로 안드로이드 운영체제(OS) 스마트폰 시장에서 삼성전자를 위협하고 있다.

삼성전자는 2011년을 시작으로 연간 스마트폰 판매량 1위를 지키고 있다. 구글 안드로이드 OS 바람과 스마트폰 '갤럭시S 시리즈'가 힘이 됐다. 애플은 2007년 '아이폰'으로 스마트폰 시장을 창출했다. 자체 SO 자체 하드웨어(HW) 전략을 통해 애플 생태계를 다졌다. 중국 업체는 안드로이드 OS 기반 가성비(가격 대비 성능)폰으로 시장에 진입 '규모의 경제' 창출에 성공했다. 삼성전자와 애플을 제외한 중국 기반이 아닌 스마트폰 업체는 사실상 사라졌다.

그동안 스마트폰 경쟁은 큰 틀에서 안드로이드와 아이오에스(iOS)의 싸움으로 진행했다. 안드로이드 OS폰은 누구나 만들 수 있지만 iOS는 애플만 한다. iOS폰 점유율은 작년 기준 18%대에 도달했다. 애플은 2012년 연간 1억대 2015년 연간 2억대 판매고를

돌파했다.

안드로이드폰 진영은 브랜드와 원가로 승부했다. 2010년대까지 내부 경쟁은 한국 중국 일본 외부 경쟁은 삼성전자 화웨이 애플 구도로 흘렀다. 2020년대 들어 ▲중국 시장 영향력 확대 ▲애플의 프리미엄폰 주도권 강화 ▲미국과 중국 갈등 심화 등이 판세를 흔들었다. 삼성전자가 1위를 유지하는 가운데 ▲화웨이 ▲샤오미 ▲오포 ▲비보 등 중국 업체가 부상했다.

폴더블폰은 삼성전자가 안드로이드 OS 스마트폰 맹주와 프리미엄폰 경쟁력을 유지하기 위한 히든카드다.

안드로이드폰 다툼에 '디자인'을 끌어들였다. 하드웨어(HW) 관점에서 삼성전자 경쟁력을 제고할 수 있는 기회를 만들었다. 역설적으로 새 시장을 공략할 수 있는 계기도 됐다. 삼성전자는 중국 업체 대두로 중국 시장을 잃었다. 작년 기준 중국 스마트폰 시장 규모는 세계 시장의 20%를 조금 상회한다. 삼성전자 점유율은 1%가 안 된다. 그럼에도 불구 세계 1위를 이어가는 중이다. 이는 중국 시장에서 5%만 차지해도 삼성전자 전체 스마트폰 판매량은 연간 3억대에 도달할 수 있다는 뜻이기도 하다.

프리미엄폰 양자구도 형성에도 긍정적이다. 안드로이드 스마트폰 제조사 진영은 애플과 브랜드 경쟁력에서 밀리고 있다. 애플의 다면적 성격 탓에 애플과 구글 비교가 더 부각한 탓이다. 디자인이 주목을 받으면 제조사도 애플과 직접 대결이 가능해진다. ▲통신사 ▲유통사 ▲부품사 등 관련 업계도 바라는 지점이다. 이들도 애플 견제와 중국과 탈동조화(디커플링) '두 마리 토끼'를 잡을 수 있다.

업계 관계자는 "폴더블폰은 시장 규모는 크지 않지만 삼성전자가 앞으로 애플과 대항할 수 있는 제조사로 남을 수 있을지를 볼 수 있는 중요한 시장"이라며 "중국이라는 시장이 갖고 있는 특성이 있기 때문에 폴더블폰을 통해 삼성전자가 세계 시장에서 얼마나 지속 가능한 브랜드 가치와 충성도를 만들 수 있는지가 관건"이라고 분석했다.

출처: 디일렉, 2023년 6월 12일

1

신제품 개발 관리의 의미

   소비자의 취향, 기술력, 시장경쟁이 빠르게 변함에 따라 기업은 새로운 제품과 서비스를 지속적으로 개발해야 한다. 기업이 신제품을 개발하는 방법은 첫째, 인수를 통한 것과 둘째, 신제품 개발(New Product Development)이 있다. 신제품이란 기업이 자체 연구개발 노력으로 만들어낸 독자 제품이거나 개량제품, 보완제품, 새로운 브랜드를 의미한다. 그러나 많은 비용과 투자의 실패 위험성도 크다. 신제품 개발에 위험성이 있음에도 불구하고 많은 기업들이 앞다투어 신제품 개발에 집중하고 있다. 이는 신제품 개발에 성공할 경우에 기업 성장의 원동력이 될 뿐만 아니라 매출액과 이익 증대에 기여하기 때문이다.

   신제품 개발 실패 사례로 뉴코크의 경우를 들 수 있다. 1985년 코카콜라를 대체하려는 의도에서 많은 투자 비용을 들여서 신제품을 출시 하였다. 하지만 코카콜라 회사의 의도와 목적과는 다르게 뉴코크는 소비자들의 구매로 이어지지 못하였다.

신제품 개발 실패 사례

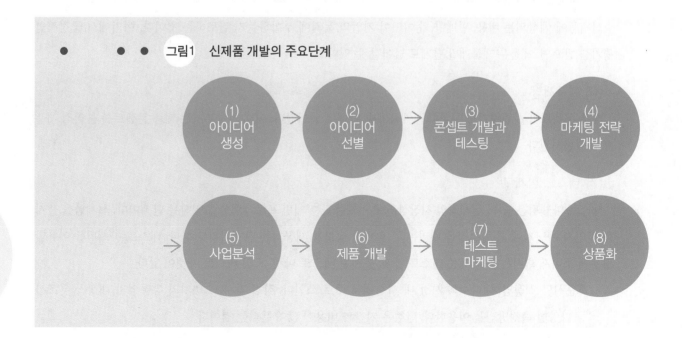

그림1   신제품 개발의 주요단계

(1) 아이디어 생성 → (2) 아이디어 선별 → (3) 콘셉트 개발과 테스팅 → (4) 마케팅 전략 개발

→ (5) 사업분석 → (6) 제품 개발 → (7) 테스트 마케팅 → (8) 상품화

성공적인 신제품을 개발하기 위해 기업은 소비자, 시장, 경쟁자를 잘 이해해야 한다. 이를 위해 기업은 강력한 신제품 계획을 수립하고, 신제품 아이디어를 찾고, 이를 제품으로 발전시킬 수 있는 체계적인 신제품 개발과정을 확립해야 한다.

(1) 아이디어 생성

아이디어 체계적 탐색을 말한다. 신제품 아이디어의 주요 원천은 내부원천과 소비자, 경쟁자, 유통업자, 공급업자 등을 포함하는 외부원천을 모두 포함한다.

(2) 아이디어 선별

체계적 탐색과 소비자, 경쟁자, 유통업자, 공급업자 등의 원천을 포함한 아이디어들 중에서 신제품으로 개발할 아이디어를 선별하는 작업을 한다.

(3) 콘셉트 개발과 테스팅

제품 아이디어와 제품 콘셉트, 제품 이미지를 구별하는 것은 중요하다. 제품 아이디어란 회사가 시장에 내놓을 수 있다고 판단한 제품의 아이디어를 말한다. 제품 콘셉트란 의미 있는 소비자 용어로 서술된 더 자세한 제품 아이디어이다.

(4) 마케팅 전략 개발

제품을 시장에 출시하기 위한 초기 마케팅 전략을 설계하는 단계인 마케팅 전략 개발이다.

(5) 사업분석

신제품에 예상되는 비용, 판매량, 순이익이 기업의 목적에 부합하는지 검토하는 것이다. 여기에서 긍정적인 평가를 받으면, 제품은 제품개발 단계로 넘어갈 수 있다.

(6) 제품개발

제품 콘셉트가 사업평가를 통과하면 제품개발 단계로 넘어간다. 이때 기술부서는 제품 콘셉트를 물리적 제품으로 실현시킨다.

(7) 테스트 마케팅

테스트 마케팅은 좀 더 실제적인 시장상황에서 제품과 마케팅 프로그램을 도입하는 단계이다. 신제품을 출시할 것인지 아닌지에 최종 결정을 내리는 데 필요한 정보를 제공하는 단계이기도 하다. 테스트 마케팅을 이용할 경우에 소비재 회사는 통상 표준 테스트 마켓, 통제된 테스트 마켓, 모의 테스트 마켓이 있다.

① **표준시험 시장법**: 대다수의 시장 내 시험에서 주로 쓰인다. 상점 감사, 소비자와 유통업자 대상 설문조사 등 다양한 측정방법을 이용한다. 단점은 기간과 비용이 많이 든다는 점이다.

② **통제시험 시장법**: TV 시청에서 상점 계산대에 이르기까지 신제품에 대한 소비자 개인의 행동을 추적한다. 표준 테스트 마켓보다 비용이 적게 든다. 그리고 표준 테스트 마켓보다 훨씬 빠르게 완료될 수 있다. 하지만 자사제품의 시장이나 목표 소비자를 대표하지 못한다는 문제점을 제시하기도 한다.

③ **모의시험 시장법**: 사전시험 시장법이라는 이름으로 광범위하게 사용되고 있다. 컴퓨터 기반의 복잡한 통계모형을 이용하여 모의 테스트 마켓의 결과를 전 지역으로 확대하여 전국 판매량을 예측한다.

(8) 상품화

신제품을 상품화하는 과정에서는 도입시기, 모델의 출시, 출시 장소를 결정해야 한다. 대부분의 기업에서는 시장의 단계적 도입을 도모하고 있다.

신제품 관리 및 전략

1) 신제품 관리

신제품 개발과정은 신제품 아이디어를 찾고, 개발하고, 출시하는 데 필요한 일련의 주요 활동들을 강조한다. 기업은 총체적인 관점에서 신제품 개발과정을 관리해야 한다. 신제품 개발은 반드시 고객 중심이어야 한다. 성공적인 신제품 개발이란 소비자 중심이고, 팀에 기반을 둔 체계적인 노력이 필요하다.

① **고객 중심의 신제품 개발**: 고객의 문제를 해결하고 더 많은 소비자 만족 경험을 창출하기 위한 새로운 방법을 찾는 데 중점을 두는 것이다.

② **팀 기반의 신제품 개발**: 다양한 부서의 사람으로 팀을 구성하여 신제품 개발의 처음부터 끝까지 공동으로 작업한다. 고객 중심의 접근법과 팀 중심의 신제품 개발을 모두 갖춘 기업은 올바른 신제품을 시장에 빠르게 내놓아 경쟁우위를 점할 수 있다.

③ **체계적 신제품 개발**: 전체적인 관점에서 체계적으로 해야 한다. 좋은 아이디어가 순간 관심을 받은 뒤 바로 사장될 수 있기 때문이다.

2) 신제품의 의미

신제품 개발에서 우선 첫 번째 의사결정을 해야 할 부분은 신제품의 새로운 정도에 대한 의사결정이다. 이는 다양한 신제품의 개념에 대한 이해가 필수적으로 선행되어야 한다. 신제품에 관한 개념은 여러 가지 관점에 따라 다양하게 정의될 수 있다.

첫 번째로 가장 많이 사용되고 일반적인 구분법으로 신제품을 기업의 관점과 소비자의 관점으로 구분하여 신제품의 종류를 일반적으로 혁신적인 신제품, 개량적 신제품, 자사입장의 신제품으로 구분할 수 있다.

우선 혁신적인 신제품은 완전히 새로운 신제품으로 이전에 존재하지 않았던 제품을 의미하며 신제품의 5~10% 정도를 차지한다. 제품자체가 새로운 시장을 창출하거나 새로운 산업을 구축한다. 또한 고객의 소비패턴이나 산업의 구조에 변혁을 가져오는 경우도 있다. 예를 들어 스마트폰이 등장하면서 휴대폰이라는 제품 범주(Category) 자체에 큰 변화를 가져오고 소비자들의 구매 기준 및 제품 사용 행동 등에도 많은 변화를 가져오고, 기업들도 제품의 속성과 혜택 등을 전혀 다른 차원에서 경쟁을 하고 있다.

개량적 신제품은 기업의 관점에서 혹은 소비자의 관점에서 이미 존재하는 제품으로 기존 제품을 수정 개량한 제품을 의미하고, 신제품의 거의 80% 정도가 이에 해당한다. 개량적 신제품은 주로 기업의 관점에서의 신제품이다. 소비자 관점에서도 이미 존재하는 제품이고, 기업의 입장에서는 기존 제품에 대한 수요가 확인된 상태의 시장이다. 앞선 혁신적인 신제품보다 제품개발에 따른 새로운 시장의 창출에 따른 위험부담이 적다. 스마트폰 자체가 처음으로 출시되었을 당시에는 혁신적인 신제품이었지만 그 이후 꾸준하게 개량이 되어서 출시되는 제품들은 개량적 신제품이라고 할 수 있다.

자사입장의 신제품은 시장에 출시된 제품을 자사가 후발업체로서 출시하는 제품이 이에 속한다. 시장에서는 신제품이 아니지만 자사 입장에서는 처음 도입하기 때문에 신제품으로 분류하는 것이다. 애플이 아이폰으로 처음 혁신적인 신제품을 출시하여 스마트폰이라는 시장을 창출하였고, 삼성이 후발업체로서 갤럭시폰을 출시한 것은 이미 존재하는 스마트폰 시장에 삼성이라는 기업 입장에서는 신제품을 만들어서 출시한 것이다.

두 번째로 기업 성장전략의 일환으로서의 제품개발전략과 신제품의 정의를 연결한 구분 방법이다. 제품개발은 다양한 방법을 구분하는 것이 제품개발전략을 수립하는 데 효과적이라는 관점으로 신제품개발유형을 제품특성의 추가, 제품계열의 확장, 신세대 제품의 개발 그리고 기존 시장을 위한 신제품의 개발 등으로 구분하였다.

제품특성의 추가는 새로운 제품특성이 추가됨으로써 제품개발의 효과를 얻는 것이다. 이러한 방법의 제품연장은 마케팅, 생산 및 관리측면에서 시너지 효과를 가지고 있다. 제품계열확장(product line expansion)은 기존시장에 초점을 맞추어 제품계열을 확장하는 것이다. 신제품의 개발은 신기술의 제품을 창조함으로써 기존시장에서의 기존제품을 진부화시켜 새로운 판매기회를 얻고 성장하는 것이다. 기존 시장을 위한 신제품은 기존제품계열의 단순한 연장이나 확장이 아닌 완전히 새로운 신제품을 추가함으로써 마케팅이나 유통에서의 이점을 이용하고자 하는 것이다.

위의 신제품 개념에 관한 구분 방법이 가장 일반화된 방법이고, 기타 접근법으로 법적인 기준과 시장의 수용율에 의한 구분 방법이 있다. 법적인 기준에 의한 구분 방법은 미국의 연방거래위원회의 규약에 나타나 있듯이 시장에 출시된 후 6개월 이내의 제품인 경우에만 광고에 신제품이라고 선전할 수 있다고 법적으로 규정하는 것이다. 그리고 시장의 수용율에 따른 견해는 시장점유율이 10% 미만으로 최근에 시장에 도입된 제품을 신제품으로 정의하기도 한다.

이상과 같이 신제품의 개념을 다양하게 분류하고 요약할 수 있는데 신제품의 개념을 정의하는 데에는 신제품의 인식주체를 기초로 하여 신제품을 정의하고 여기에 다른 차원을 보완하는 것이 적절하리라 생각된다. 새롭다고 판단하는 의사결정자(기업 또는 고객)가 구별된 다음에야 다른 차원의 정의에 의한 구별이 의미를 갖게 되기 때문이다. 본 서에서는 기업이 신제품을 어떻게 개발하고 관리하는 것이 효과적인가에 초점을 맞추고 있고 고객이 인식하는 신제품의 새로움 정도를 구분하기 힘들다는 점을 고려하여 기업입장에서 본 신제품의 정의를 따르고자 한다. 이것이 기업의 의사결정자가 신제품 개발 시에 가장 먼저 해야 하는 의사결정 내용인 신제품에 관한 정도를 결정하는 데 도움이 될 것이다. 따라서 유사한 제품의 시장 존재여부와는 관계없이 기업에 의해 신제품으로 파악된 제품을 신제품으로 정의하여 신제품의 개념을 넓게 보고자 한다.

3) 제품수명주기에 따른 신제품 전략

제품 하나하나에는 고유의 수명주기(PLC: Product Life Cycle)가 있다. 한 제품은 수명주기를 거치는 동안 판매와 수익은 변하게 된다. 제품수명주기는 각각 독특한 특징의 다섯 가지 단계로 구분된다. 경우마다 제품수명주기 콘셉트는 다르게 적용된다.

① **제품개발**: 기업이 신제품 아이디어를 발견하고 개발시키는 것으로 출발한다. 제품개발 중에는 매출은 없고, 기업의 투자 금액은 늘어난다.

② **도입**: 시장에 제품이 처음 소개되어 서서히 매출이 늘어나는 시기이다. 제품의 시장 도입에 필요한 막대한 비용 때문에 순이익이 발생하지 않는다.

③ **성장**: 시장에서 제품수용이 급격히 증가하면서 순이익이 발생하는 시기이다.

④ **성숙**: 제품이 많은 잠재고객에게 이미 받아들여진 상태로, 매출이 주춤해지는 시기이다. 마케팅 비용은 증가하고, 순이익은 현 상태를 유지하거나 감소하기 시작한다.

⑤ **쇠퇴**: 매출이 떨어져 순이익이 감소하는 시기이다.

● ● ● **표1** 제품수명 주기별 마케팅전략

특징 ＼ 단계	도입기	성장기	성숙기	쇠퇴기
판매량	낮음	고성장	저성장으로 극대점 도달	쇠퇴
원가	높음	평균	낮음	낮음
이익	손해	점점 높아짐	높은이익	감소
고객층	혁신층	조기수용층	중기다수층	후기수용층
고객당비용	높음	평균	낮음	낮음
경쟁사	소수	증가	다수(감소시작)	감소
마케팅목표	제품인지도증가와 사용을 통한 구매창출	시장점유율 최대화	기존점유율 유지 및 이윤극대화	비용절감 및 수확
제품 및 브랜드전략	기본형태의 제품 브랜드구축	브랜드강화전략	브랜드 재활성화전략	
가격전략	이익가산원가전략	시장침투가격 (저가격)	경쟁사대응가격	저가격
광고전략	조기구매자와 중간상에게 제품인지도 형성	일반소비자에게 인지도와 관심 구축	브랜드 차별화와 편익차이를 강조	핵심적인 충성고객을 유지할 정도
판매촉진전략	사용구매를 유도하기 위한 강력한 판매촉진	수요 급성장에 따라 판촉비중감소	자사브랜드전환유도를 위한 판촉증가	최저수준으로 감소
유통전략	선택적 유통 (좁은 경로 커버리지)	집중적 유통 (경로 커버리지 확대)	더 많은 집중적 유통 (경로 커버리지 최대화)	선택적 유통 (수익성 낮은 경로 철수)

(1) 도입기의 전략

신제품이 처음 시장에 출시할 때부터 시작된다. 이 단계는 낮은 판매와 높은 유통비용과 홍보 비용으로 인해 순이익은 적자이거나 매우 낮다. 또한 유통라인과 재고를 확보하는 데 많은 비용이 요구되기도 한다. 특히, 시장 개척자는 최초에 의도한 제품 포지셔닝과 일치하는 출시전략을 구사해야 한다. 개척자가 처음부터 정확한 전략을 수립한다면, 시장에서 선두 기업이 되고 또 그 위치를 지켜낼 가능성이 매우 높다.

(2) 성장기의 전략

신제품이 시장에서 인정받으면 성장기로 접어든다. 매출은 성장기에 급격히 신장하기 시작한다. 보통 경쟁업체가 새로운 제품특징을 소개함에 따라 시장이 더 확대된다. 시장에 제품을 알리는 것이 아직까지 중요한 목표이긴 하나 반면에 경쟁과 대면해야 하는 시기이기도 하다. 성장기의 기업은 높은 시장점유율과 높은 현재수익 사이의 갈림길에 놓이게 된다. 기업은 제품개선과 촉진활동, 유통 등에 투자하여 시장에서 지배적 포지션을 점할 수 있다.

(3) 성숙기의 전략

제품의 매출이 더 이상 성장하지 않는 시기가 되면 제품이 성숙기에 진입하게 될 것이다. 성숙기는 대체적으로 전 단계보다 오래 유지되는 경향이 있으며, 이 단계의 제품을 어떻게 관리하는가가 중요하다. 또한 시장과 제품, 마케팅 믹스를 수정하는 것을 고려해야 한다. 대부분의 제품이 제품수명주기의 성숙기에 있으며, 따라서 대부분의 마케팅 관리자는 성숙기에 들어선 제품을 취급한다.

(4) 쇠퇴기의 전략

대부분의 제품형태와 브랜드의 매출은 시간이 지나면 이 시기에 도달한다. 매출은 급격하게 떨어지고 그 상태에서 몇 년간 지속될 수도 있다. 또한 제품을 유지할 것인지, 수확할 것인지, 포기할 것인지 결정해야 한다.

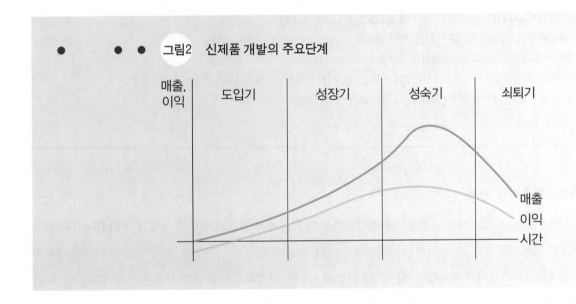

그림2　신제품 개발의 주요단계

<그림 3>에서 보듯이 제품수명주기는 다양한 형태를 갖는다. 스타일은 기본적이고 특색있는 방법이고 패션은 특정분야에서 현재 받아들여지고 있는 스타일이며 일시적 유행(fads)은 소비자의 열광과 즉각적인 반응에서 오는 제품 또는 브랜드의 인기에 힘입어 비정상적으로 일시적으로 높은 매출을 기록하는 것을 말한다.

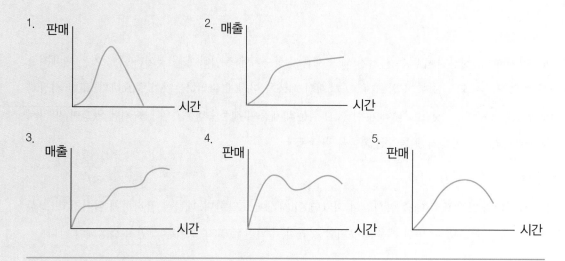

그림3 제품수명주기의 다양한 형태

1. 순간적인 인기에 의해 비정상적으로 가파른 매출을 실현한 후 급격히 감소한다.
2. 제품이 출시된 후 오랫동안 지속적으로 많은 소비자들에게 구매가 되는 형태의 수명주기이다.
3. 쇠퇴기에서 리포지셔닝을 통한 연속성장형의 PLC이다.
4. 스타일(style)은 기본적으로 특생있는 표현 방식으로 한 번 고안되면 유행을 넘나들면서 세대를 넘어 존재하게 된다.
5. 패션(Fashion)은 특정분야에서 현재 받아들여지고 있는 인기있는 스타일을 뜻한다.

4) 제품수명주기의 한계

변화가 빠른 시장에서는 매우 유용한 제품수명주기는 마케터에게 제품과 시장이 어떻게 변화하는지를 설명하는 주요한 프레임워크가 된다. 이러한 제품수명주기를 잘 활용하면 각 단계별로 좋은 마케팅 전략의 개발의 지침이 될 수 있다. 그러나 제품수명주기는 현재 이전의 시점은 설명해주지만 다음 시점은 어디인지를 알 수 없다. 얼마나 머무르게 될 것인가에 대해서도 명쾌하게 답을 내려주는 것은 아니다. 모두 S모양을 갖는 것이 아니다.

따라서 마케터는 자기의 제품 및 서비스가 전통적인 단계를 거칠 것이라는 전제에서 마케팅 전략을 수립하고 맹목적으로 이행하는 것은 없어야 한다. 또한 제품범주나 제품형태수준에서 사용해야 하지만 브랜드 수준에서 사용하는 것은 적절치 않다. 예컨대 디젤차의 수명주기나 준준형차의 수명주기를 말하는 것은 적절하나 개별 브랜드인 BMW나 그랜저의 제품수명주기를 거론하는 것은 적절하지 않다. 브랜드의 수명은 제품범주와 제품 현재 수준보다 더욱 길어질 수도 있고 기업명이 개별브랜드와 동일시되는 경우도 존재한다. 그러므로 수명주기를 브랜드에 적용시키면 기업의 중요한 브랜드 자산을 상실하게 된다.

혁신 수용

  미국의 로저스(Rogers)는 아이오와주에서 신품종의 옥수수 종자가 농가에서 채택해 나가는 현상을 연구한 결과 혁신을 채택하는 걸리는 시간을 기준으로 소비자를 5개 카테고리로 분류하였다. 누적적인 관점의 소비자 수용을 시간이라는 관점으로 제품을 채택해 나가는 소비자유형을 발견하였다.

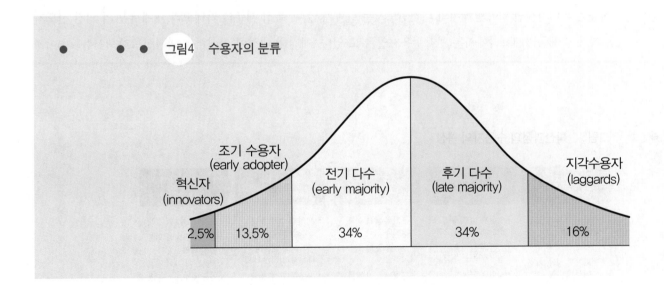

그림4   수용자의 분류

  수용층에 따라 소비자들을 혁신수용자(innovators), 조기수용자(early adopter), 조기다수(early majority), 후기다수(late majority), 지각수용자(laggards)로 분류할 수 있다.

1) 수용자 분류

(1) 혁신수용자

혁신수용자(Innovator)는 전체 시장의 약 2.5%를 구성하는 소비자로 모험심이 강하고 혁신에 대한 경제적 사회적 위험을 감수하며 누구보다 혁신 기술 및 제품을 먼저 받아들이는 사람들이다. 대체로 젊고 소득이 높으며 광범위한 대인관계를 갖고 있다. 주로 전문잡지나 커뮤니티 등을 통해 전문적인 정보를 수집한다. 정리하면 혁신수용자에는 모험적인 성향을 갖고 이들은 위험을 적극적으로 수용하며 항상 새로운 아이디어를 사용한다. 이들의 준거집단은 주로 역외에 있어 역외지향적인 성격을 갖고 있다. 즉 이들은 사교적이며 활동영역이 넓으며 다중매체도 폭넓게 접하므로 정보망이 활달하다.

(2) 조기수용자

전체 시장의 약 13.5%를 차지하는 소비자층으로 초기에 혁신적인 기술과 제품을 수용하기 때문에 조기수용자(Early Adoptor)라고 불린다. 사회나 집단에서 존경 받는 의견선도자(opinion leader)들로 새로운 아이디어를 조기에 수용하지만 선별적으로 받아들인다. 소비자들에 대한 영향력이 크기 때문에 매우 신중한 고객관리가 필요한 집단이다. 조기수용자에는 존중을 기반으로 행동하며 여론선도자이면서 새로운 아이디어를 조기에 수용하지만 신중하게 선택한다. 마케팅 관련 의견선도자(opinion leader)가 이 층에 존재한다. 일반적인 사회시스템의 의견선도자와는 상이하다. 일반적인 사회시스템에서의 의견선도자는 교수, 의사, 법조인 등과 같은 사회의 책임계층을 의미하지만 마케팅에서의 의견선도자는 그렇지 않다. 특정 제품의 카테고리 내에서 만의 의견 선도자이기에 타제품카테고리에서는 지각수용자일 수도 있다. 예컨대 패션에 있어서는 의견선도자(혁신수용자)이지

● ● ● **그림5   확산과정의 수용자의 특성**

혁신자 (innovators)	조기 수용자 (early adopters)	전기 다수 (early majority)	후기 다수 (late majority)	지각수용자 (laggards)
• 전체 구매자의 초기 2.5%에 해당 • 고소득, 고학력 • 범세계적 성향, 가정 외에서 활발함 • 집단 규범에 의존하지 않음 • 정보의 원천은 전문적, 적은 수의 잡지	• 혁신자 이후 구매하는 13.5%의 고객 • 집단 규범에 의존함, 범주주의적 성향 적음 • 사회 지향성이 높음 • 의견선도자일 가능성이 높음 • 많은 구전을 함	• 초기 수용자 이후 34%의 고객 • 구매를 조심스럽게 고려함 • 정보 수집이 많음 • 많은 수의 대안을 평가함 • 제품의 구매 기간이 김	• 전기 다수 이후의 34%의 고객 • 신제품에 대하여 매우 회의적인 태도 • 노년층 고객, 평균 이하의 소득과 교육 • 집단의 규범이나 가치에 의존적임 • 집단이나 사회의 압력에 의하여 구매	• 마지막 16%의 고객 • 집단의 규범에 의존하지 않음 • 전통적인 가치관 • 신제품에 대하여 매우 의심쩍은 태도 • 사회로부터 소외된 계층, 기술의 발달을 도외시함

만 스마트 디바이스에서는 지각수용자일 수도 있다.

(3) 전기 혹은 조기 다수자

전체 시장의 약 34%를 구성하는 전기 혹은 조기다수자(Early Majority)는 사회적 리더는 아니지만 구매에 신중하며 일반 소비자들보다 앞서 혁신적인 기술과 제품을 수용한다. 이들은 구매에 신중한 만큼 확실하게 제품을 평가하고 자신의 의사를 표현하기 때문에 집중적인 고객관리가 필요한 중요한 집단이다. 조기다수는 신중한 (deliberate) 성향을 갖고 있다. 이들은 리더는 아니지만 일반적인 사람보다는 빨리 새로운 아이디어나 제품을 수용한다. 조기수용자의 뒤를 이어 신제품을 수용하고 이들은 매사에 신중을 기하는 심사숙고(considerate)형이다.

(4) 후기 다수자

후기다수자(Later Majority)는 조기다수자와 같은 전체 시장의 약 34%를 차지하는 많은 수의 소비자층을 대표한다. 이들의 특징은 이미 대다수가 사용하고 있는 것을 관찰하고 인지한 뒤 구매를 하는 소비자이다. 이들은 혁신적인 기술과 제품에 대해 다소 회의적인 태도를 가지고 있다. 즉, 후기다수(late majority)는 의심이 많고 (skeptical), 이들은 대다수가 사용(채택)하고 난 후 새로운 것을 수용한다. 따라서 이들에 대해서는 광고 및 구전을 통해 호의적인 태도로 전환시키는 것이 매우 중요하다.

(5) 지각수용자

전체 시장의 약 16%를 차지하는 지각수용자들(Laggards)의 주요 특성은 매우 전통지향적이며 유행에 둔감하고 혁신을 마지막으로 수용하는 집단이다. 이들은 전통에 묶여 있는데 이들은 변화를 의심하고 혁신이 전통이 된 후에만 수용한다. 이들이 수용할 때에는 이미 신제품이 아닐 가능성이 매우 높다. 주로 노인층과 사회적으로 소득이 낮은 사람들이 대부분 지각수용자에 해당한다. 혁신기술이나 제품에 대해 매우 회의적이기 때문에 마케팅 노력이 큰 효과가 없는 소비자층이다. 따라서 비용측면에서는 이들에 대한 마케팅을 하지 않는 것이 시간과 노력을 절감할 수 있다.

한편 하이테크에 있어서는 초기시장인 혁신수용층, 조기수용자와 나머지인 시장인 조기다수층, 후기다수층, 지각수용자 사이에는 큰 갭(gap)이 있다고 하며 이를 지질학 용어인 캐즘(Chasm)이라고 하기도 한다. 이에 의하면 초기시장(혁신수용층과 조기수용자층)에는 소비자들은 기술에 대해 잘 알고 있고 타인과는 상이하게 보이기 위해 위험을 기꺼이 감수할 용의를 갖고 있는 성향의 소비자인 반면, 이후의 시장의 소비자들은 기술을 잘 모르고 있고 위험을 최소화하고 싶어서 남과 비슷하게 하기를 원한다. 그러므로 하이테크 기업의 경우 초기시장에서의 성공방법을 그대로 유지하여 이후 시장에 적용하려 한다면 캐즘에 빠져서 실패를 하게 된다. 그러므로 기술을 중심으로 시장에 나서기보다는 소비자의 문제를 완벽히 해결할 수 있는 솔루션(solution)을 제공해야 한다.

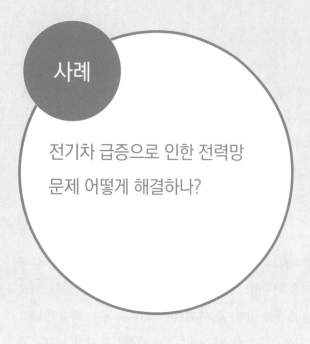

전기차 급증으로 인한 전력망
문제 어떻게 해결하나?

미 바이든 대통령의 기후 정책에 힘입어 2030년까지 미국 내 차량 판매의 절반 이상이 전기차가 될 전망이지만, 화석연료 산업에 의존해 건설된 기존 전력망이 큰 문제가 되는 것으로 나타났다. 전기차가 급증할 경우 전력망에 상당한 부담을 줄 수 있다고 CNBC가 2일 (현지시각) 보도했다.

프린스턴대 에너지 정책 프로젝트인 REPEAT(Rapid Energy Policy Evaluation and Analysis Toolkit)의 분석에 따르면, 2022년 미국 내 전력 수요는 2030년까지 18%, 2035년까지 38%까지 증가한다. 이는 지난 10년 동안 약 5% 증가한 것에 비하면 대단히 급속한 증가다.

프린스턴대 데이터에 따르면, 대형 트럭과 항공기를 제외한 소형 차량은 2035년까지 현재보다 최대 3360% 더 많은 전기를 사용할 것으로 예상된다. 전력 컨설팅 회사인 그리드 스트레티지스(Grid Strategies)의 설립자인 롭 그램리치(Rob Gramlich)는 "전력망에 대대적인 변화가 필요하다. 시골의 풍력 및 태양광 발

전소에서 수요처로 전기를 수송하기 위한 더 많은 고압 송전선, 수요처 인근에 전기 공급을 위한 더 작은 배전선 및 변압기, 가정용 배터리, 전기차와 태양광 패널 고객이 잉여 에너지를 전력망에 다시 공급할 수 있도록 해주는 인버터와 같은 하드웨어 등이 필요하다"고 CNBC에 말했다. 그러나, CNBC는 이러한 설비는 결코 싸지 않을 것이라고 전망했다.

캘리포니아 공익사업 위원회(California Public Utilities Commission)가 의뢰한 연구에서 전력망 분석 회사인 케발라(Kevala)는 "전기차 목표를 달성하기 위해 캘리포니아주에서만 2035년까지 배전 전력망 업그레이드에 500억달러(약 65조원)를 지출해야 할 것"으로 예측했기 때문이다. 케발라는 클라우드 컴퓨팅 및 데이터 과학의 최신 기술을 활용하여 전력망 문제를 처리하는 소프트웨어를 구축하는 기업이다.

폭증하는 전력 수요의 직접 해결 방법은 더 많은 에너지원 확보

한편, 전기차 충전에는 전기가 집중적으로 필요하다. 연간 약 2만2530킬로미터를 주행하는 테슬라 모델3 소유자는 집에서 차량을 충전하는 데 전기로 물을 데우는 장치를 1년 동안 사용하는 것과 거의 같은 양의 전기를 사용한다. 에너지 효율이 좋은 냉장고보다 약 10배 더 많은 전기를 사용한다.

또한, 포드의 인기있는 전기 픽업트럭인 포드F-150 라이트닝(Lightning) 같은 대형 전기차는 대형 가정의 교류전기(AC) 장치보다 더 많은 전기를 사용한다. 전력망 분석회사인 케발라(Kevala)의 CEO 아람 슈마본(Aram Shumavon)은 "현재 사람들은 운송 수단의 전기화가 무엇을 의미하는지에 대해 지나치게 단순한 견해를 갖고 있다. 제대로만 한다면 경이로울 것이다. 그러나 관리가

잘못되면 많은 사람들이 분노할 것이다. 이는 규제 기관, 정치인, 유틸리티에 대한 리스크"라고 말했다.

CNBC에 의하면, 폭증하는 전력 수요를 충족하는 가장 직접적인 방법은 더 많은 에너지원, 가급적이면 친환경 에너지원을 온라인으로 전환하는 것이다. 석탄과 천연 가스 발전소를 인구 밀집 지역 가까이에 배치하는 것은 쉽지만 최고의 태양광 및 풍력 자원은 일반적으로 시골에 더 많다.

그래서, 미국에 필요한 것은 더 많은 고압 송전선이다. 이 송전선은 주로 시골에 있는 태양광과 풍력 발전으로 생성한 전력을 인구 밀집 지역으로 수송할 수 있기 때문이다. 그러나 롭 그램리치는 "오래된 송전선을 교체하고 업그레이드하는 데 지속적으로 비용을 지출하고 있지만 새로운 송전선을 구축하는 경우는 거의 없다"고 말했다. 그램리치는 "새로운 용량, 새로운 송전선에 연간 약 200~300억 달러(약 26~39조원)가 필요할 것이라고 생각한다. 우리는 지금 여기에 거의 제로에 가까운 비용을 지출하고 있다"고 지적했다.

송전선의 비용뿐 아니라 허가도 문제다. 모든 새로운 에너지 프로젝트는 어떤 새로운 송전 장비가 필요한지, 비용은 얼마이며 누가 지불할 것인지를 평가하기 위해 영향 연구를 거쳐야 한다. 그런데 현재 영향 연구에 발이 묶인 프로젝트가 어마어마하게 많다. 연구 중인 프로젝트의 총 발전량은 거의 전체 재생가능 발전량보다 많고, 현존하는 전력망의의 총 발전 용량보다도 많다고 한다.

에너지 프로젝트 허가 완화, 자가 전력 생산, 전력 수요 최적화 등이 대안

상황이 이렇다 보니 미국의 에너지 인프라 구축을 촉진하기 위한 노력이 진행 중이다. 특히 조 맨친(Joe Manchin) 상원의원은 올해 5월 에너지 프로젝트의 허가를 보다 신속히 허가하는 법안을 제안했다.

바이든 대통령도 화석 연료 인프라를 포함한 모든 유형의 에너지 프로젝트에 대한 허가를 가속화하는 법안을 지지했다. 그러나 많은 민주당원들이 이 법안이 화석 연료 이익에 지나치게 우호적인 것으로 보고 있어서 의회 통과가 쉽지 않을 것으로 보인다. 그러나 허가 속도가 빨라지고 곧 송전에 많은 비용을 지출하기 시작하더라도 필요한 인프라를 구축하는 데는 몇 년이 걸린다.

한 가지 해결책은 가정용 태양광 및 배터리 시스템처럼 소비자가 전력을 생산하고 잉여 전력을 전력망에 다시 판매하면 전력망을 안정시키는 데 도움이 될 수 있다. 또한, 전기차에 양방향 충전 기능을 더 많이 장착하면, 일반 가정용 배터리 시스템처럼 거대한 전기차 배터리 팩을 사용하여 집에 전력을 공급하거나 전력망에 다시 전기를 공급할 수도 있다.

테슬라는 현재 이 기능을 제공하지 않지만 포드 픽업 전기트럭인 F-150 라이트닝 같은 모델은 향후 몇 년 안에 이런 기능을 제공하려고 한다. 일본의 닛산의 전기차 리프(Leaf)는 이미 이런 기능을 차량에 장착했다.

또 한 가지 해결책은 에너지 효율성과 에너지 타이밍 사용을 더욱 강조할 것이다. 예를 들어, 가스와 전력 기업인 PG&E는 대규모 전기차량의 충전 시간을 최적화하는 방법에 대해 연구하고 있다. PG&E는 전력 수요가 가장 많은 시간대에 전기 가격이 더 높고, 사용량이 적은 시간에 전기 가격이 더 낮은 가격 책정을 통해 소비자에게 인센티브를 제공할 것이라고 말했다.

출처: 임팩트온, 2023년 7월 4일

4

신제품 관리를 위한 틀

    대부분의 기업에서 신제품 개발을 할 때 사용하는 일반적인 상품개발의 큰 틀을 프레임워크(Framework)라 하고 세부적인 절차를 스테이지-게이트 과정(Stage-Gate Process)이라 한다. 스테이지-게이트 과정(Stage-Gate Process)은 신제품 개발에 있어서 제품 개발, 관리, 결정의 순차적 부분을 스테이지-게이트(Stage-Gate)의 5단계를 거치는 과정이다. 각 단계를 지날 때마다 다양한 부서의 구성원들이 의견을 제시하여 독단적이고 임의적인 의사결정을 피할 수 있도록 도와주어 최종 의사결정을 내릴 수 있도록 도움을 준다.

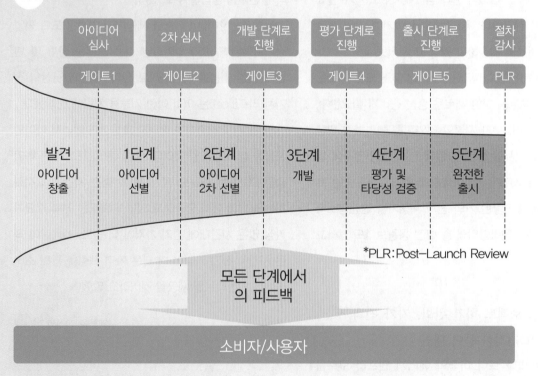

● ● ● 그림6   스테이지-게이트 프로세스

1) Stage-Gate 5단계

스테이지-게이트는 밥 쿠퍼에 의해 연구된 신제품 런칭을 위한 신제품 개발 관리 시스템이다. 신제품 관련 아이디어 관리, 제품 컨셉의 결정, 제품개발과 시장분석의 신제품 개발 프로세스를 체계화한 것이다.

(1) 아이디어 수집 및 선별(Idea Generation and Screening)

주목할 만한 새로운 상품 아이디어를 하는 구상하는 단계이다. 상품 아이디어는 소비자의 문제점을 해결해 줄 수 있는지, 사업적으로 발전할 적합성과 가능성이 있는지 그리고 현재 상황에 수익과 적절한 위험 요소, 범위가 있는지 고려되어야 한다. 현재 기업에서는 고객들의 자사 제품 사용의 관찰에 의해서도 신제품 아이디어를 얻을 수 있다. 고객들이 기존 제품을 사용하면서 느끼는 문제점과 불만사항을 해결하는 것을 신제품 개발의 목표라고 할 수 있다. 또한 경쟁제품들을 분석해 봄으로써 제품개선이나 신제품에 관한 아이디어를 얻을 수 있다. 기업 내부 종업원들이 신제품 아이디어를 내는 경우도 많이 있는데, 일부 기업에서는 보상을 내걸고 이것을 촉진하고 있다. 브레인 스토밍과 같은 소집단 토론을 이용하면 신제품에 대한 아이디어를 다각적으로 생각해 보게 하는 기회를 준다.

이 첫 단계의 목표는 가능한 한 많은 수의 신제품 아이디어를 만드는 것이다. 신제품에 대한 아이디어는 회사 내에 있는 R&D 부서나 상품기획 팀에서만 만들어지는 것은 아니다. 협력업체나 공급업체와 협업하는 중에도 새로운 아이디어가 생기기도 하고 물류나 유통과정에서도 상품의 개선점이나 단점 등에 대한 피드백이 있을 경우 이를 바탕으로 새로운 신제품에 대한 아이디어가 시작되기도 한다. 이를 기업 내부적 아이디어 개발과 기업 외부적 아이디어 개발로 구분할 수 있다. 예를 들어, 기업 외부에서도 충분히 신제품 아이디어를 찾을 수 있다. 최근 조금 더 많은 소비자들로부터 인지되고 있는 공동창조(Co-creation)가 대표적인 예이다. 좀 더 구체적으로, 스타벅스는 온라인에서 새로운 메뉴에 대해 실소비자나 미래소비자들에게 어떠한 메뉴를 개발하기를 원하는지 항상 물어보고 있다. 성공적인 예로 스타벅스 사의 "아이디어를 제출하세요"(Submit your idea, https://ideas.starbucks.com/) 캠페인이다. 신제품을 개발하는 회사는 소비자들에게 직접 소비자가 원하는 제품에 대한 순수한 아이디어를 얻어서 유익하고, 고객들도 자신이 원하는 새로운 상품을 시장에서 만날 수 있게 되어 이득이다. 이와 같은 공동 창조의 사례는 레고와 나이키에서도 사용중인 방법이다.

두 번째 목표는 여러 가지 아이디어 중에서 좋은 아이디어를 선별하는 것이다. 좋은 아이디어인지 아닌지를 판별하는 첫 번째 기준은 본질적인 가치이고, 두 번째는 회사가 개발해서 마켓에서 선두 제품이 될지이고, 마지막으로 회사가 신제품을 개발할 만큼의 가치가 있는지이다.

(2) 컨셉 개발 및 정교화(Concept Development and Testing)

세부적으로 들어가기 이전에 선행 학습과 같이 재무, 기술적인 부분과 실행 가능성에 대해 확인하는 단계이다. 그리고 앞선 단계의 아이디어를 정교화시켜 제품개발의 초석을 다져나가도록 한다. 좋은 아이디어로 선정된 것은 우선 컨셉 제품으로 발전시킨다. 제품 컨셉은 주로 추상적이며 구제척이지 않지만 이 새로운 제품이 가지고 있는 본질적인 가치와 소비자들로 하여금 관심과 호감을 불러일으키는 요소들을 가지고 있다. 자동차의 경우 상용화된 모델이 나오기 전에 컨셉카를 오토쇼에서 선보이고 소비자들의 반응을 살펴서 자동차의 구체적인 디자인을 수정한다든가 주요 제품 구성요소들을 균형잡힌 구성으로 마무리하기도 한다. 예를 들어 2011년도 제네시스 컨셉카의 경우 앞면 그릴 부분의 디자인이 혹평을 받아 상용화된 버전에서는 좀 더 세련된 디자인으로 수정된 사례가 있다. 학문적으로는 이러한 컨셉 단계의 데모가 이런 신제품 제조 회사의 주식 가격에 어떠한 영향이 있는지를 밝히기도 한다(김태완, Mazumdar, 2016).

(3) 시제품 개발(Prototyping)

선행 두 단계에서의 검증이 이루어진 후에 실질적으로 제품화하는 단계로서 이 단계에서의 완성품은 일종의 시제품(prototype product)으로서 적어도 부분적으로라도 소비자의 검증을 통한 것이어야 한다. 때에 따라서는 여러 단계에 걸쳐서 개발과 검증이 이루어지기도 하는데 기술적 환경이 급속하게 변하는 시장상황에서 더욱 그러하다 하겠다. 시제품 개발 및 검증 단계에서의 시간과 비용을 최소화하기 위해서는 기업은 다음 사항들에 대한 원칙을 가지고 있어야 한다.

- 처음에 제대로 하라(Do it right the first time)
- 선행과제와 정의를 명확히 하라(Make homework and definition clear)
- 권한위임이 된 다기능 팀을 구성하라(Organize a multifunctional team with empowerment)
- 필요한 과정을 동시에 수행하라(Parallel processing)
- 우선순위를 정하고 집중적으로 수행하라(Prioritize and focus)

시제품 설계는 크게 세 가지로 구분된다. 소비자 니즈 분석, 경쟁 분석 및 수요예측, 그리고 신상품 제품 개발이다. 먼저, 소비자 니즈는 기능적 니즈(Utilitarian needs)와 감성적 니즈(Hedonic needs)로 나뉜다(Dhar and Wertenbroch 2000; Chitturi, Raghunathan, and Mahajan, 2008). 이 두 가지 필요에서 출발하여 소비자들이 원하는 또는 아직은 원하지 않고 있지만 잠재적으로 원하게 될 신상품의 가치를 디자인하는 것이다. 다음으로 기존 시장의 경쟁기업들의 제품 특성들, 제품 가격, 생산비용, 기술, 매출량, 그리고 마케팅 전략 등을 분석한다. 경쟁 분석과 함께 구상 중인 신제품 컨셉을 위한 마케팅 전략은 세 가지로 구성된다. 첫째, 출시 후 1~2년 동안을 위한 타깃 고객군, 포지셔닝 전략 등의 STP(STP: Segmentation, Targeting, Positioning Strategy) 마케팅 전략이 필요하다. 둘째로 신제품 출시 후 첫 한두 해를 위한 가격, 판촉과 유통전략이고, 셋째, 지속가능한 장기적인 마케팅 믹스 전략이 필요하다. 이런 마케팅 전략을 기반으로 신제품이 출시된 후에 수요를 예측하는 부분도 중요하다.

(4) 시장 시험(Test Market)

제품설계 단계에서 사업성 평가는 이미 통과하였지만 이번 시장 시험 단계에서는 이 신제품이 출시된 후에 시장에서 어떤 반응을 보일지에 대한 실험이다. 신제품을 위한 거의 모든 마케팅 전략, 즉 가격, 제품 성능, 제품 디자인, 광고, 판촉, 유통, 상품명, 브랜드 전략 등을 실험해 볼 수 있다. 전국적 또는 국제적으로 출시되는데에 따른 위험을 최소화하기 위한 목적으로 행해진다. 전국적인 출시를 앞두고 신상품을 전국의 평균 소비자 군과 비슷한 한두 도시에 출시해 반응을 살펴보는 과정이다. 이를 통해 기업은 신제품의 예상 시장점유율, 예상 소비자 반응, 예상 채택률 등의 정보를 얻을 수 있다(Narashiman and Sen, 1983). 예를 들어, 스타벅스사의 인스턴트 커피(VIA)는 이 기업입장에서 가장 위험하고 규모가 큰 신제품이었다. 이 신제품 또한 출시 이전에 테스트 마케팅을 통해 시장의 반응을 살피고 정교하게 수정하여 제품을 출시하여 크게 성공한 예이다(Berfield, 2011).

시장 시험은 신제품을 위한 마케팅전략 전반에 대한 피드백을 얻을 수 있어 좀 더 효과적이고 보다 구체적인 마케팅전략으로 수정할 수 있게 해주는 큰 장점이 있다. 또 다른 장점은, 전국 혹은 국제적 동시 출시에 비해 실패에 따르는 손실을 큰 폭으로 줄여준다는 점이다. 반면 단점으로는 동시에 많은 비용과 시간이 소요된다는 점이다. 평균적으로 9개월에서 1년의 시간이 소요되는데 이 시간 동안 경쟁사에서 유사 제품을 출시할 가능성도 존재한다. 그래서, 신제품 개발비용이 낮거나 경영진들이 신제품에 아주 자신이 있을 경우에는 시장 시험 단계를 생략하기도 한다. 그리고, 좀 더 빠르게 출시하여 더 큰 반향을 일으키고자 할 때에도 시장 시험을 생략할 수 있다.

이런 방식의 대규모 실제 시장에서 벌어지는 테스트 마케팅은 필드 연구(field experiment)에 가깝지만 통제된 시장시험(controlled test market)도 가능하다. 예를 들어 LG생활건강은 자사가 가지고 있는 소비자 패널을 활용하여 신제품의 반응을 측정하기도 한다. 테스트 마케팅을 이용할 경우에 소비재 회사는 통상 표준 테스트 마켓, 통제된 테스트 마켓, 모의 테스트 마켓이 있다.

- **표준시험 시장법**: 대다수의 시장 내 시험에서 주로 쓰인다. 상점 감사, 소비자와 유통업자 대상 설문조사 등 다양한 측정방법을 이용한다. 단점은 기간과 비용이 많이 든다는 점이다.
- **통제시험 시장법**: TV 시청에서 상점 계산대에 이르기까지 신제품에 대한 소비자 개인의 행동을 추적한다. 표준 테스트 마켓보다 비용이 적게 든다. 그리고 표준 테스트 마켓보다 훨씬 빠르게 완료될 수 있다. 하지만 자사제품의 시장이나 목표 소비자를 대표하지 못한다는 문제점을 제시하기도 한다.
- **모의시험 시장법**: 사전시험 시장법이라는 이름으로 광범위하게 사용되고 있다. 컴퓨터 기반의 복잡한 통계 모형을 이용하여 모의 테스트 마켓의 결과를 전 지역으로 확대하여 전국 판매량을 예측한다.

(5) 제품 출시

테스트 마케팅을 통과한 신제품은 시장에서 출시되어 시장에 선보이게 된다. 신제품 개발을 상업화하고 전체 생산과 광고 판매를 시작하는 신제품 개발의 최종 단계이다. 신제품을 본격적으로 시장에 도입하면서 투자와 위험 수준이 보통 이 단계에서 가장 높다. 생산과 유통 및 마케팅지원에 소요되는 투자 규모가 이 단계에서 가장 크다. 기업이 신제품 출시를 성공적으로 완수하기 위해서는 소비자 수용과 도입시기 결정에 대한 이해가 요구된다.

이 마지막 단계에서는 실제 이 신제품의 생산, 운영, 판매, 마케팅 등을 시작하게 된다. 생산 설비 투자가 시작되고 실제 신제품의 생산이 시작된다. 물류(Supply Chain) 시스템 또한 갖추어져 가동된다. 소매상에게 신제품이 전달되고 비로소 이 단계에서 소비자들이 신제품을 구입, 경험, 평가 하게 된다. 어떤 경우는 체계적인 사후 출시 감사를 진행하기도 한다. 예를 들어 에머슨 일렉트릭은 신제품 출시 1~2개월 후에 그리고 12~24개월 후에 검토를 한다. 전자는 출시 단계를 검토해서 더 나은 전략으로 수정하기 위해서고, 후자는 성과를 측정하고 다른 신제품 프로젝트에 활용하기도 한다.

일단 시장에 출시하기로 결정하면 지금까지 거쳐 온 어떤 단계보다도 많은 비용을 투자하여야 한다. 신제품의 출시 단계에서는 다음과 같은 네 가지 사항에 관한 의사결정을 내려야 한다.

- **시기**: 우선 신제품의 시장 도입에 적당한 타이밍을 선정하는 것이 필요하다. 개발된 신제품이 자사의 기존제품의 판매 감소를 가져올 것으로 예상되면 신제품과 기존제품의 상호 관계 혹은 포지셔닝에 관한 전략적 분석을 하여 신제품 도입 시기에 관한 의사결정을 하여야 한다. 즉, 신제품과 기존제품을 공존시켜 시장점유율 향상을 도모하거나, 신제품 출시와 더불어 기존제품을 시장에서 서서히 퇴출시키거나 아니면 신제품으로 기존제품을 완전 대체하는 의사결정을 하여야 한다. 또한 신제품을 시장에 출시할 경우, 시장에 진입하는 시기를 결정하는 변수들인 일반적인 경제상황, 경쟁자의 예상되는 반응, 소비자의 신제품에 대한 인식 및 적응정도 등을 고려하여 적절한 시기를 결정해야 한다. 애플이 처음 스마트폰을 출시하였을 때 시기적으로 소비자들이 적응하기에 약간 빠른 감이 있었고, 또한 초기에 소비자들을 적응시키기 위해 많은 마케팅 비용이 소모되었다.
- **장소**: 출시를 어떤 곳에서부터 할 것인가라는 문제는 시기 결정과 함께 매우 중요한 의사결정 포인트이다. 출시 범위를 한 지역으로 할 것인가 아니면 몇 개의 지역으로 제한할 것인가. 또는 국내시장과 국제시장으로 구분 할 것인가를 결정해야 한다. 일시에 신제품을 본격적으로 유통시킬 만한 자본 및 능력을 보유한 기업을 제외하고는 대다수 기업들이 확장계획에 따라 지역별, 기간별로 확장시켜 나간다. 특히 중소기업은 하나의 도시를 선정하여 침투하고 다시 다른 도시로 침투하는 방법을 쓰는 경우가 많다. 대기업의 경우에도 지역별로 순차적으로 도입하는 방법을 쓰는 기업이 많다. 대규모 자동차 회사처럼 전국적 유통망을 가진 회사라면 신형차를 일시에 도입시킬 수도 있을 것이다. 하지만 최근 인터넷과 소셜 미디어의 발전으로 지역적인 한계는 없는 것 같다. 하지만 여전히 나라별로 검토하여 그 나라에 출시할 것인가에 대해서 의사결정을 해야 하는 경우가 많다. 할리우드 영화 배급사들은 어떤 나라에서 가장 먼저 영화를 개봉할 것인가

에 대해서 전략적인 의사결정을 한다. 최근 마블의 영화의 경우 우리나라에서 가장 먼저 개봉하고, 일본, 중국, 미국 순으로 시차에 따른 개봉을 하였다. 한국은 지리적으로 나라의 국토 면적이 작고, 소비자들의 구매력이 높고, SNS를 통한 영화를 본 후의 피드백이 빠른 국가여서 많은 기업들의 시험 시장으로 매우 적합한 국가이다.

Stage는 개발업무를 수행하는 프로세스 단계로 실제 활동이 이루어지는 공간을 의미한다. 즉, 기술이나 시장, 재무, 운영 정보와 같은 핵심 정보들의 검토를 통해 게이트(Gate) 단계에서 필요한 정보를 제시하는 역할을 수행한다. 게이트(Gate)는 스테이지 단계에서 진행된 사항을 검토하여 현재의 개발 프로젝트를 진행시킬지, 아니면 보류할지, 중단할지, 다시 원점에서 다시 생각해 볼지를 결정하는 의사결정과정이다. 즉 다음 단계로 진행시킬지를 결정하는 관문역할을 한다는 것이다.

사례

잘 만든 '소스' 하나 열 라면 안 부럽다

소스는 혼자 사는 이들 식단의 '화룡점정'이다. 요리에 미숙해 맛있는 음식을 만드는 데 자신이 없어도 소스 하나면 만능 요리사가 된다. 소스시장이 날로 성장하고 있다. 한국농수산식품유통공사(aT)에 따르면 국내 소스류 생산액은 2016년 1조6584억 원에서 2020년 2조296억 원으로 22.4% 늘었다. 올해는 3조 원을 돌파할 것으로 예상된다.

이미 소스시장은 팔도 비빔장과 삼양식품 불닭소스가 소비자들에 인기를 누리고 있다. 여기에 새로운 도전자가 등장했다. 농심 '짜파게티 만능소스'다. 농심이 다양한 요리에 활용할 수 있는 짜파게티 만능소스를 새롭게 출시했다. 짜파게티 만능소스는 볶은 춘장과 양파, 파, 풍미유 등을 사용해 국내 짜장라면 시장의 1등 브랜드인 짜파게티 특유의 감칠맛을 그대로 담았다.

짜파게티 만능소스는 다양한 용도로 활용할 수 있다. 볶음밥이나 떡볶이는 물론 어묵무침, 진미채 등 반찬류에도 사용할 수 있다. 쌈장 · 피넛버터 등과 섞어 고기,

만두를 찍어 먹는 디핑소스로도 제격이다. 또 콤팩트한 PET 용기를 적용해 캠핑 등 야외활동에서도 편리하게 사용할 수 있다.

농심 관계자는 "짜파게티는 모디슈머 레시피의 대표 제품으로 꼽힐 만큼 다양한 식재료와 조화를 이미 소비자들에게 인정받았다"며 "짜파게티 만능소스로 더욱 풍성하고 맛있게 홈쿡(Home cook)을 즐기기 바란다"고 했다.

팔도비빔장 저칼로리는 어느 음식과도 잘 맞는 팔도비빔장을 저칼로리 트렌드에 맞춰 선보인 것이다. 100g당 칼로리는 39kcal다. 이는 기존 자사 제품의 15% 수준이다. 매콤달콤한 오리지널 팔도비빔장 맛에 사과식초로 감칠맛도 더했다.

한편, '팔도비빔면'의 액상스프를 제품화한 팔도비빔장은 지난해 말 기준 누적 판매량 2000만개를 돌파했다. 2017년 9월 파우치 형태의 '만능비빔장'을 선보이며 시장에 진출한 지 6년 만의 성과다. 이는 2021년 대비 115% 신장한 수치다.

삼양식품 불닭소스도 인기다. 삼양식품이 불닭소스를 중심으로 소스사업 부문을 강화하고 있다. 삼양식품이 공시한 사업보고서에 따르면 삼양식품의 2022년 소스 · 조미소재 매출액은 전년보다 36% 증가한 290억 원을 기록하며 성장세를 보였다.

삼양식품은 불닭볶음면의 액상 수프만 따로 판매해 달라는 소비자들의 요청에 힘입어 2018년 불닭소스를 정식으로 출시한 이래 제품군을 확대하며 소스사업부를 키우고 있다. 오리지널 불닭소스를 시작으로 까르보 불닭소스, 불닭마요 등을 추가로 선보이고 외식업체와 협업, 수출도 적극적으로 추진하고 있다.

출처: 더리포트, 2023년 7월 5일

Further Discussions

FD1 제품수명주기와 혁신확산곡선에 대해서 알아보았다. 두 이론의 관련성에 대해서 토론해보자.

FD2 최근 SNS를 비롯한 다양한 온라인 공간에서 소비자들의 의견이 공유되고 있다. 이를 통한 신제품 개발의 성공사례를 찾아서 토론해보자.

FD3 하나의 신제품을 선정하여 신제품 개발과정에 따라 어떻게 진행되었는가를 생각 해보고 토론해보자.

FD4 성공한 신제품과 실패한 신제품을 선택해서 성공 요인 및 실패요인에 대해서 토론 해보자.

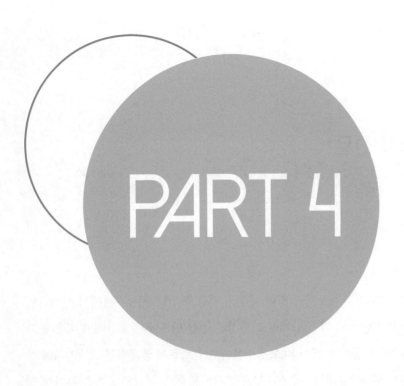

PART 4

고객가치 전달

PART 4

고객가치 전달

고객가치 전달이란?

고객가치 전달(Value Delivery)단계는 기업이 고객가치를 반영한 구체적 제품을 전달하는 과정에서 부가적인 가치를 더하는 단계이다. 즉, 고객가치 전달 단계는 이전 단계인 고객가치 정립 단계에서 발견해낸 미충족 고객가치를 고객가치 창출 단계에서 구체화한 제품에 마케팅 믹스 전략을 수행함으로써 궁극적인 고객가치에 정보 제공, 이미지 전달, 물리적 배송과 같은 부가적 가치를 더하여 목표 고객에게 최종 전달되는 가치 부가 과정(Value Adding Process)이다. 가치 부가 과정을 통해 최종 가치(value)는 소비자에게 전달되고 이 과정의 결과물로 고객은 만족 혹은 불만족을 경험한다. 만약 기업이 창출한 가치를 고객에게 부가적 가치와 함께 효과적으로 전달하지 못한다면 고객은 강한 불만족을 경험하게 되고 그 결과로 기업은 수익률에 매우 부정적인 결과를 초래할 것이다. 이 경우에 기업은 다시 가치부가 과정인 전달과정의 마케팅 믹스(Marketing Mix)로 되돌아가 부가가치를 재조정해야 한다.

앞장에서 언급한 고객가치 창출 단계는 고객의 모호한 니즈를 구체화하는 과정이라면, 고객가치 전달 단계는 고객가치 창출 단계를 통해 만들어진 구체적인 제품을 어떻게 전달해야 가치가 극대화될 것인지에 대해 고민하는 과정이다. 사실상 기업의 고객가치 창출 단계는 전체 가치단계의 40%을 차지하는 반면, 고객가치 전달 과정은 나머지 60%를 차지한다. 많은 기업들이 혁신적인 제품을 개발하고도 성공하지 못하는 이유가 바로 이 가치전달과정을 간과하고 잘 실행하지 못하기 때문이다. 효과적인 가치 전달은 고객이 원하는 시간과 원하는 장소에서 고객이 원하는 제품을 제공해주는 것을 말한다. 즉, 고객가치 창출 단계에서 만들어진 제품에 나머지 3P(가격, 유통, 홍보) 전략을 효과적으로 실행함으로써 고객이 원하는 가치에 다른 부가적인 가치를 더하여 고객가치를 극대화시키는 단계이다.

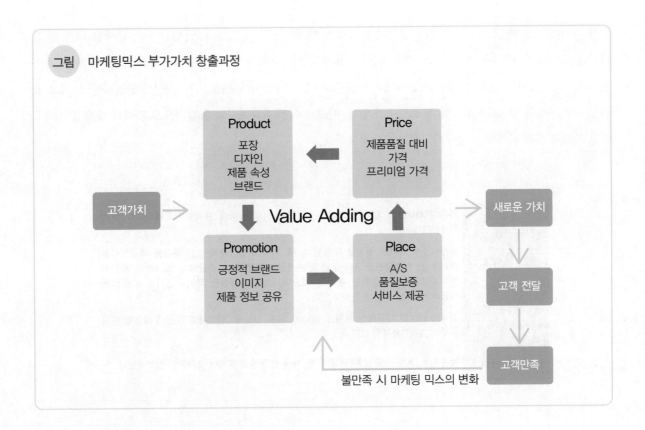

그림 | 마케팅믹스 부가가치 창출과정

Product
포장
디자인
제품 속성
브랜드

Price
제품품질 대비
가격
프리미엄 가격

고객가치

Value Adding

Promotion
긍정적 브랜드
이미지
제품 정보 공유

Place
A/S
품질보증
서비스 제공

새로운 가치

고객 전달

고객만족

불만족 시 마케팅 믹스의 변화

부가가치 창출을 위한 마케팅 믹스

기업에서 소비자에게 가치전달은 마케팅 믹스의 형태로 전달된다. 여기서 마케팅 믹스(Marketing Mix)란 기업이 표적시장의 고객에 대한 마케팅 목표를 달성하기 위해 사용할 수 있는 전략적 마케팅 도구들을 의미하며 4P(Product, Price, Promotion, Place)로 구성되어 있다. 예전에는 4P가 개별적으로 관리되었으나, 이제는 4P가 통합적으로 관리되고 있다. 보다 효율적인 전략을 실행하기 위해서는 4P로 구성된 마케팅 믹스를 일관성 있게 계획하고 4P의 각 요소들이 상호보완작용 하도록 조합하는 것이 필요하다. 마케팅 믹스(Product, Price, Promotion, Place) 과정을 거치면서 가치가 부가적으로 추가되어 고객에게 전달되므로 마케팅 믹스 과정을 가치부가 과정(Value Adding Process)이라고 할 수 있는 것이다. 따라서 이 과정 또한 철저히 목표시장에 맞춰야 함을 잊지 말아야 한다. 즉, 목표시장의 고객이 원하는 제품, 가격, 유통 및 판촉을 제공하여야 한다. 첫째, 제품을 만들어서 공급하여야 한다. 최고의 제품은 기업이 보유한 최고의 기술로 만든 최고 품질의 제품이 아니다. 고객이 좋아하는 가치가 반영된 고객이 원하는 제품이 최고의 제품이다. 둘째, 목표시장의 고객이 기꺼이 지불할 수 있는 가격을 설정하여야 한다. 고객이 원하는 가격은 최고가나 최저가가 아니다. 고객이 획득할 수 있는 가치에 대해 기꺼이 지불할 의향이 있는 가격이다. 셋째, 목표 고객이 쉽게 편리하게 접근할 수 있는 유통을 제공하여야 한다. 유통은 고객과 기업의 제품이 만나는 장소이다. 철저하게 고객이 쉽게 접근할 수 있는 접근성과 쉽게 구매할 수 있는 편리성을 고려하여야 한다. 마지막으로 목표 고객과 효과적으로 소통할 수 있는 판촉도구를 효율적으로 사용하여야 한다. 기업이 사용할 수 있는 커뮤니케이션 도구는 매우 다양하다. 광고, 판촉, 홍보, 영업사원, 그리고 최근 많이 사용하는 SNS까지 다양한 판촉도구가 있다. 따라서 이들 판촉도구를 통합적으로 관리할 필요성이 대두되고 이에 통합적 마케팅 커뮤니케이션관리가 중요하다.

Product (Value Purchase)	제품과 서비스에 패키징, 디자인, 브랜드 이미지 등을 통합함으로써 고객가치가 부가된다.
Price (Value Cost)	일반적으로 가격은 품질을 대변한다. 즉, 가격이 높을수록 높은 품질을 제공한다는 의미이다. 일반적으로 사람들은 저가격을 선호했으나, 최근에는 고가라도 자신의 가치와 맞으면 구입하는 경향이 있으며, 몇몇 기업들은 저가이면서도 고품질을 제공하며 고객가치를 부가하고 있다.
Promotion (Communication)	고객의 감성을 자극하는 브랜드 이미지, 제품 정보에 대한 광고 및 스토리텔링 등을 통하여 고객가치가 부가된다.
Place (Information)	제품 정보, A/S, 제품 보증, 제품 구색, 제품 분류 등을 통하여 고객가치가 부가된다.

CHAPTER 08

가치 창출을 위한 기업내부 준비: 제품과 가격

Learning Objectives

LO1 마케팅믹스 전략의 한 부분인 제품전략 및 실행에 대해서 알아보자.

LO2 제품의 개념을 이해하고 구성요소에 대해 학습한다.

LO3 브랜드의 중요성을 이해하고 브랜드 전략을 학습한다.

LO4 제품과 서비스의 차이점과 공통점을 이해하고 학습한다.

LO5 가격의 중요성과 특성에 대해 알아보자.

LO6 가격구조를 이해하고 가격정책에 대해서 학습한다.

LO7 기업이 가격과 상황변화에 따라 어떻게 가격전략을 변경할 수 있는지에 대해 학습한다.

1963년생 삼양라면…
"장수 브랜드 명성 이어간다"

삼양라면 출발은 인간에 대한 따뜻한 애정에서부터 비롯됐다.

삼양식품의 창업자인 故 전중윤 명예회장은 1960년대 초 남대문시장에서 '꿀꿀이 죽'을 사먹기 위해 장사진을 친 노동자들을 목격했다. 먹을 것이 없어 미군이 버린 음식을 끓여 한 끼를 때우는 비참한 모습을 보고, 식량난 해결과 인간 존엄을 위한 방안을 모색했다. 그 묘안은 바로 '라면'이었다.

故 전중윤 명예회장은 50년대 말 보험회사를 운영하면서 일본에서 경영연수를 받을 때 맛보았던 라면을 떠올렸다.

전 명예회장은 라면의 국내 도입이야말로 식량 자급화가 되지 않는 실정에서 유일한 해결책이라고 판단했고, 일본 明星식품(묘조식품)으로부터 기계와 기술을 도입해 마침내 1963년 9월 15일 국내 첫 라면을 탄생시켰다.

일본 라면들 중량은 85그램이었지만, 배고픔을 조금이라도 줄이기 위해 삼양라면은 100그램으로 출시했다. 가격도 꿀꿀이죽이 5원이었던 것을 감안해 많은 사람들이 라면을 먹을 수 있도록 최대한으로 낮춘 10원으로 책정했다. 당시 한국 물가를 보면 커피 35원, 영화 55원, 대중적인 담배가 25원 수준이었다.

묘조식품의 오쿠이 사장은 라면 값을 너무 낮게 정한 것이 아니냐고 물었지만, 전중윤 명예회장은 이 사업으로 돈을 많이 벌겠다는 생각이 아니라고 하며, 식량난으로 어려운 한국의 상황에서 누구나 배부르게 먹으려면 그 정도의 가격을 책정하는 것이 적절하다고 했다.

어렵게 만들어낸 라면이었지만, 국민 반응은 냉담했다. 오랫동안 쌀 중심 식생활이 하루아침에 밀가루로 바뀌기란 쉽지 않았다. 심지어 라면을 옷감, 실, 플라스틱 등으로 오해한 경우도 있었다. 이에 삼양식품 전 직원과 가족들은 직접 극장이나 공원 등에서 무료 시식 행사를 열어 라면을 알리는데 주력했다.

이러한 노력으로 삼양라면은 점차 국민들 입맛을 끌어당기기 시작했다. 때마침 1965년 식량 위기를 해결하기 위해 정부에서 실시한 혼분식 장려 정책이 나오게 되면서 삼양라면은 10원으로 간편하게, 영양 면에서도 부족함이 없이 한 끼 식사를 해결할 수 있다는 최대의 장점을 발휘하며 날개 돋친 듯 팔려 나가기 시작했다.

1963년 처음 출시했을 때 삼양라면은 '닭고기' 육수를 베이스로 만들었는데, 당시에는 현실적으로 소나 돼지를 사용해 육수를 낼 만큼 원료를 조달하기가 쉽지 않았고, 생산 원가의 측면도 고려해야 했다.

아울러 일본 묘조식품 스프 배합으로 만들어진 초기 삼양라면 맛은 지금과는 확연하게 차이가 있었다. 같은 동양권일지라도 일본은 후추, 산초 등을 선호했고 한국인은 마늘, 고춧가루 등을 선호하는 모습을 보여 향신료에 대한 기호 차가 분명했기 때문이다.

삼양식품 故 전중윤 명예회장은 이러한 점을 분명히 인식하고 있었고, 초기 제품 출시 이후 지속적으로 한국인 입맛에 맞는 라면 맛을 찾기 위해 노력했다. 1966년에는 실험실을 발족해 한국식 스프 개발에 본격적으로 나섰다.

이 실험실은 연구실로 확장됐고, 라면 품질개선에도 연구를 진행함으로써 품질을 높이고 제품을 다양화하기에 이른다. 계속되는 제품 개발과 출시로 1969년부터는 본격적인 제품다양화 시대로 접어들게 됐고, 1970년 삼양식품은 종합식품업체로 발돋움하게 된다.

1963년에 처음으로 라면을 생산한 후 4년째 되는 해부터 판매량은 계속해서 증가했고, 1966년 11월 240만 봉지, 1969년 월 1500 봉지로 급격한 신장을 보이며, 삼양식품은 초창기의 매출액 대비 무려 300배에 달하는 경이적인 성장을 하게 된다. 당시 60년대 매출 신장률 추이를 살펴보면, 해마다 최저 36%에서 최고 254%까지 폭발적인 증가를 기록할 정도였다.

국내에서 인기에 힘입어 삼양식품은 1969년 국내 첫 베트남에 150만달러 라면을 수출하며 세계화를 열어갔다. 이후 60여 개 나라에 라면을 수출해 대한민국 라면 우수성을 알리기 시작했고, 1972년에는 동남아 지역 등 수출액이 250만달러를 돌파하기도 했다.

1972년 기록을 보면 당시 삼양라면의 매출액은 141억 원으로 국내 재계순위 23위를 차지했는데, 당시 소비자가격이 22원이었음을 감안하면 약 7억 개가 팔린 셈이다. 지금처럼 공장이 자동화 설비를 갖춘 게 아니었기 때문에 7억 개라는 숫자를 통해 삼양라면의 인기가 얼마나 높았는지 알 수 있다.

삼양라면은 1963년 출시 이후 현재까지 많은 소비자들에게 사랑받아왔다. 그런 삼양라면이 2017년 8월 브랜드 확장에 나서 삼양라면 사상 첫 '매운맛' 제품을 출시했다. 삼양라면은 출시 후 고객들의 요구에 따라 조금씩 맛을 리뉴얼한 적은 있지만 '삼양라면 매운맛'처럼 맛에 크게 변화를 준 것은 처음이었다.

기존 삼양라면이 갖고 있는 이미지가 다른 라면에 비해 순하고 깊은 국물이었기 때문에, 삼양라면 매운맛 제품은 '얼큰한 매운 맛이 삼양라면의 고유한 아이덴티티를 깨지는 않을까' 하는 등 1년 이상의 고민 속에서 탄생한 제품이다.

다행히 시장에 선보인 삼양라면 매운맛은 삼양라면을 좋아하는 소비자들은 물론, 다른 맵고 얼큰한 국물 라면을 좋아하는 소비자들에게도 긍정적인 반응을 얻었다.

2021년에는 삼양식품 창립 60주년을 맞아 삼양라면 오리지널과 매운맛 제품 맛과 디자인을 전면 리뉴얼해 출시했다. 삼양식품은 새로운 맛을 위해 지난 6개월간 연구·개발을 진행했고, 면, 스프, 후레이크에 모두 변화를 줘서 더 깊고 진한 풍미의 제품을 완성했다. 패키지는 녹색 인증을 받은 친환경 포장재를 적용했다.

새롭게 리뉴얼한 삼양라면 오리지널, 매운맛 제품은 최적 밀가루 배합비로 탄력성을 강화해 면발이 퍼지지 않고 쫄깃한 식감을 유지할 수 있도록 했고, 반죽에 양파 진액을 가미해 국물과 더욱 잘 어우러지게 했다.

스프엔 기존 햄 맛에 표고버섯 등 야채 풍미를 더해 깊고 진한 국물 맛을 완성했으며 후레이크는 건청경채, 건파, 건당근 등 기존 대비 30%를 증량해 더욱 풍성한 식감을 구현했다.

삼양라면은 라면 원조이자 삼양식품을 대표하는 제품인 만큼, 철저한 품질 관리, 다양한 협업 시도 등으로 브랜드 가치를 높이며 장수브랜드로서 명성을 꾸준히 이어간다는 방침이다.

출처: 아시아에이, 2023년 6월 27일

①

고객이 원하는 제품

제품(Product)이란 이전 단계인 고객가치 정립 단계와 고객가치 창출 단계에서 도출하고 분석한 고객의 잠재적 또는 미충족 가치를 실질적으로 구체화시킨 결과물이다. 제품 및 서비스는 크게 3단계의 수준으로 구분되는데, 각 수준은 부가적인 고객가치를 창출한다.

제품의 가장 기본적인 수준은 핵심 편익(core benefit)인데, 이는 고객이 제품을 소비함으로써 얻고자 하는 기본적인 필요나 욕구를 의미한다. 기업은 제품을 개발할 때 무엇보다 고객이 근본적으로 추구하는 핵심편익을 명확히 정의해야 한다. 예를 들어 애플의 아이폰은 단순한 통신기기가 아니라 고객이 진정으로 원하는 가치들, 즉 융합적 커뮤니케이션 수단(무선휴대폰, 인터넷, TV 통합)과 감각적 디자인을 파악함으로써 애플의 신화가 시작되었다고 볼 수 있다.

두 번째 단계에서는 핵심 편익을 실제 제품(actual product)으로 전환시키기 위하여 제품 특징, 디자인, 패키징, 품질수준, 브랜드명 개발이 필요하다. 예를 들어 애플의 아이폰은 실제 제품인데, 브랜드, 스타일링, 패키징, 기타 속성을 일관성 있게 결합시킴으로써 혁신적인 융합기기라는 핵심편익을 실제로 전달한 것이다.

마지막 단계에서는 제품의 확장된 개념으로 핵심편익과 실제제품을 지원하기 위해 추가적 속성 및 서비스와 편익을 제공한다. 예를 들어 애플의 아이폰은 고객들에게 기기 사용법, 부품 보장, 신속한 수선 서비스 등을 제공함으로써 고객을 유지 및 형성한다.

따라서 기업은 제품을 개발할 때 먼저 제품에 의해 충족시켜야 할 고객의 핵심욕구 파악을 통해 실제 제품을 설계하고, 이를 확장시킬 방법을 강구해야 한다.

1) 제품분류

제품은 다양한 기준으로 분류한다. 우선 물질적 형태의 유무에 따라 유형제품과 무형제품(서비스)으로 나눈다. 유형제품은 다시 구매목적에 의해 조직구매자가 사용하는 산업재와 개인의 소비를 위한 소비재로 나누어진다.

(1) 소비재

소비재는 최종소비자들이 자신들의 소비를 위해 구매하는 제품을 의미한다. 소비재는 소비자들의 구매과정에서 구매행동에 의해 다시 편의품, 선매품, 전문품으로 구분한다.

① 편의품(convenience Goods)

편의품은 소비자가 제품구매를 위해 많은 노력을 기울이지 않는 저렴한 가격의 제품이 일반적이다. 편의품의 예로는 설탕, 소금, 화장지, 샴푸 등과 같이 정기적으로 구매가 되는 필수품(staple goods)과 슈퍼마켓이나 할인점 등에서 사전계획없이 충동적으로 구매되는 껌 같은 충동품(impulsive goods), 정전시 사용되는 회중전등이나 1회용 우산처럼 비상시에 즉각적으로 구매되어야 하는 제품인 긴급품(emergency goods)으로 나누어 진다. 편의품은 소비자들이 구매욕구가 발생되었을 때 별다른 노력없이 구매할 수 있어야 하므로 폭넓은 유통망과 대량촉진이 이루어질 수 있도록 마케팅을 해야 한다.

② 선매품(Shopping Goods)

선매품은 소비자들이 제품의 질, 포장, 디자인등과 같은 제품특성을 토대로 제품대안들을 비교평가한 다음 구매하는 제품을 말하는데, TV, 에어컨 가구 등이 그 예이다. 선매품은 대체적으로 가격이 비싼편이고 편의품에 비해서 구매빈도가 높지 않은 편이다. 뿐만 아니라 구매계획이 상대적으로 치밀하고 정보탐색에 많은 시간이 발생하는 제품이다. 선매품은 상대적으로 고가격이기 때문에 선택적 유통경로를 통한 지역별 소수판매점을 구축해야 하고 불특정 다수에 대한 광고와 구매자집단을 표적으로 하는 인적판매가 중요한 마케팅 수단이 된다.

③ 전문품(Specially Goods)

전문품은 소비자가 그 제품을 구매하기 위해 특별한 노력을 하는 제품이다. 전문품은 높은 차별성, 고관여, 강한 애호도로 특징된다. 예컨대, 스포츠카, 디자이너 의류 등이 이에 해당된다. 전문품은 일반적으로 고가격 제품이며 소비자들이 구매를 위해 많은 노력을 기울이기 때문에 제조업자나 소매업자 등은 구매력이 있는 소비자들만을 표적시장으로 선정하여 이들을 위한 광고 등의 판매촉진활동을 한다. 전문품을 구매하는 소비자들은 특정브랜드에 높은 애호도(애호도)를 갖고 있기 때문에 제품을 판매하는 점포를 기꺼이 방문하는 노력을 들인다. 그래서 전문품의 경우에는 선택적 유통경로전략으로 소수의 전속대리점이 넓은 상권을 포괄하게 된다.

(2) 산업재

산업재는 기업(혹은 조직)이 가공과정을 통해 부가가치를 더한 제품이다. 일반적으로 다음과 같이 자제와 부품, 자본재 그리고 소모품으로 구분된다.

① 자재와 부품

자재(materials)와 부품(parts)은 제조하는 기업이 완제품을 생산하기 위해 제품의 한 부분으로 투입하는 부분품이라 할 수 있다. 여기에서 자재는 가공 정도에 따라 원자재(raw materials)와 구성원자재(component)로 구분할 수 있다. 원자재의 예로는 쌀, 밀, 면, 채소, 우유 등과 같은 농산품과 목재, 원유, 철 기타 광석과 같이 천연재료를 경작 및 추출한 것이고 가공처리되지 않는 자재를 일컫는다. 반면 구성원자재란 추가적인 가공과정에서 그 행태가 변화되는 것으로 완제품이 되기 위한 추가적인 가공에서 사용되는 자재를 일컫는다. 철광석을 가공한 강철, 누에고치에서 추출한 실 등이 그 좋은 예이다.

부품(parts)은 최종제품을 만들기 위해 완성단계에 있는 제품을 추가적으로 투입되는 것이다. 이러한 부품이 사용되면 제품의 외형은 변화되지 않는다. 자동차의 타이어 등이 좋은 예이다. 이러한 자재와 부품은 산업재 고객들에게 주로 구매되며 여기서는 가격과 서비스가 주요한 관리의 대상이 된다.

② 자본재

제품의 일부분으로 구성되지는 않지만 제품 생산을 원활히 하기 위해 투입되는 것이 자본재(capital items)이다. 자본재는 다시 설비품(installation)과 보조장비(accessory equipments) 등으로 나누어진다. 설비품은 건물, 대형컴퓨터, 냉난방기, 에스컬레이트, 엘리베이터와 같은 고정장비이다. 설비품은 구매단가가 매우 높아서 구매의사결정이 장기간에 걸쳐 이루어지기 때문에 구매 여부에 많은 노력이 이루어진다. 보조장비는 공장의 이동장비들이나 사무실 집기 등을 포함하는 것으로 예컨대, 책상, 의자, 회의실 탁자 등이 그것이다. 보조장비는 완제품의 생산을 보조하기 위해 사용되며 설비품에 비해서 내용연수 또한 짧다.

③ 소모품

완제품 생산에 투입되지 않고 공장이나 회사를 운영하기 위해서 사용되는 것이다. 소모품에는 윤활유, 복사지, 볼펜 등의 운영소모품과 청소용구, 페인트와 같은 수선소모품이 있다. 소모품은 다른 산업재에 비해 상대적으로 구매노력이 적기 때문에 산업재의 편의품으로 비교되기도 한다.

2) 제품 포트폴리오 관리(Product Portfolio Management: PPM)

복수의 다각화된 사업을 갖고 있는 기업은 어떤 기준으로 한정된 자원을 각 사업에 분배할지에 대하여 고민하게 된다. 만약 자원의 배분 및 투입을 잘못하면 기업은 경쟁력을 잃어버리게 되기 때문이다. 기업은 지속적인 성장 달성을 위해서 전사적 관점에서 다양한 제품 및 사업의 조합을 항상 검토하여 자금흐름의 최적화를 도모해야 한다. 이익이 나는 사업뿐만 아니라 이익이 나지 않는 사업 또한 신중하게 검토함으로써 향후 성장할 사업, 장래 기업 성장의 원천이 될 사업을 발견하여 그곳에 적절한 자원을 투입할 필요가 있다. 전략적 강점을 지닌 특정 사업 혹은 제품에 대한 지원을 결정하기 위한 전략을 포트폴리오 전략(portfolio strategy)이라 하며, 분석을 위한 대표적 모델 중 하나가 제품포트폴리오관리(PPM: Product Portfolio Management)이다. 다시 말해 PPM은 기업의 현재 제품 및 사업라인을 전사적 수준에서 객관적으로 평가하여 중점지향 분야와 철수 분야로 선별하고 이에 대한 자원 배분이 효과적으로 실현될 수 있도록 기획한 것이다. 전략적인 자원배분은 사업의 선택과 집중에 있어서 매우 중요한 경영과제이다.

PPM분석은 크게 두 단계로 나누어 실행되는데, 먼저 첫 단계에서는 전략적 관점에서 다루어야 할 기업의 주요 사업단위인 전략적 사업단위(Strategic Business Unit: SBU)를 식별 및 정의하고, 두 번째 단계에서는 1단계에서 정의된 모든 SBU에 대하여 수익성, 성장성, 자금흐름 등을 평가하여 각 SBU에 어느 정도의 자원을 할당할 것인가를 결정한다.

PPM분석 기법으로는 BCG모델, GE모델, DPM모델 등이 있는데, 이 분석 도구들은 마케팅전략 수립시 특정 상품과 시장이 기업 내 어떤 역할을 해야 하는가를 제시해주는 동시에 마케팅전략 목표 설정에 도움을 준다. 즉, PPM분석 기법은 각 사업의 현재 전략적 위치파악과 미래의 전략방향에 관한 통찰력을 제공해준다.

대표적인 PPM분석인 BCG모델은 기업의 최적 자원배분을 목적으로 자사 상품의 현재 상황을 분석함으로써 앞으로 나아가야 할 방향을 생각하는 BCG(Boston Consulting Group)가 개발한 방법이다.

BCG모델은 시장점유율(가로축)과 시장성장률(세로축)에 따라 분석하며 제품·사업의 상대적인 시장경쟁상의 위치를 나타내는 시장점유율은 자금 창출량(현금유입량)을 규정하고 시장에서 제품·사업의 성장력(Business Growth Rate)은 자금 수요(현금창출량·투자필요량)를 규정한다. BCG모델은 시장점유율(가로축)과 시장성장률(세로축) 두 축에 따라 문제아(Question Mark), 주력상품(Star), 황금젖소(Cash Cow), 그리고 개(Dog) 4개의 카테고리로 분류된다.

고성장이면서 고점유인 사업은 인기사업(Star), 저성장이면서 고점유의 사업은 황금젖소(Cash Cow), 고성장이나 저점유인 사업은 문제아(Question Mark), 그리고 저성장이면서 저점유인 사업은 개(Dog)로 비유된다.

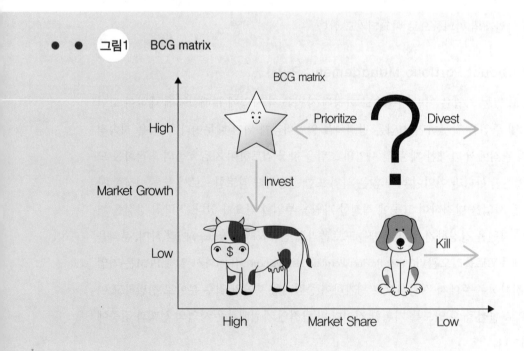

● ● ● 그림1　BCG matrix

문제아(Question Mark)는 성장률이 높아 필요한 투자액은 많지만 시장점유율이 낮아 자금유입량이 적기 때문에 기업의 자금창출효과는 희박하다.

인기사업(Star)은 고수익·고성장의 사업부분이기 때문에 당장은 자금창출 효과가 적더라도 시장점유율이 유지되는 한 성장률이 둔화된 단계에서 커다란 자금 창출원이 된다.

현금젖소(Cash Cow)는 투자수요가 적고 자금유입량이 크기 때문에 기업으로서는 초석과 같은 사업부문이며 자금원이 된다.

개(Dog)는 성장률과 점유율이 모두 낮다. 이러한 타입의 제품 및 사업은 투자수요가 낮기 때문에 자금 지출이 적은 대신에 수입도 낮아 순소득이 적게 된다. 또한 이러한 제품·사업은 장기적인 면에서 커다란 장래성이 기대되는 것도 아니고 경기변동의 영향을 쉽게 받을 수 있기 때문에 이러한 분야의 투자는 될 수 있는 한 피해야 한다.

결론적으로 BCG모델의 분석원리는 "현금젖소"를 자금원으로 삼아, "인기사업" 또는 "문제아"에 자원을 집중하는 한편 "개"나 전망이 흐린 "문제아"는 포기하는 방향으로 나아가는 자금운용(cash flow) 방법이다.

BCG모델의 원리와 기업의 전략을 연계하여 설명하자면, 자금잉여부문은 "현금젖소"에 속하는 제품사업부문이고, 시장점유율을 유지하면서 재확장을 위해 끊임없이 추가 투자를 필요로 하는 것은 "문제아"이므로 자금의 효율적인 배분이라는 관점에서 자금창출부문의 여유자금은 우선 "문제아"부문에 투자하여 "인기사업"으로 전환되도록 적극 추진해야 한다. "문제아"의 제품·사업이 "개"가 될 수밖에 없는 국면에 이르더라도 기업이 이 부문의 육성 강화에 중점적인 시책을 펼 경우 장래의 자금창출원의 제품·사업부문으로 개선될 가능성은 있게 된다. 다만 "문제아"부문에의 투자는 무계획하게 행할 것이 아니라 일관된 정책하에 실시해야 한다. 따라서 PPM의 목표는 기업 전체의 관점에서 자금창출효과를 가져올 제품·사업의 최적 믹스를 찾아 자금의 효율적인 배분이 될 수 있는 전략 책정을 도모하는 것이라 할 수 있다.

3) 브랜드 관리(Brand Management)

산업혁명 이전의 브랜드는 소유표로서 식별코드의 기능을 수행했으나 근대 산업사회에 들어와서 브랜드는 식별기능 외에도 '품질보장(Signaling Quality)', '신용표시(Credibility)'의 역할을 하게 되었다. 더욱 세부적으로 설명하면, 브랜드 관점은 1980년대에는 재무적 접근으로, 1990년대에는 이론적 접근으로 21세기에는 실무적 접근으로 바라보았다. 우선 1980년대에는 기업합병(M&A)를 위한 자산으로서의 브랜드 가치측정에 주목하고 영국은 '브랜드 가치'를 회계상 무형자산 항목에 계상하였다. 1990년대에는 브랜드 가치의 개념적, 이론적 체계를 정립하고 브랜드 연구의 대가인 아커와 켈러(Aaker & Keller)는 브랜드 자산 개념을 정립했다. 오늘날 브랜드 전략의 실천적 체계와 실행전략이 관심사가 되었으며 파워브랜드 육성을 위한 관리 방안모색의 단계에 중점을 두고 있다. 특히 현대 정보화 사회에서 브랜드는 점점 그 기능이 확대 되었고 그 가치에 대한 평가도 높아졌다.

브랜드의 경우 기업의 무형의 자산으로서 관리되고 있는데 Philip Morris는 Kraft를 인수할 때 11억 달러의 무형자산에 대한 가치 지불하였다. 국내에서도 한국 존슨이 삼성제약(에프킬라)을 367억원을 인수하였는데 상표권으로 227억원을 지원하였다. 또한 질레트의 경우, 로케트 건전지에 상표권으로 600억원을 지불하였다. 이러한 사례들은 기업들이 브랜드에 얼마나 가치를 부여하고 중요시 여기는지에 대한 예라고 할 수 있다.

전형적인 소비재 기업들은 회사의 가치 대부분이 무형자산과 영업권으로 구성되어 있다. 순유형자산은 전체 가치의 10%정도 밖에 되지 않는다. 게다가 70% 가량의 무형자산은 브랜드로 구성되어있다. 글로벌 기업인 코카콜라, 존슨앤존슨, P&G, 유니레버, 아마존 닷컴 등이 브랜드 자산을 구축한 대표적인 기업들이다.

(1) 브랜드의 개념과 브랜드 자산의 개념

브랜드란 특정 기업의 제품이나 서비스를 소비자에게 식별시키고 경쟁사와 차별화하기 위해 사용되는 고유의 이름과 상징물의 결합을 의미한다. 브랜드는 소비자에게 제품생산자를 인식시킴으로써 경쟁사들에게 고객을 뺏기는 것으로부터 보호한다. 가장 대표적인 브랜드 사례로는 나이키(NIKE)를 뽑을 수 있는데, 나이키(NIKE)는 1971년부터 사용한 스우시('Swoosh') 로고와 함께 일관성 있는 브랜드 정체성과 명확한 브랜드 개성으로 강력한 브랜드 이미지를 구축함으로써 전세계 소비자들의 마음속에 '정통 스포츠'로 포지셔닝하여 브랜드만으로도 막대한 이익을 창출한다. 기업 마케팅 활동의 핵심은 브랜드 파워를 육성하기 위한 목적이라고 볼 수도 있다.

인터브랜드 사(Interbrand)는 매년 기업 브랜드 가치를 평가하는데, 먼저 브랜드 자산의 화폐가치를 측정하는 회사의 방법론을 살펴보면, 브랜드의 현재 또는 미래 수익을 예상하는 재무적 분석 후 판매시점에 어떻게 브랜드가 고객 수요에 영향을 미치는지 조사하는 브랜드 분석을 시행하며 애호도, 재구매, 유지와 같이 고객수요를 유지하는 브랜드력을 벤치마킹하는 브랜드 강도 분석으로 브랜드 가치에 대한 평가가 이루어진다.

브랜드 자산(Brand equity)을 바라보는 관점은 재무, 회계 그리고 마케팅 혹은 소비자의 관점으로 나눌 수 있다. 기본적으로 재무, 회계의 자산평가는 기업의 IR등을 목표로 한다. 반면에 마케팅 혹은 소비자 관점의 브랜드 자산평가의 목적은 관리적 시사점을 도출하기 위해서 자산을 평가한다. 그러므로 이렇듯 관점이 상이하기 때문에 목적 또한 다르게 사용된다.

재무적 관점에서 브랜드는 가치를 포착 및 유지시켜주는 도구이다. 비즈니스 성과에 초점을 맞추어서 브랜드가 기업에게 얼마만큼의 현금흐름을 창출할 수 있는지 집중한다. 실제 구매 데이터를 가지고 소비자 행동을 측정하는 것으로 브랜드의 가치를 판단한다.

회계적 관점에서의 브랜드는 재무적 관점과 비슷하지만 조금 다른 방법으로 브랜드에 접근한다. 회계적 관점에서는 브랜드가 가치를 얼마나 가지고 있는지 확인하기를 원한다. 그 가치를 재무제표에 담고자 하기 때문이다. 기업 고유의 트레이드마크(Trademark)가 가진 라이센스 비용(license fees)을 historic cost로 계산해 추정한다.

마지막으로 마케팅적 관점에서 브랜드는 두 관점과 확연히 다른 시각을 가진다. 잠재되어 있는 고객가치를 창출하여 고객 획득과 유지 측면에서 바라본다. 이 관점에서는 브랜드를 통해 소비자들의 마음을 얻는 것이 가장 중요하게 생각한다. 소비자의 구매성향을 측정해 브랜드 선호도를 알고자 한다. 이러한 마케팅 관점에서 브랜드를 바라보는 시각은 브랜드에 대한 미국의 마케팅학회(American Marketing Association; AMA, 1991)의 정의로 정리될 수 있다. 즉 브랜드 자산이란 판매자가 자신의 제품이나 서비스를 식별하고, 다른 경쟁자와 구별하기 위해 사용하는 명칭(name), 용어(term), 사인(sign), 심벌(symbol), 디자인(design) 또는 그 결합체(combination)이다.

위와 같이 브랜드에 대한 AMA의 정의에서도 볼 수 있듯이, 이제 브랜드는 단순히 이름 또는 상호가 아니라 브랜드 네임, 디자인, 심벌, 캐릭터, 징글 등 가시적인 요소들은 물론 더 나아가 제품과 관련된 소비자의 인식, 이미지 및 경험의 집합체로서 브랜드의 실체와 심리적으로 연상되는 이미지, 브랜드에 대한 문화, 지리, 인종 등의 연상이미지를 포함하고 있다. 또 한 가지 중요한 점은 브랜드는 해당 브랜드에 연루된 모든 사람들(기업 내부인, 이해관계자, 소비자 등)이 서로 상호작용을 통해 만들어가야 할 약속이자, 문화이며, 철학이란 점이다.

(2) 브랜드 자산의 혜택

브랜드 자산의 혜택은 크게 고객에게 제공되는 혜택과 기업에게 제공되는 혜택으로 나누어 볼 수 있다. 먼저 고객에게 제공되는 혜택을 살펴보면, 고객은 브랜드를 통해 기업 또는 제품에 대한 정보처리와 해석과정이 쉬워진다. 또한 고객은 사용경험을 통하여 또는 브랜드에 대한 인지도를 통해 구매 결정에 있어서 확신을 느끼며 보다 쉬운 선택할 수도 있다. 더불어 제품·서비스를 사용할 때에는 만족감이 타제품을 사용할 때보다 높아지며 브랜드에 대한 신뢰도로 브랜드만을 고려함으로써 재구매시 편의 또한 상승한다.

브랜드는 기업에게도 혜택을 제공하는데, 먼저 기업은 브랜드를 통해 소비자 로열티를 확보할 수 있다. 이는 장기적으로 고객과의 관계를 유지하는 데 용이하다. 또한 마케팅을 할 때 소비자에게 다가가는 효율과 효과가 높다. 경쟁사에 대하여 진입장벽으로 작용할 수 있으며 가격 프리미엄을 얻을 수 있다. 이러한 가격 프리미엄이 가능하다는 것은 기업에게 이윤 확장이라는 긍정적인 결과를 가져다 준다. 뿐만 아니라 유통에 있어서도 유통상에게 영향력을 가질 수 있다. 기존에 소비자에게 자리 잡은 브랜드를 확장함으로 인해 기업이 브랜드를 통해 얻을 수 있는 앞서 언급한 이익들을 신제품에도 유사하게 누릴 수 있다. 이는 강한 브랜드를 가진 회사에게 높은 경쟁우위로 작용하며, 결과적으로 기업 가치의 상승을 가져다 준다.

(3) 브랜드 관리 및 전략

① 브랜드 아이덴티티 관리

브랜드 아이덴티티(Brand Identity)란 기업이 소비자에게 브랜드에 대해 연상시키고자 하는 기획된 연상과 의미의 집합을 의미하며 일종의 기업의 계획과 투입 단계로 볼 수 있다. 브랜드 이미지(Brand Image)는 이와 반대로 브랜드가 소비자에게 다가갔을 때 느끼는 결과물로 소비자의 연상작용에 의해 형성된 브랜드에 대한 전체적인 인상의 집합이다. 그런데 종종 기업의 계획과 결과물 사이에 괴리가 존재하는데, 브랜드 관리는 이 괴리를 줄이며 브랜드 아이덴티티와 브랜드 이미지 사이의 접점을 넓히는 활동이다.

사례

CJ올리브영 "압구정·성수, 신 관광상권 부상"

코로나19 팬데믹 기간 글로벌 시장에서 K컬처의 인기가 급상승하면서, 서울의 관광상권도 코로나 이전보다 다변화된 것으로 나타났다.

5일 CJ올리브영은 그동안 외국인 매출이 집중된 지역이 명동·동대문·홍대 등 전통적인 관광 상권이었다면, 최근에는 압구정과 성수가 새로운 관광 상권으로 부상했다고 밝혔다. K콘텐츠로 한국 문화를 접한 Z세대(Gen-1990년대 중반~2000년대생) 외국인 관광객들은 가이드북 대신 유튜브와 인스타그램을 통해 '현지 핫플레이스'를 찾거나 K팝 스타가 즐겨 찾는 브랜드와 식당을 찾아 한국을 여행한다.

K뷰티 상품을 구입하려는 관광객들은 자연스럽게 인근 올리브영을 찾아 한국 신생 브랜드와 중소기업 상품을 중점 구입한 것으로 나타났다. 관광상권 내 올리브영 매장의 판매 상위 상품 10개 중 8개는 국내 중소기업 브랜드로 집계됐다.

올 들어 외국인 관광객들이 주요 관광상권 내 올리브영에서 가장 많이 구입한 제품은 라운드랩의 '자작나무 수분 선크림'이다. 해외 뷰티 유튜버나 틱톡커들이 'K뷰티 쇼핑 리스트'에서 빼놓지 않고 소개하는 제품이 K선케어다. 해외에서는 얼굴과 전신 겸용으로 출시된 제품이 주를 이루는데 반해, 한국 선케어 제품은 제형과 보습감까지 고려한 제품들이 다양하게 출시된다.

다만 상권별 세부 인기 상품군에는 차이가 나타났다. 압구정·성수 같은 신생 관광 상권은 20대 관광객들이 주를 이루지만, 가족 단위 관광객과 한국 관광 초심자들은 여전히 명동·동대문 같은 전통 관광 상권을 찾기 때문이다.

신생 관광상권 내 올리브영 매장에서는 Z세대 '코덕(코스메틱과 덕후의 합성어)'이 즐겨 찾는 상품의 판매가 두드러졌다. 기능성 화장품과 신생 색조 브랜드, 이너뷰티(콜라겐·효소 등 섭취하는 미용 관리 제품), 미용 소도구 등이다. △리쥬란의 기능성 앰플인 '턴오버 앰플 듀얼 이펙트' △무지개맨션의 립 틴트 제품인 '오브제 리퀴드' △비비랩 '저분자 콜라겐' △메디테라피 '속살 괄사' 등이 판매 상위 목록에 올랐다.

압구정 카페거리와 도산공원 인근은 선글라스 브랜드 젠틀몬스터가 운영하는 디저트숍 '누데이크 하우스'를 비롯해 '런던 베이글 뮤지엄', 도넛 전문점인 '노티드', '카멜커피' 같은 한국 Z세대의 핫플레이스가 모여 있다. 팬데믹 기간 한국 Z세대의 인기 상권으로 부상한 성수는 패션·뷰티 브랜드들이 새로운 트렌드를 선보이는 '팝업 스토어의 성지'로 꼽힌다. 리오프닝 이후에는 이 지역에서는 한국인과 외국인이 함께 줄을 서 있는 모습이 쉽게 눈에 띈다.

전통 관광상권 내 올리브영 매장의 인기상품군은 여

전히 기초 화장품이다. 다만 이전보다는 상품군이 다양화됐다. 마스크팩 위주 구매 패턴에서 벗어나 기능성 기초화장품과 부위별 관리 제품으로 확장됐다. 피부 특성에 따라 눈가와 입술을 따로 관리하고, 제형이나 사용법을 다양화해 사용하는 재미를 부여한 K뷰티 상품들이다. △코스알엑스 '어드벤스드 스네일 96 무신 파워 에센스' △토리든 '다이브인 저분자 히알루론산 수딩 크림' △YNM '레인보우 허니 립밤' △SNP '콜라겐 아이패치' 등이 대표적인 인기 상품이다.

출처: 스트레이트뉴스, 2023년 7월 5일

② 브랜드 아이덴티티 시스템 구축

브랜드 아이덴티티 시스템은 David Aaker에 의해서 브랜드 아이덴티티 개발모델이 소개되었다. 본 서에서는 브랜드 아이덴티티 시스템에 대해 간략히 설명을 하고자 한다.

브랜드 아이덴티티(brand identity)는 고객의 마음 속에 심고 싶은 바람직한 연상들의 집합이다. 핵심 아이덴티티(core identity)와 확장 아이덴티티(extended identity)로 구성되어 있다. 핵심 아이덴티티는 브랜드가 갖고 있는 정수(essence)이며 시간이 지나도 변하지 않는다. 즉, 새로운 시장이나 제품을 개선을 하더라도 바뀌지 않는다. 핵심 아이덴티티는 브랜드에 의미를 부여하고 향후 성공적인 브랜드를 구축하기 위해 중심적인 역할을 한다. 확장 아이덴티티는 핵심 아이덴티티를 더욱 구체적으로 설명할 수 있는 다양한 요소들로 구성이 된다. 확장 아이덴티티는 제품으로서의 브랜드, 조직으로서의 브랜드, 사용자연상 브랜드, 상징으로서의 브랜드로 구성된다. 제품으로서의 브랜드는 제품범주 전형성, 제품의 특성, 가성비(가격대비성능)이다. 조직으로서의 브랜드는 주로 개별브랜드보다는 기업브랜드를 사용할 때 나타난다. 사용자 연상 브랜드는 대표적으로 브랜드 개성(brand personality)인데 이는 브랜드를 사람으로 간주할 때 그 제품이 갖는 사람의 특질들(traits)을 의미한다. 이러한 개성에는 진실(sincerity), 흥미(excitement), 능력(competence), 세련(sophistication), 강건함(ruggedness)이 있다. 상징으로서의 브랜드는 브랜드의 심볼이나 비주얼 이미지 등이 그것이다.

브랜드 가치제안은 핵심 브랜드 아이덴티티와 확장된 아이덴티티는 결국 브랜드가 소비자들에게 제안하는 가치로 전달되며 이러한 가치에는 기능적 편익(functional benefit), 감성적 편익(emotional benefit), 자기표현적 편익(self-expressive benefit)로 나눌 수 있다. 기능적 편익은 주로 자사브랜드가 사용되는 과정에서 소비자가 당면한 기능적 문제를 해결해준다는 데 초점을 두는 것을 말한다. 감성적 편익은 소비자들이 자사 브랜드를 사용하는 과정에서 경험하는 감각적이고 감상적 즐거움을 준다는 것을 초점을 두는 것이다. 자기표현적 편익이란 소비자들이 자사 브랜드를 통해 자아를 표현하거나 집단에서의 역할을 표현할 수 있는 것을 말한다. 그런데 기업이 목표고객에게 어떤 유형의 브랜드 가치 제안을 제공할 것인가를 결정할 때 하나의 브랜드에 하나의 가치만 담겨져야 하는 것은 아니다. 기업은 몇 가지 유형을 결합하여 표적고객에게 가치를 제안할 수 있는데 이 중에서 한 가

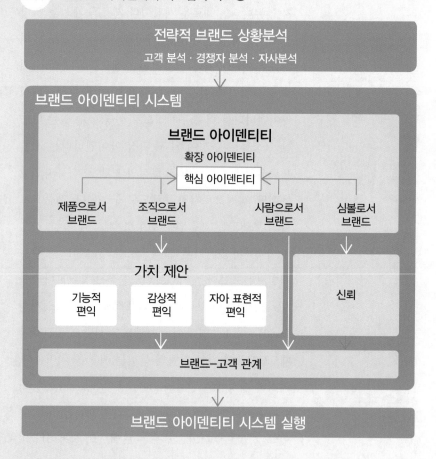

그림2 　브랜드 아이덴티티 시스템 구축모형

출처: David Aaker(1996), Building Strong Brands, Free Press.

치가 두드러지게 강조될 땐 특정한 고객가치를 전달하는 브랜드라 소비자들은 이해할 것이다.

또한 핵심 아이덴티티와 확장 아이덴티티는 다른 브랜드를 지원하는 신뢰(credibility)에도 영향을 주며 이러한 가치제안과 신뢰는 브랜드-고객관계(brand-customer relationship)에 영향을 준다. 다음 <표1>은 브랜드-고객 관계의 예 중에 하나이다.

표1 브랜드와 고객 관계 유형

관계 유형	정의	사례
중매결혼관계 (Arranged Marriages)	감정상의 끈끈함은 적지만 장기의 배타적 몰입	특정 브랜드 비누 판매업자의 강력한 권유로 그 브랜드 비누를 쓴다.
부담 없는 친구관계 (Casual Friends/Buddies)	친밀감과 상호작용이 낮은 관계로 상호이익이나 보답의 기대수준 낮음	매번 아이스크림을 다양하게 구매한다.
편의에 의한 결혼관계 (Marriages of Convenience)	신중한 선택이 아닌 환경적 영향에 의한 장기적 몰입	특정한 모임에서 마시게 된 맥주의 팬이 된다.
몰입된 파트너관계 (Committed Partnerships)	장기적/자발적 관계로 높은 애정/친밀감/신뢰감	특정한 브랜드를 매무 몰입하여 그 브랜드의 옹호자가 된다.
최고의 친구관계 (Best Friendships)	친밀함과 상호이익을 공유하는 자발적 관계로 일반적으로 파트너의 이미지와 개인적 관심사 일치	러닝슈즈의 대명사로 리복이라고 믿는 러닝을 좋아하는 친구는 늘 그 브랜드를 사용하며 자신의 브랜드라 여긴다.
상황에 따른 친구관계 (Compartmentalized Friendships)	매우 특정하게 상황에 달려 있는 우정으로 친밀함은 낮지만, 상호의존성과 사회정서적 보상은 큼	상황과 활동에 따라 사이한 브랜드 사용 팀 스포츠시 아디다스를 개인운동시 나이키를 사용
친족관계 (Kinships)	자기주장이 아닌 가족구성원으로부터의 선호를 비자발적으로 반영	엄마때부터 사용해오던 마미고무장갑을 계속 사용해야 할 것 같다.
대응관계 (Rebounds/avoidance-driven Relationship)	파트너 자체에 이끌려서라기보다는 이전에 다른 파트너부터 회피하기 위해 형성된 관계	전 남편이 좋아하는 특정라면은 보기 싫어 다른 브랜드로 전환한다.
어릴적 친구관계 (childhood Friendships)	빈번한 관계는 아니지만 편안하고 안심하는 마음을 얻을 수 있는 관계	어렸을적에 즐겨먹었던 과자브랜드를 먹는다.
구혼기간관계 (Courtships)	몰입할 파트너를 결정하기 전의 임시관계	두 샴푸중에서 어떤 것을 쓸지 한 번 사용해본다.
의존관계 (Dependencies)	파트너가 대체 불가능하다는 생각으로 강박적, 감정적으로 강하게 이끌리며 파트너가 부재하면 매우 곤란해짐	자기의 머릿결의 비결이라고 하는 샴푸를 구매 못할 때 어쩔 줄 몰라 한다.
일회성관계 (Flings)	단기적으로 높은 감정적 보상을 원하지만 몰입과 상호이익 요구는 회피	특정 샴푸를 시용해본다.
비밀관계 (Secret Affair)	만약 타인이 알게 되면 위험하다고 고려되는 매우 감정적이며 사적인 관계	당도 높은 케이크를 냉장고 구석에 숨겨서 밤늦게 몰래 먹는다.
노예관계 (Enslavement)	파트너 마음대로 지배되는 비자발적인 관계로 부정적인 감정이지만 상황 때문에 지속됨	특정 케이블TV업자에게 만족하지는 않지만 다른 대안이 없다.

자료원: Fournier, Susan(1997), "Consumers and Their Brands: Developing Relationship Theory in Consumer Research," *Journal of Consumer Research*, 24(4), p. 362.

③ 개별브랜드와 기업브랜드

개별브랜드와 기업브랜드는 얼핏 비슷한 것 같으면서도 상당한 차이점을 보인다. 개별브랜드는 고객들만을 대상으로 담당자가 제품수명주기 동안 전략을 수립하는 것이고, 기업브랜드는 회사의 이해관계자 전부를 대상으로 기업이 존속하는 한 끊임없는 전략을 수립해야 하는 것이다.

● ● ● **표2** 개별브랜드전략과 기업브랜드 전략의 비교

	개별 브랜드	기업브랜드
적용 범위와 규모	단일제품이나 서비스, 유사성이 강한 제품, 서비스군	회사 전체 및 모든 이해관계자
브랜드 아이덴티티의 근원	시장조사에 근거한 광고주의 상상력	회사의 전통, 구성원들의 공통된 가치 및 신념
목표청중	고객	다수의 이해관계자 집단 (고객, 임직원, 투자자, 협력회사, 비정부기구 등)
관리책임	제품담당자, 영업 및 광고부서	CEO 또는 경영진 (마케팅, 홍보, 전략, 디자인, 인적자원관리 등)
육성기간	개별 제품수명기간	기업의 수명기간

④ 공동 브랜드

공동 브랜드의 하나의 형태가 패밀리 브랜드(family brand) 이다. 이는 레인지 브랜드(range brand) 혹은 엄브렐러 브랜드(umbrella brand)로도 불린다. 이는 하나 이상의 브랜드에 사용되는데 반드시 기업 또는 법인 자체의 명이 될 필요는 없다.

불황먹고 사는 다이소,
성장 비결은?

**다이소 매출 3조 눈앞…불황에 가성비제품 인기
동네 소형→핵심상권 대형 매장 전략 변화 적중
이커머스, 저가 생활용품 배달 확대로 경쟁 심화**

불황을 먹고 사는 기업이 있다. 1000원 짜리 물건을
팔아 매출 3조원을 눈 앞에 둔 다이소 얘기다. 경기 침
체 속 가성비를 앞세운 상품들이 인기를 끌었고, 회사
측의 매장 대형화 전략도 통했다. 전망도 나쁘지 않다.
소비 양극화가 심해지면서 균일가 매장이 새로운 주요
유통 채널로 주목받고 있다.

불황속 성장 비결은

다이소 운영사인 아성다이소의 지난해 매출은 2조
9457억원으로, 전년 대비 13.1% 증가했다. 아성다이
소의 연 매출은 2015년 1조원을 돌파한 이후 매년 두
자릿수 성장 중이다. 코로나19 팬데믹도 막지 못했다.

아성다이소는 2019년에도 2조2362억원, 2020년 2조
4216억원, 2021년 2조6048억원의 매출을 기록했다.

영업이익은 원자재가격 인상 등 여파로 다소 주춤했
다. 아성다이소의 지난해 영업이익은 2393억원으로 전
년 대비 약 16% 감소했다. 유통업계 전체가 고전했던
것과 견주면 악재 속에서도 선방했다는 평가다. 아성다
이소의 영업이익은 물류센터 투자가 있었던 2013년과
2019년 두 해를 제외하고 최근 10년간 증가세였다.

백화점, 마트 등 오프라인 유통 채널이 성장 둔화에
빠진 것과 비교하면 눈에 띄는 성장세다. 이 추세라면
올해 무난하게 3조원을 넘길 것으로 관측된다. 앞으로
연 매출 3조 클럽에 가입해 농심, SPC삼립 등 기업과
어깨를 나란히 하게 되는 셈이다.

다이소의 성장 배경에는 경기 불황이 있다. 고물가로
값싼 가성비 제품에 대한 수요가 늘었다. 다이소는 주
방, 유아, 욕실, 문구, 인테리어 용품 등 총 20여 개 분
야에서 3만2000여 종의 제품을 5000원 이하로 판매
하고 있다. 1000~2000원대 제품의 비중이 전체 80%
다. 일부 생활필수품 상품은 10년간 1000원 가격을 유
지하고 있다.

다이소가 낮은 가격을 내세울 수 있는 비결은 유통구
조에 있다. 보통 마트나 백화점 등에서 구매하는 물건
은 생산원가에 유통비용과 자체 마진이 붙어 소비자 가
격이 정해진다. 하지만 다이소는 제품을 생산하는 중소
기업 제조업체와 협력 관계를 맺고 직접 거래하고 있
다. 유통과정이 짧다는 얘기다. 여기에 대량 매입으로
비용을 줄인다.

다이소의 출점 전략 변화도 주효했다. 다이소는 사업
초기 동네 상권을 위주로 중소형 점포를 늘려왔다. 하
지만 2017년부터 핵심 상권 대형 매장 출점으로 선회

했다. 1~12층 500평 규모의 명동역점이 대표적이다. 명동의 등대라 불리며 외국인 관광객이 몰리는 명소가 됐다. 이외에도 다이소는 서울 주요 지역 상권 점포를 대형화하고 있다.

다이소에 따르면 500평대의 대형 매장은 100평대보다 2배 많은 상품을 진열할 수 있다. 이는 고객 체류 시간이 늘어나는 효과를 낸다. 이른바 가성비 높은 상품들을 둘러보는 재미가 있어서다. 2000년 초 100개 안팎이었던 전국 다이소 매장 수는 지난해 기준 1450여 개로 늘었다. 한 해에 팔리는 상품의 수만 10억 개로 추산된다.

다이소의 미래는

다이소의 성장세는 계속 이어질 것으로 전망된다. 국내 경제적 상황이 저가 생활용품점에 유리하게 돌아가고 있어서다. 대표적인 현상이 소비 양극화다. 고소득자와 저소득자의 격차가 갈수록 커지면서 명품 아니면 초저가 상품에 소비자들이 몰리고 있다. 통계청에 따르면 지난 1분기 최상위 계층의 소득이 최하위 계층 소득의 10배가 넘었다.

아직 시장에 마땅한 경쟁자가 없는 것도 이점이다. 특히 저가 판매점은 대기업이 진출하기 어려운 분야다. 규제가 발목을 잡고 있는 데다 균일가로 제품을 파는 것이 쉽지 않아서다. 실제로 신세계도 균일가 매장에 진출하려고 했지만 무산됐다.

물론 리스크도 존재한다. 이커머스 업계가 파격 할인과 무료 배송을 무기로 다이소의 영역을 서서히 침투하고 있다. 대표적인 것이 30분 내 생활용품을 배달해 주는 퀵커머스 서비스다. 배달의민족 B마트 등이 최근 영향력을 확대하고 있다. 다이소도 매장 기반 배송 서비

스 샵(#)다이소를 도입했지만 아직 뚜렷한 성과는 없는 상황이다.

유통업계 관계자는 "양극화 현상으로 초고가 초저가 시장이 커진 것이 다이소 급성장의 배경이 됐다"며 "다이소 제품 정보를 공유하는 팬덤이 생길 정도로 소비자층이 두터워졌다"고 설명했다. 그러면서 "이커머스의 영역 침투도 진행 중인 만큼 장기적으로 퀵커머스 등에 대항할 수 있는 변신도 필요해 보인다"고 말했다.

출처: 비즈워치, 2023년 6월 2일

2

고객이 기꺼이 지불할 수 있는 가격

1) 가격의 의미

가격(Price)은 고객이 제품 또는 서비스를 사용하면서 얻는 혜택의 대가로 지불하는 가치로 정의할 수 있다. 우리 주위에서 가격은 제품 및 서비스에 따라 다양한 명칭으로 불리고 있다. 예컨대, 수업료, 이자, 전기세, 월급, 버스요금 등의 모두 가격에 해당된다. 가격은 기업존립의 원천이 되는 이익을 결정하는 가치획득요소이며 다음과 같이 표현할 수 있다.

총이익=총수입−총비용=(가격×판매량)−총비용

제품의 생산, 유통망의 구축, 광고 등의 커뮤니케이션과 판매촉진활동 등의 마케팅 믹스는 비용(cost)을 발생시키는 반면 가격은 기업이 고객으로부터 가치를 획득하는 경로가 되는 마케팅 믹스 요인인 점을 고려할 때 최적의 가격결정은 기업 성과에 매우 중요한 부분이 된다. 뿐만 아니라 다른 마케팅 믹스에 비해 즉각적인 변경이 가능한 유연성의 특성을 갖고 있다.

그러므로 가격은 직접적으로 수익을 낳는 마케팅 믹스 요소일 뿐 아니라 경쟁에 제일 민감하므로 가격(pricing)에 대한 관리의 중요성은 날로 더해지고 있다. 또한 가격정책은 시장을 확대하거나 품질을 선도하는 역할을 담당하지만, 가격은 내리기는 쉽지만 올리기는 어려운 저항성을 지니고 있어 일반적으로 가격경쟁은 제일 마지막 수단으로 활용해야 한다.

(1) 가격결정에 영향을 주는 주요한 요인

가격은 시장을 구성하는 여러가지 요인에 의해 영향을 받는다. 예컨대, 비행기의 운임에 대해 생각해보자. 비행기티켓의 가격은 성수기와 비수기, 비행거리, 서비스제공의 비용 등 많은 요인에 의해 결정된다. 기본적으로 가격은 고객이 지각하는 가치보다 높게 책정을 한다면 소비자는 그 제품이나 서비스를 구매하지 않을 것이며 원가 이하에서 책정한다면 기업은 이윤을 실현하기가 어렵게 된다. 그러므로 기업은 제품가격의 상한선인 지각된 고객가치와 제품가격의 하한선인 원가사이에서 기업의 목표, 법적 규제, 경쟁환경등의 다양한 요인들을 고려하여 제품 가격을 책정하게 된다.

① 소비자의 지각된 가치요인

가격결정에 있어 소비자들은 자사 제품에 대해 어느 정도의 가치를 부여하는지와 가격에 대해 어떻게 반응하는 가를 이해하는 것은 기업의 마케팅 전략 수립에 있어 매우 중요한 부분이다. 가격과 소비자의 구매행동간의 관계를 이해하는 데 중요한 개념은 수요법칙(law of demand)과 수요의 가격탄력성(price elasticity of demand)이다. 수요법칙이란 소비자들은 제품의 가격이 낮아질수록 더 많은 양의 제품을 구입한다는 것으로 우하향형태를 보이는 수요곡선이다. 한편 가격은 이러한 수요공선이 공급곡선과 만나는 점에 결정된다는 것이 일반적인 경제학 이론이다(그림 3 참조).

수요의 가격탄력성은 제품의 가격이 변화함에 따라 판매량이 얼마나 변화하는지를 나타내는 지표이다.

$$\text{가격탄력성} = \frac{\text{판매량의 변화율(\%)}}{\text{가격의 변화율(\%)}} = \frac{\dfrac{\text{변화 후 판매량-변화 전 판매량}}{\text{변화 전 판매량}}}{\dfrac{\text{변화 후 가격-변화 전 가격}}{\text{변화 전 가격}}}$$

탄력적 수요란 가격탄력성의 절대값이 1보다 큰 경우로서 약간의 가격변화에 대해 수요량이 크게 변화한다. 이와는 반대로 비탄력 수요(inelastic demand)는 가격탄력성의 절대값이 1보다 작은 경우로서 가격을 인하하면 그보다 더 작은 비율로 수요량이 증가하게 된다.

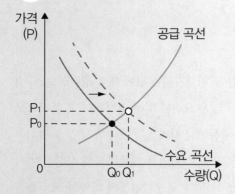

● ● ● **그림3** **가격곡선**

제품의 가격탄력성은 일반적으로 대체재 존재의 유무와 필요의 긴급 정도에 따라 좌우된다. 소비자가 선택할 수 있는 유사한 제품이 많다거나 그 제품을 긴급하게 필요로 하지 않은 경우에는 제품의 가격탄력성이 높아져 소비자들은 제품의 가격 변화에 크게 영향을 받는다. 따라서 기업이 제품 가격을 인상하면 소비자는 다른 대체재를 구매하거나 구매를 연기할 수 있기 때문에 수요량이 줄고, 가격이 인하되면 경쟁 대채제품의 고객을 흡수하거나 구매시기를 앞당길 수 있어 매출이 증가하는 것이다. 반면에 제품이 다른 경쟁기업이 제공하지 못하는 특별한 매력을 갖고 있거나 긴급하게 구매되어야 하는 상황의 경우에는 제품가격의 탄력성이 낮아져 가격 인상이나 인하가 소비자의 수요량에는 크게 영향을 미치지 못하게 된다. 예컨대, 급한 일로 KTX를 타야 하는 경우 일반석보다 훨씬 비싼 특실이라도 기꺼이 구매할 것이다. 또한 특정브랜드에 대해 경력하게 브랜드 애호도가 있는 소비자는 자기가 사용하는 브랜드가 매우 독특하다고 생각하기 때문에 다른 대체품을 구매하려고 하지는 않을 것이다.

② 원가요인

일반적으로 기업에서는 원가는 가격 하한선을 결정하기 때문에 매우 중요한 요소이다. 기업이 일시적으로 경쟁사와 가격경쟁에서 살아남거나 시장점유율을 높이기 위해 혹은 현금의 유동성을 확보하기 위해서 단기적으로 원가보다 낮게 가격을 책정할 수있지만 장기적으로 원가 이하의 가격으로는 살아남기 힘들기 때문에 기업은 제품이나 서비스를 공급하는 데 필요한 모든 직간접 비용을 신중하게 분석하여 원가를 파악해야 할 것이다.

원가가 상승하는 경우 기업은 다음과 같은 방법을 선택할 수 있다. 먼저, 제품을 그대로 유지하면서 원가상승분을 그대로 가격에 반영하는 방법이 있다. 둘째, 원가의 상승분을 비용을 절감을 통해 일부는 상쇄하고 일부는 가격변동에 반영한다. 셋째, 제품의 개선 및 수정을 통해 비용을 흡수하고 기존가격을 유지하는 방법이 있다. 넷째, 가격을 실제 원가상승분 만큼 인상을 하고 소비자들이 이를 허용할 수 있는 선에서 제품을 수정한다. 그리고 마지막으로는 적정이윤이 나지 않는 제품은 철수하는 방법이 있을 수 있다.

이에 비해 원가의 하락이 가능한 경우에는 가격을 인하하여 매출을 늘리거나 가격을 그대로 유지하여 이윤을 증가시키는 두 가지 방법 중에서 하나를 선택할 수 있을 것이다.

③ 경쟁요인

경쟁사와 유사하게 품질을 제공하면서 더 높은 가격을 책정한다면 그 기업의 제품 및 서비스는 고객들이 수용하지 않을 것이다. 반면에 경쟁사보다 유리한 원가구조를 갖고 있어 경쟁사보다 낮은 가격을 제시할 수 있다면 경쟁에서 유리한 고지를 점할 수 있다. 만약 경쟁사보다 자사가 고비용의 구조를 갖고 있다면 가격경쟁보다는 품질 향상 등의 차별화 전략을 선택해야 할 것이다.

유사한 제품과 서비스들이 시장에서 치열한 경쟁을 하고 있는 경우 개별기업들은 제품의 시장가격 형성에 큰 영향 미치지 못한다. 경쟁사보다 만일 고가격을 책정하면 대부분의 소비자들은 경쟁기업의 제품을 구매할 것이다. 또한 경쟁자보다 저가격을 책정하게 되면 경쟁자도 즉각적으로 가격을 인하할 가능성이 높아 가격인하에 따른 효과가 없어질 수도 있다.

한편 가격인하를 경쟁적으로 하게 된다면 가격전쟁을 유발하게 되어 궁극적으로는 모든 기업의 이윤이 감소하거나 손실을 야기하게 된다.

④ 유통경로요인

유통상이 자기의 매출을 확대하거나 적정이윤을 확보하기 위한 노력들은 제조업자의 가격결정에 영향을 끼치기도 한다. 도매업자나 소매업자들은 적정이윤을 확보하기 위해 납품받은 제품의 제고분을 반품할 수 있도록 요구하거나 마진이 적은 제품의 납품을 거절하기도 하는데 이러한 경우 협조를 확보하기 위해 발생하는 비용들이 가격에 반영되기도 한다. 그런데 이러한 가격반영에 있어 제조업자들은 전속적 유통경로를 설정하거나 가격할인지향적인 중간상과 거래를 회피함으로써 가격통제력을 어느 정도는 확보할 수 있다.

⑤ 가격에 대한 정부규제요인

정부규제는 여러 가지 형태로 나타난다. 예컨대 정부에서 생필품의 가격을 안정화 시키기 위해선 법적으로 가격을 일정수준으로 동결시키거나 사회적으로 바람직하지 못한 제품들에 대한 수요를 억제하기 위하여 최저가격을 설정하거나 세금을 부과하여 일정수준 이상으로 가격을 유지하려는 경우 등을 들 수 있다.

한편 정부는 제조업자들간 유통업자들과 혹은 제조와 유통업자 사이의 가격담합을 법적으로 규제하고 있다. 독점이나 과점의 경우에도 정부의 규제로 이윤을 취하는 고가격을 설정할 수 없는 경우가 일반적이다. 그러므로 마케터는 자사의 제품에 적용되는 법, 정책, 규제 등을 면밀히 검토하여 가격책정에 반영해야 할 것이다.

2) 가격목표

마케터는 기업전략의 목표와 마케팅목표를 바탕으로 제품가격결정을 한다. 이때 마케터는 마케팅의 목표가 시장점유율이나 수익, 이윤 등 어느 것을 목표로 하는가에 따라 가격의 방향이 달라지게 된다. 이러한 가격 목표는 크게 매출 중심적 가격목표, 이윤 중심적 가격목표, 현상유지적 가격목표 그리고 비영리기관의 가격목표로 분류할 수 있다.

(1) 매출 중심적 가격목표

기업이 매출액 증대나 시장점유율 확대등의 매출 중심적 목표를 가질 때 기업은 현재의 매출성장이 장기적으로는 시장 장악과 이윤극대화를 보장할 것이라는 믿음에 의해 단위제품당 마진을 낮추는 대신 판매량을 증대하여 총이윤을 증대시키고자 한다. 이러한 매출 중심적 가격목표를 달성하기 위해서 기업은 일반적으로 시장침투가격을 채택하게 된다. 매출 중심적 목표를 가진 가격은 표적소비자들이 가격에 민감하거나 대량생산을 통해 규모의 경제를 확보할 수 있는 경우나 저가격을 통해 잠재적 경쟁자들의 시장 진입을 저지할 수 있다면 효과적인 가격목표방법이다.

(2) 이윤 중심적 가격목표

이윤 중심적 가격목표를 추구하는 기업은 여러가지 형태의 이윤목표를 달성할 수 있도록 가격을 책정한다. 적정이윤(satisfactory profit)을 목표로 하는 기업이라면 장기간의 이윤을 확보할 수 있는 가격전략을 수립할 것이고 이윤극대화(profit maximization)를 추구하려는 기업이라면 최고의 이윤을 낼 수 있는 가격전략을 수립할 것이다. 또한 투자수익률(ROI; Return On Investment) 확보를 목표로 하는 기업은 기업은 투자비용의 일정비율을 이익으로 확보할 수 있는 가격 전략을 선택할 것이다.

(3) 현상유지적 가격목표

현상유지적(status-quo) 가격목표란 기업이 시장에서 좋은 포지셔닝을 갖고 있다면 더 이상의 변화를 추구하지 않은 것으로 목표를 세울 경우의 가격결정이다. 이러한 가격결정은 수요변동을 최소화하고 경쟁에 따른 이윤감소의 위험을 줄일 수 있다.

(4) 비영리기관의 가격목표

비영리 단체나 공공기관은 일반적인 기업 즉 영리기관과는 다른 가격목표를 설정하기도 한다. 예컨대, 병원, 학교, 사회복지시설 등은 발생되는 비용의 일부만을 보전하는 가격을 책정하거나 이용자의 소득수준에 따른 가격을 책정하는 공공가격(social price)을 설정하기도 한다.

3) 기본적인 가격결정방법

가격 결정의 기본 원리는 Value(가치) > Price(가격) > Cost(비용)이다. 만약 가격이 고객들이 지각하는 제품가치보다 높게 책정된다면 고객들은 그 제품을 구매하지 않을 것이고, 가격이 원가 이하로 책정된다면 기업이 이익을 얻지 못할 것이다. 이외에도 자사의 전반적 마케팅 전략, 시장의 성격, 그리고 경쟁사의 전략 등의 다른 내외부 요인을 고려하여 가격을 책정해야 할 것이다.

일반적으로 고객들은 같은 제품에 대하여 낮은 가격을 선호하기 때문에 대부분의 기업들은 원가지향적 가격결정방식을 고집하는데, 이는 좋지 못한 방법이다. 그 이유는 앞에서도 말했듯이 낮은 가격이라도 고객이 추구하는 가치를 충족시켜주지 못한다면 고객은 더 이상 우리 제품을 사용하지 않을 것이고, 고객이 우리 제품에 대해 지각하는 가치보다 더 높은 가격을 책정할 경우에도 고객들은 우리 제품을 구입하지 않을 것이기 때문이다.

원가기반 가격결정에 비교한 가치기반 가격결정의 가장 큰 차이점은 제품지향적이 아닌 고객지향적이란 점이다. 즉, 원가기반 가격결정의 프로세스는 제품→원가→가격→가치→고객 방향으로 이루어지는 반면, 가치기반 가격결정의 프로세스는 반대로 고객→가치→가격→원가→제품 방향으로 이루어진다. 앞에서 고객가치 확립(Value Identification) 이후 단계부터 고객가치 창출(Value Creation), 고객가치 전달(Value Delivery), 그리고 고객가치 관리(Value Capture)의 나머지 고객가치기반 마케팅(Value Based Marketing) 과정은 모두 고객가치를 중점으로 이뤄져야 한다고 말했듯이, 마케팅 믹스(제품, 가격, 유통, 홍보)에 대한 의사결정 또한 고객가치에서 출발해야 한다.

(1) 원가기반 가격결정(Cost-Based Pricing)

원가의 유형 기업의 원가는 고정비와 변동비로 구성된다. 고정비(fixed coasts) 혹은 간접비(overhead costs)는 생산량 혹은 매출수준에 따라 변동하지 않는 비용을 말한다. 예컨대 기업은 생산수준에 상관없이 매달 월급, 임대료, 광열비, 이자 등의 비용을 지불한다. 변동비(variable costs)는 생산수준에 따라 달라지는 비용을 의미한다. 변동비는 생산량이 증가함에 따라 총비용이 달라지므로 변동비라고 한다. 총원가(total costs)는 주어진 생산수준을 실현하는 데 드는 고정비와 변동비를 합한 것이다. 원가기반 가격결정(Cost-based Pricing)이란 제품원가(생산/유통/판매 비용)에 적정 수준의 마진을 더한 것으로 가격을 책정하는 것이다.

① 표준마진율 가산 가격결정법(Markup-Pricing)

가장 대표적인 원가기반 가격결정방식에는 표준마진율가산 가격결정법이 있다.

• 단위당 원가[= 변동비 + 고정비 / 판매량]를 산출한 후 기대마진율을 고려하여 제품가격[= 단위당 원가 / (1- 기대매출수익률)]을 도출해낸다.

② 손익분기 가격결정법(Break-even Pricing)

손익분기 가격결정법은 제품을 생산 및 판매하는 데 있어 발생하는 비용을 회수하는 수준과 이익이 같도록 가격을 책정하는 방법이다.

③ 목표이익 가격결정법(Target Profit Pricing)

목표이익가격결정법은 판매자가 원하는 목표이익을 실현하는 수준에서 가격을 매기는 것이다.

(2) 경쟁기준 가격결정(Going-Rate Pricing)

경쟁기준 가격결정은 경쟁자의 가격을 기준으로 동일한 수준이나 조금 높이거나 낮게 하는 등으로 가격을 결정하는 방법이다. 이런 산업에서는 산업계의 리더기업이 가격을 변경하면 나머지 2위 이하의 기업들은 이것을 따라가는 패턴을 보인다. 이 방법은 가격 경쟁을 최소화할 수 있다는 장점이 있으나 고객측면과 원가부분을 고려하고 있지 않은 단점이 있다.

(3) 가치기반 가격결정(Value-Based Pricing)

가치기반 가격결정(Value-based Pricing)이란 고객이 기대하는 제품의 가치에 맞춰 제품가격을 결정하는 방법이다. 가치기반 가격결정방법은 표적소비자들이 자사제품에 대해 어느 정도 가치를 부여하는지에 대한 조사를 통해 이에 상응하는 제품가격을 목표가격으로 설정한 다음 그러한 가치를 실현할 수 있도록 제품 디자인 및 생산원가를 계획함으로써 이뤄진다. 즉, 우리는 소비자들이 우리 제품에 대한 가치를 높게 평가할수록 제품 원가에 상관없이 고가격을 책정할 수 있다. 그러나 사실상 우리는 소비자가 우리 제품에 대해 지각하는 가치를 파악하기가 쉽지는 않으나, 소비자조사를 통해 소비자가 기본제품에 대해 얼마의 가격을 지불할 의향이 있는지, 각각의 편익이 추가됨에 따라 얼마를 더 지불할 것인지를 알아볼 수 있다.

4) 가격 의사결정 과정

기업의 가격전략은 크게 3가지로 나누어 볼 수 있다. 첫째, 가격을 비교적 높게 책정하는 고가전략이다. 일반적으로 높은 가격은 높은 품질을 대변하므로 고가전략은 품질을 선도하는 역할을 하나, 최근에는 낮은 가격에도 좋은 품질을 제공하는 기업들이 나타나 더 이상 소비자들에게 이러한 가격과 품질의 연상효과가 나타나지 않는 경우가 종종 있다. 둘째, 가격을 비교적 낮게 책정하는 저가전략이다. 이는 기업의 생존을 위한 전략인 동시에 시장점유율을 극대화시키기 위한 전략이다. 저가전략은 일반적으로 수요탄력성이 높은 경우, 즉 소비자가 가격에 민감한 경우 또는 진입장벽이 낮은 경우에 적용한다. 셋째, 경쟁자와 유사한 수준에서 가격을 책정하는 대등가격전략이다.

그러나 결론적으로 가격은 낮고 높은 게 중요한 게 아니다. 가격의 결정요인은 고객이 기꺼이 지불하고자 하는 가격(WTP: Willingness To Pay)에 근거하는 것이다.

일반적으로 가격 의사결정은 다음과 같은 과정으로 이루어진다. 먼저 가격의 목적과 전략, 그리고 전술을 설정한 후 정확한 가격을 책정한다. 그리고 제품의 수명주기에 따라 가격의 할인과 공제를 통해 적절한 가격조정 전략을 구사함으로써 가격변화를 주도한다.

(1) 가격의 목적 및 전략 설정

먼저 가격의 목적에 따라 가격의 전략 또한 변화해야 하는데, 이를 위해서는 가격구조를 시간과 고객 그리고 제품에 따라 가격구조를 다르게 갈 수 있다. 예컨대, 시간의 흐름에 따라 가격결정을 하는 경우가 있다. 이는 기업이 빠른 시간 내 시장점유율 최대화가 목적이라면 시장침투 가격전략(Penetration Pricing)을 사용할 수 있을 것이다. 반면 규모는 작지만 상류층 고객을 타깃으로 잡는 게 목적이라면 스키밍(Skimming Pricing)이 적정하다.

① 시장침투 가격전략(Penetration Pricing)

이 전략은 처음부터 저가격을 책정하여 빠른 속도로 시장에 깊게 침투함으로써 많은 수의 구매자를 신속하게 끌어들여 높은 시장점유율을 확보하는 전략이다. 효과적인 시장침투 전략을 수행하기 위해서는 다음과 같은 조건들이 충족되어야 한다. 첫째, 시장이 가격에 매우 민감해 저가격이 더 많은 시장성장을 발생시켜야 한다. 둘째, 판매량이 증가함에 따라 생산원가와 유통비용이 하락해야 한다. 셋째, 저가격책정이 경쟁사의 진입을 억제하는 데 도움을 주어야 하며, 시장침투 가격전략을 선택한 기업은 저가격 포지션을 계속 유지해야 한다. 그렇지 못한다면, 저가격으로 인한 우위는 일시적 현상에 불과할 수 있다.

② 스키밍 가격(Skimming Pricing)

고가전략인 이 전략은 가격에 덜 민감한 또는 기업의 제품을 기꺼이 구매하려는 고객들로 구성된 세분시장을 표적으로 고가격을 책정함으로써 초기에 최고의 수익을 올리려는 전략이다. 이는 보통 신제품 출시 때 활용하며 다음과 같은 조건에서 설득력 있는 초기 고가격전략을 펼칠 수 있다. 첫째, 품질과 이미지가 상대적 고가격을 지원해야 하고, 많은 구매자가 그 가격대에서 그 가격대에서 제품구매를 원해야 한다. 둘째, 소량생산에 드는 비용이 고가격책정의 이점을 상쇄할 정도로 높지 않아야 한다. 셋째, 경쟁사가 시장에 쉽게 진입하여 자사보다 저렴한 가격을 책정할 수 없어야 한다. 시간이 지나면서 가격이 내려가는 것은 모두 초기 고가격 전략은 아니다. 예컨대 스마트폰의 가격이 시간이 지남에 따라 내려가는 것은 스키밍 가격 때문이 아니라 대량생산에 의한 원가절감과 경쟁으로 인한 가격인하 때문이다. 그러므로 스키밍 가격은 다른 요인에 의하여 가격이 낮아지는 현상이 아니라 기업이 의도적으로 높게 책정한 다음 단계적으로 가격을 낮추는 것을 의미한다.

(2) 가격조정 전략

가격조정 전략은 고객 또는 상황의 변화에 따라 책정된 기본가격을 조정할 때 활용한다.

할인(Discounts) 및 공제(Allowances) 가격결정이란 일찍 대금을 지불하거나 대량구매를 하는 등의 반응을 보인 고객을 보상하기 위해 가격을 할인해 주는 것을 말한다. 할인의 형태에는 현금할인, 수량할인, 기능적/중간상 할인, 그리고 계절 할인이 있는데, **현금할인(Cash Discount)**이란 구입금액을 빨리 지불하는 구매자에게 일정비율을 할인해 주는 것을, 수량할인은 많이 구매할 경우 할인해 주는 것을 뜻한다. **기능적/중간상 할인(Functional/Trade Discount)**이란 거래업체가 판매, 저장, 거래기록 등의 기능을 수행한 대가로 구입제품의 대금을 할인해주는 것이다. **계절 할인(Seasonal Discount)**은 비수기에 상품을 구매한 사람에게 가격을 할인해 주는 것이다. 계절 할인은 고객들에게 적시를 대비해 미리 구매를 유도하는 전략으로 판매자에게 연중 안정된 생산량을 유지할 수 있게 한다.

공제의 형태에는 중고품 공제, 촉진 공제가 있는데, **중고품 공제(Trade-in Allowances)**란 중고품을 돌려주고 신제품을 구매한 고객에게 가격을 할인해 주는 것이다. 중고품 공제는 자동차 산업에서 흔히 볼 수 있는 가격할인 형태이다. **촉진 공제**(Promotional Allowances)는 광고와 판매활성화 프로그램에 참여한 거래처를 보상해주기 위해 가격을 할인해주는 것을 뜻한다.

세분시장별 가격결정(Segmented Pricing)이란 고객별 또는 구매자 위치에 따라 서로 다른 가격을 책정하는 것을 말한다. 동일제품을 고객에 따라 가격을 다르게 책정하는 방법의 대표적 예로는 학생할인, 조조할인 등이 있다. 구매자 위치에 따라 서로 다른 가격이 제시될 수 있는데, 이는 중간상들에 따라 최종 고객, 즉 소비자들에게 다른 가격이 책정될 수 있다. 예를 들면, 백화점에서와 하이마트에서 삼성전자 제품의 가격은 각각 다를 것이다.

심리적 가격결정(Psychological Pricing)은 기업이 제품의 경제적 가치보다는 가격이 갖는 심리적 효과를 고려하는 방법이다. 대표적인 심리적 가격결정 방식으로는 **가격−품질 연상효과**를 들 수 있다. 예를 들어, 고객은 비싼 제품이 싼 제품에 비해 더 품질이 좋은 것으로 지각하는 경향이 있다. 이와 같이 과거 구매경험에 근거하여 제품의 품질을 판단할 수 없는 경우, 즉 제품을 평가할 충분한 정보가 없거나 전문지식이 부족한 고객은 보통 품질을 판단할 때 가격을 중요한 단서로 삼는다. 또 다른 심리적 가결결정에 활용되는 개념으로 **준거가격**(Reference Price)이 있는데, 준거가격이란 고객 마음 속에 자리잡고 있는 가격을 뜻한다. 준거가격은 현재 판매마격을 살펴보거나, 과거의 판매가격을 회상하거나, 구매상황을 평가함으로써 이루어질 수 있다. 따라서 기업은 고객이 지니고 있는 준거가격을 잘 활용해야 한다. 더불어 **단수가격**(Odd Price)은 천단위, 만단위의 정확한 가격보다 약간 모자랄 경우 고객들이 더 싸다고 인지하는 심리적 요소를 활용한 전략으로 최근 많은 유통업체들이 적용하고 있다.

해외시장 가격결정을 할 때에도 가격조정 전략이 필요하다. 각국 시장마다 경제적 여건, 경쟁상황, 법규제, 그리고 도소매 시스템의 발달 정도 등의 여러 요소들이 다르기 때문이다. 또한 우리는 진출하는 해외시장에 따라 서로 다른 마케팅 목표를 가질 수 있기 때문에 이에 따른 가격조정 전략이 필요하다. 예를 들어 삼성은 선진국 시장에 신제품을 출시하면서 빠른 시간에 높은 시장점유율을 달성하려는 목표를 설정할 수 있는데, 이런 마케팅 목표는 시장침투 가격전략을 필요로 하는 반면 개발도상국가에 진출하면서 상대적으로 규모가 작고 가격에 덜 민감한 상류층 고객을 표적 세분시장으로 설정한다면, 초기 고가격전략이 적절할 것이다.

(3) 공공정책

가격경쟁은 자유시장의 핵심이지만 소비자의 권리보호 혹은 여러 정치경제적인 문제로 정부는 기업이 원하는 가격을 자유롭게 책정하도록 허용하지 않음으로써 공정한 가격정책이 이루어지도록 규제한다.

고정 가격정책(Price-Fixing)이란 판매자는 경쟁자와 의견교환 없이 가격을 책정해야 한다는 법규이다. 위반할 경우 가격담합의 혐의를 받아 상당한 액수의 벌금을 부과받는다.

또한 정부는 판매자의 약탈적 가격정책(Predatory Pricing)을 금지하고 있는데, 이는 경쟁사에 보복하기 위해 혹은 경쟁사를 망하게 하여 장기적으로 더 높은 이익을 실현하기 위한 의도를 가지고 원가 이하의 가격으로 판매하는 것이다. 가령, 대규모 업체가 영세 판매자를 망하게 하기 위하여 원가 이하의 가격으로 판매시 이 법규는 이를 금함으로써 영세 판매자를 보호한다.

소매가격 유지정책(Retail Price Maintenance)는 제조업체가 거래업체에게 특정 소매가격을 책정하도록 요구할 수 없도록 정부가 법으로 금지하고 있다. 판매자는 소매상에게 제조업체의 권장소매가격(Suggested Retail Price)을 제시할 수 있지만, 기업이 원하는 가격으로 판매하지 않은 소매업체에게 제품 공급을 통제하는 등의 행동은 할 수 없다.

기만적 가격정책(Deceptive Pricing)은 고객에게 오도하거나 실제 그 가격으로 구매할 수 없는 가격정보를 고객에게 제시하는 것이다. 소매업체가 의도적으로 정상가를 높게 책정한 다음 그 가격 옆에 세일가격을 표시하는 것과 같이 기만적 가격정책은 가짜의 준거가격 또는 비교가격을 고객에게 제시함으로써 이용되고 있다. 이 정책은 정보가 진실이라면 불법이 아니다. 그러나 미국의 연방거래위원회(FTC)에 따르면, 판매자는 정상가에서 인하된 것이 아니면 가격할인을 광고하지 않아야 하며, 판매가격이 실제로 공장도 가격이나 도매가격이 아니면 그 가격임을 광고하지 않아야 하고, 불량품에 정상품을 할인한 가격으로 광고하지 않아야 한다.

Further Discussions

FD1 기업은 하나의 브랜드를 집중해서 성장시켜야 하는가 아니면 복수의 브랜드를 성장시켜야 하는가에 대해 장단점을 토론해보자.

FD2 브랜드아이덴티티와 브랜드 가치제안에 대해서 예를 들어서 설명해보자. 공명의 최종단계에 일어나는 현상은 어떠한 것이 있는지 찾아보고 자신의 주위에 브랜드 공명은 어떤 것이 될 수 있는가를 토론해보자.

FD3 개별브랜드 전략과 기업브랜드 전략의 장-단점에 대해서 토론해보자.

FD4 가치와 가격의 개념에 대해 생각해보고 둘 간의 상관성에 대해서 토론해보자.

FD5 가격이란 무엇이고 동일한 의미로 우리가 사용하는 것은 어떤 것이 있는지 토론해보자.

FD6 우리나라의 가격관련 법률을 찾아보고 기업의 가격의사결정에 어떻게 영향을 미치는지를 토론해보자.

FD7 어떠한 상황 및 조건에서 마케터는 가격을 변경해야 하는지에 대해서 토론해보자.

CHAPTER 09

가치 창출을 위한 기업외부 준비:
유통과 판촉

Learning Objectives

LO1 부가가치 전달을 위한 유통경로에 대해 이해하고 어떻게 상호작용하고 경로의 과업을 수행하며 조직화되는지를 학습한다.

LO2 유통의 중요성과 역할에 대해 알아보자.

LO3 유통경로에서 도매상과 소매상의 역할을 알아보고 이들의 마케팅 의사결정에 대해 학습한다.

LO4 고객가치를 전달함에 있어 통합적 마케팅 커뮤니케이션의 필요성과 과정에 대해서 학습한다.

LO5 촉진, 광고, 홍보 및 인적 영업 등의 판촉 믹스에 대해서 학습한다.

LO6 기업과 소비자와의 커뮤니케이션 과정에 대해서 학습한다.

LO7 고객가치 창출에 있어서 고객관계구축상의 인적영업의 역할을 학습한다.

LO8 판매촉진의 개발과 실행에 대한 과정에 대해 학습한다.

**'계획된 적자' 전략 통했다…
'연간 흑자' 도전하는 쿠팡**

지난해 3분기 첫 흑자 달성…올해 연간 흑자 기대
글로벌 자금시장 경색…투자 규모 유지해야
美 자본 국내 투자 1위…대만시장 공략

로켓배송 도입 후 첫 연간 흑자에 도전하는 쿠팡 앞에 경색된 자금시장이 변수로 떠올랐다. 글로벌 경영환경 악화로 투자 상황이 여의치 않을 경우 재무구조 개선에 나서며 실적을 갉아먹을 수 있어서다.

쿠팡은 지난해까지 미국에서 가장 많은 자금을 유치한 국내 기업으로, '만성적자' 기업이라는 이미지와는 달리 매력적인 투자처로서의 입지를 유지하고 있다.

19일 관련업계에 따르면 쿠팡은 올해 사상 처음

으로 연간기준 첫 흑자를 달성할 것이란 전망이 나온다.

쿠팡은 지난해 3분기 분기기준으로 로켓배송을 시작한 지 8년여 만에 처음으로 흑자를 달성했다. 지난해 3분기 쿠팡은 7742만 달러의 영업이익을 달성했다. 당시 평균 원-달러 환율 1340.5원을 적용하면 1037억원 규모다.

쿠팡은 지난 2021년 3월 미국 뉴욕 증시에 상장한 후 지난해 1분기까지 분기마다 2500~5000억원대 적자를 내왔다. 지난해 들어 1분기(2억570만 달러)에 이어 2분기(6714만 달러) 적자를 연달아 줄였고 3분기 흑자전환에 성공했다.

쿠팡의 흑자 전환은 '계획된 적자'라는 이름으로 그동안 자동화 기술 기반 물류 네트워크에 과감하게 선행 투자한 결실을 맺었다는 평가가 나온다. 매출액은 엔데믹에 접어들며 성장세가 주춤해졌지만 지난해 207억 달러, 올해엔 239억 달러를 달성할 것이란 전망이다.

김범석 쿠팡 Inc 의장은 지난 3분기 컨퍼런스콜에서 "기술, 풀필먼트, '라스트 마일'(last mile·최종 배송단계)을 통합한 독보적인 물류 네트워크에 지난 7년간 수십억 달러를 투자한 결실"이라며 "앞으로도 프로세스 최적화, 머신러닝과 로보틱스를 포함한 자동화 기술에 지속적으로 투자하겠다"고 말했다.

3분기 깜짝 흑자를 바탕으로 지난해 연간 실적도 큰 폭으로 개선될 것으로 예상되고 있다. 미국 증권가에선 지난 2021년 15억 달러 수준에 달했던 순손실이 지난해 연간 기준 1억2100만 달러 수준으로 줄어들 것으로 예상하고 있다. 올해엔 3억 9600만 달러 수준의 순이익을 달성할 것이란 전망도 제기되고 있다.

다만 올해 글로벌 경영환경이 녹록치 않다. 인플레이션과 공급망 이슈로 경색된 자금시장을 돌파할 수 있는 자금조달 능력이 변수로 꼽힌다. 투자자들로부터 지속적인 자금을 끌어들일 수 있는 매력적인 미래경쟁력 확보도 필수다.

현재까지 쿠팡의 자금조달은 원활한 모습이다. 쿠팡은 지난 2021년 뉴욕 증시 상장 후 모두 다섯 차례에 걸쳐 모두 1조8600억원을 조달해 물류 인프라를 경남 창원과 김해, 대구 등으로 넓혔다.

특히 산업자원통상자원부 자료에 따르면 쿠팡은 미국에서 한국으로 가장 많은 투자금을 유치한 기업으로 꼽힌다. 지난해 쿠팡이 미국 증시에서 자금을 조달해 한국에 투자한 금액은 7억 달러(약 8716억원) 규모다. 같은 기간 미국이 한국에 투자한 전체 금액(29억8700만 달러)의 23.4% 수준이다.

외부 투자금은 전국 단위의 물류망을 구축하고, 배송기사(쿠팡친구)와 물류센터 직원의 대대적인 직고용으로 이어졌다. 쿠팡은 앞으로도 지속적으로 투자를 이어나갈 예정. 내년까지 광주, 대전 지역에 신규 물류센터 추가 건립을 추진 중에 있으며, 이에 따라 고용 규모도 전반적으로 늘어날 것으로 예상하고 있다.

쿠팡은 로켓배송 시장을 대만으로 넓히며 글로벌 시장을 정조준하고 있다. 대만 고객들은 690타이완 달러(약 3만1200원) 이상 직구 상품을 구매할 경우 무료로 배송을 받을 수 있다. 특히 대만에 배송되는 상품 절반 이상은 한국 중소상공인 제품으로, 판로 개척에도 역할을 톡톡히 하고 있다.

정연승 단국대 경영학과 교수는 "쿠팡의 흑자 전환은 본질적으로 소비자들의 신뢰와 충성도가 높아지면서 손익구조가 안정적으로 개선되는 것"이라며 "세계적인 이커머스 둔화 속에서 한국 혁신 기업의 경쟁력을 보여준 것으로 보인다"고 말했다.

출처: 뉴스핌, 2023년 1월 19일

대부분의 기업들은 제품을 최종 사용자에게 직접 판매하지 않는다. 대부분은 중간상을 거쳐 소매상을 통해 판매되고 있다. 즉, 기업은(생산업자는) 제품 혹은 서비스를 생산하여 구매자가 구매할 수 있도록 하기 위해 고객과의 관계구축뿐만 아니라 공급체인의 주요 공급자 및 유통업자와의 관계 구축을 하는 것도 필요하다. 이러한 공급 체인은 후방 거래(upstream)와 전방 거래(downstream)파트너로 구분된다. 기업 입장에서 후방 거래는 제품 혹은 서비스를 생산하기 위해 필요한 원료, 부품, 정보, 금융, 전문 기술을 공급하는 기업의 집합체이다. 전통적으로 마케팅 관리자는 공급 체인의 전방 거래부분에 집중한다. 유통업자(도매상과 소매상)와 같은 전방 거래 마케팅 경로 파트너는 기업과 고객 간의 관계를 실질적으로 만들어 주는 역할을 한다. 또한 후방 거래 파트너와 전방 거래 파트너 모두 경쟁기업을 포함한 다른 기업의 공급 체인의 일부이기도하다. 그러므로 기업은 공급 체인을 매우 잘 설계하는 것은 고객에게 보다 나은 가치를 제공하는 역할을 한다. 그러므로 개별 기업의 성공은 그 기업이 자사의 마케팅 채널을 잘 운영하는 것뿐만 아니라 전체적인 마케팅 채널이 경쟁사의 채널에 비해 갖는 경쟁력에 달려있다고 해도 과언이 아니다. 이에 본장에서는 유통경로의 다양한 형태에 대해 알아보고 다양한 유통경로에서 소비자들에게 가치를 전달 하여 부가가치를 생산할 수 있는 적합한 유통경로를 설계하는 방법을 알아보도록 한다. 또한 이러한 유통경로를 유지하는 데 있어서 어떤 문제들이 있는가를 살펴보도록 하자.

1

쉽게 접근할 수 있는 유통

유통(Place)이란 소비자가 편리하게 접근할 수 있는 유통망을 구축하는 것이다. 유통경로(Distribution Channel)란 최종 구매자가 상품을 쉽게 구입할 수 있도록 만들어 주는 과정에 참여하는 상호의존적인 모든 조직체들을 뜻한다. 즉, 마케팅 믹스 요소 중 하나인 유통(Place)은 이전 단계인 고객가치 창출(Value Creation)단계에서 창출한 가치를 전달하는 고객가치 전달(Value Delivery)과정의 중요한 역할을 담당한다. 특히 도매상, 소매상과 같이 이러한 유통경로에 참여하는 조직체나 개인을 중간상 또는 경로 구성원이라고 하는데, 이들은 제품과 서비스의 공급을 구매자의 수요와 분리시키는 시간, 공간의 차이를 극복하게 함으로써 가치를 부가한다.

이를 통해 유통경로는 배분 활동뿐 아니라 정보 전달 활동과 수요창출 활동 담당한다. 따라서 이를 가치전달 네트워크(Value Delivery Network) 또는 가치부가과정(Value-adding Process)이라고도 하는데 이는 <그림 1>과 같은 가

치사슬(Value Chain)을 통해 이루어진다.

유통채널이란 어떤 제품이나 서비스를 최종구매자가 구매할 수 있도록 해주는 과정에 참여하는 모든 조직체나 개인을 일컫는 말이다. 또한 유통채널에 참여하는 도매상, 소매상과 같은 조직이나 개인을 중간상 혹은 경로구성원이라고도 한다.

유통채널이 거래의 효율성을 야기하는 이유를 채널의 거래수의 변동을 통해 살펴보자. 제품 혹은 서비스를 생산하여 구매자가 구매할 수 있도록 하기 위해 생산업자는 고객과의 관계구축뿐만 아니라 공급체인의 주요 공급자 및 유통업자와의 관계 구축도 필요하다. 이러한 공급 체인은 후방 거래(upstream)와 전방 거래(downstream) 파트너로 구성된다. 기업 입장에서 후방 거래는 제품 혹은 서비스를 생산하기 위해 필요한 원료, 부품, 정보, 금융, 전문 기술을 공급하는 기업의 집합체이다. 그러나 마케팅 관리자는 전통적으로 공급 체인의 전방 거래 부분에 집중한다. 도매상과 소매상 같은 전방 거래 마케팅 경로 파트너는 기업과 고객 간의 실질적인 관계를 형성해 준다. 또한 후방 거래 파트너와 전방 거래 파트너 모두 다른 기업의 공급 체인의 일부이기도 하다. 각 기업이 공급 체인을 훌륭하게 설계하는 것은 고객에게 보다 나은 가치를 제공하는 역할을 한다. 그러므로 개별 기업의 성공은 그 기업이 자사의 마케팅 채널을 잘 운영하는 것뿐만 아니라 전체적인 마케팅 채널이 경쟁사의 채널에 비해 갖는 경쟁력에 달려있다.

1) 유통채널 존재 이유와 기능

다양한 이유에서 유통은 존재한다. 생산과 소비의 시간의 불일치와 장소의 불일치 그리고 형태의 불일치가 있다. 시간불일치는 생산시점과 소비시점간의 불일치를 의미한다. 예컨대 우리나라의 경우 쌀은 1년에 한 번만 생산되지만 소비는 1년 내내 일어난다. 장소불일치는 생산지와 소비지간의 불일치를 의미한다. 예컨대 쌀은 농촌지역에서 주로 생산이 되는 반면 소비는 전국적으로 발생하며 인구밀집 지역일수록 많은 판매가 일어난다. 형태불일치란 생산되는 형태와 소비되는 형태가 불일치를 의미한다. 예컨대 쌀의 경우, 생산자(농민)는 다량으로 생산하지만 소비자는 20kg, 10kg, 5kg 등 소량으로 구매하여 소비하게 된다.

유통채널은 단순히 제품을 전달하는 물리적 배송 기능 이외에도 다음과 같은 여러 가지 기능을 담당한다.

- **촉진**: 상품의 존재를 알리고 구매하도록 설득하며 구매를 유인하는 인센티브를 제공한다.
- **보관**: 생산된 제품을 소비시점까지 보관하여 시간상의 불일치를 해소한다.
- **협상**: 구매자와 가격 및 기타 거래 조건에 대하여 협상 및 합의를 이끌어낸다.
- **주문접수**: 구매자로부터 주문을 접수받고 생산자에게 이를 전달한다.
- **배달**: 생산장소에서 소비장소까지 상품을 운송함으로써 장소상의 불일치를 해소한다.
- **판매 후 서비스 및 반품처리**: 설치나 보증수리 같은 A/S를 제공하고 반품처리한다.
- **관계유지**: 구매자와의 관계를 유지하기 위한 여러 활동을 펼친다.
- **정보제공**: 제품은 물론 구매자, 경쟁자, 기타 시장환경요인들에 대한 정보를 제공한다.
- **금융**: 구매자에게 외상이나 할부판매를 제공하며 생산자에게 자금을 융통한다.

이러한 유통경로기능을 중간상들이 모두 담당하는 것은 아니며 생산자와 소비자가 일부 기능을 수행할 수도 있다. 그러므로 생산자, 중간상, 소비자 중에서 누가 어떠한 기능을 수행하는지에 의해 다양한 형태의 유통경로들이 발생할 수 있다.

2) 유통채널의 수단(Transportation)

최근 값비싼 연료비로 인하여 기업은 운송비용에 대한 걱정이 커지고 있다. 효과적인 운송관리는 많은 기업들이 비용을 고려하면서 동시에 고객들에게 전달 사항을 최적화시키는 것이다. 아래는 다양한 운송 수단(파이프라인, 육로, 수로, 철도, 항공 등)을 각 속성별(저비용, 속도, 신뢰도, 전달성, 비손상 명성)로 비교한 것인데, 기업은 각기 다른 장단점을 지닌 운송수단들을 적절히 조합해서 활용해야 한다.

기업이 선택한 운송 수단에 따라 제품 가격, 배송 및 배송 이후의 상태가 달라진다. 이러한 운송수단의 선택은 모두 고객의 만족과도 밀접한 관련이 있다. 기업은 제품을 수송하는 데 트럭, 철도, 수상, 파이프 라인, 항공 그리고 디지털 제품의 경우 인터넷과 같은 경로를 이용할 수 있다.

그림2 속성별 운송수단 비교

(Low Cost) 저비용	(Speed) 속도	(Reliability of Delivery) 신뢰도	(Ability to Deliver to Many Geographical Area) 전달성	(Reputation for Delivering Undamagede Goods) 비손상 명성
1. Pipeline	1. Air	1. Pipeline	1. Motor	1. Pipeline
2. Water	2. Motor	2. Air	2. Rail	2. Water
3. Rail	3. Rail	3. Motor	3. Air	3. Air
4. Motor	4. Pipeline	4. Rail	4. Water	4. Motor
5. Air	5. Water	5. Water	5. Pipeline	5. Rail

고 ↕ 저

트럭은 경로 선택과 스케줄 조정에 유연성이 있으며 일반적으로 철도보다 빠른 서비스를 제공할 수 있다. 트럭은 고가 제품의 단거리 운송에 아주 적합하다.

철도는 우리나라에서도 특송제품뿐 아니라 석탄, 모래, 광물과 같이 부피가 큰 제품을 수송할 때 비용 및 전달성에서 매우 효율적이다.

수상 수송은 우리나라의 경우 해로를 통해서 다량의 제품을 선박이나 바지선으로 수송하고 있다. 수상 수송은 모래, 석탄, 오일 등의 부패하지 않는 제품과 대량물품을 수송하기에 저렴하고 좋은 수단이지만 시간이 오래 걸리고 기후에 영향을 받는다.

파이프라인 수송은 석유, 천연 가스 및 화학제품의 수송에 특화된 수단이다. 대부분의 파이프라인은 자사의 제품만을 수송하는 데 사용된다.

항공 수송은 매우 중요한 수송 수단으로 항공화물의 비용은 매우 비싸지만 신속한 수송이 필요하거나 상당히 먼 거리로 수송할 때 적합하다. 인터넷은 생산자로부터 만들어진 디지털 제품을 소비자에게 인터넷망을 통해 전달한다. 소프트웨어, 언론 매체, 음반 기업, 교육 기업 등은 디지털 제품을 인터넷을 통해 운송할 수 있다. 이전 기업은 기존에는 전통적인 방식으로 CD나 신문 등을 통해 컨텐츠를 유통했지만 이제는 인터넷이 이런 유통 비용 마저도 줄여줄 수 있다. 비행기와 트럭, 철도가 화물을 수송하는 데 반해, 디지털 기술은 정보를 수송한다. 최근 화주들은 두 가지 이상의 수송 수단을 결합한 협동 일괄 수송(intermodel transportation)을 이용하고 있다. 피기백 (Piggyback)은 철도와 트럭을, 피시백(Fishyback)은 수상과 트럭을, 트레인십(Trainship)은 수상과 철도를, 에어 트럭 (Airtruck)은 항공과 트럭의 결합 사용을 나타내는 것이다. 이와 같은 협동 일괄 수송은 어떤 하나의 수송 방법으로는 할 수 없는 것을 하는 등 다양한 이점을 제공한다.

최근에는 많은 기업들이 로지스틱 업무를 유피에스(UPS), 페덱스(FedEx Logistics)와 같은 제3자인 3PL(Third-Party Logistics) 사업자에게 맡긴다. 기업이 이러한 3PL 서비스를 이용하는 이유에는 크게 두 가지가 있다. 첫째, 제품을 시장에 전달하는 것이 3PL의 핵심사업이기 때문에 3PL 서비스를 이용하는 것이 더 낮은 물류비용으로 효과적으로 업무를 수행할 수 있다. 특히 글로벌 시장으로 확장하려는 경우 포장 규격, 트럭 크기, 무게 제한, 공해 규제 등 로지스틱에 영향을 주는 여러 가지 제약요인에 대하여 전문적인 3PL 기업으로부터 큰 도움을 받을 수 있을 것이다. 둘째, 3PL 서비스의 아웃소싱은 기업이 본연의 업무, 핵심 사업에 집중할 수 있도록 도와준다.

또한 최근에는 인터넷을 통한 직접판매 또는 방문판매와 같이 중간상 없이 직접 소비자에게 제품을 판매하는 기업들도 증가하는 추세인데, 이는 각각의 마케팅 중간상을 뜻하는 경로수준의 수(channel level)가 많아질수록 비용이 증가함은 물론 통제력이 약해지기 때문이다. 그러나 이러한 탈중간상화 혹은 직거래(disintermediation) 추세는 비용감소와 고객만족이라는 기회와 동시에 경쟁기업이 차별화되는 유통망 개발에 대한 대응을 해야 한다는 위협을 가져다 준다. 예컨대, 아마존이 킨들(kindle)을 통해 서점사업에 뛰어들면서 전통적 종이책 산업이 퇴락하게 되었으며, 애플(Apple)이 아이튠(iTunes)을 출시하자 음반매장이 퇴락하고 말았다.

더불어 최근 이슈가 되고 있는 유통기구에는 파일럿 샵(pilot shop)이 있는데, 이는 이윤창출이 목적이 아니라 도매상이 소비자의 변화에 대한 정보를 얻기 위해 직접 운영하는 소비업체를 말한다. 그러나 이러한 새로운 유통채널 방식의 성공은 기존 방식보다 고객에게 더 나은 서비스를 제공할 수 있을 때에만 가능하다는 것을 명심해야 한다.

한편 마케팅 로지스틱스(marketing logistics)는 적절한 이윤을 보장하면서 고객 욕구를 충족시키기 위하여 원산지로부터 소비 지점까지 제품과 서비스 및 관련 정보의 물적 흐름을 계획하고 집행하며 통제하는 일을 말한다. 즉, 최적 제품을 적절하고 적합한 고객에게 적시 적소에 전달하는 과정을 뜻한다. 과거 물적 유통은 전형적으로 공장에 있는 제품을 고객에게 가장 적은 비용으로 공급할 수 있는 방안이 주요한 관심사였으나 오늘날의 마케터는 고객 중심의 로지스틱스적 사고를 갖고 있는데, 이것은 시장에서 시작하여 역으로 다시 공장에서 심지어는 공급처에서 수행하는 것이다. 마케팅 로지스틱스는 외부적 로지스틱(제품을 생산지에서부터 중간상에게 그리고 최종적으로 고객에게 전달)의 문제뿐만 아니라, 내부적 로지스틱(제품과 원료를 공급자로부터 공장으로 전달)의 문제이기도 하다. 즉 마케팅 로지스틱스는 전체적인 공급 체인 관리(SCM: Supply Chain Management)를 의미하는데, 공급 체인 관리(SCM)는 공급자, 기업, 중간상, 최종 소비자 간에 원재료, 최종 제품 관련된 정보에 대해 가치가 부가된 흐름을 관리하는 것이다. 따라서 로지스틱 관리자는 원료 공급자, 구매 대리인, 마케팅 관리자, 경로 구성원 및 고객의 행위와 활동을 조정하는 과업을 수행한다. 이러한 활동에는 예측, 정보 시스템, 구매, 생산 계획, 주문 처리, 재고, 수송 계획이 포함된다.

3) 유통의 유형과 관리

제조업자 혹은 생산자는 자사가 가장 적합한 유통경로를 설계하고 구축하는 것은 단순히 효율성을 의미하는 것이 아니라 지속생존가능한 경쟁우위 확보라는 측면에서도 매우 중요하다. 적합한 유통경로를 설계 및 구축하기 위해서는 다양한 유통경로에 대해 학습할 필요가 있다. 유통채널의 유형은 크게 도매상과 소매상으로 구분된다.

(1) 소매상의 유형

소매업(retailing)이란 제품을 고객에게 직접 판매하는 것과 관련된 모든 활동이다. 소매업을 통해 판매고를 올리는 소매상으로는 국내의 홈플러스, 이마트 등이며 이외에도 판매 대리인, 온라인 사이트, 그리고 의사 또한 포함된다. 대부분의 소매업은 주로 소매점포에서 이루어지지만, 최근 들어 무점포 소매업이 빠른 속도로 성장하고 있다. 무점포 소매업은 직접우편, 카탈로그, 전화, 인터넷, TV홈쇼핑, 방문판매, 자동판매기 등을 통해 소비자에게 제품을 판매하는 것이다. 대표적인 소매상의 유형은 아래와 같이 나눌 수 있다.

- **전문점(Specialty Stores)**: 취급되는 상품계열의 폭은 한정되어 있으나 해당 계열 내에서는 매우 다양한 상품구색을 갖춘다. 의류점, 운동용품점, 가구점, 꽃집, 서점 등이 있다. 예로 갭(Gap), 윌리앙-소노마(Williams-Sonoma), 딕스(Dick's sporting goods), 자라(zara) 등이 있다.

- **백화점(Department Stores)**: 의류, 가구, 가정용품 등 다양한 제품계열을 취급하는데, 각각의 제품계열은 전문 구매자나 전문상인에 의해서 각 부문별로 관리 및 운영된다. 백화점의 예로 우리나라의 롯데백화점, 현대백화점과 미국의 메이시스(Macy's) 등이 있다.

- **슈퍼마켓(Supermarkets)**: 비교적 큰 규모, 저가격, 저마진, 대량판매, 셀프 서비스로 운영되며, 보통 식료품과 가정용품에 대한 소비자의 전반적인 욕구를 충족시키기 위한 소매점이다. 예로 세이프웨이(Safeway), 크로거(Kroger), 알버슨(Albertsons), 퍼브릭스(Publix)가 있다.

소매점포는 제공되는 서비스 수준, 상품구색의 폭과 깊이, 상대적 제품가격, 조직방법 등과 같은 특징으로 분류될 수 있다.

① 서비스 수준에 따른 분류

제품별로 필요한 서비스 수준이 다르고, 서비스에 대한 고객의 선호도 또한 다양하기 때문에 소매상은 세 가지 수준의 셀프서비스, 한정서비스, 완전서비스 중 한 가지를 선택하여 제공할 수 있다.

셀프서비스 소매상(self-service retailers)은 구매비용을 절약하기 위하여 매장에 가서 직접 상품을 비교해보고 선택하려는 고객을 대상으로 한다. 보통 편의품(convenience goods) 판매자(예를 들어 슈퍼마켓)와 내셔널브랜드이면서 재고회전이 빠른 선매품(shopping goods)을 판매하는 소매상(예를 들어 월마트), 그리고 대부분의 할인영업점들이 셀프서비스를 활용한다.

한정서비스 소매상(limited-service retailers)은 시어즈(Sears), 제이씨페니(JC Penny)와 같이 고객이 많은 정보를 필요로 하는 선매품을 주로 취급하기 때문에 많은 판매지원 서비스를 제공한다. 이에 따라 운영비가 증가함으로써 한정서비스 소매상은 셀프서비스 소매상보다 비싸다.

완전서비스 소매상(full-service retailers)은 판매사원으로 하여금 고객이 여러 제품을 비교하여 선택하는 전체 구매과정을 돕도록 하며, 고객이 많은 쇼핑노력을 기울이는 전문품을 주로 취급한다. 이와 같이 많은 서비스가 제공되기 때문에 완전서비스 소매상은 운영비가 증가되어 가격이 상당히 비싸다. 전문점이나 고급백화점을 완전서비스 소매상의 예로 들 수 있다.

② 상대적 가격에 따른 분류

• 할인점(Discount Store)

할인점은 유명 브랜드 제품을 낮은 가격으로 판매하는 소매업태를 가리키는 것을 의미한다. 우리나라의 이마트, 홈플러스 등이며 미국의 월마트, 타겟, 프랑스의 까르푸, 오샹 등이 그것이다.

타겟은 미국의 유명한 할인점이다.   오샹(Auchan)은 프랑스 Croix에 본사를 둔 프랑스 다국적 소매 그룹이다.

• 오프 프라이스(Off-Price Retailer)

오프 프라이스 소매점이란 할인점은 제품을 정상적인 도매 가격으로 구입해서 낮은 마진을 붙여 소비자에게 저렴한 가격으로 판매하는 소매상인 반면, 오프라인 소매상은 정상적인 도매 가격보다 낮은 가격으로 구입하여 다른 소매상들의 가격보다 싼 가격으로 소비자에게 판매하는 방식이다.

이에 대한 예로는 독립 오프 프라이스 소매점, 제조업체 상설 할인 매장, 창고 소매업 클럽과 같은 세 가지의 유형으로 구분할 수 있다. 독립 오프 프라이스 소매점(independent off-price retailers)은 독립 사업가들이 소유하여 운영하거나 대규모 소매 기업의 한 사업부가 직접 운영하는 유형이다. 미국의 경우, 대형 오프 프라이스 소매점은 보다 규모가 큰 체인점이 소유하고 있다. TJ 맥스(TJ Maxx), 마샬 (Marshall) 같은 점포 소매상을 예로 들 수 있다.

TJ맥스는 미국에서 마샬과 함께 대형 오프 프라이스 소매점이다.

• 제조업체 상설 할인 매장(factory outlets)

이 유형은 미국의 경우에는 나이키(Nike), 코치(Coach), 카터스 (Carters), 리바이스 스트라우스(Levi's Strauss) 등과 같은 회사들의 직영점이 그 예이다. 이러한 직영점은 다양한 품목을 소매 가격의 50 % 정도 저렴하게 판매하는 수십 개의 제조업체 직영점이 한 곳에 집결되어 제조업체 상설 할인몰(factory outlet malls)과 할인 소매 센터(walue-retail centers)를 형성하고 있다. 제조업체 상설 할인몰은 제조업체 직영점으로 구성되어 있는 반면에, 할인 소매 센터는 제조업체 직영점과 오프 프라이스 소매점 및 백화점 재고직영점과 결합한 형태이다. 소매 센터의 예로 노드스트롬 랙(Nordstom Rack), 니먼 마커스 래스트 콜 클리어런스 센터(Neiman Marcus Last Call Clearance Centers), 삭스 피프스 애비뉴 아울렛(Saks Fifth Avenue outlets), 오프 피프스(Off 5th)가 있다. 제조업체 상설 할인 매장은 미국의 경우, 소매업에서 가장 활발한 성장하고 있는 유형 중의 하나이다. 백화점 재고 직영점과 결합한 형태이다.

한편 창고 소매업 클럽(Warehouse Clubs)은 회원 창고 소매업(membership warehouses)이라고도 불리는데, 우리나라의 경우 코스트코(Costco)가 대표적이며 미국에는 샘스 클럽(Sam's Club), BIS가 대표적인 예이다. 창고 소매업 클럽은 규모는 거대하지만 실내 장식이 거의 없는 창고형 점포이다. 고객은 가구나 무거운 가전제품들을 집으로 직접 들고 가야 한다. 현금위주로 거래가 가능한데 한정적인 신용카드만 이용할 수 있다.

costco는 회원제 창고 소매업이며 국내의 경우 한 종류의 신용카드만 사용할 수 있으며 나머지는
현금으로 거래하며 묶음 제품으로 대량으로 판매하는 소매상이다.

③ 소매 조직체에 따른 분류

체인점은 공동으로 소유되고 통제되는 두 개 이상의 점포를 의미한다. 체인점은 독립적인 소매상에 비교해
서 많은 이점을 갖고 있다. 먼저, 대규모이기 때문에 저가로 대량 구매가 가능하다. 그리고 가격, 판매촉진, 머천
다이징, 재고 관리 등의 마켓 전문인력의 고용이 가능하다. 회사 체인이 큰 성공을 거둠에 따라, 독립 소매상도
두 가지 계약형 조합 중 하나의 형태로 결속하게 되었다. 그중 하나는 임의 체인(voluntary chain)이다. 단체 구입과
공동 머천다이징을 수행하는 독립 소매상들의 도매상 후원 그룹(wholesaler- sponsored group)이다. 계약형 조합 중
다른 하나는 소매상 조합(retailer cooperative)이다. 이는 독립적인 소매상과 결합하여 공동 소유의 도매업을 운영
하며, 머천다이징과 촉진 활동을 공동으로 수행하는 것으로 식품 연합(Associated Grocers)과 에이스 하드웨어(Ace
Hardware; 가정용 공구 판매점)가 그 예이다. 이러한 조직을 통해서 독립 소매상은 구매와 촉진 활동에 있어서 규모
의 경제를 달성하고, 회사 체인과 가격 경쟁을 할 수 있다.

계약형 소매 조직의 또 다른 형태는 프랜차이즈 시스템이다. 프랜차이즈 조직과 다른 계약적인 시스템(임의
체인, 소매상 조합)과의 차이점은 프랜차이즈 시스템이 독특한 제품이나 서비스, 사업 방법, 상표명, 영업권, 또는
프랜차이즈 본부가 개발한 특허권을 갖고 있다는 것이다. 이러한 프랜차이징은 커피숍을 비롯한 패스트푸드
점과 레스토랑, 피트니스 센터, 자동차 수리 센터 등 국내에서 다양한 분야에서 두각을 나타내고 있다.

마지막으로, 머천다이징 복합 기업(merchandising conglomerate)은 중앙 집중적 소유권하에 여러 서로 다른 소매
업 형태들이 결합한 기업이다.

4) 소매업 트렌드

소매상은 급변화는 환경에 노출되어 있으며 이는 소매상에게는 위협인 동시에 기회이기도 하다. 특히 IT의 발달, 소비자의 인구 통계적 특성, 라이프 스타일, 쇼핑 패턴이 급격히 변함에 따라 소매업 기술 역시 빠른 속도로 진화하고 있다. 그러므로 소매상이 성공하기 위해서는 경쟁적인 전략을 계획하고 실행하기 위해 다음과 같은 몇 가지의 소매업의 발전 방향을 반드시 고려해야 할 것이다.

(1) 새로운 소매업태의 출현과 소매 수명주기의 단축

변화된 소비자의 욕구와 소매 환경에 대응하기 위해 새로운 소매업태가 계속해서 등장하고 있지만, 그 수명주기는 더욱더 짧아지고 있다. 백화점이 수명주기의 성숙기에 도달하기까지 약 100년이라는 시간이 걸렸다. 그러나 최근 등장한 소매업인 창고형 점포(warehouse stores)는 성숙기까지의 기간이 약 10년 밖에 걸리지 않았다. 이러한 환경 속에서 밖에서 보기에는 탄탄한 것 같은 소매업의 위상은 급격하게 무너질 수 있다. 국내의 경우 역시 까르푸 및 월마트의 한국철수, 동네의 작은 구멍가게의 급속한 편의점화, 온라인을 통한 새로운 소매업태의 탄생 등이 그것이다.

이러한 소매업태의 출현 등으로 인한 소매업의 혁신들은 부분적으로 소매업 수레 바퀴(wheel-of-retailing) 개념으로 설명할 수 있다. 이 개념에 의하면, 많은 새로운 유형의 소매업태는 저마진, 저가격, 낮은 수준의 운영으로 시작하여, 비용과 마진의 증가로 비대해진 기존 소매상에 도전한다. 이렇게 하여 성공한 새로운 소매상은 점차 시설을 개선하고 더 많은 서비스를 제공하게 되고 그 결과 비용이 증가하여 제품 가격도 상승한다. 결국 새로운 소매상은 그들이 대체했던 기존 전통적인 소매상과 동일한 경로로 가는 것이다. 이러한 순환 과정은 낮은 원가와 낮은 가격을 특징으로 하는 새로운 유형의 소매상의 등장으로 다시 시작된다. 소매업 수레바퀴의 개념은 백화점, 슈퍼마켓 그리고 할인점 및 최근 성공하고 있는 오프 프라이스 소매점들의 초기 성공과 그 이후에 고전하고 있는 현상을 잘 나타낼 수 있다.

(2) 무점포 소매업의 성장

오늘날 소비자는 TV 홈쇼핑, 전화 주문, 인터넷 쇼핑과 무점포 소매업의 성장 여러 가지 방법들로 제품을 구매하기도 한다. 특히 스마트폰의 발전으로 이제는 언제나 어디서나 쇼핑을 할 수 있기 때문에 이러한 무점포 소매업은 매년 큰폭으로 성장하고 있다.

(3) 소매 컨버전스

최근에는 홈플러스와 같은 슈퍼에서 가전제품을 사기도 하고, 교보문고와 같은 서점에서도 책이 아닌 커피나 문구와 음반을 팔기도 한다. 뿐만 아니라 냉장고의 경우 구매할 수 있는 경로 역시 이제는 너무나 많이 존재한다. 이와 같은 것을 소매 컨버전스(retail convergence)라 한다. 이러한 컨버전스는 소매상 간의 경쟁을 더 치열하게 하여 차별화는 더욱 어려워지고 있다.

(4) 초대형 소매상의 출현

거대한 양판점과 전문품 슈퍼 스토어의 등장, 수직적 마케팅 시스템의 구축, 소매업의 인수 합병으로 최근 막강한 초대형 소매상이 등장하였다. 이 초대형 소매상은 훌륭한 정보 시스템과 구매력을 통해, 소비자에게 보다 우수한 상품과 서비스를 저렴한 가격으로 제공하고 있다. 그 결과, 그들은 규모가 작고 영세한 경쟁자를 압박함으로써 더 크게 성장하고 있다. 또한 초대형 소매상은 소매상과 생산자 간의 힘의 균형을 이동시키고 있다. 현재 소수의 소매상은 제조업자와의 거래에서 우위를 가짐으로써, 제조업자들이 수많은 소비자에게 접근하는 것을 통제하고 있다.

(5) 정보기술의 중요성 증가

정보기술의 발전으로 이러한 정보기술이 소매상에게 경쟁우위를 갖게 해주는 도구로서 매우 중요해지고 있다. 정보기술을 무장한 소매상은 보다 더 정확한 예측을 하고, 재고 비용을 줄이고, 공급자에게 전자식으로 주문하고, 점포들 간에 정보를 교환하고, 심지어 점포 안에서 고객에게 판매를 하기 위해서도 정보 기술과 소프트웨어를 사용하고 있다(도입사례 아마존고 사례를 참고). 이러한 소매상은 점검 스캐닝 시스템(checkout scanning systems), RFID 재고 추적, 배송추적, 제품이력제 등의 정보 공유, 고객과의 교류 등을 이용할 수 있다.

현재 많은 소매상이 터치 스크린 키오스크(touch-screen kiosks), 고객 우대 카드(customer-loyalty cards), 전자 선반 라벨(electronic shelf label), 전자 선반 표시(electronic shelf signs), 휴대형 소핑 지원기기(handheld shopping assistants), 스마트 카드(smart cards), 셀프 스캐닝 시스템(self-scanning systems), 가상현실 진열(virtual-reality display)과 같은 기술들을 일상적으로 사용하고 있다.

(6) 소매상의 글로벌화

맥도날드, 월마트, 프랑스의 까르푸(Carrefour), 독일의 메트로(Metro), 영국의 테스코(Tesco), 스웨덴의 이케아(IKEA) 등이 전세계로 진출하고 있다. 또한 소매상들이 대규모화되면서 특화 혹은 틈새시장을 공략하는 경우가 많아지고 있다. 특히 글로벌 시장과 다인종 국가에서는 이러한 소매상이 많아지고 있다.

프랑스 지역의 동양인을 위한 슈퍼마켓인 파리스토어는 지역의 동양인 및 동양식료품 원하는 소비자들에게 특화되어 있다.

(7) 소매상의 다양한 분화

프랑스의 경우, 까르푸가 다양하게 까르푸 익스프레스, 까르푸 시티, 수퍼마켓시장, 편의점 등으로 진출하고 있고 국내의 경우에도 이마트, 이마트24시, 이마트 에브리데이처럼 대형 할인점, 슈퍼수퍼마켓, 편의점 등 다양한 소매상의 형태로 분화하고 있다.

프랑스의 까르푸

(8) 모임의 장소와 연결체로서의 소매점 역할 변화

이전에는 서점이 단순히 책만 판매하였으나 최근에는 독자와의 만남을 연결시켜주는 이벤트 혹은 아이들의 놀이방, 커피숍 등 다양하게 변화하고 있다. 뿐만 아니라 커피샵의 경우는 이제는 친구들과 함께 숙제를 하거나 동료와 같이 협업을 하는 장소로 공동체의 연결을 하는 역할을 하기도 한다.

5) 도매상의 유형

도매상은(Wholesaler) 재판매 또는 영리를 목적으로 구매하는 고객에게 제품과 서비스를 판매하고 이와 관련된 활동을 수행하는 상인이다. 소매상이 주로 최종 구매자(소비자)를 대상으로 한다면 도매상은 주로 소매상을 상대하게 된다. 도매업은 대형 도매상과 대형 소매상의 구분이 날이 갈수록 애매 해지고 있다. 많은 소매상이 여러 도매기능을 수행하는 도매 클럽이나 하이퍼 마켓의 형태로 운영되고 있다. 또한 소매상에게 제공하고 있는 서비스, 즉 소매 가격 결정, 협동 광고, 마케팅 및 경영 보고서, 회계 서비스, 온라인 거래 및 기타 서비스를 증가시키기 위한 노력을 계속 하고 있다.

생산자는 소매상이나 소비자에게 직접 판매하지 않고 도매상을 이용 하는 이유는 도매상은 다음과 같은 경로 기능 중에서 하나 이상을 수행함으로써 가치를 부가하기 때문이다.

첫째, 판매와 촉진(selling and promoting) 기능으로 도매상의 판매력은 제조업자들이 저렴한 비용으로 많은 소규모 고객에게 도달이 가능하게 해준다. 도매상은 많은 거래선을 확보하고 있으며, 지리적으로 먼 제조업자보다 구매자에게 더욱 신뢰를 줄 수 있다.

둘째, 구매와 구색 맞춤(buying and assortment building)을 수행한다. 도매상은 품목을 선택하여 고객이 필요로 하는 구색을 맞춤으로써 소비자의 불편을 덜어 준다.

셋째, 판매량 분할 및 조정(bulk-breaking)을 한다. 대량으로 구입 한 제품을 소량으로 분할하여 판매함으로써 고객의 비용을 절감시켜 준다.

넷째, 보관(warehousing) 기능을 수행한다. 재고를 보유함으로써 공급자와 고객의 재고 비용과 위험 부담을 줄여 준다.

다섯째, 운송(transportation) 기능이 있다. 도매상은 생산자보다 고객과 가까이 있으므로 고객에게 신속한 배달이 가능하다.

여섯째, 소매업을 위한 금융(financing) 기능을 제공한다. 고객들에게 신용 판매를 하고 공급자에게는 미리 주문하고 적절한 날에 대금을 지불함으로써 금융 서비스를 제공한다.

일곱 번째, 위험부담 (risk-bearing)을 대신한다. 제품에 대한 소유권을 갖고, 도난, 파손, 변질, 진부화 등의 비용을 부담함으로써 위험을 감수한다.

여덟 번째, 시장 정보(market information)를 제공한다. 공급자와 고객들에게 경쟁사의 활동, 신제품, 가격 변화 등에 관한 정보를 제공한다.

아홉 번째, 경영관리 서비스와 조언(management service and advice)을 제공한다. 도매상은 종종 소매상이 그들의 판매 사원을 교육·훈련시키고, 점포 배치와 진열을 개선하고, 회계 및 재고 통제 시스템을 수립할 수 있도록 도움을 준다.

(1) 상인 도매상(Merchant Wholesaler)

상인 도매상은 완전 기능 도매상과 한정 기능 도매상으로 나뉜다. 완전 기능 도매상(full-service wholesalers)은 종합적인 서비스를 제공하지만, 한정 기능 도매상(limited-service wholesalers)은 자신의 공급자나 고객에게 몇 가지의 서비스만 제공한다. 몇 가지 상이한 유형의 한정 기능 도매상은 유통 경로상에서 다양한 전문화된 기능을 수행한다.

(2) 중개인(Broker) 및 대리인(Agents)

중개인과 대리인은 두 가지 관점에서 상인 도매상과 다르다. 그들은 제품 소유권을 갖지 않으며, 단지 몇 가지의 채널 기능만을 수행한다. 그들은 일반적으로 상인 도매상처럼 제품 계열이나 고객의 유형에 따라 전문화되어 있다. 중개인(broker)은 구매자와 판매자를 동일한 장소에 함께 모이게 하여 거래 협상을 도와주는 역할을 한다. 대리인(agents)은 구매나 판매자 중 한쪽을 대표하며, 이들과 지속적인 관계를 유지한다. 제조업자 대리인(manufacturers'a gents 혹은 manufacturers' representatives)은 대리 도매상 중에서 가장 일반적인 형태이다.

(3) 제조업자 영업점(manufacturers' sales branches and offices)

독립적인 도매상을 통하지 않고 판매자나 구매자가 직접 운영한다. 각 판매지점이 판매처 또는 구매처를 이용될 수 있다.

6) 경로관리

기업이 경로대안을 검토 후 가장 최적의 경로설계를 결정, 실행 및 관리해야 하며 그 결과 높은 성과를 창출해야 한다. 경로관리는 개별경로 구성원을 선정 및 관리하고 동기 부여하며 시간에 따라 성과를 평가하는 것이다. 그런데 유통경로가 항상 최적의 성과를 낼 수는 없다. 이러한 이유는 유통경로에 참여하는 제조업자, 생산업자, 소매업자, 운송업자 등이 각자가 추구하는 목표가 상이하기 때문이다. 예컨대 TV시장의 경우 삼성전자는 자사의 브랜드 이미지관리가 중요하여 고급제품을 공급하려고 하지만 이마트 등 할인점에서는 고가제품보다는 상대적으로 저가 제품을 집중 요구하여 경로의 최적 성과를 도출하는 데 어려움을 만드는 일이 있기도 하다.

그러므로 유통경로에서 지도적인 위치를 점유하고 있는 채널의 캡틴은 경로구성원들이 각자의 이익이 극대화하려는 행동을 취하는 것을 지양해야 하며 경로 전체의 이익을 극대화하려는 방향으로 움직이도록 관리해야 할 것이다.

(1) 경로 구성원 구성

기업은 각 경로 구성원의 사업기간, 타제품 라인의 취급 여부, 과거 수익성과 성장률, 협력성, 그리고 평판 등을 기준으로 중간상을 평가한다. 만약 중간상이 판매 대리점(Sales Agent)이라면 기업은 그들이 취급하는 타제품의 수와 특성, 보유하고 있는 판매원의 규모와 질, 그리고 점포입지 등을 평가해야 할 것이다.

(2) 경로 구성원 관리와 동기 부여

많은 기업들이 고객관계관리(Customer Relationship Management: CRM)를 중시하듯이, 경로 파트너들을 모집하고 훈련, 관리 및 평가하는 파트너관계관리(Partner Relationship Management: PRM) 또한 간과해서는 안 된다. 어느 한 부분이라도 허술하게 된다면 모든 네트워크가 흔들리게 되는 채찍효과를 방지하기 위해서 PRM의 중요성은 날로 커지고 있다.

상호간의 독립적인 사업체인 경로구성원들은 자신의 원하는 대로 하기 위해서 자신의 의지에 따르도록 행동을 하게끔 하는데 이를 power(힘)라고 한다. 파워의 종류에는 다음의 표와 같이 정리될 수 있다.

표1   파워의 종류

종류	정의	예
강압적 파워	중간상이 제조업자(생산자)의 요구대로 행하지 않을 경우 처벌할 수 있는 능력을 갖고 있기 때문에 발생하는 파워	중간상에 대한 지원 철회 또는 거래관계 단절 위협으로 상품공급 지연, 보증금 인상, 대금결제일 단축 등
보상적 파워	제조업자(생산자)가 중간상에게 보상을 줄 수 있는 능력을 갖고 있기 때문에 발생하는 파워	중간상이 일정수량 이상의 판매실적을 했을 경우 인센티브를 제공하거나, 판촉물 제공, 지역독점권 제공 등
합법적 파워	제조업자가 중간상에 대해 어떤 행동을 요구할 수 있는 합법성 또는 정당성을 보유하고 있기 때문에 발생되는 파워	계약, 상표등록, 특허권, 프랜차이즈 협약에 의한 규칙 등
전문적 파워	제조업자가 중간상이 갖고 있지 않는 특별한 지식이나 노하우를 보유하고 있기 때문에 발생하는 파워	경영기법등에 대한 컨설팅 및 관리, 영업사원 등 종업원에 대한 관리, 신제품등의 개발능력, 전시 진열 등에 대한 전문적 능력 제공, 효과적인 재조관리기법 등
준거적 파워	중간상이 제조업자에 대해 일체감을 갖고 있거나 갖게 되기를 바라기 때문에 발생하는 파워	유명브랜드를 운영한다는 긍지와 보람 등

제조업자들이 파워에 의해 채널을 관리하는 것은 단기적으로 긍정적인 효과가 발생할 수 있지만 장기적으로는 부적절하다. 왜냐하면 파워는 시간에 따라 상이할 수 있는데 심지어는 시간이 지남에 따라 파워의 크기가 역전될 수 있다. 예전에는 제조업자가 유통업자보다 파워가 더 크기도 하였는데 최근에는 다시 새로운 유통의 발전으로 인해 유통업자들의 파워가 오히려 더 크지고 있다. 뿐만 아니라 관련 소매상 혹은 프랜차이즈 가맹점등

이 대항력을 보유하여 공동으로 자신의 권익을 요구하기도 한다.

때문에 건강한 유통경로를 유지하기 위해서는 파워에 의한 상대방 관리가 아닌 신뢰를 바탕으로 한 상호협력이 더욱 장기적이고 바람직한 결과를 도출해 낸다.

(3) 갈등 및 갈등처리

유통관계에 있어서 전혀 갈등이 존재하지 않을 수는 없다. 상호간에 이해관계가 완벽하게 일치하지 않기 때문에 갈등이 일어나는데 이러한 갈등이 발생하였을 때 어떻게 처리하느냐에 따라 상호간의 결속력이 강력해지거나 단절되기도 한다. 이러한 결과는 결국 유통채널의 성과를 좌우하기도 한다.

갈등의 원인은 다양한 이유로 발생하지만 일반적으로 세 가지의 원인으로 이루어진다.

목표불일치(goal incompatibility), 영역불일치(domain differences), 지각불일치(perceptual differences)의 원인이 이루어진다. 먼저, 목표불일치는 유통경로 구성원들의 목표들이 각기 다르고 함께 달성할 수 없는 경우를 의미한다. 만일 제조업자는 시장확대를 위해 성장을 주된 목표로 하고 있고 소매업체는 내실을 위해 수익성을 목표로 추구하고 있다면 이는 채널구성원간의 갈등을 야기할 수 있다. 둘째, 영역불일치는 유통경로 구성원들간의 영역이나 역할에 대한 합의가 이루어지지 않은 경우이다. 만일 자동차를 판매하는 딜러들 이외 본사에서 직접 홈페이지를 통해서 판매할 경우에는 갈등이 발생한다. 마지막으로 지각불일치는 유통경로 구성원들 간에 동일한 상황에 대하여 지각 차이로 다른 반응을 나타내는 것을 말한다. 예컨대 판매량 감소로 인한 문제에 대해 제조업자들은 유통상들의 노력이 부족하다고 생각하지만 유통상들은 고객의 니즈의 변화등 다른 이유가 있다고 해석하는 것이다.

유통경로의 갈등이 궁극적으로 항상 부정적인 결과를 나타내는 것은 아니다. 때때로 잠재되어 있던 문제를 표면으로 나타나게 하여 해결될 수 있는 계기를 마련하거나 해결된 후 더욱 탄탄한 관계를 형성하게 해주는 등 순기능을 가져다 준다.

유통경로 갈등을 해결하는 방법에는 다양한 접근과 방법이 있다. 우선 세분시장별 경로를 명확히 구분하는 방법이다. 이는 각각의 세분시장에 적합한 경로를 설정하는 것이다. 두 번째로는 유통경로별 상품 및 브랜드를 차별화하는 방법이다. 예컨대, 온라인 및 모바일용과 오프라인과의 제품및 브랜드를 차별화하는 경우이다. 세 번째로는 유통경로의 역할분담을 명확화하고 보상을 마련하는 법이다. 이러한 방법이외에도 다양하게 갈등해결방안이 있을 것이다. 결국 투명한 유통경로관리를 통하여 오해의 소지를 막고 슬기롭게 불일치를 해소하는 법이 중요하다.

(4) 경로 구성원 평가

우리는 판매액 달성 정도, 재고수준, 제품 유통시간, 손실품 처리, 기업의 촉진 또는 훈련 프로그램에 대한 협력, 그리고 고객 서비스 같은 기준에 대하여 정기적으로 경로 구성원의 성과를 평가해야 한다. 이러한 평가를 통해서 성과가 좋은 중간상에게는 적절한 보상을 하고, 성과가 좋지 못한 중간상에게는 분발할 수 있도록 지원을 해주어야 한다.

이러한 평가를 하기 위해서는 고객만족도와 같은 효과성 차원에서의 평가와 단위당 총 유통비용 등의 효율성 점수가 매우 중요하고 이러한 평가항목은 유통경로에 참여하는 모든 구성원들이 수긍할 수 있도록 설계되고 운영되어야 할 것이다.

2

효과적인 판촉전략

기업이 바람직한 고객관계를 구축하는 것은 우수한 제품을 생산하고, 매력적인 가격을 책정하고 소비자가 구매하기 용이하게 해주는 이상의 것들이 필요하게 된다. 기업은 소비자들에게 자사의 가치제안을 바르게 전달해야 하며 그들과 적절하게 의사소통을 해야 한다. 모든 커뮤니케이션 활동을 계획하고 이들을 신중하게 조합하여 통합적으로 마케팅 커뮤니케이션 프로그램을 제작 및 실행해야 한다. 그러므로 우수한 커뮤니케이션은 고객과의 관계를 매우 탄탄하게 해주므로 수익성 있는 고객과의 관계를 구축하기 위한 노력에 있어서 매우 중요한 과정이다.

마케팅 커뮤니케이션 믹스(marketing communication mix) 혹은 촉진믹스(promotion mix)로 불리는 판촉전략은 고객가치를 설득적으로 전달하고 고객 관계를 구축하기 위하여 사용되는 광고, 판매 촉진, 공중 관계, 인적 판매, 직접 마케팅 도구의 구체적인 조합을 말한다. 다섯 가지의 주요 판매 촉진 도구에 대한 정의는 다음과 같다.

광고(advertising)는 공개된 후원사가 비용을 지불하고 이루어지는 아이디어, 제품 또는 서비스에 대한 비대면적인 프레젠테이션이다. 판매 촉진(sales promotion)은 제품 및 서비스의 구매 혹은 판매를 위한 단기적인 인센티브를 제공하는 형태이다. 홍보(public relations)는 긍정적인 퍼블리시티를 확보하고, 호의적인 기업이미지를 구축하고, 부정적인 루머 또는 사건에 대처하거나 교정함으로써 기업의 다양한 공중들과 우호적인 관계를 구축하는 것이다. 인적 판매(personal selling)는 소비자를 대상으로 제품이나 서비스를 판매하고 고객 관계를 구축하기 위한 목적으로 수행되는 영업사원의 대면적인 프레젠테이션수단이다. 직접 마케팅(direct marking)은 소비자

사례

보여주기식 그만 …
'일상기록' SNS 뜬다

"인플루언서 광고에 지쳤다"
입소문 타고 이용자 늘어
소소한 일상 공유 플랫폼
인스타 · 틱톡 틈새 파고들어

인스타그램 · 틱톡과 같은 글로벌 사회관계망서비스
(SNS) 틈바구니에서 '일상 기록'에 초점을 둔 플랫폼이
각광을 받고 있다.

인플루언서를 중심으로 남발되는 광고와 과도한 연
결성, '보여주기 식' 콘텐츠에 지친 이용자들이 소소하
게 자신의 진짜 경험과 기억을 남길 수 있는 플랫폼에
몰리면서다.

27일 네이버에 따르면 지난달 22일부터 네이버 블
로그가 개시한 '체크인 챌린지'가 이용자에게 호응을 얻
고 있다. 체크인 챌린지는 다음달 20일까지 맛집 · 카
페 · 관광 명소와 같은 국내외 장소를 첨부해 25개 게
시글을 남기면 추첨을 통해 경품을 제공하는 캠페인이
다. 앞서 103만명에 달하는 참가자를 끌어모으며 대흥
행을 거둔 '주간일기 챌린지'에 이어 이용자들의 일상
기록을 장려하기 위해 기획됐다. 단순히 어디서 무엇을
하고 무엇을 먹었는지 나열하는 것을 넘어 깊이 있는
후기를 남길 수 있도록 지원한다는 취지다.

네이버 관계자는 "네이버 블로그는 지인과 소통하는
것보다 기록에 방점을 두기 때문에 긴밀한 관계가 이
용 동인이 되는 여타 서비스와 달리 '느슨한 연대감'을
기반으로 하는 특징이 있다"며 "기존 콘텐츠가 독자에
게 정보를 전달하려 했다면 최근에는 '나는 하루를 이
렇게 보냈다'는 식으로 마치 일기를 쓰듯 본인 입장에
서 이야기를 풀어나가는 경향이 뚜렷하다"고 설명했
다. 네이버 블로그는 이번 챌린지로 축적된 기록을 보
다 정제된 데이터로 확인할 수 있도록 지원할 계획이
다. 자신이 그간 방문한 장소를 모아 보거나 특정 장소
와 관련된 다른 사람 글을 한눈에 확인할 수 있게 하는
식이다.

'플랫폼 기업 대전환'을 천명하고 나선 LG유플러스도 최근 이미지와 함께 1000자 이내로 간단하게 일상을 기록할 수 있는 SNS '베터'를 내놨다. 당초 목표를 세우고 이를 실현하기 위해 루틴을 반복하도록 유도하는 형태로 설계됐지만 거창한 목표를 두기보다 기록을 쌓아가는 과정 자체에 실현감을 느낀다는 고객 의견에 따라 서비스 콘셉트를 전환했다. 서비스를 기획한 김주영 LG유플러스 라이프스쿼드 PM은 "기존 SNS의 과시성 피드와 과도한 연결에 피로감을 느끼고 진짜 자신을 기록하고 싶은 욕구가 있을 것이라고 생각했다"고 전했다.

개인별로 하나의 피드만 주어지는 게 아니라 주제별로 여러 보드를 만들 수 있는 점이 베터의 특징이다. 많게는 보드 13개를 만든 이용자도 있었다. LG유플러스에 따르면 본인의 쓰레기를 하나씩 버리며 왜 이 물건을 가지고 있었는지, 왜 버려야 하는지를 연재한 '반려 쓰레기 버리기' 보드가 가장 높은 조회 수를 기록했다. 그 밖에 프랑스 파리에 두 달 동안 살면서 구매한 물품 영수증을 기록한 '파리 영수증 일기', 아침에 일어나 진행하는 명상에서 얻는 소회를 짧게 기록한 '아침 줍기' 보드도 인기다.

숏폼 영상으로 일상을 남길 수 있는 '닷슬래시대시'도 입소문을 타고 있다. 29CM와 10X10(텐바이텐) 성공 신화를 쓴 이창우 대표의 새로운 창업 아이템으로 주목받기도 했다. 4분 이내 영상 조각을 최대 10개까지 이어붙여 일기처럼 스토리를 전달할 수 있다. 자극적이고 휘발성 강한 콘텐츠 중심의 기존 숏폼 플랫폼과 달리 여행·전시·공연·맛집·육아·반려동물처럼 직접 경험한 내용이 게시되고 있다. 이용자들은 라이프스타일이나 관심사 키워드에 따라 관련 콘텐츠를 모아 볼 수 있다. 닷슬래시대시에서는 있는 그대로의 일상을 담은 영상들이 모여 그 자체로 기업의 브랜디드 콘텐츠로도 활용되고 있다. 실제 이용자들이 오사카 여행에서 찍은 영상이 항공사 광고 콘텐츠로 사용되는 식이다. 이같이 브랜드 마케팅 활동에 참여하는 이용자들에게는 성과에 따라 일정 보상이 돌아가고 있다. 이 대표는 "기존 SNS에 콘텐츠를 올려도 보상은 소수의 인플루언서만 가져가는 구조가 불합리하게 느껴져 모든 참여자가 보상을 받을 수 있도록 설계했다"고 말했다.

출처: 매일경제, 2023년 6월 27일

의 즉각적인 반응을 확보하고 지속적인 고객 관계를 키워나가기 위하여 이루어지는 주의 깊게 선별된 개별 소비자와의 직접적인 연결-특정의 고객과 직접 의사소통하기 위하여 직접 우편, 전화, 직접 반응 TV, 이메일, 인터넷, 기타도구를 사용하는 것이다.

1) 통합적 마케팅 커뮤니케이션(Integrated Marketing Communication: IMC)

통합적 마케팅 커뮤니케이션(IMC)은 고객에게 기업의 메시지를 전달하기 위한 도구로서 광고, 판매촉진, 공중관계, 인적판매, 직접 마케팅 등 다양한 방법이 있다. 효과적인 커뮤니케이션을 수행하는 대부분의 기업은 성공적인 통합적 마케팅 커뮤니케이션전략을 실행하는데, 통합적 마케팅 커뮤니케이션 전략이란 다양한 커뮤니케이션 수단들의 전략적 역할을 비교평가 및 활용함으로써 마케팅 커뮤니케이션 계획의 종합적인 부가가치를 제고시키는 것을 말한다. 즉, 모든 도구가 아닌 효율적인 도구들만을 활용하여 이 종합도구들의 최대 시너지 효과를 창출하는 것이다.

통합적 마케팅 커뮤니케이션 하에서의 기업은 각 촉진방법의 효과를 정확히 인식하고 각 촉진방법의 활용정도를 결정한다. 이를 통하여 기업들은 여러 가지 촉진 활동들을 조정하고 각 촉진활동의 시기를 결정한다.

통합적 마케팅 커뮤니케이션의 개념적 특성은 고객을 중심으로 고객을 둘러싼 모든 접점(contact points)을 활용하는 데 있다. 뿐만 아니라 각기 다르게 실행되어온 다양한 마케팅 커뮤니케이션 도구(tool)의 수평적 통합을 의미하며 기업이 커뮤니케이션 하려는 메시지의 일관성과 통일성 유지하는 것이다. 이러한 것을 전사적 차원에서 관리되며 이러한 통합적 마케팅 커뮤니케이션 결과 고객과 기업이 장기적 관계 구축과 유지된다. 또한 여기서 최근에는 쌍방향(interactive) 상호작용이 매우 중요하다. 결국 이러한 통합적 마케팅 커뮤니케이션의 궁극적 목표는 성공적인 브랜드 자산구축에 있다고 하겠다.

정리를 하면 통합적 마케팅 커뮤니케이션은 고객의 행동에 영향을 미치며, 모든 고객접점을 활용하며, 유망고객 혹은 현재고객으로부터 시작되며, 모든 유형의 고객접촉수단을 사용하여 이를 시너지효과를 추구하며 결국 고객과 브랜드 간의 관계를 구축하는 특징을 갖는다고 하겠다

(1) 통합적 마케팅 커뮤니케이션 등장 배경

통합적 마케팅 커뮤니케이션 개념이 등장하게 된 배경은 다음과 같다.

첫째, 마케팅 접근방식의 변화이다. 기업이 다양하고 급변하는 고객의 욕구를 모두 충족시킬 수는 없기 때문에 마케팅 관점은 다수를 타깃으로 하는 매스 마케팅에서 개개인을 위한 일대일 마케팅으로 변화하고 있다. 따라서 고객별 적절한 촉진 수단들을 선택 및 적용할 수 있도록 통합적 마케팅 커뮤니케이션 전략이 필요하게 되었다.

둘째, 소비자 정보처리 과정에 대한 재인식이다. 소비자는 모든 설득 메시지를 내부적으로 통합하는데, 최근

정보의 과부하에 따라 기업 메시지는 명확(clear)하고 일관성(consistent) 있으며 이해(comprehensive)하기 쉬워야 한다.

셋째, 커뮤니케이션 미디어의 다양화이다. 유튜브, 페이스북, 트위터, 인스타그램 등의 쌍방향적 매체환경이 나타나면서 신문, TV 등의 일방향적 매체환경에서 활용할 수 없었던 다양한 형태의 고객과의 상호작용을 만들 수 있게 되었다. 소비자와 상호작용이 가능해지면서 커뮤니케이션 개념이 과거의 푸시형에서 풀형으로 바뀌고 있다. 이런 뉴미디어의 등장과 다양화로 기존의 대중매체의 영향력은 감소하고 있다. 이에 따라 마케터는 다양한 고객접점을 활용한 커뮤니케이션에 더 많은 관심을 갖게 되었다.

넷째, 세분화된 소비자층의 등장과 매체시장의 세분화이다. 비교적 우리나라에서는 동질적인 문화와 생활양식을 가져왔으나 다문화 가정이 늘어나고 1인가구의 증가 등으로 국내소비자층도 다양하게 존재하는 것으로 나타났다. 이와 같이 소비자층이 세분화되고 서로 배타적인 소비욕구를 형성하게 될수록 기존의 커뮤니케이션 방식이 아닌 다양한 커뮤니케이션이 등장하게 되고 일를 통합적으로 운영할 필요성이 더욱 증가하는 것이다.

다섯째, 소매업자 역할의 중대성 증대이다. 최근 대형소매상의 활발한 형태의 시장진입은 과거 제조업자가 중심이 되어 유통경로가 통제되었으나 대형소매상과 신유통의 등장은 유통경로상의 파워의 역학구조를 바꾸게 되었다. 소매상자체가 대형화된 결과 제조업자들은 중간상들에 대한 다양한 촉진활동이 필요하게 되었다.

마지막으로 정보기술(Information Technology)의 발전이다. 최근에는 인공지능(AI: Artificial Intelligence)의 발전으로 고객 데이터의 더욱 세밀한 활용으로 표적청중에게 바로 접근할 수 있는 기술적 개발이 이루어져서 이전에 비해 더욱 다양하고 세밀하게 커뮤니케이션이 가능하게 되었다.

기업은 자사의 제품이나 서비스에 대한 메시지를 개발하여 이를 표적청중에게 전달하기 위해 다양한 커뮤니케이션 도구를 활용하며, 이러한 마케팅 커뮤니케이션 노력의 대부분은 브랜드 수준에서 이루어진다. 그러므로 기업의 마케팅 커뮤니케이션 프로그램은 브랜드 자산을 구축하고 이를 강화시키는 데 초점을 맞추어야 한다.

(2) 통합적 마케팅 커뮤니케이션 전략 수립 과정

<그림3>은 통합적 마케팅 커뮤니케이션 전략 수립과정을 나타낸 것이다. 이하에서 각 단계별로 자세히 살펴보자.

① 통합적 마케팅 커뮤니케이션전략의 1단계: 마케팅전략 검토단계

통합적 마케팅 커뮤니케이션 전략은 마케팅전략의 하위전략 중 하나이기 때문에 커뮤니케이션 프로그램은 마케팅전략 수립의 토대가 된 마케팅 목표와 관련성을 갖고 있어야 하며 이를 달성하는 데 도움이 되어야 한다. 그러므로 통합적 마케팅 커뮤니케이션 관리자는 통합적 마케팅 커뮤니케이션 전략을 수립하기위해서는 마케팅전략을 반드시 검토해야 할 것이다. 통합적 마케팅 커뮤니케이션 관리자는 마케팅 전략에서 수립된 STP를 바탕으로 표적청중을 구체화하여 이들에게 전달할 커뮤니케이션 컨셉을 구성해야 하며 일관성을 유지하기 위해 다른 마케팅활동과의 관련성을 검토하고 다른 믹스 요소도 확인해야 한다.

마케팅 전략을 구성하는 STP와 통합적 마케팅 커뮤니케이션 전략은 매우 밀접한 관련성을 갖는다. 마케팅 전략을 구성하는 STP는 제품시장을 서로 동질적인 욕구를 가지고 있는 소비자 집단으로 구분한 다음, 이들 중에서 표적소비자를 선정하고, 이들에게 경쟁우위를 제공하는 브랜드 포지셔닝을 결정하는 과정인데, 이 결정은 통합적 마케팅 커뮤니케이션 전략에서 표적청중과 브랜드컨셉 결정의 토대가 된다. 마케팅 전략에서 선정된 표적소비자는 통합적 마케팅 커뮤니케이션 전략에서 매체를 통해 메시지를 전달하고자 하는 대상인 표적청중(매체상황이 고려되어 조정)으로 구체화되고, 마케팅 전략에서의 브랜드 포지셔닝(브랜드가 소비자에게 제공하는 차별적 혜택 또는 가치)은 통합적 마케팅 커뮤니케이션 전략에서 소비자에게 전달하고자 하는 브랜드컨셉으로 재정립된다.

● ● ● **그림3   통합적 마케팅 커뮤니케이션 전략의 수립과정**

1 마케팅전략에 대한 검토

커뮤니케이션 컨셉 및 표적청중의 결정
– 커뮤니케이션 컨셉의 결정
– 표적청중의 선정

마케팅믹스 프로그램의 검토
– 제품관리
– 가격정책
– 유통경로정책
– 기타 마케팅믹스 요소

↓

2 IMC목표의 설정

– 커뮤니케이션 효과 단계별 목표의 구체적 설정

↓

3 커뮤니케이션 도구들의 비교검토 및 선택

– 광고, PR, SP, 인적판매, 이벤트, POP 등

↓

4 커뮤니케이션 도구별 전략적 역할의 할당

↓

5 커뮤니케이션 예산의 확보 및 배정

STP를 실행하기 위한 마케팅 믹스 프로그램(혹은 믹스전략)은 소비자 욕구를 충족시켜줄 수 있는 제품을 개발하고(product), 기업에게 적정이윤을 보장하면서 소비자가 수용할 수 있는 최적의 가격을 책정하며(price), 소비자가 편리하게 제품을 구매할 수 있는 유통망을 구축하고(place), 소비자에게 제품을 알리고 구매를 유도하는 촉진프로그램(promotion) 혹은 마케팅 커뮤니케이션을 설계하는 활동으로 구성된다. 따라서 마케팅 믹스 프로그램과 통합적 마케팅 커뮤니케이션 전략은 상호보완적이고 마케팅 전략의 일관성이 유지될 수 있도록 설계 및 실행될 수 있어야 한다.

② 통합적 마케팅 커뮤니케이션 전략의 2단계 : 통합적 마케팅 커뮤니케이션 목표의 설정

통합적 마케팅 커뮤니케이션 관리자는 마케팅 전략에 대한 충분한 검토를 통하여 표적청중과 브랜드컨셉이 정립되면, 다음 단계로 통합적 마케팅 커뮤니케이션 목표를 구체화하여야 한다. 통합적 마케팅 커뮤니케이션 목표는 기업이 통합적 마케팅 커뮤니케이션 수행을 통해 성취하고자 하는 것이다. 따라서 통합적 마케팅 커뮤니케이션 목표는 기업이 확보하여야 할 통합적 마케팅 커뮤니케이션 예산규모의 지침이 되며 각 커뮤니케이션 도구들의 세부전략의 토대가 될 뿐 아니라 통합적 마케팅 커뮤니케이션 성과를 평가하는 데 있어 기준이 된다.

통합적 마케팅 커뮤니케이션 전략은 마케팅 전략을 토대로 수립되기 때문에 통합적 마케팅 커뮤니케이션 목표도 마케팅 목표를 토대로 설정되어야 하나 마케팅 목표가 반드시 통합적 마케팅 커뮤니케이션 목표와 일치하지 않을 수 있다. 마케팅 계획 수립과정에서 결정된 마케팅 목표는 일반적으로 판매량, 시장점유율, 이익, 투자수익률 등과 같은 측정가능한 구체적 변수를 사용하여 표시되며, 계량화가 가능하고, 공략할 표적시장과 목표달성기간이 포함되는 것이 바람직한 것으로 알려져 있다.

그러나 판매량, 이익, 시장점유율로 표시된 마케팅 목표는 기업의 전반적 마케팅 프로그램이 성취해야 할 목표이므로 통합적 마케팅 커뮤니케이션 활동의 목표로는 적절하지 않을 수 있다. 따라서 통합적 마케팅 커뮤니케이션 담당자는 통합적 마케팅 커뮤니케이션 목표를 적절히 설정하기 위하여 마케팅 커뮤니케이션 활동이 소비자의 구매의사결정과정에 영향을 미치는 과정을 이해할 필요가 있다.

③ 통합적 마케팅 커뮤니케이션 전략의 3단계 : 마케팅 커뮤니케이션 도구들의 비교 검토 및 선택

통합적 마케팅 커뮤니케이션 관리자는 통합적 마케팅 커뮤니케이션 목표가 선정되면 다음 단계로 통합적 마케팅 커뮤니케이션 목표를 달성하는 데 효과적인 커뮤니케이션 도구를 선정하여야 한다. 즉, 표적소비자에게 브랜드의 핵심개념을 전달하는 데 사용될 커뮤니케이션 도구들을 비교 및 검토하여 통합적 마케팅 커뮤니케이션 목표의 실현에 가장 효과적인 도구를 선정하는 것이다.

커뮤니케이션 도구들은 광고, 인적판매, PR 및 퍼블리시티, SP 등의 대표적인 촉진믹스 외에도 이벤트, DM(다이렉트 메일) POP(point of purcase : 구매시점 판촉물), 인터넷 및 모바일 광고 등 매우 다양한데, 대표적인 촉진믹스를 중심으로 소비자 반응과정(구매의사결정과정)의 단계별로 그 효율성을 살펴보자.

첫째, 광고는 소비자 반응과정의 모든 단계에서 효율적으로 사용될 수 있다. 특히 광고는 TV, 라디오, 신문, 잡지 등과 같은 매스미디어를 통하여 전달되기 때문에 조기에 많은 소비자들에게 신제품을 알리는 데 매우 적합하다. 또한 TV 매체는 시청각을 통하여 소비자들에게 메시지가 전달되기 때문에 브랜드이미지 형성에 매우 효과적인 매체로 평가된다. 이에 반해 신문이나 잡지는 메시지의 가독성이 높기(소비자가 원할 경우 메시지를 다시 읽어볼 수 있음) 때문에 자세한 제품정보를 전달하거나 기술적 특징을 설명하는 데 적절한 매체이다.

둘째, 인적판매는 대면적인 접촉(일대일 커뮤니케이션)을 통하여 메시지가 전달되기 때문에 고객에게 브랜드의 우수성을 설득시키고 구매를 유도하는 데 적절한 도구이다. 특히 영업사원은 소비자와의 대면적 상호작용을 통해 소비자들의 추가적인 질문이나 불만에 융통성 있게 대처할 수 있기 때문에 대중매체가 갖는 한계점(일방적 커뮤니케이션)을 보완할 수 있는 장점을 갖는다.

셋째, PR과 퍼블리시티는 청중들의 메시지 원천(즉, 기사를 제공하는 언론매체)에 대한 높은 신뢰성으로 인해 소비자들이 제품속성에 대한 믿음을 형성하는 데 상당한 기여를 할 수 있다. 예를 들어, 괌 정부 관광청은 1998년도 인기 드라마 '당신이 그리워질 때'라는 드라마의 장소협찬을 제공하여 긍정적 효과를 얻은 바 있다. 괌 정부 관광청은 드라마의 신혼여행장면에 대한 현지촬영의 장소협찬을 제공함으로써 괌의 절경이 매일 10분씩 1주일간 드라마에서 방영되었다. 이때 괌 관광청이 지출한 비용은 5만 달러였지만, 괌의 아름다운 모습에 매료된 시청자들의 촬영장소에 대한 전화문의가 폭발적으로 증가하였고 괌을 찾는 관광객수는 배로 증가하였다고 한다.

넷째, SP(sales promotion)는 소비자들의 시험적 구매 및 재구매를 유도하는 데 적합한 커뮤니케이션 도구이다. 예를 들어, 무료샘플은 신제품의 시험구매를 유도하는 데 적합하고, 정품이나 콘테스트, 리베이트 등은 단기적인 제품구매의 증대를 유도하는 데 적절한 방법이다.

이와 같이 각각의 커뮤니케이션 도구들은 소비자 반응과정의 단계에 따라 서로 다른 장단점을 가지고 있다. 따라서 통합적 마케팅 커뮤니케이션 관리자는 커뮤니케이션 효과 창출목표의 각 단계를 효율적으로 달성하는 데 적합한 커뮤니케이션 도구들을 선정하여야 한다.

한편 통합적 마케팅 커뮤니케이션 관리자가 커뮤니케이션 도구를 비교검토할 때 중요한 점은 소비자가 제품에 관한 메시지를 접할 수 있는 모든 가능성을 점검하여야 한다는 것이다. 예를 들어, 나이키의 경우를 생각해 보자. 소비자가 나이키에 관한 메시지를 접할 수 있는 기회는 광고, 소매점에 진열되어 있는 신발, 한일전 축구경기장에서의 광고, 나이키 후원 국가 간 A매치 공고 안내, 유명 스포츠 스타들의 신발이나 운동복에 부착되어 있는 나이키 마크, 올림픽 경기 공식 후원사에 대한 공고 등 수없이 다양하지만 중요한 점은 이 모든 도구들이 나이키 커뮤니케이션 관리자의 면밀한 분석에 의해 선정되고 체계적으로 집행되고 있다는 것이다.

④ 통합적 마케팅 커뮤니케이션 전략의 4단계 : 커뮤니케이션 도구들의 전략적 역할의 할당

커뮤니케이션 도구들이 선정되면, 통합적 마케팅 커뮤니케이션 관리자는 최종적으로 각 도구별로 전략적 역

할을 할당하여야 한다. 한편 전략적 역할을 할당함에 있어서 중요한 점은 각 도구들이 시너지 효과를 낼 수 있도록 조합이 이루어져야 한다는 것이다. 즉, 통합적 마케팅 커뮤니케이션 관리자는 광고와 SP, 또는 PR과 SP 등을 적절히 조합함으로써 커뮤니케이션 효과를 극대화시켜야 할 것이다.

⑤ 통합적 마케팅 커뮤니케이션 전략의 5단계 : 커뮤니케이션 예산의 확보

통합적 마케팅 커뮤니케이션 관리자는 커뮤니케이션의 목표와 달성을 위한 커뮤니케이션 도구들이 결정되면 실행에 필요한 예산을 확보하여야 한다. 목표를 달성하는 데 커뮤니케이션 예산이 너무 낮게 책정되면 기대한 만큼의 커뮤니케이션 목표를 달성할 수 없게 될 것이고, 너무 과다하게 커뮤니케이션 예산을 책정하면 불필요한 비용을 지출하는 결과를 초래하게 된다. 통합적 마케팅 커뮤니케이션 관리자의 커뮤니케이션 예산 결정을 어렵게 하는 또 다른 요인은 적절한 커뮤니케이션 비용이 진단되었더라도 여러 관련 부서들 간의 협의과정에서 해당 부서가 원하는 만큼의 커뮤니케이션 비용을 충분하게 확보하기가 쉽지 않다는 데 있다. 통합적 마케팅 커뮤니케이션 관리자는 통합적 마케팅 커뮤니케이션 활동을 위한 예산이 확보되었다면 다음 단계로 각 커뮤니케이션 도구별 세부전략을 수립해야 한다. 각 커뮤니케이션 도구별 전략(광고전략, SP전략, PR전략 등)은 다시 크게 커뮤니케이션 도구별 목표설정, 핵심컨셉 또는 주요 테마의 설정, 구체적인 실행 아이디어의 개발로 나누어질 수 있다.

2) 촉진예산설정

기업이 해결해야 할 마케팅 의사결정 문제 중 하나가 적절한 촉진예산의 설정이다. 촉진예산의 책정이 어려운 이유는 촉진활동의 효과를 직접적으로 매출증가와 이익 증가로 측정하기 어렵기 때문일 것이다. 기업이 촉진예산을 책정하는 데는 매출액 비례법, 가용예산 활용법, 경쟁자 기준법 그리고 목표 및 과업기준법 등이 있다.

(1) 매출액 비례법

일반적으로 많은 기업들이 사용하는 방법이 매출액 비례법(percentage of sales rule)이다. 이 방법은 현재 또는 예상되는 매출액의 일정비율을 사용하거나 또는 제품 판매가격의 일정비율을 촉진예산으로 산정하는 방법이다. 이 방법의 이점은 다음과 같다. 우선 기업이 사용 가능한 금액을 일률적으로 사용하는 것이 아니라 매출액에 따라 변동시킬 수 있다. 둘째, 촉진비용, 판매가격 그리고 제품의 단위당 이익 사이의 관계를 고려하여 촉진예산을 산정할 수 있다. 마지막으로 경쟁사들이 매출액에 대한 동일한 비용을 촉진비용으로 사용하기 때문에 경쟁사들과의 촉진예산 비용관계에 있어서 어느 정도 안정성을 유지할 수 있다. 그러나 이러한 장점이 있기는 하지만 매출을 촉진의 결과로 보지 않기 때문에 매출이 감소하는 시점에 촉진비용을 무조건 삭감해버리는 결과가 종종 발생한다.

(2) 가용예산 활용법

가용예산 활용법(all you can afford rule)은 다수의 기업이 사용한다. 이 방법은 기업에서 충당가능한 수준의 촉진비용을 책정한다. 즉, 기업 자금 사정상 다른 긴급 비용을 모두 예산에 책정한 다음 나머지를 촉진비용으로 책정한다. 이 방법은 제한된 자금을 갖고 있는 기업에서 촉진을 위해 지나치게 많은 비용을 배분하지 않으려는 의도로 사용된다. 매출액이 고려되지 않기 때문에 매출액에 대한 촉진효과가 전혀 반영될 수 없으며 일정한 산출기준에 의하여 촉진예산이 책정되는 것이 아니고 매년 회사의 자금사정에 따라 책정되는 것이기 때문에 장기간에 걸친 마케팅 계획을 수립하기는 부적절하다.

(3) 경쟁자 기준법

경쟁자 기준법(competitive parity rule)은 경쟁사들의 촉진예산에 근거하여 자사의 촉진예산을 맞추는 방법으로 일반적으로 산업평균에 근거하여 촉진예산을 책정한다. 그러므로 경쟁자 기준법은 경쟁자들의 상황이 자사가 처한 상황이 상이할 경우 비합리적인 방법이 될 수 있다. 또한 시장환경은 동태적으로 변화하는 데도 불구하고 특정 몇몇 기업들이 서로 상대방의 촉진예산에 맞추어 경쟁적으로 예산을 책정하게 되면 그 산업 전체적으로는 그들 기업들은 과대 혹은 과소로 책정될 것이다.

(4) 목표 및 과업기준법

목표 및 과업기준법(objective and task rule)은 가장 논리적인 촉진예산 책정방법으로서 기업은 촉진 활동을 통해 자사가 얻고자 하는 바가 무엇인지에 따라서 예산을 책정하게 된다. 그러므로 마케팅 담당자는 특정한 목표를 정의하고 선정된 목표를 달성하기 위해 수행되어야 할 과업이 무엇인가를 명확히 하고 이러한 과업을 수행하기 위해 소요되는 비용을 산정하여 예산을 책정하는 방법이다. 한편 이 방법은 비용과 촉진 성과와의 관계를 예측해야 하는데 이를 정확히 측정하고 예측하기란 어렵다. 또한 목표를 달성하기 위해 해야 할 과업을 결정하는 일 역시 어려운 일이다.

3) 촉진믹스 전략

마케터는 푸시 촉진(push promotion) 또는 풀 촉진(pull promotion)이라는 두 가지 기본적인 촉진 믹스 전략 중에서 하나를 선택할 수 있다. <그림4 >는 이들을 비교한 것이다. 특정 촉진 도구에 대한 상대적인 가중치는 푸시 또는 풀 전략에 따라 다르다. 푸시 전략은 마케팅 채널을 통하여 최종 소비자에게 제품을 밀어내는 것이다. 생산자는 유통 경로 구성원이 자사 제품을 취급하고 최종 소비자에게 이를 촉진하도록 유도하기 위하여 인적 판매와 중간상 판촉을 통해 유통 경로 구성원에게 기울인다. 풀 전략을 사용하는 생산자는 소비자의 제품 구매를 유도하기 위하여 광고와 소비자 판촉 등의 마케팅활동을 최종 소비자를 겨냥하여 수행한다. 만약 풀 전략이 효과적이면, 소비자는 유통 구성원에게 제품을 요구하고, 그에 따라 유통 경로 구성원은 다시 그 생산자에게 제품을 요구할 것이다. 따라서 풀 전략이 사용되면, 소비자 수요가 유통 경로를 따라 제품을 끌어당긴다.

기업은 촉진 믹스 전략을 제품과 시장 유형, 제품수명주기를 포함한 많은 요인을 고려하여 설계를 한다. 서로 다른 촉진 도구의 중요성은 소비재 및 산업재 시장에 따라 상이하다. B2C(business to consumer)를 하는 기업은 통상적으로 풀 전략을 더 많이 사용하며, 광고, 판매 촉진, 인적 판매, 공중 관계의 순으로 판촉 자금을 사용한다. 이에 비해 B2B(business to business)를 하는 기업은 푸시 전략을 가장 많이 사용하는데, 인적 판매에 더 많은 자금을 사용하고, 이어서 판매 촉진, 광고, 공중 관계의 순으로 자금을 집행한다. 제품이 고가이거나 위험을 수반하는 경우 또는 판매자의 수가 작고 규모가 큰 경우, 일반적으로 인적 판매가 더 많이 사용되는 경향이 있다.

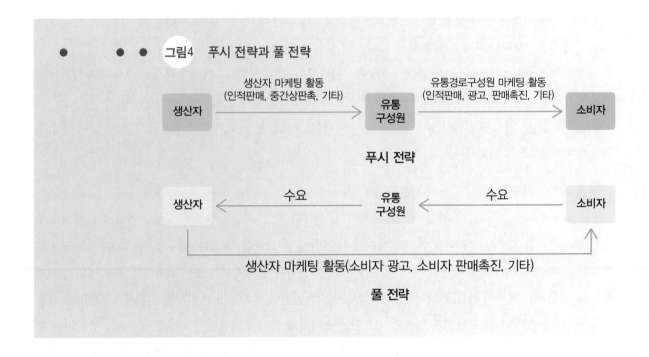

그림4 푸시 전략과 풀 전략

(1) 광고

광고는 일반적으로 영리를 추구하는 기업이 주로 이용하지만, 최근에는 비영리 조직, 전문직 종사자, 사회단체 등의 다양한 조직체들도 그들의 표적청중들에게 그들의 활동을 알리기 위하여 광고를 이용한다. 마케팅 관리자는 광고 프로그램을 개발할 때 광고 목표의 설정, 광고 예산의 결정, 광고 전략(메시지와 관련된 의사결정과 미디어와 관련된 의사결정)의 개발, 광고 캠페인의 평가에 대해 결정해야 한다.

광고 프로그램 개발의 첫 번째 단계는 광고 목표를 설정하는 것이다. 광고목표는 표적 청중, 포지셔닝, 마케팅 믹스에 대해 이미 결정된 의사결정을 기반으로 한다. 이를 토대로 광고가 전체 커뮤니케이션 프로그램에서 해야 할 일을 정의한다. 전반적인 광고 목표는 고객가치를 전달함으로써 고객 관계를 구축하는 것을 돕는 데 있다. 광고 목표(advertising objective)는 특정한 표적청중에게 구체적인 기간 동안 성취해야 할 구체적인 커뮤니케이션 과업으로 정의할 수 있으며 이러할 때 광고목표를 정보 전달, 설득, 상기 등으로 구분될 수 있다.

정보 전달형 광고(informative advertising)는 새로운 제품을 소개할 때 가장 많이 사용한다. 특히 요즘에는 빠르게 발전하는 과학기술과 함께 경쟁에 뒤쳐지지 않도록 기업은 많은 신제품을 출시하는데 이때 제품의 품질, 기능, 편의성 등에 대한 정보를 전달하여 고객의 일차적 수요를 창출하기 위하여 정보 전달형 광고를 활용한다.

설득형 광고는 종종 한 브랜드를 다른 경쟁 브랜드와 직접 또는 간접으로 비교하는 비교광고(comparative advertising)를 활용한다. 예컨대, 남양유업의 프렌치카페 커피는 광고에서 카제인나트륨이 든 경쟁사 커피들을 간접적으로 비판하고 우유를 첨가한 자사 제품의 우월성을 제시하면서 실질적으로 커피시장에 대한 시장점유율을 많이 향상시켰다. 이와 같이 설득형 광고는 제품속성에 관한 고객의 지각에 변화를 가져다주어 자사 브랜드로의 전환을 유도하는 효과를 창출 할 수 있다.

상기형 광고(reminder advertising)은 고객관계를 유지시키고 비수요기에도 고객에게 자사 제품을 계속 생각하게 만들어 가까운 미래에 자사제품을 상기시키는 데 도움을 주기 때문에 성숙 시장에서 중요하다.

광고예산의 설정역시 촉진예산 설정과 거의 유사하다. 가용예산할당법, 매출액 비율법, 경쟁사 대비 할당법, 목표 대비할당법으로 설정된다.

① 광고전략 개발

광고전략(advertising strategy)은 광고 메시지의 개발 및 전략과 광고 매체의 선정이라는 두 가지 중요한 요소로 구성된다. 광고는 소비자의 관심을 얻고 메시지가 잘 전달될 때 성공할 수 있다. 이렇게 하기 위해서는 광고혼잡도(advertising clutter)를 극복해야 할 것이다. 한편 메시지 전략과 실행에서는 있어 효과적인 광고 메시지를 개발하는 첫 단계는 메시지 전략을 기획하는 것으로, 어떤 전반적인 메시지가 소비자에게 의사소통되어야 하는가를 결정하는 것이다. 광고의 목적은 어떤 방식이든 소비자로 하여금 제품이나 기업을 생각하게 만들거나 이에 반응하게 만드는 것이다. 사람들이 반응하는 경우는 자신들이 그렇게 함으로써 어떤 혜택을 받을 것이라고 믿을 때이다. 따라서 효과적인 메시지 전략의 개발은 광고 소구로 사용될 수 있는 고객 혜택을 확인하는 것에서 시작된다.

광고주는 표적 청중의 주의와 흥미를 끌어낼 내용을 표현해야 한다. 크리에이티브 팀은 메시지를 실행에 옮기기 위하여 가장 좋은 접근 방식, 스타일, 톤, 단어 및 광고 형태를 발견해야 한다. 메시지는 다양한 실행 스타일 (execution styles)로 표현될 수 있다. 한편 최근에는 소비자가 직접 참여해서 광고를 같이 제작하기도 한다.

② 광고 매체 선정

광고 매체를 선정하는 주요 과정은 4단계인 ① 도달범위(reach), 도달횟수(frequency), 임팩트(impact) 결정, ② 주요 매체 유형(media types) 선정, ③ 구체적인 매체 수단(media vehicles) 선정, ④ 매체 타이밍 결정으로 구성된다.

매체를 선정하기 위해서 광고주는 먼저 광고목표를 달성하기 위하여 필요한 도달범위와 도달횟수를 결정해야 한다. 도달범위(Reach)는 주어진 기간 동안 광고에 노출될 표적청중의 비율이다. 예를 들어 광고주는 광고 시작 후 3개월 동안 표적시장의 70%에게 메시지를 노출시키고자 할 수 있다. 도달횟수(frequency)는 표적시장에 있는 사람이 메시지에 노출되는 평균 횟수이다. 예를 들어 광고주는 3번의 평균 도달횟수를 기대할 수 있다. 또한 광고주는 매체 영향력(impact)을 결정해야 하는데, 이는 주어진 매체를 통한 메시지 노출의 질적 가치이다. 예를 들어 시각과 청각을 모두 활용할 수 있는 TV는 라디오보다 더 효과적일 것이며, 뉴욕타임즈(NewYork Times)에 실린 똑같은 메시지는 다른 기타 신문에 비해 더 신뢰성이 있을 것이다.

주요 매체 유형에는 TV, 신문, 직접우편, 잡지, 라디오, 옥외, 인터넷이 있다. 각 매체 유형별로 장단점이 있기 때문에 기업은 <표2>와 같이 매체를 선택할 때 각 미디어의 영향력, 메시지 효과성, 비용 등 여러 요인들을 고려해야 한다. 특히 최근에는 인터넷과 같은 새로운 매체가 출현하고 대중 매체 이용자 수가 줄어듬에 따라 더 효과적으로 도달하고 전문성이 향상되는 매체의 흐름에 집중할 필요가 있다.

표2   주요 매체 유형의 특징

매체	장점	단점
TV	대량 마케팅 커버리지, 단위 노출당 적은 비용, 시각과 청각의 결합	높은 절대비용, 높은 광고혼잡, 짧은 시간 노출, 낮은 청중 선별력
신문	높은 지역시장 커버리지, 높은 신뢰성	짧은 수명, 낮은 재생품질
직접우편	높은 청중 선별력, 개별화 가능	단위 노출당 높은 비용, 스팸메일 이미지
잡지	높은 신뢰성, 고품질의 재생, 긴 수명	높은 비용
라디오	지역적 우수한 수용성, 높은 지리적 선별력, 낮은 비용	청각으로 제한, 짧은 노출기간, 낮은 주의 유발력,
옥외	높은 반복노출, 낮은 비용, 우수한 위치 선택 가능	크리에이티브 실현의 제한으로 낮은 청중 선발력
인터넷	높은 선별력 적은 비용, 즉시성, 상호작용성	청중 불균형, 작은 영향력, 청중이 노출 통제

매체 수단(media vehicles)이란 일반적인 매체유형의 구체적 매체를 말한다. 예를 들어 TV 비히클에는 KBS의 해피선데이, MBC 뉴스데스크 등이 있고, 잡지 도구에는 뉴스위크(Newsweek), 피플(People) 등이 있다.

매체 수단을 선정함에 있어 기업은 매체비용과 매체 효과성을 고려해야 한다. 이외에도 각 매체도구의 청중 수준과 청중 몰입수준(audience engagement), 그리고 매체도구의 편집수준(editorial quality) 또한 평가해야 할 것이다.

광고주는 1년에 걸쳐 광고를 어떻게 스케줄링할 것인가에 대한 결정을 해야 한다. 기업은 계절 패턴에 따라 광고량을 조절할 수 있는데, 예컨대, 크리스마스, 발렌타인데이 등과 같은 축제일에 기업은 광고비를 집중하여 지출할 것이다. 광고의 패턴에는 크게 두 가지가 있다. 지속형(continuity)은 주어진 기간 동안 동일한 광고비를 지출하는 것을 의미하는 반면, 맥박형(pulsing)은 주어진 기간 동안 동일하지 않게 광고비를 할당하는 것을 의미한다. 맥박형 광고 수행자는 짧은 기간 동안 인지율을 구축하기 위하여 광고를 집중적으로 집행하고 그 효과가 다음 기간에도 이월되기를 기대할 것이다. 이와 같이 맥박형 스케줄은 인지수준을 향상시킬 수는 있지만, 광고 커뮤니케이션의 깊이는 향상되지 않을 것이다.

(2) 홍보

홍보(Public Relations)는 긍정적인 제품홍보 기사(publicity)를 개발하고, 기업의 좋은 이미지를 구축하고, 비호의적인 소문과 이야기 또는 이벤트를 함으로써 다양한 공중과의 우호적인 관계를 구축하는 것이다. 공중관계 부서는 다음 기능 중 일부나 모두를 수행한다.

- 프레스(언론)관계 또는 프레스에이전시(언론대행기관)(press relations or press agency)
- 사람, 제품 혹은 서비스에 대한 주의를 끌기 위하여 뉴스 미디어에 기사성이 있는 정보를 개발하여 제공하는 것
- 제품 퍼블리시티(product publicity)
- 특정 제품에 관한 기사를 발표하는 것

즉, 홍보는 전국적인 혹은 지역적인 커뮤니티 관계를 구축하고 유지하는 것으로 로비활동과 매체 관리 및 투자자관계 등을 관리하는 것을 의미한다. 로비활동(lobbying)은 입법과 규제에 영향을 미치기 위하여 입법관계자나 정부관료와의 관계를 구축하고 유지하는 것이고, 투자자관계(investor relations)는 금융 커뮤니티에 있는 주주나 이해관계자와 관계를 유지하는 것이다.

① 홍보의 역할과 조절

홍보는 광고보다 훨씬 저렴한 비용으로 공중의 인지도에 강력한 영향을 미칠 수 있다. 기업은 미디어의 지면이나 시간을 확보하기 위하여 비용을 지불하지 않는다. 대신 기업은 담당자가 정보를 개발하고 이벤트를 관리하는 데 필요한 비용을 지불한다. 만일 회사가 재미있는 이야기나 이벤트를 개발하면, 여러 매체가 이것을 기사

로 활용할 것이고, 그 결과 많은 비용을 지출한 광고와 동일하거나 더 큰 효과를 가져다 줄 수 있다. 그리고 그것은 광고보다 더 신뢰성이 높을 것이다. 한편 광고와의 차이는 <표 3>과 같다.

●　　　●　●　**표3**　**광고와 홍보의 차이**

요인(Factor)	광고(Advertising)	홍보(Publicity)
통제(Control)	높음(Great)	적음(Little)
신뢰(Credibility)	낮음(Lower)	높음(Higher)
도달(Reach)	측정가능(Measurable)	측정불가(Undetermined)
빈도(Frequency)	계획적(Schedulable)	통제불가능(Uncontrollable)
비용(Cost)	높음(High)/특이(Specific)	낮음(Low)/비특이(Unspecified)
유연성(Flexibility)	높음(High)	낮음(Low)
타이밍(Timing)	명시가능(Specifiable)	잠적적(Tentative)

② 주요공중관계 방법

공중관계는 다양한 방법을 사용하여 관계를 관리할 수 있다. 가장 중요한 방법 중의 하나가 뉴스이다. PR 전문가는 회사, 제품 및 사람들에 대한 호의적인 기사거리(혹은 보도자료)를 만든다. 때론 뉴스거리가 자연스럽게 생기기도 하고, 때론 PR 담당자가 뉴스거리를 만들기 위한 이벤트나 활동을 제안한다. 연설도 제품과 회사의 퍼블리시티를 만들어 준다. 기업의 공중관계책임자는 매체의 질문을 처리해야 하거나 또는 협회 혹은 고객과의 모임에서 대화를 나누어야 한다. 이러한 이벤트는 기업의 이미지에 도움이 되기도 하고 해악이 되기도 한다. 또 다른 일반적인 PR 방법으로는 뉴스 콘퍼런스, 프레스투어, 개막행사, 불꽃놀이, 레이저쇼, 풍선기구설치, 다매체설명회, 스타와 함께하는 구경거리, 교육프로그램 등과 같은 특별 이벤트가 있다. 이러한 방법들은 표적청중에게 영향을 미치거나 관심을 끌기 위해 시행된다.

공중관계를 다루는 사람들은 표적시장에게 영향을 미치기 위한 자료도 준비한다. 이 자료에는 연례 보고서, 안내책자, 기사, 회사 뉴스레터와 잡지 등이 포함된다. 영화, 사운드 프로그램, DVD, 유튜브, 페이스북 등과 같은 자료들도 의사소통 도구로 점점 더 많이 사용되고 있다. CI 자료들도 공중이 즉각적으로 인지할 수 있는 기업 아이덴티티를 창출하는 데 도움을 준다. 로고, 편지지, 안내책자 사인, 사업양식, 명함 빌딩, 유니폼, 회사의 차와 트럭 등도 매력적이고 독특하고 기억될 수 있다면, 이러한 모든 것들은 모두 마케팅 도구가 될 수 있다. 또한 기업들은 공중서비스 활동에 자금과 시간을 기부함으로써 공중과 우호적인 관계를 증진시킬 수 있다.

광고모델 브랜드평판 2023년 6월 빅데이터 분석결과… 1위 블랙핑크, 2위 임영웅, 3위 방탄소년단

광고모델 브랜드평판 2023년 6월 빅데이터 분석결과, 1위 블랙핑크 2위 뉴진스 3위 방탄소년단 순으로 분석됐다.

한국기업평판연구소는 2023년 5월 13일부터 2023년 6월 13일까지 측정한 광고모델 브랜드 빅데이터 28,931,304개를 소비자 행동분석을 통해 광고모델 브랜드에 대한 참여지수, 미디어지수, 소통지수, 커뮤니티지수로 브랜드평판지수를 측정했다. 지난 5월 광고모델 브랜드 빅데이터 28,352,153개와 비교하면 2.04% 증가했다.

브랜드평판지수는 소비자들의 온라인 습관이 브랜드 소비에 큰 영향을 끼친다는 것을 찾아내서, 브랜드 빅데이터 분석을 통해서 만들어진 지표이다. 광고모델 브랜드평판 분석은 광고모델 브랜드에 대한 소비자와 관계, 긍·부정 평가, 미디어 관심도, 소비자들의 관심과 소통량을 측정할 수 있다.

광고모델 브랜드평판 분석은 브랜드평판 상위권에 있는 브랜드를 대상으로 빅데이터 평판 알고리즘을 통해 광고모델 브랜드와 소비자의 관계를 분석한 것이다. 광고모델 브랜드평판지수 세부지표에는 광고 채널에 대한 가중치가 포함됐다.

2023년 6월 광고모델 브랜드평판 30위 순위는 블랙핑크, 임영웅, 방탄소년단, 손흥민, 마동석, 아이유, 뉴진스, 공유, 백종원, 차은우, 김호중, 에스파, 아이브, 영탁, 강다니엘, 유재석, 세븐틴, 손석구, 르세라핌, 이찬원, 김연아, 태연, 이병헌, 오마이걸, 류현진, 박재범, 박보검, 전지현, 김종국, 박서준 순으로 분석됐다.

광고모델 브랜드평판 1위를 기록한 블랙핑크 브랜드는 참여지수 100,710 미디어지수 529,619 소통지수 585,048 커뮤니티지수 1,413,107이 되면서 브랜드평판지수 2,628,485로 분석됐다. 지난 5월 브랜드평판지수 1,635,215와 비교해보면 60.74% 상승했다.

2위, 임영웅 브랜드는 참여지수 537,368 미디어지수 707,661 소통지수 532,982 커뮤니티지수 649,563이 되면서 브랜드평판지수 2,427,573으로 분석됐다. 지난 5월 브랜드평판지수 1,559,416과 비교해보면 55.67% 상승했다.

3위, 방탄소년단 브랜드는 참여지수 163,148 미디어지수 262,284 소통지수 577,961 커뮤니티지수 1,334,258이 되면서 브랜드평판지수 2,337,651로 분석됐다. 지난 5월 브랜드평판지수 1,486,203과 비교해보면 57.29% 상승했다.

4위, 손흥민 브랜드는 참여지수 292,478 미디어지수 300,096 소통지수 221,039 커뮤니티지수 684,636이 되면서 브랜드평판지수 1,498,248로 분석됐다. 지난 5월 브랜드평판지수 1,521,096과 비교해보면 1.50% 하

락했다.

5위, 마동석 브랜드는 참여지수 167,558 미디어지수 275,175 소통지수 429,191 커뮤니티지수 456,909가 되면서 브랜드평판지수 1,328,833으로 분석됐다. 지난 5월 브랜드평판지수 250,657과 비교해보면 430.14% 상승했다.

한국기업평판연구소 구창환 소장은 "광고모델 브랜드평판 2023년 6월 브랜드 빅데이터 분석결과, 블랙핑크 브랜드가 1위를 기록했다. 광고모델 브랜드 카테고리를 분석해보니 지난 5월 광고모델 브랜드 빅데이터 28,352,153개와 비교하면 2.04% 증가했다. 세부 분석을 보면 브랜드소비 7.83% 하락, 브랜드이슈 6.68% 하락, 브랜드소통 9.63% 하락, 브랜드확산 22.39% 상승했다."라고 평판 분석했다.

이어 "2023년 6월 광고모델 브랜드평판 1위를 기록한 블랙핑크 광고 브랜드에 대한 링크분석에서는 '도전하다, 응원하다, 출연하다'가 높게 나왔고, 키워드 분석에서는 '대한항공, 블랙핑크 더 게임, 엠버서더'이 높게 나왔다. 블랙핑크 광고 브랜드에 대한 긍·부정비율 분석에서는 긍정비율 89.03%로 분석됐다. 블랙핑크 광고 브랜드 빅데이터 세부 분석을 보면 브랜드 소비 25.18% 하락, 브랜드 이슈 103.37% 상승, 브랜드 소통 15.05% 상승, 브랜드 확산 93.13% 상승했다."라고 브랜드 빅데이터 분석했다.

2023년 6월 광고모델 브랜드평판조사는 블랙핑크, 임영웅, 방탄소년단, 손흥민, 마동석, 아이유, 뉴진스, 공유, 백종원, 차은우, 김호중, 에스파, 아이브, 영탁, 강다니엘, 유재석, 세븐틴, 손석구, 르세라핌, 이찬원, 김연아, 태연, 이병헌, 오마이걸, 류현진, 박재범, 박보검, 전지현, 김종국, 박서준, 강호동, 박은빈, 윤아, 오은영, 이서진, 김혜수, 손예진, 김유정, 김고은, 정해인, 김종민, 원빈, 이정재, 조인성, 유해진, 신동엽, 송강호, 조정석, 허성태, 박해일에 대한 브랜드 빅데이터 분석으로 이루어졌다.

출처: 에크로팬, 2023년 6월 13일

(3) 인적판매와 영업관리

인적판매, 즉 영업의 특징은 우선 회사의 궁극적인 목적인 수익 창출을 실제로 구현하는 역할을 수행하고, 고객과 직접적인 접점을 형성한다는 것이다. 이를 통해 영업은 단기적인 판매 활동뿐만 아니라 장기적인 관점에서 고객과의 관계를 관리하는 역할도 동시에 수행한다. 마지막으로 영업은 단순히 전술적이고 기술적인 활동이 아니라, 전략적인 의미도 동시에 지니고 있다. 이러한 전략적인 영업의 기능을 관리하는 것이 영업관리(sales management)이다. 즉, 영업관리는 매출이나 수익과 같은 기업의 목표를 달성하기 위한 고객과의 대면접촉 활동을 기획하고, 통제하고, 지원하는 일련의 활동으로 정의할 수 있다. 전략적 영업관리에 관한 필요성과 체계적인 영업관리 프로세스에 대해서 알아보도록 하자.

① 영업의 변화

고객 니즈의 빠른 변화와 치열한 경쟁으로 인해 영업환경이 급변하고 있다. 경쟁이 치열해지면서 기존 고객에 대한 관리의 중요성이 커지게 되었고, 거래중심에서 관계지향적인 영업관리의 필요성이 중요하게 부각되고 있다. 이러한 변화 속에서 영업관리자들이 주목해야 할 영업의 이슈들이 나타났다.

첫째, 고객 중심의 문화를 창조의 이슈이다. 영업 관리자들은 영업사원과 고객간의 파트너십에 대한 조직적 방해 요소를 제거함으로써 영업역할을 촉진시켜야 한다. 많은 영업사원들이 영업과 기업의 수익관점에서 고객을 대한다. 수익을 먼저 생각하기 때문에 고객이 원하는 것을 들어주는 것이 아니라 고객이 원하는 것에 대해서 기업의 정책과 매뉴얼이라는 이름으로 거부하는 경우가 매우 많다. 예를 들어 고객은 어떤 제품이 5개만 필요한데 영업사원은 10개 이하는 판매하지 않는다는 방침을 내세우면 고객에게 'No'라고 한다 고객의 요구를 기업의 정책과 틀 내에서만 들어 줄 수가 있고 그렇지 않은 경우는 완강하게 '안 된다' 라고 하는 것이다. 이러한 조직적인 거부 및 방해 요인을 제거하여 고객중심의 사고로 전환하여야 한다.

둘째, 고객을 자극하고 강매(push)하는 영업은 이제는 통하지 않는 시대가 됐다. 고객의 니즈가 무엇인지를 파악하고 고객이 가지고 있는 문제를 해결하기 위한 영업이 되어야 한다. 이를 위해서 영업관리자는 끊임없이 시장의 변화를 감지하고 영업사원들에게 고객의 니즈 파악과 문제를 인지하는 것에 초점을 맞추도록 해야 한다. 고객이 원하는 자동차는 소형 자동차인데 자동차 영업사원은 수익이 높은 중형이나 대형 차를 고객에게 소개하고 이를 강력하게 추천한다. 자신과 기업의 이익을 챙기기 위해 고객이 원하는 소형차의 단점을 강조한다. 영업사원은 기업의 제품에 고객의 니즈와 문제를 맞추는 것이 아니라 개별적 고객의 요구에 맞게 제품을 맞추어야 한다.

셋째, 영업관리자는 목표를 정하고 성공을 측정하기 위한 적절한 매트릭스를 동시에 개발하고 실행하여야 한다. 과거의 영업관리자의 목표는 거래의 성사와 매출액의 증대에만 초점을 맞추었다. 하지만 관계지향적인 영업관리에서는 고객과의 신뢰형성과 상호 이익의 달성이 새로운 목표이고 이를 통해 매출액이 아닌 수익의 증대가 가장 큰 관심이다. 우리나라 기업들의 영업목표가 여전히 매출증대에 있으며 많은 기업들이 시장점유율에만 신경을 쓰고 있다. 보다 장기적인 목표를 수립하고 고객지향적인 목표를 설정해야 할 것이다.

넷째, 소통에 관한 이슈이다. 과거에는 영업사원의 제품과 서비스에 관한 일방적인 설명 위주의 영업을 하였다. 하지만 관계지향적인 영업시대에서는 양방향의 소통이 필요하고 특히 고객 위주의 소통이 우선되어야 한다. 영업의 가장 중요한 기술(skill)은 경청(listening)이다. 즉, 고객의 니즈에 관한 설명을 경청하고 문제를 구체적으로 파악하는 능력이 필요하다. 앞에서도 언급하였지만 기업의 제품에 고객의 문제를 맞추지 말자. 고객의 문제해결에 도움이 되는 제품과 서비스를 선택해야 할 것이다.

마지막은 고객 구매의사 결정과정에 있어서 영업사원의 역할에 관한 이슈이다. 과거의 거래지향적 영업에 있어 영업사원은 고객의 구매의사 결정과정에서 고립되어 있었다. 즉, 오로지 거래 성사에만 관심을 두고 있었다는 것이다. 영업사원들은 고객의 구매의사 결정과정에서 고객이 무엇을 생각하고 어디서 정보를 얻고 어떤 기준으로 제품을 판단하는지에 대해서 어떠한 영업 행위도 생각하지 않았다. 하지만 관계지향적인 영업에서는 이러한 고객의 구매의사 결정과정에 적극적으로 개입하여 정보탐색을 도와주고, 제품 판단 기준 또한 제공해서 고객이 후회 없는 구매 의사결정을 하도록 도와주어야 한다.

● ● ● ● **표4** 영업관리 트렌드의 변화

거래중심의 전통적 영업관리	관계중심의 영업관리
영업과 기업중심적 사고	고객중심의 사고
자극과 푸시(Push)관점의 영업	고객 니즈 충족과 문제 해결관점의 영업
영업성사와 매출 위주의 목표	신뢰형성과 상호이익 목표
영업사원의 일방적인 소통	상호양방향 소통과 협력
고객구매의사결정 과정과는 별개	고객구매의사결정과정에 적극적 관여

② 전략적 영업관리 과정

어떤 기업이든지 이용 가능한 마케팅 커뮤니케이션 도구는 일반적으로 인적 영업(personal selling), 광고, 판매촉진(sales promotion), 그리고 홍보(publicity)로 분류된다. 인적 영업은 기업이 고용한 인력이나 그들의 에이전트를 통해 메시지를 전달하고 고객들이 이를 통해 그 기업을 지각하는 것이다. 즉, 고객들과 영업사원간에 개인적인 커뮤니케이션을 하는 것으로 정의된다. 이에 따라 인적 영업은 두 가지 면에서 다른 마케팅 커뮤니케이션 도구들과 차별적 요소가 있다. 첫째로, 광고나 판촉과는 달리 인적 영업은 고객 개개인에 대한 개인적인 커뮤니케이션이다. 둘째로, 광고나 판촉에 대해 고객들은 일반적으로 메시지의 근원으로서 조직이 아닌 미디어를 인지하는 반면 인적 영업 내에서는 고객들은 메시지가 조직에 의해서 전달되는 것으로 인지한다.

전략적 영업관리는 이러한 조직의 고객과의 커뮤니케이션적 관점에서 인적 영업 기능을 관리하는 것이다. 영업 관리자(sales manager)는 모든 영업 활동을 평가하고 통제해야 한다. 이런 관점에서 영업 관리자는 기업의 전반적인 전략 '계획'과 사람 '이행'과 관계가 깊다. 따라서 영업관리자는 반드시 인적 영업 기능에 있어서의 영업사원들, 조직의 다른 기능적 영역에서의 종업원들, 그리고 조직 밖의 사람, 특히 고객들을 효과적으로 다룰 수 있어야 한다. 전략적 영업관리 모델은 영업관리 과정에서의 중요 단계들을 나타낸 <그림 5>에 제시되어 있다.

● ● ●　**그림5　전략적 영업관리 과정**

영업기능의 정의 → 영업의 전략적 역할에 관한 정의 → 영업조직의 설계 → 영업력 개발 → 영업력의 실행 → 영업 효과성 및 성과 평가

• **영업 기능에 관한 정의: 우리회사에 있어서 영업이란?**

영업 관리자는 영업 기능의 관리에 대한 책임이 있기 때문에 반드시 자사에서 필요로 하는 영업기능에 대해 이해하고 있어야 한다. 고대로부터 현재까지 전문적인 영업사원은 끊임없이 진화하여 왔다. 단순한 교환과 거래 위주의 영업기능에서 고객과의 장기적인 관계를 추구하는 영업으로 진화하면서 기업내부에서의 영업의 기능은 매우 복잡하게 진화를 하였다.

영업기능에 관한 정의 부분에서 우선적으로 파악하여야 하는 부분은 영업환경에 관한 이해와 자사에서의 영업의 위치에 관한 것이다. 기업 내-외부의 환경에 관한 이해를 통해 고객들이 원하는 형태의 영업이란 무엇인가를 결정하고 이를 바탕으로 자사에서의 영업의 역할과 기능에 관해서 반드시 정의를 내리고 가야 한다. 가령 환경의 변화가 심하고 고객의 니즈가 복잡화된 경우에는 전문화된 영업이 필요하고, 그렇지 않은 경우에는 기본적으로 욕구를 자극하는 형태의 영업이 필요할 것이다. 우리고객이 B2C 고객인지 B2B 고객인지에 따라서도 개별 영업과 팀 영업에 관해서 고려를 해야 할 것이다. 즉, 원자력 플랜트를 국가를 상대로 영업을 하는 두산중공업의 영업과 개인을 대상으로 보험과 금융상품을 영업하는 LIG화재의 영업에서 요구되는 전문적인 지식의 정도와 고객에 대한 이해는 매우 달라야 한다.

• 영업기능의 전략적 역할 정립: 목표고객 전략과 일치하는 영업실행전략을 수립하라!

오늘날 기업은 다양한 제품을 다양한 고객들에게 내 놓는 상대적으로 독립적인 여러 전략사업부 단위들로 구성되어 있다. 이러한 다각적 사업부(multiple-business units)와 다양한 제품(multi-products)을 가진 회사들은 반드시 전사적 수준에서 전략적 의사결정을 통합시키고 조정을 해야 한다.

영업 전략과 영업 의사결정 또한 기업, 사업부 그리고 마케팅 수준에서의 핵심 전략적 결정과 일관성을 유지하여야 하고, 이들 상위의 전략적 목표에 부합하는 영업 목표가 수립되어야 한다. 기업과 사업부-수준의 전략결정은 일반적으로 영업관리자와 영업사원들이 반드시 운용해야 하는 가이드라인을 제공해준다. 또한 영업은 특정 상품 시장 상황에서 마케팅 전략의 중요한 구성요소이다. 주어진 마케팅 전략이 제공하는 세부적인 목표 시장과 목표고객에 관한 메시지는 영업 관리자에게 있어서 직접적이고 중요한 실행 가이드라인이 된다. 김정문 알로에와 같은 기업의 전략적 방향이 '건강한 삶' 추구이면 마케팅 전략에서도 '건강을 중시'하는 고객들에 대한 가이드라인을 제공해야 한다. 그리고 영업은 '건강을 추구하는 목표 고객'에게 다가가기 위한 실행 전략이 되어야 한다.

• 영업 조직 설계: 가장 효과적으로 고객과 커뮤니케이션할 수 있는 영업조직을 설계하라!

영업 전략이 수립되고 나면 영업관리자는 어떠한 영업 조직으로 고객과의 커뮤니케이션을 효과적으로 달성할 것인가를 결정하여야 한다. 앞서도 언급하였듯이 영업전략은 기업, 사업부 그리고 마케팅 전략과 함께 영업과 영업관리 활동에 대한 기본적인 전략 방향을 결정해준다. 그리고 이러한 전략을 성공적으로 이행하기 위해서 효과적인 영업 조직이 필요한 것이다. 효과적인 영업 조직을 설계하기 위해서는 우선 목표 달성을 위한 영업 활동을 규정하고, 최적의 비용으로 고객을 가장 잘 섬길(serve) 수 있는 영업조직 구조를 결정하고 마지막으로 영업사원의 역할에 맞는 전문성 있는 영업사원을 배치하는 것이다.

효과적인 영업 조직 구조를 디자인하는 데 있어서 기본적인 기준은 지역, 제품, 기능 그리고 고객이다. 많은 영업 조직이 지역을 중심으로 심지어는 행정구역 단위별로 설계되어 있다. 이는 영업사원의 이동거리와 지역별 인구구조 등에 따라서 관리를 중시하는 조직설계이다. 기업들 대부분이 지역별로 영업 본부를 두고 중앙에서 이들 지역을 관리하는 형태의 영업조직이다.

• 영업력 개발: 스마트 워킹 영업사원(Smart Working Sales People!)

영업 전략, 영업 조직, 그리고 영업력 배치의 결정들은 영업을 위한 기본적인 구조를 만들어낸다. 이것은 생산 활동 중에서 어떠한 기계를 사용할 것인가에 관한 결정과 유사하다. 영업 관리자는 수많은 "사람"과 관련된 결정을 해야만 하는데, 이러한 결정은 영업사원들의 적절한 유형에 관한 것이고, 영업사원들을 효과적으로 능률적으로 운용하도록 하는 기술에 관한 것이다. 영업력 개발에서 중요한 것은 채용과 교육 훈련이다.

• 영업력의 실행: 칭찬은 고래도 춤추게 한다!

가장 좋은 영업사원을 고용하고 이들에게 성공적인 영업을 위해 요구되는 기술을 전수해 주는 것과 영업 조직의 목표와 목적을 달성하기 위해 영업사원들의 활동을 가르치는 것은 전혀 다른 문제이다. 영업 관리자는 영업사원에게 동기를 부여하고, 감독하고 이끄는 데 많은 시간을 보낸다. 영업 매니저의 리더십과 감독 활동은 다른 목적을 가지고 있다. 리더십 활동은 구체적인 목표와 목적을 이루는 커뮤니케이션 절차를 통해 영업사원들에게 영향을 미치는 데 초점을 맞춘다. 대조적으로, 감독 활동은 일상적인 운영방식하에서 영업력의 그날그날의 조정과 관련이 있다.

영업관리의 동기부여 및 보상체계는 영업사원이 확실한 동기를 가지고 영업활동을 잘 수행하여서 성공적인 성과가 나타나게 하는 조직관리의 동기이론에 근거하고 있다. 즉, 영업사원의 특정 영업활동에 대해서 잘하는 부분과 잘못하는 부분을 구분하여 잘하는 부분에 대해서는 확실한 보상을 해주고, 잘못하고 중요한 영업행위에 대해서는 동기 부여를 통해 더 잘할 수 있도록 해주어야 한다.

• 영업의 효과성 및 성과평가: 결과도 중요하지만 과정은 더욱 중요하다!

영업관리자는 현재 영업의 성과를 결정하기 위한 영업력의 활동 상태를 지속적으로 모니터해야 한다. 영업사원의 효과성과 성과평가는 영업조직 내 다른 평가 단위의 효과성뿐만 아니라 개인적인 영업사원들의 성과 또한 다루어야 하기 때문에 매우 어렵고 민감한 작업이다.

효과성과 성과평가에 대한 필수적인 배경은 기본적인 시장과 수요에 관한 예측이다. 영업사원들이 필요한 예측은 시장잠재력, 판매잠재력 그리고 시장수요예측이다. 예측의 다른 형태들, 상향(bottom-up)과 하향(top-down) 예측 방법, 그리고 몇 가지 다른 판매 예측 방법은 많지만 중요한 것은 예측의 오차 및 오류를 적게 하기 위해서 가능한 다양한 주관적인 방법과 객관적인 방법들을 혼용해야 할 것이다.

③ 판매행위

i) 잠재고객 발굴(prospecting)과 전화 판매 계획(sales call planning)

어떠한 영업에 있어서든 오늘날의 고객이 항상 그들의 고객이지 않았다. 영업사원이나 그들의 회사가 매우 유망한 미래의 고객으로써 판단되는 가능 고객의 집합인 잠재 고객을 발굴하는 것에서부터 관계판매의 기회는 시작된다. 영업망의 구축은 고객 기반 달성과 성장을 확신시키는 잠재고객의 경로를 파악하고 조망하는 것을 의미한다. 때로 영업사원들은 판매에 있어 "필요악(necessary evil)"으로써 잠재고객을 인식하고 발굴하는 데 주목한다. 오늘날, 시스템이 적절하게 실행되고 활용된다면, CRM 시스템과 다른 기술들은 판매사원에게 가능고객에 대한 풍부한 정보를 제공한다.

ii) 판매 메시지의 전달(communicating the sales)

판매는 설득적 의사소통을 내포한다. 거래적 판매(transactional selling)는 어려운 판매 메시지의 전달에 초점을 맞춘다. 이것은 거래적 판매의 정의에 있어서 실제 관계에 대한 정의가 포함되어 있지 않기 때문이다. 구매자와 판매자간에 신뢰가 거의 존재하지 않으므로 둘의 관계는 적대적이기 쉽다. 그리고 그들의 관계에 있어서 장기적 관계나 윈-윈 솔루션은 다루어지지 않는다.

관계판매에 있어서 의사소통은 달리 논의된다. 첫째, 이메일과 휴대폰 같은 것을 통하여 복합적 미디어는 거의 무제한적 접근이 가능하다. 둘째, 어려운 판매는 상호적인 문제해결의 의사소통 접근에 의해 대체되고 있다. 영업사원들은 구매자를 위하여 문제의 해결자 혹은 컨설턴트로서의 역할을 수행하고 가치 부가형 해결책을 취급한다. 솔루션 셀링(solution selling)에서 영업사원들의 주된 역할은 고객들이 그들의 문제나 필요에 대한 솔루션에 대한 시각화 쪽으로의 움직임을 만드는 것이다.

iii) 윈-윈 솔루션을 위한 협상(negotiating for win-win solution)

구매자가 매우 오랜 시간 동안 영업사원과 거래를 해왔을지라도 그들은 영업사원이 제안한 솔루션의 다양한 측면에 있어서의 이의(objection)를 제시할 것이다. 이의는 제안된 제품 혹은 솔루션의 몇 가지 부분이 구매자의 필요를 완벽하게 만족시키지 못하는 것에 대한 단순한 걱정(관심)이다. 이의는 과도하게 측정된 가격, 배달, 약정관련 내용, 적절한 시기, 혹은 거래에 있어서 다른 가능한 무수히 많은 요소들과 관련되는 것일 것이다. 비록 관계판매 환경에서 전형적인 구매자와 소비자의 상호작용이 적재적인 것과는 먼 것일지라도 협상은 여전히 일어나야만 한다.

iv) 판매 종결(closing)과 후속 관리(follow-up)

관계판매의 즐거움 중에 하나는 장기적인 구매자와 판매자의 관계에서 생성되는 친밀한 관계, 신뢰, 그리고 상호적 존경이 판매 과정의 마무리(closing)에 대한 압박을 없애줄 수 있다는 것이다. 왜냐하면 구매자와 판매자가 그들의 관계범위 안에서 만족시키려는 상호적 목표를 달성하기 위하여 과정 전체에 걸쳐 솔직한 의사소통이 이루어지기 때문이다. 부가된 핵심가치는 가격 측면이 아니라 오히려 제품과 서비스에 관련된 다른 측면이기 때문에, 이의에 대한 협상은 가격에만 매달려 시간을 지체해서는 안 된다. 그러므로 관계판매에서 판매 종결은 의사소통 과정의 자연스러운 부분이 되었다.

관계판매는 이익이 되는 고객과의 장기적 관계를 확립하고 구축하며 유지하는 것에 주요 목표를 가지고 있다는 것을 기억하자. 판매에서 영업사원은 확립(securing)과 구축(building)에 많을 시간을 소비하는 경향이 있다. 그러나 영업사원은 또한 성장가능하고 유익하며 필요가 충족된 고객을 장기간 유지하기 위한 전략을 개발해야만 한다. 이러한 프로세스의 중요한 부분이 판매 이후의 서비스를 포함하는 후속 관리(follow-up)이다. 효과적인 후

속관리는 영업사원과 기업이 서비스의 질과 고객 만족, 그리고 고객유지와 애호도에 대한 고객의 인식을 개선시킬 수 있는 방법 중 하나이다. 이것은 성공적인 관계판매에 있어서 중심 쟁점이다.

고객기대관리는 성공적인 장기관계를 발전시키는 데 있어 중요한 부분이다. 고객의 즐거움(customer delight), 또는 놀라는 정도에 대한 고객의 기대의 능가는 고객의 애호도를 획득하기 위한 강력한 방법이다. 너무 많은 약속을 하지 않는 것(overpromising)은 초기판매를 얻을 수 있다. 그러므로, 거래적 판매 환경에서 작용될 수도 있다. 그러나, 불만족한 고객들은 다시 구매하지 않을 뿐만 아니라, 영업사원과 그들의 회사와 제품까지 회피하도록 다른 사람들에게 말할 것이다.

(4) 판매 촉진

인적 판매와 광고는 종종 다른 촉진 도구인 판매 촉진과 밀접한 관계를 갖고 수행된다. 판매 촉진(sales promotion)은 제품과 서비스의 구매 또는 판매를 장려하기 위하여 제공되는 단기 판매 촉진적인 인센티브들로 구성된다. 광고가 제품이나 서비스를 사야 할 이유를 제시한다면, 판매 촉진은 바로 지금 구매해야 할 이유를 제안한다.

판매 촉진 도구는 제조업자, 유통업자, 소매업자등 영리단체뿐 아니라 비영리 단체 등 대부분의 조직체들에 의해 사용된다. 이들 도구는 최종 고객(소비자 판촉), 소매상과 도매상(중간상 판촉), 기업 고객(산업 판촉), 그리고 영업사원들(영업 판촉)을 표적으로 삼는다. 소비재 시장에서 다음과 같은 요인들로 인해서 판매 촉진의 급속한 성장에 기여해왔다. 첫째, 기업 내부적으로 제품 관리자는 판매량을 증가시켜야 하는 더 큰 부담을 갖고 있는데, 판촉은 단기적으로 사용될 수 있는 효과적인 판매 도구이다. 둘째, 최근 기업들은 외부적으로 경쟁이 더욱 치열 해지고, 경쟁 브랜드간에 차별화가 이루어지지 않고 있다. 이에 따라 경쟁사는 그들의 제공물을 차별화하기 위하여 판매 촉진을 통한 차별화 전략을 더 많이 사용하고 있다(우리나라 인스턴트커피시장을 생각해보라). 셋째, 광고의 효율성이 다양하게 증가하는 매체와 점차 증가 하는 광고 비용, 매체 혼잡, 그리고 법적인 제약으로 인하여 그 효율 및 효과성이 떨어지고 있다. 또한 소비자는 점점 더 판촉에 민감 해지고(deal oriented), 대규모 소매상은 제조업체로부터 더 많은 가격 할인(deal)을 요구하고 있기 때문이다.

그러나 최근 판매 촉진 이용의 증가는 광고 혼잡과 유사한 촉진 혼잡(promotion clutter)을 초래하고 있다. 너무나 많은 판촉 때문에 소비자는 점점 더 판촉에 등을 돌리고 있고, 그에 따라 소비자의 구매를 유도했던 판촉도구들의 효과는 약화되고 있다. 제조업자는 더 큰 가치를 제공하는 쿠폰이나 더 드라마틱한 구매 시점 전시 등과 같이 혼잡 상태를 극복할 수 있는 새로운 방법을 찾고 있다.

판매 촉진 프로그램을 개발함에 있어서, 회사는 먼저 판매 촉진 목표를 세운 다음, 이들을 달성하는 데 가장 적절한 도구를 선택한다.

판매 촉진 목표는 매우 다양하다. 판매자는 단기적으로 소비자의 구매를 유도하기 위하여 또는 장기적인 고객 관계를 향상시키기 위하여 소비자 판촉(consumer promotion)을 사용할 수 있다. 중간상 판촉(trade promotion)의 목표는 소매상이 신규 품목을 취급하고, 재고를 유지하고, 미리 구매하고, 회사의 제품을 광고하고, 또는 기업에게 더 넓은 공간을 할당하도록 유도하는 데 있다. 영업사원 판촉(sales force promotion)의 목표는 기존 제품 및 신제품에 대한 영업사원의 지원을 더 많이 확보하거나 영업사원으로 하여금 신규 거래처를 개발하도록 유도하는 데 있다.

판매 촉진은 광고, 인적 판매 또는 다른 촉진 믹스 도구들과 함께 사용되는 것이 일반적이다. 통상 소비자 판촉은 광고를 통하여 소비자에게 알려지며, 소비자를 흥분시키고 끌어 당기는 힘을 광고에 추가할 수 있다. 중간상 판촉과 영업사원 판촉은 회사의 인적 판매 과정을 지원한다.

일반적으로 판매 촉진은 단순히 단기적인 매출이나 일시적인 브랜드 전환을 만들어 내기보다는 제품의 포지션을 강화하고 장기적인 고객 관계를 구축하는 데 도움을 주어야 한다. 잘 설계된 판촉 도구는 획기적인 소비자 흥분 유발과 장기적인 소비자 관계 구축을 실현하는 잠재력을 갖는다. 경쟁이 더욱 심할수록 마케터는 단기간에 효과를 내는 가격 지향적인 판촉을 회피하고 브랜드 자산을 구축하기 위하여 고안된 판촉을 선호하고 있다.

주요판매촉진 도구는 소비자 판촉도구와 중간상 판촉도구로 구분된다.

프랑스지역의 파리스토어의 판매촉진 포스터

① 소비자 판촉도구

소비자 판촉(customer promotion)은 샘플, 쿠폰, 현금 환불, 프리미엄, 구매 시점 진열에서 콘테스트, 추첨 및 이벤트 후원에 이르기까지 다양한 도구를 포함한다. 샘플(samples)은 제품을 시험적으로 사용할 수 있는 양을 제공하는 것이다. 샘플링은 신제품을 소개하거나 또는 기존 제품에 대한 새로운 자극을 만들어내는 데 가장 효과적인 동시에 가장 비싼 방법이다. 어떤 샘플들은 무료로 제공되기도 하고, 회사는 샘플을 만드는 데 들어간 비용을 일부 상쇄하기 위하여 적은 금액을 고객에게 부담시키기도 한다. 샘플은 개별 방문을 통해서 배달되기도 하고, 우편으로 보내지기도 하고, 매장에서 배포되기도 하고 다른 제품에 부착되기도 하며, 광고에 포함되기도 한다. 때때로 몇 가지 샘플들을 결합한 샘플 패키지(sample package)가 제공되는데 이는 다른 제품들과 서비스를 촉진하는 데 사용될 수 있다. 샘플링은 매우 강력한 판촉 도구가 될 수 있다.

쿠폰(coupon)은 명시된 제품을 구매할 때 구매자에게 일정 규모의 할인혜택을 제공하는 준다는 일종의 증빙서이다. 쿠폰은 신제품에 대한 초기 구매를 촉진하거나 또는 성숙한 브랜드의 판매를 자극할 수 있다. 그러나 쿠폰 혼잡으로 인하여 상환율은 최근 몇 년간 감소 해왔다. 따라서 대부분의 주요 소비재 회사는 쿠폰을 적게 발행하고 있고, 이들의 표적 고객을 선별하는 데 보다 신중을 기하고 있다.

마케터는 또한 쿠폰을 나누어 줄 새로운 방안을 개발하고 있는데, 슈퍼마켓 진열대 자동발급기, 전자 구매 시점 쿠폰 프린터, 이메일과 온라인 미디어, 그리고 텍스트 메시지 시스템 등이 그들이다.

현금 환불(cash refunds) 혹은 리베이트(rebates)는 가격 할인이 구매하는 장소에서가 아니라 구매가 이루어진 다음에 제공된다는 점을 제외하면 쿠폰과 유사하다. 소비자가 제조 회사에 구매와 관련된 증빙 서류를 보내면, 기업은 구매 한 금액의 일부를 반환해준다.

가격 패키지(price packs) 또는 가격 할인 판촉(cents off deals)은 소비자에게 제품의 정상가격에서 할인을 제공한다. 제조회사는 라벨이나 패키지에 직접 할인된 가격을 표시한다. 가격 패키지는 한 제품을 할인된 가격으로 판매하거나(예 : 제품 하나의 가격에 두 개를 주는 것) 또는 관계되는 두 제품(예 : 치약과 칫솔)을 묶어서 가격을 할인할 수 있다. 가격 할인 패키지는 단기적인 매출을 자극함에 있어 쿠폰보다 훨씬 더 효과적일 수 있다.

프리미엄(premiums)은 제품의 구매를 유도하기 위한 인센티브로 무료나 또는 낮은 비용으로 제공되는 상품(예 : 어린이용 제품에 포함된 장난감에서 전화카드 및 DVD에 이르기까지)이다. 프리미엄은 패키지 안에 포함되거나(in-pack), 패키지 밖에 따로 준비되거나(out-pack) 또는 메일을 통해 전달될 수도 있다.

광고 판촉물(advertising specialties) 혹은 판촉용 제품(promotional products)은 광고주의 이름, 로고, 혹은 메시지를 함께 찍어 고객에게 선물로 주어진다.

구매 시점 판촉(point-of-purchase promotions)은 구매하는 시점에서 제공되는 진열이나 시연을 포함한다. 최근 방문한 홈플러스, 코스트코 또는 이마트를 떠올려 보자. 여러분은 매장의 통로를 지나가면서 진열된 제품, 촉진용 사인, 시식코너 등을 보았을 가능성이 높다. 불행히도 많은 소매상은 이와 같은 수백 가지의 판촉용 진열품, 사인 및 포스터를 처리하는 것을 좋아하지 않는다. 제조 회사는 이에 대처하기 위하여 더 좋은 POP 자료를 제공하고, 이를 설치해 주며, 이들을 TV, 인쇄 및 온라인 메시지와 연계시켜 운영한다.

콘테스트, 추첨 및 게임은 소비자에게 운이나 추가적인 노력에 의해 현금, 여행, 제품 등과 같이 무엇인가를 받을 수 있는 기회를 제공한다. 콘테스트(contest)는 소비자에게 신청서(싱글, 추측, 제안 등)를 제출할 것을 요구하고, 심사단이 신청서를 평가하여 가장 우수한 것을 신성한다. 추첨 (sweepstakes)은 소비자로부터 이름을 받아 상금을 주기 위한 추첨을 한다. 게임(game)은 소비자가 물건을 구매할 때마다 그들에게 무엇(예 : 빙고 숫자, 누락된 글자 등)인가를 주는데, 이들은 상금을 타는 데 도움이 될 수도 또는 되지 않을 수도 있다. 이러한 촉진은 상당한 수준의 브랜드 관심과 고객 관여도를 만들어 낼 수 있다.

마케터는 이벤트 마케팅(또는 이벤트 후원)을 이용하여 자시의 브랜드를 촉진한다. 이들은 자신만의 고유한 브랜드 이벤트 마케팅을 기획할 수도 있고, 또는 다른 기관에 의하여 만들어진 이벤트를 단독 또는 공동으로 후원할 수도 있다. 이러한 이벤트들은 모바일 브랜드 투어에서부터 축제, 재회 마라톤, 콘서트, 또는 다른 후원 모임에 이르기까지 모든 형태를 포함한다. 이벤트 촉진은 규모가 크고, 가장 빨리 성장하는 촉진 영역일 것이다.

② 중간상 판촉도구

제조회사는 최종 고객보다 소매상이나 도매상 을 대상으로 판촉 비용을 더 많이 쓴다. 중간상 판촉 도구(trade promotion tools)는 재판매업자가 자사 제품을 취급하고, 진열 가을 제공하고, 소매 광고를 통하여 자사 제품을 촉진하고, 제품을 고객에게 적극적으로 판매하도록 설득시키기 위해 사용되는 것이다. 요즈음은 진열 공간이 매우 부족하기 때문에, 제조사는 제품을 위한 매대를 확보하고 유지하기 위하여 소매상이나 도매상에게 가격을 이하하고, 수당을 지급하고, 반품을 보장하고, 무료 제품을 제공해 주어야 한다.

제조회사는 여러 가지 중간상 판촉 도구를 사용한다. 콘테스트, 프리미엄, 진열 등과 같이 소비자를 대상으로 사용되는 판촉 도구의 대부분은 중간상 판촉으로도 사용될 수 있다. 또는 제조 회사는 지정된 기간 동안 구매한 케이스에 대하여 정가에서 비례적으로 할인해 줄 수 있다(가격 할인 (price-off), 송장 가격 할인(off-imvoice) 또는 정가 할인(off-list) 이라고 불림). 제조 회사는 또한 소매상이 회사의 제품을 취급하기로 동의해 준 것에 대한 보상으로 수당(일반적으로 케이스당 일정액을 지급함)을 제공할 수 있다. 광고 수당(advertising allowance)은 소매상이 제품을 광고하기 위하여 지출한 금액을 상환 해주는 것이다. 진열 수당은 소매상이 특별한 진열을 해 준 것에 대하여 보상 해주는 것이다.

제조 회사는 특정 양을 구매하거나 또는 특정 양이나 크기를 취급해준 재판매업자에게 무료 제품(추가적으로 상품 케이스를 무료 제공하는 것)을 제공할 수도 있다. 제조 회사는 딜러 혹은 딜러의 영업사원에게 현금이나 선물 등과 같은 푸시 지원금(push money)을 제공할 수 있다. 제조 회사는 소매상에게 회사의 이름이 새겨진 광고 판촉물을 줄 수 있다.

③ 판매촉진 프로그램의 개발

마케터는 전반적인 판매 촉진 프로그램을 설계함에 있어서 더 많은 판매 반응을 유도할 수 있는 인센티브의 크기를 결정해야 한다. 판촉이 성공적이기 위해서는 최소한의 인센티브는 필수적이고, 더 많은 인센티브는 더 많은 판매 반응을 이끌어 낼 수 있다. 마케터는 또한 참여할 수 있는 조건을 결정해야 한다. 인센티브는 모든 사람에게 제공될 수도 있고, 또는 선별된 그룹에게만 제공될 수도 있다.

마케터는 판촉 프로그램 자체를 어떻게 촉진시키고 유통시킬 것인가를 결정해야 한다. 각 유통 방법에 따라 도달 범위와 비용의 수준이 달라진다. 마케터는 점점 더 여러 가지 매체 유형을 묶어 하나의 캠페인 개념을 만들고 있다. 판촉의 기간(length of promotion)도 중요하다. 만일 판매 촉진 기간이 너무 짧으면, 많은 가망 고객이 프로그램을 접하지 못하여 구매하지 않을 수 있다. 만일 판촉 기간이 너무 길면 이 프로그램에 고객의 즉각적인 행동을 유도할 수 있는 힘을 잃어버릴 수 있다.

평가(evaluation) 또한 매우 중요하다. 많은 기업이 판매촉진 프로그램들을 평가하지 않고 있다. 많은 마케터가 마케팅 활동에 대한 투자수익률을 평가하기를 원하는 것처럼, 이들은 판매촉진에 대한 투자수익률을 측정하기 위해 노력해야 한다. 가장 일반적인 평가 방법은 촉진 전, 촉진 중, 촉진 후의 매출을 비교하는 것이다. 그러므로 마케터는 시행하고 있는 판촉 프로그램은 새로운 고객을 유치했는가? 또는 기존 고객으로부터 더 많은 구매를 유도 했는가?에 대한 답을 구해야 할 것이다.

판매촉진이 전체 촉진 믹스에서 중요한 역할을 하고 있는 것은 분명하다.이를 잘 사용하기 위하여 마케터는 판매촉진 목표를 정의하고, 가장 우수한 판촉 도구를 선정하고, 판매촉진 프로그램을 설계하고, 이를 실행에 옮기며, 그 결과를 평가해야 한다. 더 나아가 판매촉진은 전반적인 통합적 마케팅 커뮤니케이션 프로그램 내에서 다른 촉진 믹스 도구와 조심스럽게 조정되어야 할 것이다.

Further Discussions

FD1 통합적 마케팅 커뮤니케이션 과정을 알아보았다. 다양한 판촉도구들을 왜 통합적으로 관리해야 하는지에 대해서 토론해보자.

FD2 기업내부의 영업과 마케팅이 왜 갈등이 존재하고 이를 해결하기 위해 잘 소통할 수 있는 방법에 대해서 토론해보자.

FD3 광고와 홍보의 차이점을 알아보았다. 이 둘이 어떤 상황에서 효과가 있는지를 예를 들어 토론해보자.

FD4 판매촉진의 효과를 측정하기 위한 방법은 기본의 촉진믹스에서의 효과측정과 어떠한 차이를 갖고 있는가를 토론해보자.

FD5 소비자판촉과 유통업자 판촉의 차이에 대해서 예를 들어서 토론해보자.

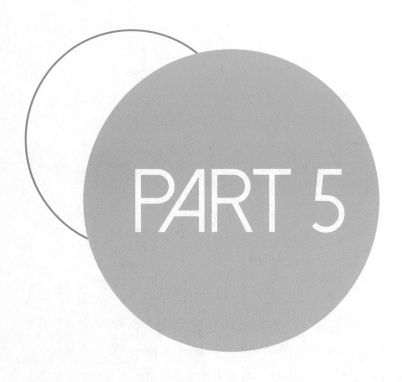

PART 5

고객가치 유지

PART 5

고객가치 유지

고객가치 유지란?

고객가치 유지(Value Capture) 단계는 빠르게 변화하는 마케팅환경 속에서 기업을 유지하고 성장시키기 위해 마케팅활동의 효과를 측정하고 통제함으로써 전체적인 프로세스 관점에서 마케팅활동을 체계적이고 통합적으로 평가 및 발전시키는 과정이다. 구체적으로 고객 만족도와 투자자본수익률(ROI, Return On Investment)과 같은 지수 측정을 통하여 마케팅 성과를 평가 및 통제하는 단계이다. 이 단계를 통해 기업은 고객가치 포착 과정을 통하여 계획했던 마케팅의 목표를 실질적으로 달성하였는지에 대한 여부를 평가하고 피드백을 얻음에 따라 앞으로 전개할 마케팅활동을 조정할 수 있다. 더불어 기업은 마케팅 활동에 대한 평가 및 분석 과정을 통해 기업의 핵심역량을 찾아 강화시킴으로써 시장에서 경쟁우위를 얻을 수 있으며 나아가 마케팅 목표를 달성할 수 있다.

고객가치 유지 단계는 크게 평가단계와 통제단계로 이루어진다. 평가(Evalution)는 기업의 마케팅 활동의 전반적인 프로세스를 마케팅 목표와 성과에 대해서 측정 및 평가하는 과정이다. 평가를 통한 결과에 따라 통제과정이 이루어지며 마케팅 활동에 대한 유지, 강화 및 수정을 통하여 계속적으로 시장에서의 value를 유지한다.

결과적으로 기업은 고객만족과 고객관계관리를 통하여 기존고객은 유지하고 잠재고객을 유치하는 것이 필요하며 이는 고객가치 유지(Value Capture) 단계의 궁극적인 목적이라 할 수 있다.

고객가치유지 프로세스

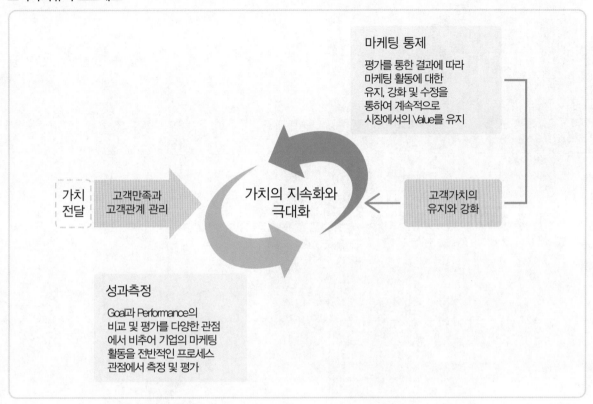

마케팅 통제

평가를 통한 결과에 따라
마케팅 활동에 대한
유지, 강화 및 수정을
통하여 계속적으로
시장에서의 Value를 유지

가치
전달

고객만족과
고객관계 관리

가치의 지속화와
극대화

고객가치의
유지와 강화

성과측정

Goal과 Performance의
비교 및 평가를 다양한 관점
에서 비추어 기업의 마케팅
활동을 전반적인 프로세스
관점에서 측정 및 평가

CHAPTER 10

장기적 가치 유지를 위한 고객관계관리
(CRM: Customer Relationship Management)

Learning Objectives

L01 고객가치유지 개념을 알아보고 중요성에 대해서 학습한다.

L02 고객관계관리의 개념을 이해하고 고객획득과 고객유지 전략의 차이점을 학습한다.

L03 고객생애가치의 개념에 대해서 알아본다. RFM 분석 방법을 학습한다.

L04 고객애호도와 고객유지를 활용한 마케팅 전략 수립에 대해서 학습한다.

세일즈포스(CRM),
여러 솔루션 제공…
안정적 성장 가능

글로벌 1위 고객관계관리(Customer Relationship Management) 기업인 세일즈포스(NYSE:CRM)가 기업들이 단일 기업의 여러 솔루션을 사용하는 방안을 채택함에 따라 수혜가 예상된다.

세일즈포스는 CRM 소프트웨어 시장 점유율 1위를 발판으로 사업분야를 확장하고 있다.

서영재 대신증권 연구원은 "기업들이 비용 절감을 위해 여러 기업의 단일 솔루션을 사용하는 대신 단일 기업의 여러 솔루션을 사용하는 방안을 채택하면서 여러 솔루션을 제공할 수있는 세일즈포스와 같은 기업들이 상대적으로 안정적인 성장을 보일 것"이라고 전망했다.

세일즈포스는 매출 성장률 둔화를 견뎌낼 이익률 개선에 힘쓰고 있다.

서영재 연구원은 "경기 둔화로 기업들이 소프트웨어 비용 지출에 신중을 기하는 경향으로 이에, 세일즈포스는 매출 성장률 둔화를 이익률 개선으로 타개하기 위해 노력 중"이라며 "영업이익률(Non-GAAP)을 30%를 상회하는 수준까지 높일 계획으로 이익률 개선을 통해 개선되는 현금 흐름은 자사주 매입에 활용해 주식보상비용에 따른 주가 희석 방어 요인이 될 것"이라고 판단했다.

세일즈포스의 현재 주가는 12개월 선행 EV/EBITDA 15.0배 수준으로 장기 밴드 하단을 하회하고 있어 밸류에이션 부담은 낮다는 분석이다.

출처: 알파경제, 2023년 7월 4일

CRM의 대두 배경

세계화와 환경의 급변으로 인한 무한 경쟁 시대가 도래함에 따라 기업은 신규 고객의 창출 못지 않게 기존 고객을 유지하는 것을 매우 중요시 하고 있다. 이에 기존 고객을 보다 효율적, 효과적으로 유지하기 위해 CRM(Customer Relationship Management)의 중요성이 어느 때보다도 강조되고 있다. 따라서 CRM의 정의를 보다 명확히 하고, 그 적용 범위 및 성공/실패 사례에 대한 고찰을 통해 CRM 연구의 방향성을 재정립하는 것이 학계 및 업계에 있어 매우 중요하다.

CRM에 대한 관심은 1990년대 들어 커지기 시작하였는데 현재에도 많은 조직들은 그 규모와 관계없이 CRM을 도입하고자 하고, CRM을 통해 고객과의 관계를 보다 효과적으로 창조하고 관리하고자 노력하고 있다. 이는 강화되고 향상된 고객 관계는 증대된 고객애호도, 유지 및 수익으로 이어지기 때문이다. 급속도로 진행된 인터넷 및 관련 기술의 발전은 마케팅 기회를 크게 증대시킴과 동시에 기업과 고객 간의 관계가 관리되는 방식을 변화시켜 CRM의 확산에 도움을 주었다.

CRM의 태동 및 발전을 설명하는 가장 중요한 개념은 CRM의 모태라고 할 수 있는 관계 마케팅 (Relationship Marketing)이다. 관계 마케팅은 1980년대에 주창된 이후 집중적인 관심을 받은 개념으로 시장지향성을 바탕으로 고객 서비스와 품질을 통합적으로 관리하는 활동이다. 이러한 관계 마케팅과 현 CRM의 개념은 다음과 같은 몇 가지 공통점을 지닌다.

- 관계(relationship)는 오늘날 시장환경의 역동적인 본성을 반영한다.
- 관여 당사자는 이러한 관계로부터 상호 긍정적인 기대를 가진다.
- 상호의존성은 중요한 조건이다.
- 적응성 또한 강조되어야 할 중요한 요소이다.
- 관계의 질과 본질은 상호작용 프로세스 및 내용의 질(예: 사회(social), 재무(financial), 정보(information))에 달려있다.

이렇듯 관계 마케팅과 CRM은 핵심요소를 함께 공유하고 있으며, 관계 마케팅을 바탕으로 CRM의 기본적인 정의가 태동된 이후 여러 환경적 상황과 맞물려 급속도로 발전을 거듭해 왔다고 볼 수 있다. 특히 기업성과 향상을 위한 자원 배분 의사결정에 대한 설명력(accountability) 증진의 필요성이 대두되고, 기술 발전에 따른 상세한 고객 정보의 확보가능성(availability)이 높아짐에 따라 CRM에 대한 니즈(needs)가 더욱 커지기 시작하였다. 이러한 니즈의 증대로 인해 CRM 기술과 데이터 웨어하우스에 대한 대규모 투자가 이루어졌고 이는 데이터를 종합 분석해야 하는 관리자의 능력을 넘어선 데이터를 제공하기 시작하였다. 이에 보다 합리적인 전략적 의사결정에 대한 새로운 접근법의 필요성이 강조되기 시작했고, 제품, 고객 서비스, 커뮤니케이션, 심지어는 가격에 대한 개인별 맞춤화(personalization)까지 가능하게 하는 새로운 기술이 등장함에 따라 CRM의 발전이 보다 가속화 되었다고 볼 수 있다. 이러한 요소들을 바탕으로 CRM이 중요한 비즈니스 접근법(business approach)으로 광범위하게 인식되게 되었음에도 불구하고, CRM에 대한 단일화되고 합의된 정의가 이루어지지 않고 있다는 문제점이 지적되고 있다. 또한 CRM에 대한 학계와 실무의 견해 차이가 매우 큼에 따라 이론적인 CRM과 현업(영업 및 마케팅)의 관계를 재정비해야 할 필요성도 대두되고 있다. 이에 본 서에서는 CRM의 정의를 살펴보고, CRM에 대한 기존 연구들의 고찰을 통해 과거 및 현재에 이슈가 되고 있는 부문이 무엇인지를 점검해 보고자 한다.

지금까지 CRM 관련 연구를 주도해온 학문 분야는 크게 마케팅(주요 저널: JM, JAMS, JBR), MIS(주요저널: DM & CSM, Behavior & Information Technology), 그리고 영업(주요저널: JPSSM, IMM)의 세 가지로 나눌 수 있다.

먼저, 마케팅 분야에서는 관계 마케팅 및 마케팅 전략의 관점에서 접근하였으며, 경쟁우위 이론, 자원 기반 이론 및 거래 비용 이론 등의 다양한 이론들에 근거하고 있다. 한편 MIS 분야에서는 합리적 의사결정 이론 및 IT 기반 이론들을 바탕으로 시스템의 개발 및 효율적인 데이터 관리에 중점을 두었다. 마지막으로 영업 분야에서는 네트워크와 이해 관계자(network & stakeholder) 이론에 근간을 두고 효율적인 영업 행위 및 성과 향상을 위한 지원 시스템 혹은 도구(tools)로 CRM을 해석하였다.

이렇듯 각 분야에서 CRM을 조명하는 관점은 조금씩 다르며, 향후 보다 정확하고 포괄적인 개념을 위해 각 관점에서의 관계 및 정의를 재정립하고, 통합연구를 진행할 필요성이 있다고 보여진다. 보다 체계적인 통합 연구

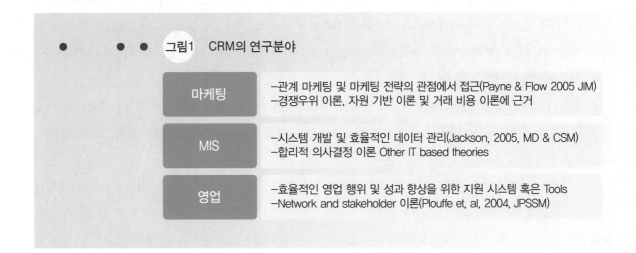

그림1　CRM의 연구분야

마케팅	–관계 마케팅 및 마케팅 전략의 관점에서 접근(Payne & Flow 2005 JIM) –경쟁우위 이론, 자원 기반 이론 및 거래 비용 이론에 근거
MIS	–시스템 개발 및 효율적인 데이터 관리(Jackson, 2005, MD & CSM) –합리적 의사결정 이론 Other IT based theories
영업	–효율적인 영업 행위 및 성과 향상을 위한 지원 시스템 혹은 Tools –Network and stakeholder 이론(Plouffe et, al, 2004, JPSSM)

를 위해 학계에서는 CRM의 중요성 및 개념을 구체적으로 정립할 필요가 있으며, 소프트웨어 개발업자는 CRM 시스템과 도구를 개발함과 동시에 기술적인 측면을 보완하고, 컨설턴트는 효율적인 CRM 전략과 시스템 구축을 위해 제언을 하며, 실무(IT/마케팅)에서는 각 업무에 적합하게 맞춤화(customized)된 CRM을 갖추어 나갈 필요성이 있다.

2

CRM의 정의

고객관계관리(CRM: Customer Relationship Management)는 현대 마케팅에서 가장 중요한 개념이다. 과거에는 CRM은 고객자료를 관리하는 활동으로 좁게 정의되어 왔다. 이 정의에 따르면 CRM은 고객 애호도를 극대화하기 위해 개별고객의 구체적 정보를 관리하고 고객과의 접촉점을 세심하게 관리하는 과정이다.

개념을 확장하면 CRM은 기업의 지속적인 성장과 수익을 향상시키기 위해 고객관련 데이터를 이용하여 영업, 마케팅, 고객 서비스 등의 일련의 활동과 관련된 조직, 업무 프로세스 및 IT 인프라를 고객가치 위주로 재구성하는 것이라 정의할 수 있다.

다양한 채널을 통한 고객과의 커뮤니케이션으로부터 축적된 정보를 기반으로 고객과의 관계를 유지하고 발전하는 과정을 말한다. 즉, 고객데이터의 세분화를 실시하고 신규고객획득, 우수고객 유지, 고객가치 증진, 잠재고객 활성화, 평생고객화와 같은 사이클을 통하여 고객을 적극적으로 관리하고 유도하며 고객의 가치를 극대화 시킬 수 있는 일련의 과정이라 할 수 있다.

최근 들어 고객관계관리는 더 넓은 의미로 받아들여지고 있다. 이러한 관점에서 보면 고객관계관리는 탁월한 고객가치와 고객만족을 제공함으로써 수익성 있는 고객관계를 구축/유지하는 전반적 과정으로 정의된다. CRM은 고객의 획득, 유지, 육성 모두를 다룬다.

또한 CRM의 추진과정은 다음과 같은 순서로 진행된다. 목표설정, 분석시스템구축, 초기데이터 수집, 데이터 분석과 고객군별 차별화된 전략수집, 각 전략별 구체적 마케팅 프로그램실시, 반응분석과 피드백의 순서로 이루어진다.

기업은 다양한 채널을 통해 축적된 정보를 기반으로 CRM을 실행한다. CRM에는 신규고객을 획득하거나 우수고객을 유지하며 가치를 분석하는 고객획득과 유지전략이 있다. 이는 CRM의 개념에서 시작하여 기업의 제품이나 서비스를 이용하는 고객들을 신규로 모집하거나 또는 기존의 고객들의 애호도를 지속적으로 유지 혹은 증가시키기 위한 전략이다. 기업의 관점에서 새 고객을 유치하는 것은 기존 고객을 유지하는 것보다 10배나 더 많은 비용을 초래한다. 이 때문에 높은 고객만족도를 유지하여 기존의 고객을 붙잡아 두는 것이 무엇보다 중요하다. 이로 인해 고객들은 저렴한 비용으로 기업의 서비스를 이용할 수 있다.

Payne과 Frow(2005)는 CRM 전략의 프레임워크를 크게 전략개발, 가치창조, 다중유통통합, 성과평가의 네 가지 과정으로 나누어 제안한 바 있다(그림 2). 첫 번째 과정인 전략개발 과정은 사업 전략과 소비자 전략을 개발하는 과정이며, 두 번째 과정인 가치창조 과정은 소비자 가치와 기업 가치를 만들어내는 과정이다. 세 번째 과정인 다중 유통 통합과정은 영업 및 온·오프라인 유통을 통합하고 관리하는 과정을 말하며, 마지막 과정인 성과평가 과정은 주주가치 및 전반적인 성과를 모니터링하는 과정이다. 이들 각 과정은 서로 상호작용함은 물론, 데이터 통합 및 분석을 관장하는 정보관리 과정(Information Management Process)과도 지속적으로 상호작용을 거치게 된다. 그러나, 이 프레임워크는 CRM 전략의 단편적인 측면만 조명하고 있어 보다 통합적인 프레임의 개발이 필요함을 시사하고 있다.

다음은 CRM의 적용 범위 및 수준에서의 세가지 분류에 따른 정의이다. 이러한 정의는 CRM이 기업의 철학적 전략적 수준에서 보는 관점인지, 단순하게 마케팅과 영업과 같은 기능적 수준인지, 아니면 고객관점에서의 정의인지에 관한 것이다.

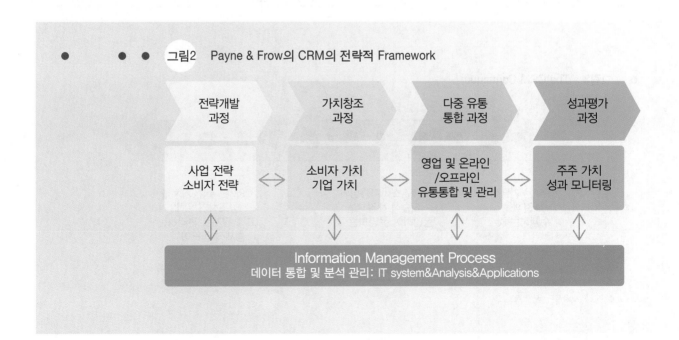

그림2　Payne & Frow의 CRM의 전략적 Framework

1) 기능적, 기술적 수준에서의 정의

대부분 기능적 수준에서 CRM을 정의한 연구가 다수를 차지하고 있으며, 특정 단위별 기술 솔루션 프로젝트의 실행이나 서비스, 콜센터, 영업과 같은 기능적 분야에서의 투자, 잘 통합된 고객 데이터 베이스를 기반으로 고객과의 장기적인 관계를 관리 및 증대시키는 도구, 고객 지원 및 서비스 시스템(CSS)과 영업자동화 시스템(SFA) 등이 이에 해당한다.

2) 고객 대면 활동의 통합적 수준에서의 정의

기능을 통합하는 연구 및 고객 관점을 강조하는 연구에서 보여지는 정의로써 고객 대면 활동을 통합적으로 만들기 위한 고객 지향적 기술 솔루션 프로젝트의 실행을 의미한다. 이들 연구에 따르면 CRM은 기업이 고객과의 관계를 관리하기 위해 사용하는 방법론, 기술, 그리고 E-commerce 역량(capability)이며, 전체적인 고객경험의 증진을 위한 비즈니스 능력에 주안점을 두고, 고객 정보와 지식을 고객관련 기능 부서에 전달할 수 있는 기술적 측면에 초점을 맞춘 개념이다.

3) 전략적 수준에서의 정의

이 수준에서의 정의는 견고한 개념 정리를 통해 정의수준을 보다 명확히 정립할 필요가 있다. 또한 측정 도구 및 유형화(typology)에 대한 보다 많은 연구도 필요하다. 전략적 수준에서의 CRM은 기업의 가치 창출을 위하여 고객과의 관계를 관리하는 기업의 통합적 접근 방법을 의미하며, 전략적으로 중요한 고객과의 장기적이고, 상호 혜택적인 관계를 개발하고 유지하는 것을 기반으로 한다. 또한 CRM은 조직의 모든 분야에서 공유하는 기업

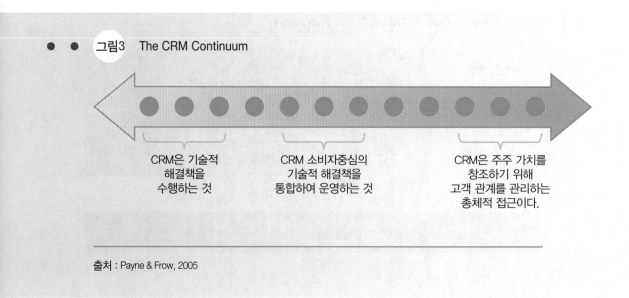

그림3　The CRM Continuum

CRM은 기술적 해결책을 수행하는 것

CRM 소비자중심의 기술적 해결책을 통합하여 운영하는 것

CRM은 주주 가치를 창조하기 위해 고객 관계를 관리하는 총체적 접근이다.

출처 : Payne & Frow, 2005

차원의 전략이자, 전사적 마케팅 자동화 시스템(EMA)으로서 단순한 기술과 시스템 측면을 넘어선 고객 중심 경영을 실행하는 비즈니스 프로세스와 주주가치의 중요성을 강조하는 개념이다.

<그림 3>에서 보듯이 종합적으로 CRM은 기존의 협소하고 전술적인 기술적 해결책 수행 개념에서 소비자 중심의 기술적 해결책 통합 운영 개념으로 변화하였고, 궁극적으로 주주가치를 창조하기 위해 고객 관계를 관리하는 총체적 접근이라는 보다 광의의 전략적 개념으로 전환하고 있다.

CRM은 크게 네 가지 요소인 핵심고객 중심(key customer focus-목표시장), CRM 조직(CRM organization-기업 및 종업원), 지식 관리(knowledge management-정보 프로세싱), 기술기반 CRM(technology-based CRM-소프트웨어)으로 이루어진다(그림 4 참조). 이들 요소에는 기업의 CRM 목표, 기업의 철학, 종업원의 의지, 사용에 대한 지원, CRM의 출발점, 기업문화, CRM의 혜택(benefits), 인센티브, 시스템 적응력, 자료의 공유, 해석 능력, 역량(capabilities), 경험 및 전문성 등이 영향을 미치게 된다. 그러나 각 요소 간 정확한 인과관계는 규명되지 않은 실정이며, 기술적인 요소 이외의 다양한 요소의 영향력을 검증해 보는 작업 또한 필요하다.

앞서 언급한 CRM의 네 가지 요소는 결과적으로 주주가치, 실행 목표 성취, 사용 혜택, 사용 만족, 개인(영업) 및 조직 성과 향상, 기대에 대한 충족, 고객 평생 가치 및 핵심 거래 관리(key account management) 등의 성과적 측면에도 영향을 미치게 된다. 따라서 성과를 고려한 CRM의 개발 및 적용 또한 필요할 것이며, 이때 성공 사례 및 실패 사례에 대한 고려를 충분히 거쳐야만 한다. <그림 5>는 CRM의 결정 요인 및 결과변수들을 보여주고 있다.

한국의 경우 CRM은 도입기인 1990년대 중반을 거쳐, 90년대 말과 2002년 정도까지 금융 및 통신산업을 중심으로 성장기를 이루다가 이후 정체된 분위기를 보였다. 그러나 최근 들어 다시 CRM의 중요성이 재평가되면서 기업 유형에 맞는 CRM을 구축하고자 하는 노력이 엿보이고 있다. 미국의 경우에는 부분적 시스템을 관련 현업이 사용하고 그 결과와 경험이 반영되어 다음 차원의 시스템 구축과 활용으로 발전해온 반면, 한국은 금융과 통신 산업을 중심으로 기업의 이해 및 흡수 역량(absorptive capacity)을 고려하지 않고 많은 기능을 가진 CRM 시스템 패키지가 한꺼번에 구축되어 역효과가 많이 나타나고 있는 실정이다. 그러나 현업의 경험과 지식이 축적되면서 활용 측면이 먼저 구체화된 후 시스템이 수정 또는 재구현되어가고 있는 실무계의 전환은 한국 CRM의 전망을 보다 밝게 해주고 있다.

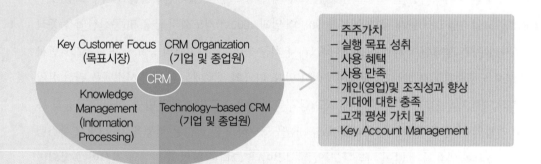

3

CRM의 구체적 활동

1) 고객가치분석

고객획득과 유지전략으로 우수하게 고객을 유지하며 정보를 축적한 후에 고객 **세분화 전략**을 사용한다. 기업은 고객자산을 신중하게 관리해야 한다. 그들은 고객을 관리해 고객가치를 극대화할 자산으로 보아야 한다. 그러나 고객 모두가, 그리고 충성고객조차도 그들 모두가 좋은 투자대상은 아니다. 놀랍게도 일부 충성고객은 이익을 주지 않을 수 있고, 일부 비충성 고객이 이익을 줄 수도 있다. 그러면 어떤 고객을 획득 혹은 유지해야 하는가? 이 질문의 답은 명확하다. 지속적으로 많은 구매를 하는 고객은 유지하고, 불규칙적으로 소량구매를 하는 고객은 포기해야 한다. 그러면 불규칙한 대량 구매자와 일관성 있는 소량구매자는 어떻게 해야 하는가? 그들을 획득해야 하는지 혹은 유지해야 하는지, 어느 정도의 비용을 투자해야 하는지 결정하기 어려운 경우가 종종 발생한다. 기업은 수익잠재력에 따라 고객을 분류하고 이에 맞추어 고객관계를 관리할 수 있다. 고객유형에 따라 서로 다른 고객관계전략이 요구되기 때문에 올바른 고객을 선택하여 올바른 관계를 구축하는 것을 목표로 삼아야 한다. 원하는 제품이나 서비스를 제공하기 위해서는 고객의 성향과 특징을 세분화하여 각각의 분류에 맞게 니즈를 분석하고 그에 맞는 제품이나 서비스를 제공해야 한다.

고객 세분화 전략 이외에도 고객의 가치를 분석하는 방법에는 RFM과 LTV분석 방법이 있다. LTV는 다음 절에서 다룬다. 두 분석방법은 현재 시점에서의 기여도를 판단하는 것이 아니라 미래의 잠재적 기여도까지 포함시켜 고려한다. 잠재적 기여도를 대표해 주는 변수로는 소득수준이나 자산 규모 등 인구통계적 속성 이외에도 거래기간, 거래빈도, 거래의 최근성 등 이른바 RFM으로 대표되는 이용속성, 로열티, 이탈 가능성, 리스크 등을 생각해볼 수 있다.

RFM(Recency, Frequency, Monetary) 분석방법은 고객의 기업에 대한 잠재적 기여도를 설명하는 변수이다. 즉 이미 실현된 고객의 이익 기여도에 의거하여 우량고객보상을 실시하는 것이 효과적인지 미래의 기여도까지 함께 감안하여 우량고객으로 대우해 주는 것이 더 효과적인지에 관한 것이다. 기존의 방식은 보상이 직접적이고 기준이 명확하다는 장점이 있으나 잠재적으로 우량성이 높은 고객을 효과적으로 관리할 수 없다는 단점이 있다. RFM 방식을 취할 경우 성장 가능성을 고려한다는 점은 높지만, 잠재적 기여도를 정의한다는 것이 쉽지 않기 때문에 어려움이 있다.

전시회부터 골프대회까지…
신한라이프, VIP 마케팅 차별화

신한라이프가 미술전시회와 골프대회 등 다양한 행사를 통해 VIP 고객 마케팅 차별화에 나섰다. 신한라이프는 7월 10일 경기 광주시 곤지암에 위치한 이스트밸리 컨트리클럽(CC)에 WM(Wealth Management) 고객과 가망 고객 등 120여명을 초청해 '2023 신한라이프 WM 고객 골프대회'를 개최한다.

이번 대회는 VIP 고객들을 위한 사은 행사의 일환으로, 프로골퍼가 참여하는 프로암 대회 형식으로 진행된다. 대회 참가 고객들에게는 '홀인원상', '롱기스트상', '니어리스트상' 등 다양한 상과 경품을 지급할 예정이다.

신한라이프는 골프를 비롯한 스포츠와 문화 · 예술, 자산관리 등 각 분야별로 VIP 고객들을 위한 프로그램을 운영 중이다.

지난 5월 19일에는 서울 삼성동 그랜드인터컨티넨탈호텔에서 VIP 고객들을 대상으로 '부동산 투자전략 세미나'를 개최했다.

세미나에는 부동산과 세무, 자산관리 전문가 등이 참여해 최근 부동산 시장 변화와 세법 개정에 따른 투자전략과 절세 방안을 소개했다.

이 보다 앞선 4월 29일에는 서울 서초구 예술의전당 한가람미술관에서 VIP 고객과 보험설계사 등 150여명이 참석한 가운데 미술전시회 '라울 뒤피: 색채의 선율' 미리보기 행사를 진행했다.

이영종 신한라이프 사장이 직접 참석한 가운데 진행된 이날 행사에서는 전시 총괄 큐레이터인 에릭 블랑슈고르쥬 트루아미술관 관장이 라울 뒤피의 작품을 소개했다.

이 사장은 "예술을 통해 삶의 풍요로움과 여유를 느끼는 시간이 됐길 바란다"며 "신한라이프를 믿고 선택해 준 고객들에게 최고의 만족과 혜택을 드릴 수 있도록 최선을 다하겠다"고 밝혔다.

신한라이프 홍보팀 전배찬 프로는 "앞으로도 고객들의 관심과 성원에 보답하기 위해 차별화된 서비스를 제공할 것"이라고 말했다.

출처: 에프이티비, 2023년 7월 2일

2) 고객애호도와 고객유지

훌륭한 고객관계관리는 고객감동(customer delight)을 낳는다. 감동한 고객은 충성고객이 되고 기업과 그 기업의 제품을 긍정적으로 구전한다. 따라서 고객관계관리의 목표는 단순히 고객만족을 만들어내는 데 있는 것이 아니라 고객감동을 창출하는 데 있다.

Albert와 Zemke는 "불평을 접수시킨 고객 중 54~70%는 불평이 해결된 경우 다시 구매한다는 것을 관찰한 바 있다. 만일 불평이 신속하게 해결되었다고 고객이 느낀다면 그 수치는 놀랍게도 95%까지 상승하게 된다. 불평이 만족스럽게 해결된 고객들은 잘 대우받은 사실에 대해 평균적으로 다섯 사람에게 말한다"고 하였다.

많은 회사가 기존 고객을 만족하고 유지하면 발생하는 혜택을 인식한다. 신규 고객 획득 비용이 기존 고객을 만족시키고 유지하는 비용의 5배가 더 든다. 평균적으로 회사는 매년 10%의 고객을 잃는다. 고객이탈률을 5% 줄이면, 회사 이익은 산업에 따라서 25~85%까지 증가할 수 있다. 또한, 고객이익률은 유지된 고객이 일생 동안 증가하는 경향이 있다.

한 고객의 상실은 한 번의 매출손실 그 이상의 의미를 갖고 있다. 이는 한 고객이 기업과 거래관계를 유지하는 기간에 걸쳐 발생시킬 누적구매 즉, 고객생애가치를 상실하는 것을 의미한다. 스튜 레오너드 사례는 고객생애가치(customer lifetime value)의 중요성을 생생하게 보여준다. 미국의 코네티컷 주와 뉴욕 주에서 슈퍼마켓을 운영하면서 높은 수익성을 올리는 스튜 레오너드(Stew Leonard)는 불만이 있는 고객을 볼 때마다 50,000달러의 수입이 날아간 것으로 느낀다고 말한다. 평균적인 한 고객이 한 주에 100달러를 지출하고 1년에 50주 정도 점포를 방문하고, 10년 정도 그 지역에서 고객으로 머물기 때문이다. 이 고객이 불쾌한 경험 때문에 다른 슈퍼마켓으로 전환한다면, 스튜 레오너드는 50,000달러의 수입을 잃게 된다. 실망한 그 고객이 자신의 부정적 경험을 다른 고객에게 전달함으로써 그들도 점포를 전환한다면, 손실은 더욱 커질 것이다. 고객을 계속 방문하도록 하기 위해 스튜 레오너드는 슈퍼마켓의 디즈니랜드라고 불리는 이벤트를 개발하였다. 재미있는 복장을 한 캐릭터, 오락 프로그램의 정기적 실시, 애완동물 동물원, 점포 구석구석에 설치된 애니메이션 장치 등이 그 예다. 많은 충성고객의 확보는 고객서비스를 위한 점포의 열정적 노력에서 비롯된다. 스튜 레오너드의 첫 번째 경영원칙은 "고객은 항상 옳다"는 것이며, 두 번째 경영원칙은 "고객이 잘못했다고 확신하더라도, 첫 번째 경영원칙을 다시 한 번 읽을 것"이다.

이러한 고객의 잠재적 기여도 평가는 궁극적으로 고객의 생애가치와 관련되어 있다. 이처럼 과거와 미래가치를 포괄하여 생애가치를 평가하는 분석을 LTV(Life Time Value) 분석이라고 한다. 고객생애가치란 고객이 평생 동안 특정 기업의 제품이나 서비스를 구매하고 소비해서 그 기업에 어느 정도의 이익을 가져다 주었는지를 현재가치로 환산한 금액이다. 개념적으로 고객별 생애가치를 계산하는 방식은 간단하다. 즉 연중평균이익 기여액에 거래기간을 곱하면 된다. 그러나 실제 이것을 계산하려면 고객의 획득 비용을 계산하고 연도별 이용실적을 토대로 향후의 예상 이용액과 거래 관련 직간접 비용, 이탈 가능성 및 거래기간 등을 추정해야 하기 때문에 적용에 많은 어려움이 있다. 이러한 어려움에도 불구하고 고객의 기여도를 단기적인 실적에만 치우치지 않고 좀더 장기적인 관점에서 평가할 수 있도록 요인들을 충분히 살펴본 후 자사의 특성에 맞는 우량고객 선별 기준을 정립, 발전시켜가려는 노력이 필요하다.

고객관계관리를 도입함으로써 얻는 효과로는 기업가치 증대, 신규사업진출, 고객확보, 고객밀착 등이 있다. 즉, CRM은 고객에 대한 정보를 데이터베이스화하여 고객에게 보다 질 높은 서비스를 제공하고, 고객과의 장기적인 관계를 구축할 수 있는 수단으로 활용함으로써, 고객의 평생가치를 극대화하는 데 그 목적이 있다. 이는 정보기술과 CS경영과 마케팅 전략이 결합한 첨단의 마케팅 기법이라 할 수 있다. 결국 CRM의 도입이란 마케팅 전략을 제품중심에서 고객중심으로 바꾸고, 모든 프로세스를 고객 중심으로 고객의 시각에서 출발하여 업무를 재설계하는 것이며 이러한 고객관계관리를 강력하게 지원할 수 있는 정보시스템을 도입하는 것을 의미한다.

3) 고객경험관리(CEM)의 중요성

CRM은 Touch points, Data Warehouse, Data Mining, Database Marketing를 통해 고객가치를 발견하고 이를 기반으로 마케팅 계획을 수립 및 실행한다. 이 과정에서 기업은 고객과 상호작용을 하는 것이 중요하며 더 나아가 이를 통해 마케팅 활동에 대한 계획을 수정하며 조직 학습을 이뤄가야 한다.

최근에는 **고객경험관리(CEM)**란 개념이 중시된다. CEM(Customer Experience Management)이란 기업내부의 경영혁신을 유도하는 CRM 전략 중의 하나이다. 즉, 고객의 제품이나 서비스에 대한 총체적 경험을 관리하는 것을 말한다. 즉, 고객이 제품이나 서비스를 다루는 모든 접점에서 무엇을 보고 느꼈으며, 어디에 가치를 두고 있는지를 이해함으로써 고객에게 차별화된 가치를 제공하는 것이다.

고객경험관리는 CRM과 다른 새로운 개념이 아니라 CRM의 9가지 요소 중 하나로 볼 수 있다. 고객경험관리는 고객중심경영을 하기 위한 고객의 경험관리를 바탕으로 경영혁신을 유도하는 것일 뿐, 단지 고객경험관리만으로는 모두를 해결할 수 없다. 따라서 고객중심의 기업을 완성하기 위해서는 CRM의 9가지 요소(고객관계가치분석 및 기획, 가치제안개발, 고객관리활동모델, 고객중심프로세스 개선, 고객중심조직 및 역량강화, 통합고객 지식관리, 고객중심 CRM시스템구축, 고객중심 성과관리, 고객경험관리)가 필요하다.

고객경험관리는 그동안 CRM에서 상대적으로 소홀하게 다루어져 왔던 고객의 경험분야를 강화시키고 고객중심경영을 위해 좀 더 구체적인 방법을 제시한다. 그리고 CEM은 결과가 아니라 거래과정에 중점을 두는 고객만족 개념으로 비즈니스 개선에 목적을 두고 있다. 고객이 모든 접점에서 무엇을 보고 느끼는지 어디에 가치를 두고 있는지를 이해함으로써 고객에게 차별화된 가치제안을 개발할 수 있다.

고객경험관리는 고객의 구매 전, 구매 중, 구매 후 고객경험 프로세스 전반에 초점을 맞추며 제품뿐 아니라 가격, 서비스, 커뮤니케이션, 직원태도 등 고객만족을 위한 전반적인 품질요인들을 관리함으로써 지속적으로 고객을 만족시키고 고객로열티를 강화하기 위한 중요한 방법이다.

항목	1세대	2세대	3세대
특징	· 목적: 제품 홍보 및 판매 · 디스플레이와 제품 다양성이 중요 · 일방향 소통 쇼핑공간	· 목적: 브랜드 및 기업 이미지 구축 · 디스플레이와 서비스가 중요 · 쌍방향 소통 체험공간	· 목적: 브랜드 전 제품/가치사슬 체험 · 라이프스타일 제시가 중요 · 쌍방향 소통 및 관찰 문화 공간
사례	· 프라다 에피센터 · 뉴욕 버버리 플래그십 스토어	· 애플 스토어	· CJ푸드월드 · VW아우토슈타트

표1   플래그십 스토어의 진화: 브랜드 테마파크

(1) 360도 체험 문화공간

CJ푸드월드는 원재료부터 다양한 외식 프랜차이즈와 쇼핑공간까지 식품업 가치사슬상의 모든 제품·서비스를 한자리에 모아 놓은 360도 체험 문화공간이다.

(2) 브랜드 통합공간

비용 절감은 물론, 제한된 자원인 고객의 주의를 한곳에 집중하는 마케팅 효율성 향상 등 브랜드 통합의 효과가 있다. CJ 푸드월드는 CJ그룹의 식품 관련 모든 브랜드(빕스, 뚜레쥬르, 비비고 등)가 한 장소에 통합되어 있다. "차이나팩토리가 CJ였어?"하며 고객 자신에게 낯선 새로운 브랜드를 보며 CJ브랜드에 대한 지식을 업데이트한다.

(3) 마케팅 실험공간

매장 방문고객의 동선과 시선, 소비행동을 관찰 분석함으로써 소비자조사와 연구개발 가능하다. 또한 매장에서 다양한 디스플레이 방법과 가격, 프로모션 등에 대한 마케팅 실험을 하고 그 결과를 토대로 즉각 마케팅 전략을 수립·변경 가능하다.

4

고객생애가치(Customer Lifetime Value)

고객가치를 중심으로 자사가치와 매칭시키기 위해서는 고객생애가치에 대한 면밀한 분석이 필요하다. 여기서 가치라는 용어에 대해 좀 더 명확히 할 필요가 있다. 앞서 말한 고객가치란 일반적으로 어떤 제품으로부터 고객이 갖는 편익과 그 대가로 지불하는 비용차이(value for the customer)이고 생애가치에서 가치는 고객으로부터 기업이 획득하는 이익(value from the customer)을 지칭하는 것이다.

미국마케팅학회(AMA; American Marketing Association)의 정의에 의하면 고객생애가치는 고객과의 관계로부터 창출될 것으로 예상되는 미래현금흐름의 현재가치를 기반으로 계산한 고객관계의 화폐가치이다.

예컨대, 동일한 시점에 SKT와 거래를 개시한 고객들이 모두 해당기업에 같은 가치를 가져다주는 것은 아니다. 고객마다 상이한 요금제를 사용하기 때문이다. 약정 후 어떤 고객들은 저렴한 요금제로 유지하기도 하고 어떤 소비자들은 KT 혹은 LG Uplus로 이동하기도 한다. 또 다른 고객들은 통신사 이동자체를 귀찮게 여겨 지속적으로 이전에 사용한 SKT를 사용하기도 한다. 이러한 예에서 보듯이 기업의 입장에서 보면 고객들은 첫 거래 이후 예상되는 미래가치가 상이하게 되는데 이러한 개념이 바로 고객생애가치이다.

여기서 우리는 먼저 현재가치(present value)의 개념이 매우 중요하다. 일반적으로 기업은 자본을 조달하는 데 있어 비용이 수반된다. 예컨대, 특정기업이 1,000억원의 자금을 금융기관으로부터 차입을 한다고 하면 이 기업은 이에 따르는 이자를 지불해야 하며, 자기자본을 투자하지 않고 그대로 보유하고 있다면 투자에 따르는 예상수익을 상실할 수 있는 기회비용이 발생하게 된다. 따라서 모든 기업들은 미래에 발생할 것으로 예상되는 화폐가치를 현재의 가치보다는 낮게 평가하고 투자의사결정시에도 미래에 예상되는 현금흐름의 현재 가치를 비교한다. 고객생애가치는 이렇게 고객으로부터 예상되는 미래의 수익을 현재가치로 전환한 것으로서 가까운 미래에 작은 이익이 발생하는 고객과 먼 미래에 큰 이익이 발생하는 고객 중 누가 더 가치 있는 고객인가를 비교할 수 있다.

기업들은 초기에 마케팅 커뮤니케이션 활동 등으로 신규고객을 획득하게 된다. 신규고객을 획득하는 과정은 여러 마케팅 활동으로 인해 매우 높은 비용이 들지만 투자 비용을 회수하는 데 있어 상당한 시간이 요구되었다. 더욱이 고객이 일찍 이탈할 경우에는 고객획득 비용조차 회수하지 못하는 경우가 발생하게 된다. 그러므로 고객생애가치는 매우 중요하다.

그러나 고객생애가치를 산정할 때 고려해야 할 몇 가지가 있다. 먼저 업종 또는 제품의 특성을 명확히 해야 한

유튜브 쇼핑 채널 개설, 라이브커머스 지각변동 예고

유튜브가 첫 공식 쇼핑 채널을 한국에 개설했다. 그 동안 유튜브 콘텐츠로는 홍보를, 판매는 다른 플랫폼을 이용했다면 이제는 유튜브 쇼핑 채널을 통해 판매가 가능해졌다.

유튜브는 지난 6월 30일 한국어판 쇼핑 채널을 개설하면서 젊은 층에 인기를 끄는 '소비자 직접 판매'(D2C) 브랜드 쇼핑몰을 중심으로 라이브커머스(인터넷 생방송 판매) 참여가 줄을 잇고 있다.

아코스스튜디오가 유튜브 쇼핑 채널을 통해 진행한 온라인 생방송 판매 영상은 지난 1일부터 4일까지 누적 조회수 35만회를 넘겼다. 이 쇼핑몰은 MZ세대에게 '곰돌이 티셔츠'로 불리는 길거리 패션 브랜드를 출시해 유명해진 곳이다.

'어른들의 놀이터'라는 모토를 내세워 갤러리아백화점, 현대백화점 등에 오프라인 매장을 둘 정도로 규모를 키운 게이즈샵도 지난해 3일 오디오와 시계, 드론 등의 유튜브 쇼핑 채널을 통한 인터넷 생방송 상품 판매를 진행했고 조회 수 37만회를 기록해 판매 효과를 봤다.

유튜브는 지난해 국내 모바일 앱 총사용 시간 1위 (175억 시간), 월 사용자 4095만 명(국내 5월 기준) 등 압도적인 플랫폼 경쟁력을 갖춘 곳이다. 쇼핑 채널은 한국에서 처음 시도하는 것으로 개인 쇼핑몰뿐 아니라 삼성전자, 배스킨라빈스 등 30여 개 브랜드가 참여해 라이브 커머스를 진행할 것으로 알려졌다.

유튜브는 지난해 말 크리에이터(콘텐츠 창작자)나 기업들이 개별 채널 라이브 방송에서 제품 구매 링크를 노출할 수 있도록 '쇼핑탭'을 마련했다. 여기에서 나아가 라이브 커머스까지 영역을 확장하는 것.

앞서 네이버, 카카오 등 국내 기반 포털 사이트에서도 라이브 커머스에 뛰어든 것에 이어 유튜브까지 경쟁에 합류하면서 앞으로 어떤 영향력을 발휘할지 이목이 쏠린다. 특히 최근 소비자들이 제품을 구매하는 과정을 보면, 유튜브에서 제품 리뷰를 검색하고, 평소 신뢰하던 유튜버들의 홍보 제품을 믿고 소비하는 방식이 늘어난 만큼 업계에서는 유튜브의 라이브 커머스 진출에 '위협적'이라고 반응을 보이기도 했다.

이와 함께 전자상거래 플랫폼 카페24에 대한 관심도 치솟고 있다. 카페24는 지난해 12월 국내 처음으로 D2C 쇼핑몰과 유튜브를 연동한 서비스를 선보인 이래 현재까지도 유일한 서비스 업체다. 카페24 플랫폼 기반의 D2C 쇼핑몰에 상품을 올리면 유튜브의 쇼핑 탭에 상품이 자동 노출되는 방식이다.

또한 유튜브 계정과 D2C 쇼핑몰을 연동하면 유튜브 채널 내 스토어 탭을 개설해 인터넷 생방송을 진행하지 않고도 상품을 판매할 수 있다.

출처: 한경, 2023년 7월 5일

다. 이는 업종 및 제품카테고리가 산정방식도 달라지기 때문이다. 대상고객이 누구인가 명확히 해야 한다. 대량소비 고객인지, 소량소비 고객인지 고객의 라이프스타일은 어떠한지에 대한 명확한 소비자 조사가 필요하다.

1) 고객생애가치 향상방안

고객과 지속적인 우호관계를 통해 기업이 생존하려면 고객생애가치를 높여야 한다. 고객생애가치를 높일 수 있는 방법에 대해 알아보자. 고객생애가치 향상을 위해서는 고객획득률과 고객유지율 향상, 그리고 이런 고객획득률과 고객유지율 향상을 위한 비용과 지출의 균형이 필요하다.

(1) 고객획득률 향상
① 경쟁자 대비 더 큰 가치를 제공

경쟁자보다 더 크고 많은 가치를 제공하기 위해서는 자사의 제품 및 서비스의 편익을 높이거나 비용을 낮추는 마케팅활동이 필요하다. 기업이 소비자에게 주는 가치는 하나의 개념이 아니라 많은 편익의 집합이기 때문에 다양한 조합을 통한 가치를 소비자에게 전달하는 것이 필요하다.

② 선별적인 고객 획득

고객생애가치를 올릴 수 있는 두 번째 방법은 잠재고객을 개발하고 더욱 과학적인 시장세분화를 통해 자사의 적합성이 뛰어난 고객을 중심으로 마케팅활동이 필요할 것이다.

(2) 유지율 향상

두번째 고객생애가치를 향상하는 방법은 자사의 제품 및 서비스를 지속적으로 사용하는 즉, 고객유지율을 향상시키는 방법이다. 그런데 유지율을 높일 경우 기업의 비용 역시 발생하므로 비용과 효과를 당연히 비교해야 한다.

2) 로열티 강화 프로그램(loyalty program)

로열티 프로그램이란 반복적으로 구매하는 고객의 로열티를 증진시키기 위해서 여러 가지 인센티브를 제공하는 활동이다.

일반적으로 유지율을 높이는 프로그램으로는 애호도 혹은 로얄티 증진 프로그램이 있다. 로열티란 어떤 기업의 제품을 구입한 소비자가 향후 그 기업의 제품을 재구매 하는 성향을 의미한다. 당연히 높은 로열티를 갖고 있는 소비자는 자사의 고객으로 유지될 가능성이 높다. 로열티를 향상시키기 위해서는 기업에서는 애호도 증가 프로그램을 사용하는데 대표적인 것이 항공사의 마일리지, 외식업체의 포인트 제도, 기타 멤버십 프로그램 등이 해당된다.

호감프로그램(affinity program)이란 고객들이 갖는 공통의 이해관계나 관심사를 묶어 기업과의 정서적 유대관계를 강화해 나가기 위한 마케팅 활동을 의미한다. 예컨대 분유 및 이유식을 생산하는 업체들이 단순히 제품을 공급하는 차원을 넘어서 다양한 육아서비스를 제공하고 있는데 이는 그 고객들과 분유업체가 제품 기반의 관계로 묶여 있는 것이 아니라 육아라는 중요한 이슈에 고객과 기업이 함께 연계되어 있다는 점을 강조하고 있는 프로그램의 일종이다.

5

CRM의 현안

1) 전략적 활용: 4P 믹스 & 기타 실행

CRM을 전략적으로 활용할 수 있는 방안에는 제품 개발, 가격결정, 판촉 및 유통 혁신을 아우르는 4P 믹스에의 적용, STP에의 적용, 전략을 뒷받침할 수 있는 논리 및 자료제공 등이 있으며, 전략적 지향성(strategic orientation), 효과적 판매 및 학습 행동(effective selling & learning behavior) 또한 CRM의 전략적 활용에 도움이 되는 요소로써 작용한다.

2) 성과평가: CRM과 마케팅 성과의 관계

CRM과 마케팅 성과의 관계는 관계적 자산(relational equity)의 측정 및 활용, 고객 포트폴리오 관리, 조직역량 개선, 고객가치 측정 및 유지, 관계의 다양성 및 역동성 측면에 대한 다각적 연구를 통해 고찰될 수 있다.

3) 내부 관리(internal management): 기업내부

자료 활용 및 맞춤화(customization) CRM을 통해 기업 내부자료를 맞춤화 함은 물론, 보다 효과/효율적으로 활용할 수 있다. 이러한 기업 내부관리 과정은 기업 데이터 구축(corporate data warehousing), 기업 정보시스템 구축 및 활용에서 영업사원의 역할증대, 전사적 CRM 프로세스와 기능적 CRM 프로세스의 통합 및 확산, 고객의 비용 측면 등에 대한 연구를 통해 설명될 수 있다.

4) 상호작용적(interactive) 마케팅: 온라인 어플리케이션의 확대

CRM은 또한 신유통 채널 또는 구유통에 대한 보완책으로서의 온라인망 구축 및 활용, 정보 활용(information utilization), 고객 및 주주들과의 정보 공유, B2B로의 확장 등을 통해 상호작용적 마케팅에도 영향을 미치고 있다.

5) 비용과 지출의 균형

CRM은 기업이 얻게 되는 수입과 비용의 차이로 나타날 수 있다. 만약 기업이 CRM 활동을 하여 고객 획득률과 유지율을 높이는 데에는 비용이 들어간다. 따라서 비용에 대한 고려없이 무작정 고객획득률과 유지율을 높이는 전략을 사용한다면 비용의 증가로 고객의 생애가치가 오히려 더 하락하게 된다. 그러므로 기업은 적정수준에서 비용과 지출을 관리하는 것이 필요하다.

CRM의 향후 방향

CRM의 중요성이 재조명되고 있는 만큼 향후 분야에 대한 방향성 등의 제안 또한 매우 중요하다고 볼 수 있다. 앞으로 CRM에서 중점적으로 다루어야 할 분야들은 다음과 같다.

첫째, 최근 일련의 정보 유출 사건의 영향 및 파급 효과를 고려한 사생활침해(privacy) 문제가 중요한 사안으로 대두될 수 있다. 둘째, 재무적 성과와 CRM 성과의 효과적인 통합 또한 해결해야 할 문제로 남아있다. 셋째, 고객관점에서의 CRM 전략 개발이 필요한 실정이다. 넷째, 학계에서는 업계와의 정보 공유를 통해 보다 많은 실증 데이터 기반 연구를 진행해야 한다. 다섯째, 고객 정보를 가지고 무엇을 더 할 수 있을지에 대한 심층적 고찰을 통해 CRM의 적용 범위를 보다 확산시킬 필요성이 있다. 여섯째, CRM 실행에 있어서의 기술상의 문제점 및 맞춤화 사안에 대해서도 생각해 보아야 한다. 일곱째, 고객 이외의 주주와의 관계의 질 및 가치 측면에 대한 연구가 필요하다. 여덟째, CRM을 전술에서 전략으로 전환시킬 때 그 효과 및 결과가 어떠한가에 대한 연구는 전무한 실정이므로 이에 대한 실증 연구가 필요하다. 아홉째, 변화 관리와의 연계성 측면에서 사용자 및 정보 수집자(information gatherer)의 태도 및 의도에 대한 연구를 시행하여야 한다. 열 번째, CRM에서 개인화(personalization)가 어디까지 가능한가에 대한 고찰 또한 필요하다.

실무적인 관점에서는 CRM을 충분히 활용하기 위해 다음과 같은 문제들을 생각해 보아야 할 것이다.

- 현안이 전략적인가?
- 시스템이 고객불만요인(pain point)을 중점적으로 다루고 있는가?
- 완벽한 데이터가 필요한가?
- 초기 실행을 확대시키기 위한 방안은 무엇인가?

이러한 질문들은 CRM의 장점을 극대화시키기 위해 언제, 그리고 어떻게 CRM을 전개할 것인가에 대한 문제를 상기시켜 준다. 기업이 1차적인 CRM 프로젝트를 성공시켰다면 그 경험을 기타 문제를 해결하기 위한 도약점으로 삼을 수도 있을 것이다.

Further Discussions

FD1 최근 온라인 마케팅 전략에서 활용되는 CRM 기법 중 성공적인 사례를 찾아서 토론해보자.

FD2 어떤 고객이 충성고객인지 알아낼 수 있는 측정방법을 생각해보자.

FD3 고객생애가치를 계산하는 RFM 방식의 문제점에 대해서 토론해보자.

FD4 고객경험관리를 통한 CRM에서 가장 중요한 부분은 무엇인가에 대해서 토론해보자.

FD5 CRM의 향후 발전 방향과 적용분야에 대해서 토론해보자.

CHAPTER 11

고객만족경영
(CSM: Customer Satisfaction Management)

Learning Objectives

L01 고객만족의 개념과 선순환 사이클을 학습한다.

L02 고객불만의 유형과 원인을 알아보고 그 중요성에 대해서 학습한다.

L03 고객불만관리에서 고객관계마케팅으로 연결되는 것을 학습한다.

세라젬, 2023 국가고객만족도 헬스케어 제조업 부문 1위

홈 헬스케어 솔루션 개발 및 체험마케팅
높이 평가받아
연내 미국 임상센터 출범 계획도

세라젬은 4일 "한국생산성본부가 실시한 '2023 국가고객만족도(NCSI)' 조사에서 헬스케어(안마가전) 제조업부문 1위를 수상했다"고 밝혔다. NCSI는 기업 경쟁력 향상과 국민의 삶의 질 제고를 위해, 국내에서 생산 및 판매되는 제품과 서비스에 대해 사용 경험이 있는 고객이 품질과 만족도를 직접 평가하는 방식으로 운영된다. 올해 신설된 헬스케어(안마가전) 제조업 부문의 첫 수상이다.

세라젬은 차별화된 홈 헬스케어 솔루션 개발과 체험마케팅 등 소비자중심 경영으로 제품과 서비스 혁신을 이룬 점을 높이 평가받아 1위 기업으로 선정됐다. 지난 4월 출시된 의료기기 신제품 '마스터V7 메디테크'는 25년 세라젬 테크놀로지가 집약된 제품이다. 해당 제품은 특허받은 '스파인스캔'기술로 척추 길이와 굴곡도를 정밀하게 측정해 밀착 마사지를 제공하며, 식약처로부터 ▲목·허리 디스크(추간판탈출증) 치료 ▲퇴행성협착증 치료 ▲근육통 완화 ▲혈액순환 개선 ▲생리통치료 등 5가지 사용목적을 인증받은 것이 특징이다.

세라젬은 전 제품 국내 생산 및 품질 관리 고도화에도 힘쓰고 있다. 지난해 스마트공장 시스템을 도입했으며, 천안에 품질혁신센터를 개소해 글로벌 수준의 표준 품질 프로세스를 도출하고 품질 안전성을 확대해 나가고 있다. 연내에는 미국 동부 뉴욕시립대 내 임상센터 출범을 앞두고 있다.

세라젬 관계자는 "올해 신설된 국가고객만족도 헬스케어(안마가전) 제조업 부문에서 첫 수상의 영예를 안게 돼 매우 영광"이라며 "앞으로도 소비자 중심 경영 비전을 바탕으로 제품 품질과 서비스 고도화에 더욱 노력을 기울일 것"이라고 했다.

출처: 아시아경제, 2023년 7월 4일

1

고객만족의 대두

고객을 만족시킴으로써 기업의 이익을 창출할 수 있다는 마케팅 개념의 핵심은 1970년대부터 널리 보급되어 오늘날 기업경영에서 매우 중요한 핵심 개념으로 자리 잡고 있다. 우리나라도 90년대에 접어들면서 대기업을 중심으로 고객만족경영이 활발하게 이루어지고 있다. 이는 점차 경쟁이 치열해지고 소비자의 개성과 욕구가 다양해진 환경 속에서 기업이 생존하며, 이익을 창출하기 위해서는 고객을 만족시켜야 한다는 마케팅 개념이 우리나라에서도 본격적으로 자리잡아 가고 있음을 시사해준다. 즉, 경영자들은 제품과 서비스 차별화 및 개선을 통한 고객만족향상의 가능성을 인식하고, 고객만족을 통한 재구매와 구전효과를 중요한 경쟁우위의 창출요소로서 강조해 오고 있다.

특히, 기업들은 경쟁이 치열해짐에 따라 창출한 기존 고객의 유지(retention)의 중요성을 강조하고 있다. 제품수명주기는 많은 산업에서 점차 성숙기로 접어들고 있고, 이에 따라 경쟁은 과거 어느 때보다 치열해지고, 상표에 대한 애호도는 감소되는 경향이 보인다. 이런 상황에서 기업들은 기존 고객의 유지를 더욱더 중요하게 생각할 수밖에 없을 것이다. 이러한 기업의 인식은 성장을 위하여 많은 신규 고객을 창출하자는 거래적 관점의 마케팅 사고로부터 고객과의 관계를 장기적으로 유지하고 개선하는 데 초점을 두고 마케팅 활동을 펼치고 마케팅 시스템을 준비하여야 한다는 관계 마케팅 철학의 대두와도 일맥상통한다고 보여진다. 또한, 서비스 마케팅과 관련된 몇몇 연구들도 새로운 소비자를 획득하는 것보다 기존의 소비자를 계속적으로 유지하는 것이 저비용-고이익의 중요한 요인이 된다고 주장하고 있다. 그러므로 기존의 고객을 계속적으로 유지하는 것이야 말로 날로 치열해지고 있는 경쟁상황에서 지속적인 경쟁우위를 확보하는 토대가 된다고 할 수 있다.

한편, 고객만족에 관한 많은 연구들은 기업의 최종 목표는 고객만족을 통한 재구매, 이에 의한 이익 창출이라는 전제를 하고, 고객이 만족을 하면 재구매를 할 것이라는 가정하에서 진행되어 왔다. 물론, 고객만족과 재구매 의도의 긍정적인 관계를 밝혀 온 연구들은 있다. 반면, 몇몇 연구들은 만족과 그 결과인 재구매 의도의 관계가 다른 영향요인들(예: 소비자의 불만표현, 불평행위에 대한 기업의 대응)에 따라 다르게 나타날 수 있음을 보여주었다. 이러한 결과는 만족과 애호도를 나타내는 재구매 의도의 관계는 고객과 기업간의 장기적인 관계형성 측면에서 살펴볼 필요가 있다는 것을 시사하고 있다.

고객과 기업간의 장기적인 관계형성에 초점을 둔 연구들은 주로 산업재 마케팅 상황이나 유통 관련기업 상황에서 주로 이루어져 온 반면 소비재나 서비스 마케팅 상황에서는 드문 편이다.

소비재 마케팅 분야에서는 고객만족을 최종목적변수로 설정하고 만족이 형성되는 과정과 영향 요인들에 대한 연구가 서비스 상황에서는 서비스 품질과 만족에 대한 연구가 주를 이루어 왔다. 이러한 연구물은 고객의 관점에서 서비스나 제품에 대한 품질이 어떻게 지각되고 변화되며, 만족에 어떻게 영향을 미치는지에 대한 귀중한 지식을 제공하였다고 생각된다. 다만, 분석의 수준 측면에서 살펴보면, 서비스/제품과의 단일 접점이나 복수 경험상황을 통해 품질지각이 만족과 애호도에 영향을 미치는 과정은 잘 연구되었으나, 보다 장기적인 관점에서 만족과 애호도의 관계를 살펴본 연구는 미흡한 것 같다.

이러한 배경하에 본 서에서는 보다 장기적인 관점의 서비스 상황에서 만족과 애호도의 관계를 조망하고자 한다. 만족과 그 결과인 재구매 의도의 관계는 다른 영향요인들에 따라 다르게 나타날 수 있다고 하였는데, 장기적인 측면에서 그러한 관계에 영향을 미치는 요인은 무엇이 있을까? 장기적인 관점에서의 고객만족경영은 기업이 고객을 대상으로 그들을 만족시키고 재구매를 유도하여 이윤을 얻고자 하는 활동으로 고객과 기업 양자 간의 상호작용으로 이루어진다고 볼 수 있다. 이러한 관점에서 살펴볼 때, 무엇보다도 고객만족활동의 주체인 기업과 고객의 관계적인 특성은 만족과 재구매 의도 관계를 결정하는 데 중요한 영향을 미칠 수 있을 것이다. 비록 많지는 않지만, 거래적 관점이 아닌 장기적-관계적 관점에서 재구매 의도에 영향을 미치는 중요한 요인으로, 몇몇 연구는 서비스 제공차와 소비자 간의 관계의 질(relationship quality)이라는 개념을 제시하였다. 관계의 질이란 서비스 제공을 대표하는 접점요원에 대한 보다 장기적인 관점에서의 소비자 만족을 나타내며, 서비스 제공 접점요원에 대한 신뢰와 접점 요원에 대한 만족으로 구성되며, 관계의 질이 높으면 재구매 의도가 높다.

만약, 서비스에 대한 고객의 만족 정도가 그들의 재구매 의도, 즉, 기업성과에 연결되는 정도가 서비스 접점요원과 고객과의 장기적인 관계에 의해서 어떻게 영향을 받는지가 밝혀지면, 서비스 제공자의 노력 방향에 도움을 줄 수 있을 것이다.

② 고객만족도 조사

고객만족이 중요해짐에 따라 기업에서는 고객만족 측정을 위한 다양한 CSI 지수모형을 도입하고, 꾸준하게 고객만족경영을 수행해오고 있다. 구체적으로 살펴보면, Fornell 교수가 제시한 미국 고객만족지수가 국내에 상류하여 국가고객만족지수(NCSI)라는 이름으로 개발되고 공공기관 및 공기업을 대상으로 하는 평가에서 활용되기 시작했고, 많은 언론사들도 고객만족도를 활용하여 기업을 평가하고 소비자들에게 제품에 대한 만족도를 알리기 시작하였다. 일본에서 개발·도입된 KCSI가 '한국산업의 고객만족도'라는 이름으로 널리 적용되고 있으며, 국내 개발모델인 KS-SQI도 서비스품질 측정지수로서 여러 산업에 활발하게 적용되고 있다. 또한, 공공부문의 고객만족도 평가도구인 PCSI 모형이 개발되어 정부산하 공공기관의 고객만족도 평가에 사용되고 있다. 이같은 고객만족 측정지수는 피평가기관을 객관적으로 평가함으로써 대외적인 신인도 및 재무적 성과에 영향을 주고 소비자들이 구매결정뿐 아니라 기업의 명성과 브랜드 자산을 평가하는 데에도 영향을 주는 것으로 알려져 있다. 한편, 대내적으로 동일한 지수로 평가를 받은 경쟁기관(기업) 간 상대적 인센티브 제공의 기준으로 사용되면서 피평가기관(기업)들은 고객만족 평가에 더욱 민감하게 반응하게 되었고 그 결과 고객만족지수를 높이기 위한 경쟁이 갈수록 치열해지고 있는 실정이다. 이러한 그간의 경영 패러다임은 공공, 민간부문을 불문하고 국내 대부분의 서비스 및 제품 품질 수준과 고객만족 수준을 급격히 상승시키는 효과를 낳게 되어, 대한민국은 현재 명실공히 소비자만족도 지수 면에서 세계 최고수준의 선진국 반열에 오른 것으로 평가된다.

③

고객만족과 재구매

마케팅에서 고객만족보다 더 많은 수의 정의가 제시된 개념을 찾기란 그리 쉬운 일은 아닐 것이다. 그럼에도 불구하고 많은 이론적·실증적 증거를 바탕으로 고객만족 연구의 대가인 올리버(Oliver) 교수는 만족이란 "소비자가 자신의 욕구가 얼마나 채워졌는지에 대하여 판단하는 반응"이라는 총체적인 정의를 제시하며, 동시에, 이 정의에 대한 만족 개념이 분석수준에 따라 여러 형태로 나타낼 수 있음을 강조하고 있다. 고객들의 만족반응을 군집화하여 사회적 차원, 산업차원, 기업차원 수준에서부터 개인차원 수준의 만족을 생각할 수 있으며, 개인 수준의 만족은 특정 거래시점에서의 만족에서부터 장기적인 관점에서의 만족이라는 연장선으로 정의할 수 있다. 이와 같은 구분의 연장선에서 만족개념에 대한 또 다른 중요한 분류기준으로는 만족에 대한 대상에 따른 구분이 있다. 예를 들어, 서비스에 대한 만족도는 핵심서비스 내용에 대한 만족도, 서비스 접점에 대한 만족도, 서비

테이크호텔,
2023 한국고객만족도
'호텔' 부문 1위 수상

라이빗 파티를 즐길 수 있는 파티룸, 객실 내에 미니 풀을 갖춘 스위트룸, 벙커 베드가 준비된 패밀리룸과 더불어 반려견 동반이 가능한 펫룸까지 구비해 호캉스와 파티 및 혼캉스까지 다양한 고객의 니즈를 충족시키고 있다.

이정민 테이크호텔 총 지배인은 "'Stay, Play, Link'라는 테이크호텔의 슬로건처럼 지속적인 전시, 체험과 더불어 다양한 가성비 넘치는 호텔 패키지 상품으로 단순 4성급 호텔이 아닌 라이프스타일, 비즈니스 수요는 물론 MZ 세대를 어우르는 문화 놀이터로 새로운 호캉스의 패러다임을 이끌어 나가겠다"라고 전했다.

출처: 기호일보, 2023년 7월 5일

테이크호텔이 '2023 한국고객만족도 1위' 고객만족 브랜드 호텔 부문을 수상했다. '한국고객만족도 1위'는 고객으로부터 사랑받고 있는 브랜드를 발굴하고, 고객이 직접 선택한 브랜드에 대한 경쟁력과 충성도를 높이기 위해 제정됐다.

테이크호텔은 지난 2021년 태영건설에서 오픈한 신규 호텔로, 서울에서 20분 거리의 KTX 광명역 맞은편에 위치해 뛰어난 접근성을 자랑하는 4성급 호텔이다. 테이크호텔은 국내 호텔 유일의 개폐형 인피니티풀을 보유해 사계절 언제든 날씨와 상관없이 쾌적한 시티뷰를 감상하며 남다른 호캉스를 즐길 수 있다. 또한 △키즈룸 △뷔페 및 다이닝 레스토랑 △웨딩&연회장 △피트니스 △쿠킹 스튜디오 △오픈 갤러리 등 다양하고 유니크한 부대시설과 포토존을 갖췄다.

그 외에도 최근의 트렌드를 반영한 모던하고 깔끔한 객실 인테리어와 국내 호텔 유일의 1인 전용 객실, 프스 제공자에 대한 전반적인 만족도 등이 있을 수 있다.

본 서에서의 만족의 개념은 다수의 경험을 통하여 누적된 만족을 의미하며, 대상에 따른 구분 측면에서는 핵심서비스 내용, 즉 서비스의 속성적 측면(예: 음식의 맛, 분위기, 편의시설 등)을 나타낸다. 이는 만족의 개념으로부터 서비스 제공자와의 관계의 질을 개념적으로 구분하기 위한 시도이다.

한편, 소비자 만족에 관한 연구를 간략히 정리해 보면, 다음과 같은 연구의 흐름을 발견할 수 있다. 첫째, 소비자 만족의 정의와 측정에 관한 연구, 둘째, 소비자 만족의 선행요인/결정요인에 관한 연구, 셋째, 소비자 만족형성 및 변화과정에 관한 연구, 그리고 네 번째로 소비자 만족의 결과에 관한 연구 등으로 구분할 수 있다. 이처럼 방대한 분야의 고객만족 연구결과에 관한 검토는 여러 통합적 고찰 연구에 잘 나타나 있다. 본 서에서는 고객만족에 관한 최근의 연구 중, 소비자 만족의 결과측면에서 재구매 의도, 구전효과, 전환 행동에 미치는 고객만족의 영향을 이해하는 연구들을 중점적으로 살펴보겠다. 고객만족이 구매 후 태도뿐만 아니라 재구매 의도 또는 상표전환에 영향을 미치는가에 관한 기존연구들은 고객만족과 재구매 의도의 관계는 대체로 긍정적이라는 것을 보여주고 있다. 즉 고객만족이 구매 후 태도에 영향을 미치며, 이러한 태도는 계속해서 고객의 차후 구매 의도에 영향을 미친다는 것이다. 의약품과 자동차 수리 서비스 산업을 대상으로 한 연구에서도 고객의 만족 정도가 재구매 의도를 증가시키는 것으로 나타났으며, 이는 고객만족이 재구매 의도나 상표 전환의도에 영향을 미치는 중요요인으로 고려될 수 있음을 시사하고 있다. 또한, 연속적 구매행동에 영향을 미치는 만족/불만족의 형성에 대한 인지적 모델을 제시한 한 연구에서도 반복 구매행동은 전 단계의 의도(lagged intention) 에 의해 영향을 받고, 상표 전환행동은 불만족에 의해 영향을 받는다는 것을 보여주었다.

이처럼, 만족과 재구매 의도의 긍정적인 관계는 대체로 기존연구의 결과에서 많이 보여지고 있다. 그러나 몇몇 연구에서는 다른 요인들에 의해 만족과 재구매 의도 관계가 달라질 수 있음을 시사하고 있다. 그러한 요인들로 제시된 개념들 중에서 먼저 애호의 기간 정도(length of patronage)를 들 수 있다. 애호의 기간 정도가 증가함에 따라 만족이 재구매 의도에 미치는 영향은 감소함이 밝혀졌다. 다시 말해, 만족의 정도가 낮더라도 애호의 기간 정도가 클 경우에는 재구매 의도가 높다는 것이다. 또한 가격민감도에 관한 연구에서는 가격민감도가 높은 소비자일수록 구매의사 결정 시 만족도가 재구매에 미치는 영향이 적어짐을 보여주고 있다. 고객만족과 재구매 의도간의 관계를 규명하기 위한 또 다른 연구에서는 고객만족이 재구매 의도에 지속적인 영향을 미치는지에 대해 의문을 제기하면서 인지 부조화 이론을 도입하여 고객만족이 재구매 의도에 미치는 영향이 인지 부조화 정도에 따라서 조절된다는 것을 밝혀 내었다. 이 연구에서는 고객이 제품을 구입하기 위하여 많은 투자를 한 경우 제품성과가 기대에 미치지 못하면 고객은 인지 부조화를 경험하게 되며, 이런 상황에서도 고객은 제품성과가 기대한 정도는 되었다고 합리화를 함으로써 이미 자신이 투자한 노력에 대해 정당화하려는 경향이 나타나게 된다는 것이다. 즉, 만족은 이미 실행된 행동을 정당화하려는 욕구를 반영하기 때문에 고객만족 측정시 만족 점수가 높게 측정될 수 있는 반면, 재구매는 과거 경험에서 얻은 교훈을 반영하기 때문에 다음 번 구매에서는 동일한 제품을 구매하지 않겠다고 응답할 가능성이 높다는 것이다. 즉, 고객 만족과 재구매 의도는 다른 선행 요인에 의해 영향을 받기 때문에 그 관련성이 낮다는 가능성을 보여주고 있다.

이유재(2000)에서 고찰한 바와 같이 고객만족 연구는 '선행변수-매개변수-결과변수'의 인과관계 경로를 갖는 구조로서 연구모형이 발전되어 왔다. 단순히 고객만족개념 및 측정에 관한 연구의 범주에서 벗어나 최근 10여 년간의 연구영역은 다양한 선행변수, 매개변수, 조절변수 및 결과변수를 고찰하고, 그 모형구조를 검증하며, 다양한 산업과 제품/서비스 유형 및 유통형태 등에 적용하는 방향으로 발전하였다. 특히 만족도를 목표로 하던 경영 패러다임이 만족의 성과물인 고객의 애호도 및 기업의 재무적 수익성, 비재무적 성과로서의 브랜드 자산 등으로 관심을 이동함에 따라 연구주제도 확장되는 동향을 보였다.

고객만족은 제품의 지각된 성과(성능)가 구매자의 기대와 일치되는 정도를 말한다. 제품의 성과가 기대에 미치지 못하면 불만족할 것이고 지각된 성과가 기대와 일치하면 소비자가 만족해 할 것이다. 만약 지각된 성과가 기대보다 높으면 고객은 매우 만족하거나 감동할 것이다.

소비자들은 자신의 제품에 대한 기대를 판매자 친구 등 다른 정보원천으로부터 획득한 정보에 근거하여 형성시킨다. 지나치게 높은 기대 형성은 오히려 구매 후 불만족의 원인이 될 수 있다. 기대와 성과 간의 차이가 클수록 소비자들의 불만족은 높아지기 때문에 소비자 만족을 향상시키기 위해서는 판매자들이 제품 서비스의 성능을 가감없이 밝히는 편이 더욱 효과적이다. 어떠한 판매자들은 소비자 만족을 얻기 위해 오히려 제품이나 서비스의 기대효과를 일부러 낮추어서 전달하기도 한다. 이러한 이유는 소비자들은 기대보다 높은 성과를 얻게 되면 재구매가 쉽게 일어나고 잠재적 소비자들에게 호의적 구전을 전달하는 효과를 얻을 수 있기 때문이다.

고객만족경영의 개념

고객은 기업에 없어서는 안 될 중요한 존재이다. 다시 말하면 고객은 기업의 존립근거가 되는 것으로 고객 없이는 기업이 존재할 수도 없다. 고객과의 거래 역시 마찬가지이다. 고객 한 사람이 불만을 가지게 되면 주위의 여러 사람들에게 부정적 영향을 미쳐 많은 고객을 잃게 하는 결과를 초래한다. 고객만족이란 무엇일까? 고객만족이라고 하는 것은 왠지 어렵게 들리지만 예전부터 경영의 슬로건이었던 '손님은 왕이다', '고객 제일주의'의 발상과 그 의미가 일맥상통한다고 할 수 있다. 고객만족이란 '고객 니즈의 충족도가 높은 상황'을 말한다. 그리고 고객이 갖고 싶다고 욕망을 느끼고 실제로 상품을 구입하고 사용해 본 결과 기대한 것만큼 또는 그 이상의 니즈가 충족되었다고 느끼는 것을 말한다. 굿맨(Goodman)은 "고객만족이란 고객의 욕구(needs)와 기대(expectation)에 부응하여 그 결과로 상품과 서비스의 재 구매가 이루어지고, 고객의 신뢰감이 연속되는 상태"라고 정의하고 있다.

고객만족경영이란 이러한 고객만족을 경영철학으로서 고객지향주의를 실천하는 경영이라고 할 수 있다. 기업의 제품이나 서비스의 품질도 중요하지만 기업측면이 아니라 고객측면에서 고객이 기업을 평가한다는 고객지향(customer orientation)개념에 바탕을 두고 있다. 고객만족경영은 미국에서 1980년대부터 시작되었고, 우리나라에서는 1990년대초부터 도입되었고, 2000년대 이후 이제는 고객만족을 넘어선 고객감동경영의 단계로 접어들고 있다.

기업은 고객을 최우선으로 고려하고, 제품과 서비스에 대해 고객이 원하는 것을 꾸준히 기대 이상으로 충족시켜야 한다. 또한 고객의 재구매율을 높이며, 고객의 선호가 지속되도록 노력해야 한다. 이러한 의미에서 고객만족경영은 "경영의 모든 부문을 고객의 입장에서 생각하고 고객을 만족시켜 기업의 생존을 유지하고자 하는 경영전략"이라고 정의할 수 있다.

고객만족경영은 공급자가 고객에게 제품이나 서비스를 제공함으로써 고객의 기대를 충족시켜 그 제품이나 서비스에 대한 고객선호도가 지속되도록 하는 상태를 의미한다. 고객만족도를 높이는 자세로 제일 중요한 것은 기업의 최종상품이 양질의 제품이나 서비스가 아니라 고객만족이라는 아이디어이다. 이어 고객과의 접점을 중요시하는 자세와 고객의 만족을 측정해 경영에 활용해야 한다. 또한 기업은 고객만족을 통해 지속적으로 변화한다는 인식을 가지고 끊임없는 쇄신을 해야 한다.

고객만족을 결정하는 요소에 제품, 서비스, 기업이미지가 있다. 각 요소는 상보적으로 작용해 고객만족을 높이거나 낮출 수 있다. 고객만족경영을 추진하는 단계는 계획단계, 실시단계, 확인단계 및 조치단계로 나뉜다. 고객만족이 주관적인 고객의 판단에 이뤄지기 때문에 정량적인 수치화가 어렵다. 하지만 전화면접, 대인면접, 설문지조사, 인터넷 등 정성적 방법을 통해 측정할 수 있다. 전화면접 조사방법은 신속하며 비용이 많이 들지 않아 기업에서 선호하는 방법이다. 대인면접 조사방법은 전화면접에 비해 소요되는 시간과 비용이 크지만 복잡한 내용을 다룰 수 있다는 장점이 있다. 설문지 조사방법과 인터넷이 짧은 시간에 저렴한 비용으로 고객만족을 측정한다.

고객에게 우월한 가치를 제공하여 고객만족 창출에 성공하는 기업은 다음과 같이 다양한 파급효과를 얻을 수 있다. 첫째, 고객애호도를 높인다. 애호도가 높은 고객은 제품을 반복적으로 구매하고, 경쟁기업의 유인노력에 잘 반응하지 않으며, 잠재구매자들에게 호의적인 구전을 전달하는 등 수익성에 큰 기여를 한다. 둘째, 고객충성도는 종업원 애호도 제고에 기여한다. 애호도가 높은 고객을 다수 확보하고 있는 기업의 종업원들은 자사에

사례

풍기의 1% 명품 인삼만 사용…
저렴한 가격에 공급

국민건강 증진을 위해 노력하는 기업답게 SG순우리인삼은 '정직하고 양심적인 기업'으로서 사회공헌 활동 또한 꾸준히 전개하고 있다. 특히 소외되기 쉬운 지체장애인과 주부들에게 일할 기회를 제공하며 '인간경영' 실천에 매진한다. SG순우리인삼은 중국 베이징칭화대학교 인재포럼에서 IMF 당시 주부 사원 고용으로 여성 인력 잠재력 극대화에 성공한 노하우를 공유한 바 있다.

SG순우리인삼 관계자는 "앞으로도 홍삼을 통해 보다 많은 사람이 건강하고 행복하게 살며, 좀 더 저렴하고 간편하게 홍삼을 즐길 수 있도록 하겠다"며 "다양한 방법으로 국민 건강을 지키려는 SG순우리인삼의 노력은 멈추지 않을 것"이라고 전했다.

출처: 조선일보, 2023년 7월 5일

[2023 한국의 최고경영대상 | 고객만족경영 부문] SG순우리인삼

SG순우리인삼은 고려인삼 종주국의 자존심을 지키면서 홍삼의 대중화에 노력해 온 건강 전문기업이다. SG순우리인삼의 지속적인 연구와 개발은 국내 최초로 원적외선을 이용한 가정용 '최후자 적삼 제조기'까지 탄생시켰다. 이 제품 개발로 일반 가정에서도 손쉽게 홍삼을 섭취할 수 있게 됐다. 중간 유통과정 없이 소비자와 직접 거래해, 믿음과 사명으로 바른 경영을 실천한 결과 SG순우리인삼은 2013년 대통령 표창도 수상했다.

SG순우리인삼은 청정 '소백산 정기'가 서린 경북 풍기에서 생산되는 최고의 인삼, 단 1%만의 명품 삼을 사용한다. 최고의 기술력과 완벽한 자체 생산 시설로 소비자 누구나 명품 홍삼을 안심하고 저렴한 가격에 접할 수 있게 했다.

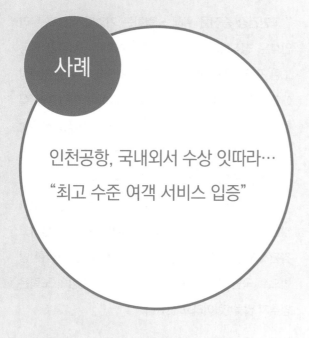

인천공항, 국내외서 수상 잇따라…
"최고 수준 여객 서비스 입증"

지난달 27일 스페인 바르셀로나에서 세계 171개국 1925개 공항의 협의체인 국제공항협의회(ACI) 총회가 열렸다. 인천국제공항공사는 지난해에 이어 ACI가 주는 '기술혁신상'을 2년 연속으로 수상했다. 확장현실(XR) 기술을 활용한 인천공항 안내 서비스인 'XR 메타버스 서비스'의 우수성을 인정받았다. 이 서비스는 인천공항의 실내 공간과 동일하게 구현한 3차원(3D) 공간에 XR 기술을 접목해 맞춤형 길 안내와 가상체험 등 서비스를 제공한다. 현재 시범서비스를 준비 중이며 시민평가단의 의견을 반영해 서비스를 시작할 계획이다.

이학재 인천국제공항공사 사장은 "세계 공항 가운데 최초로 기술혁신상을 2년 연속 수상해 인천공항의 서비스 혁신 성과를 다시 한번 입증했다"며 "앞으로도 다양한 기술을 공항 서비스에 접목해 여객들의 편의를 개선해 나가겠다"고 말했다.

최근 여객이 크게 늘고 있는 인천공항의 운영 성과와 여객 서비스를 입증하는 수상 소식이 잇달아 날아들고 있다. 2020년부터 시작된 신종 코로나바이러스 감염증(코로나19) 사태 기간에도 지속적으로 공항 운영 정상화에 대비해 온 성과를 인정받고 있는 것.

앞서 인천공항은 3월 세계 여행객을 대상으로 실시한 서비스 만족도 조사에서도 3관왕에 올랐다. 영국의 항공 서비스 전문 컨설팅 회사인 스카이트랙스가 주관한 '2023 월드 에어포트 어워즈'에서 세계 최우수 공항 직원상과 출입국심사상 등 3개 부문에서 최고상을 받았다. 인천공항공사는 항공 수요 회복에 선제적으로 대응하기 위해 지난해 '단계적 공항운영 정상화 종합대책'을 만들어 시행했다. 상주기관과 함께 시설 점검과 항공업무 훈련 등을 추진해 여객 급증에도 서비스 품질을 제고한 점을 높이 평가받았다.

정부와 공공기관 등의 평가에서도 좋은 성적표를 받고 있다. 인천공항공사는 3월 한국능률협회컨설팅이 주관한 '2023 한국에서 가장 존경받는 기업' 인증식의 30대 우수기업 부문에서 14년 연속으로 공기업 1위에 올랐다. 기업의 혁신능력, 고객가치 등을 종합 평가해 산업부문별 1위 기업을 발표하는 이번 인증식에서 인천공항공사는 30대 우수기업 가운데 전체 13위, 공기업 중에서는 최고 점수를 받았다.

이 밖에 인천공항공사는 4월 기획재정부가 발표한 공공기관 고객만족도 조사에서 최고 등급을 받았다. 기재부가 공공기관의 서비스 향상을 위해 설문조사를 실시한 결과 평가 대상인 252개 공공기관 가운데 5곳만이 등급을 받았다. 같은 달 고용노동부의 '공공기관 안전활동 수준 평가'에서도 A등급을 받았다. 지난달에는 산업통상자원부 산하 산업정책연구원이 연 '2023 국가서비스대상' 시상식에서 공항 물류 부문 대상을 2년 연속 수상했다.

출처: 동아일보, 2023년 7월 6일

긍지와 자부심을 가지게 되어 이직률이 낮아지고, 직무만족도가 높아진다. 셋째, 종업원 애호도는 투자자 애호도 제고에 기여한다. 종업원들의 애호도가 높아지면, 생산성이 향상되고 기업의 이익이 증대된다. 또한 이익을 많이 창출하는 기업은 우수한 장기투자자를 유치할 수 있어 이익의 상당부분을 재투자하는 것이 가능해진다. 결국 기업은 우월한 고객가치와 고객만족 창출을 통해 고객애호도 향상으로 이어지는 선순환 과정을 거친다.

고객만족 추진시 유의할 점은 다음과 같다. 첫째, 고객만족의 결과를 의식개혁 운동으로 종료하지 않도록 한다. 둘째, 구조적 개혁으로 연결되도록 한다. 셋째, 내부고객인 사원만족 또한 향상되도록 해야 한다.

고객만족경영 패러다임이 발전하면서 뚜렷하게 나타난 또 다른 흥미로운 변화는 고객만족에 대한 평가와 경쟁이 치열해지면서 대부분의 기업과 제품 및 서비스가 상당히 높은 수준의 고객만족도 지수를 획득하게 되었고, 그 결과 역설적이게도 CS가 더 이상의 차별적 경쟁우위로서 독보적인 의미를 가질 수 없다는 점에 학계와 산업계 모두 공통된 문제의식을 느끼기 시작했다는 점이다. 기업에게는 더 이상의 차별화 우위를 찾기 어려워 점차 치열해져만 가는 글로벌 경쟁 환경이 불리할 따름이지만, 반대로 과소비, 공급과잉, 서비스과잉의 시대를 살아나가는 현대 소비자에게는 삶의 조건이 점차 유리하게 변화하고 있을 뿐이다. 이제 기업과 고객 간 힘의 기

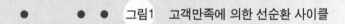

그림1   고객만족에 의한 선순환 사이클

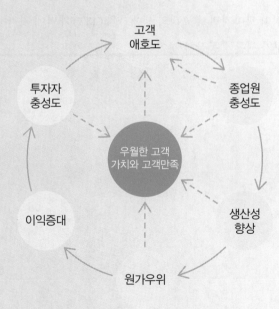

자료: Reichheld, Frederick. · Thomas Teal, 『The Royalty Effect』 1996

울기는 소비자에게 넘어갔고 그 힘은 인터넷의 발전과 맞물려 점점 더 막강해지고 있다.

이러한 환경의 변화로 기업은 일찍이 신규고객을 유치하는 데만 열을 올리던 구습을 타파하고 기존 고객과의 관계에서 해법을 모색하기 시작했다. 그 과정에서 한 사람의 고객을 위해 패키지화된 제품과 서비스 즉, 개인화되고 맞춤화된 통합적인 솔루션을 제공하는 것이 필요함을 깨닫게 되었고, 이를 위해 예전보다 더 적극적으로 다른 기업과 제휴와 협력을 맺을 수밖에 없는 현실을 맞게 되었다. 이는 기업 대 기업의 관계(B2B)에 초점을 두고 연구되던 관계 마케팅(RM: Relationship Marketing)에 대한 관심을 고조시키는 계기가 되었다.

그런데 이상적, 추상적 RM이론들을 실제 기업전략에 적용하는 데는 새로운 기술적 발전이 필요했다. 이때 급격히 발전하던 고객데이터베이스 기술과 데이터마이닝 기법 등 일명 CRM 테크놀로지가 RM과 이론적으로 결합하면서 고객관계관리(CRM: Customer Relationship Management)라는 새로운 연구분야가 태동하여 급속히 학계에 파급되었다.

정리하자면, 고객만족 개념이 등장한 이후 기업의 마케팅 투자가 CS에 집중되다가 소비자 태도 수준에 머무는 CS에 비해 구매행동, 구전행동 등과 같이 수익과 연관된 직접적인 CS의 반응결과인 고객애호도로 연구관심이 이행하였다. CS와 애호도를 연결하는 경로가 단순히 만족/불만족에 그치지 않는다는 점을 간파하면서, 중요한 매개변인으로서 RM의 핵심개념인 신뢰와 몰입(Morgan & Hunt, 1994)이 도입되었다. 이로써 고객만족과 애호도의 연관관계를 강화하는 관계 마케팅(RM)으로 연구영역이 확장된 것이다. 동시에 고객만족 투자가 실제로 성과를 내기 위해서 고객에 대한 투자를 어떻게 하면 효율적으로 하고, 고객자산을 어떻게 하면 더 효과적으로 증가시킬 수 있을지에 대해 경영의 관심이 모아지면서 고객의 생애가치(CLTV) 개념에 기반하여 기업-고객간 관계 관리과정을 연구하는 CRM 전략 연구가 새롭게 등장한 것이다.

⑤ 고객 불만-불평 관리

고객불평은 불만족 제품과 서비스실패를 제공한 기업에 대해 고객이 행사할 수 있는 불만 해결의 한 방법으로서 불만의 결과이며 실망을 표현하는 감정적 수단이다. 불만족한 고객은 해당 기업에게 불만을 토로하여 정서적 혹은 경제적 안정을 얻을 수 있다. 그럼에도 불구하고 불만족한 고객이 불평을 하지 않는 이유는 불만족을 경험한 대부분의 고객은 기업에 대한 불평이 문제를 해결하는 데 드는 심리적 혹은 경제적 비용이라고 생각하기 때문이다. 따라서 불만족한 고객은 불만족의 원인이 기업이나 종업원에게 있음을 입증할 수 있는 증거를 찾는 등, 불만이 해결될 것이라는 확신이 있을 때 불평을 하게 된다. 또한 불평을 통해 얻는 이익이 불평을 할 때 드는 비용을 상쇄하지 못할 것이라고 여길 경우 체념 혹은 부정적인 구전 등 문제해결을 위한 다른 방법을 찾게 되는 것이다. 다시 말해서 불만족을 제공한 기업이 불평을 위해 적극적으로 대처하지 않는다고 고객이 생각하면 해당 기업에게 불만을 토로하는 대신 친구나 가족에게 불만을 표시할 수 있으며 더 나아가 법률기관이나 소비자 보호원에게 불만사항을 얘기할 수도 있다. 이런 고객불평은 기업과 거래에서 불공정한 대우를 받았을 때나 기업이 제공한 제품에 대해 실망감을 경험했을 때 발생되며 불만족의 정도에 따라 고객불평의 강도가 다르게 나타난다.

1) 고객불평행위

고객이 제품이나 서비스를 구매하게 되면 상품에 대한 기대의 일치 혹은 불일치에 따라 만족 또는 불만족을 경험하게 되는데, 서비스나 제품에 대한 개인의 지각된 수준에 대한 만족이 이루어지지 않으면 불평행동을 나타내게 된다. 개인에 따라 불평행동이 다르게 나타나게 되는데 소비자의 구매 상황이 동일하더라도 개개인의 만족도가 다르며, 비슷한 불만족의 정도를 경험하더라도 불평행동의 종류가 다를 수 있다. 또한 소비자가 책임이 있는 기업 측에 불만족을 표출하는 것이 불평행동이라고 하였으며 행동적인 반응과 비행동적인 반응으로 구분되는 현상이라고 정의된다.

또한 고객의 불평행동을 상품이나 서비스를 제공하는 기업 혹은 소비자 보호 단체, 공정거래 위원회와 같은 제3의 기관에 부정적인 의사를 전달하여 시정을 요구하는 것을 포함하는 행위라고 정의하여 불평행동의 영역을 확장해서 해석할 수도 있다. 고객만족도지수(CSI: Customer Satisfaction Index)를 개발한 미시건 대학교의 포넬(Fornell) 교수는 고객이 불공정한 판매관행에 직면하거나 제품에 실망하고 거래가 일반적으로 승인되지 않을 경우 그 당사자의 감정을 알 수 있게 해주는 수단이라고 하였다. 그리고 고객이 불만족한 상황에서도 불평행동을 하지 않는 경우를 불평행동에 포함시켜서 개념화하여, 불평행동이 불만족의 강도와 무관한 여러 가지 상황적 요인 및 개인적 요인에 의해 영향을 받는 행동으로 볼 수도 있다. 고객불평행위에 관한 전문가인 싱(Singh) 교수는 인식된 불만족에 의해 발생된 느낌이나 감정으로부터 나타났으며 고객의 행동적 반응·비행동적 반응을 일부 또는 전체 포괄하는 복합적 반응을 불평행동으로 정의하였다.

2) 고객불만관리의 현황과 이슈

<표 1>은 고객불만의 유형과 원인에 관한 것이다. 고객 불만 표출의 유형은 직접 불만을 제기하는 적극적인 형태와 무반응이라는 소극적 형태가 있다. 또한 최근에는 소셜미디어의 발달로 인해 부정적 구전을 전달하고

기업에게는 표출하지 않는 형태도 증가하고 있다. 이들 유형에서 가장 심각한 것은 부정적 구전이다. 소비자들 간에는 부정적 구전이 전개되지만 기업에게는 불만을 표출하지 않기 때문에 기업은 내용을 알지 못하고 고객을 잃어버리는 것이다. 따라서 기업은 불만족한 고객들이 기업에게 적극적인 불만표현을 할 수 있도록 만들어야 하고 제기된 불만족 사항은 적극적으로 해결하여야 한다. 불만의 원인으로는 제품자체의 결함에 대한 원인과, 서비스의 문제, 그리고 사용자인 고객자신의 문제 등이 있다.

● ● ● 표1 고객불만의 유형과 원인

항목	내용	이슈
고객불만의 유형	• 직접 불만 제기 • 무반응 • 부정적 구전 전달	침묵에 가려진 고객불만 해결
고객불만의 원인	• 제품자체의 문제 • 서비스의 문제 • 고객자신의 문제	고객불만관리의 선순환구조 확보

3) 고객불만관리 활동 및 활용

고객불만은 기업에 악영향을 끼친다. 하지만 기업은 고객불만을 효과적으로 활용한다면 기업에게 소중한 자료가 될 수 있다. 일반적으로 고객불만관리는 고객의 불만사항에 대한 행동 유형에 따라 이를 수집한 후 효과적으로 활용함으로써 이루어진다. 소비자불만의 행동 유형은 크게 소극적 또는 무언의 방식과 적극적 의견 제시의 두 분류로 나눌 수 있다. 겉으로 보기에는 적극적 의견 제시 방식이 소극적 또는 무언의 방식보다 기업 이미지에 더 악영향을 미치는 것처럼 보이나 실질적으로는 소극적 또는 무언의 방식이 가족, 친구와 같은 지인들에게 불만사항을 불만함으로써 더욱 큰 파장으로 기업에 영향을 끼치게 된다. 반면 온라인 게시판 또는 고객센터를 통해 적극적으로 불만사항에 대한 의견을 개진해 주는 소비자는 오히려 기업의 개선방향에 도움을 줄 수 있다. 고객불평 수집활동은 웹 모니터링, 기업 게시판의 VOC(Voice Of Customer), 고객 핫라인, 소비자조사(NPS, CS)를 통해서 이루어질 수 있다. 기업은 이 수집활동을 통해 고객불평에 대한 해결책을 강구한 후 개선 방향을 비즈니스 프로세스에 반영함으로써 해당기업의 제품 및 서비스를 향상시킬 수 있다. 기업은 고객불만관리를 통해서 불만고객을 궁극적으로 기업의 충성고객으로 변화시켜야 한다.

4) 고객불만(불평) 마케팅

기업은 고객에게 제대로 된 제품과 서비스를 제공하고 싶어 하지만 항상 고객의 기대를 충족시킬 수는 없다. 기대에 못 미친 제품과 서비스를 제공받은 고객은 불만을 가질 수밖에 없을 뿐 아니라 그 불만을 자신의 방법대로 해결하고자 하는 경향이 있다. 기업 측면에서 볼 때, 이런 고객을 자연스럽게 불평을 하도록 유도할 필요가 있다.

수많은 기존 고객불평행위 연구를 통해 증명되고 있듯이 고객불평은 부정적 구전과 타기업으로의 전환을 줄여줌으로써 기업의 손실을 최소화하기도 하고, 서비스나 제품상의 문제점을 조기에 파악할 수 있으며 제품에 대한 새로운 아이디어를 얻을 수 있어 결과적으로 비용을 줄일 수 있기 때문이다. 또한 고객불평은 기업에게 적극적인 서비스회복 전략을 강구할 수 있는 기초를 제공하여 다시 한 번 고객과의 관계를 지속할 수 있는 기회를 제공하는 역할을 하는 등 기업에게 중요한 이점을 제공한다. 다음은 이러한 고객불평을 마케팅적으로 어떻게 활용할 것인가에 관한 것이다.

첫째, 기본적으로는 고객불만(불평)이 발생하기 전에 적극적으로 관리해야 한다. 기업은 고객 지향적인 마케팅과 항상 고객을 최우선으로 하는 서비스를 제공해야 한다. 이를 통해 고객불만(불평)의 발생을 제거하여 고객만족경영을 이루어야 한다.

둘째, 고객불만(불평)을 표현한 고객에게 감사의 표현으로 그들만을 위한 특별한 대우를 제공한다. 친필로 엽서 보내기, 분기별로 유통매장 홍보내용이 인쇄된 공중전화카드 발송, 고객사은 특별행사 우대권 발송, 음악회 초대권 발송, 특별사은품 지급 등을 해야 한다. 불만이 있는 불평고객과 장기적으로 긴밀한 관계를 유지하여 평생 고객화하고 고객 생애 가치를 향상시켜 고객 및 기업만족을 극대화시키는 고객관계마케팅(CRM: Customer Relationship Marketing)을 적극적으로 도입해야 한다. 결국, 고객불만(불평)을 제기했던 고객들을 오히려 감동시켜서 애호도 높은 고객으로 만들어나갈 수 있다.

기업은 왜 고객 불만족과 고객 불평 행동에 주목해야 하는가? 지금까지의 고객 만족은 제품과 서비스의 인지적 평가만으로 이루어져 왔다. 하지만 고객 만족은 제품과 서비스의 품질만으로 충족되는 것이 아니다. 고객 만족 평가를 제대로 하려면 고객 만족의 개념에 고객의 감정이나 정서, 그리고 환경이나 상황변수 같은 요소를 포함해야 한다. 고객이 기분이 좋았을 경우와 나쁜 경우에 만족에 대한 응답은 상이할 것이다. 그리고 구매 상황이 복잡하고 어려운 상황에서와 단순하고 쉬운 경우에도 만족의 경우는 달라질 수 있다. 또한 제품 관여도(Involvement)에 따라서도 달라질 것이다. 일상적으로 구매하는 물이나 커피 등에 대한 만족과 스마트 폰과 컴퓨터, 자동차 같은 제품을 구매하면서 느끼는 만족은 다를 것이다. 따라서 기업이 만족 고객과 불만족 고객을 그저 확인하는 차원에 그치지 않고, 이러한 감정적 상황적 변수도 고려해야 하고, 고객의 불만족과 불평 행동까지 파악, 분석, 대응할 때 진정한 고객만족을 달성할 수 있다.

Further Discussions

FD1 고객이 제품이나 서비스에 만족하는 경우 결정적인 요소들에 대해 토론해보자.

FD2 우수한 고객불만관리의 예를 찾아 토론해보자.

FD3 고객만족경영의 좋은 예를 찾아보고 성공요인에 대해서 토론해보자.

CHAPTER

12

마케팅 활동 통제와 마케팅 성과 관리

Learning Objectives

L01 마케팅 활동 통제의 개념을 이해하고 그 중요성에 대해서 학습한다.

L02 마케팅 성과관리의 개념을 이해하고 구체적인 척도와 평가 방법을 학습한다.

L03 마케팅 성과평가와 통제과정에서의 활용에 대해서 학습한다.

LG CNS가 퍼포먼스 마케팅을 극대화하는 법 '수리최적화'

"마케터들이 들이는 필요 없는 노력을 최대한 으로 줄이고 싶었습니다."

김지원 LG CNS MOP사업추진팀장은 5일 <블로터> 주최로 서울 서초구 양재동에서 열린 '커머스 마케팅 & 테크놀로지 서밋 2023(CMTS 2023)'에서 회사가 퍼 포먼스 마케팅에서 수리최적화 모델을 도입한 배경 에 대해 이같이 말했다.

제일기획이 발표한 2022년 대한민국 총광고비 결 산 및 전망에 따르면, 국내 디지털 시장 규모는 2021 년 8조5400억원에서 2025년 11조5800억원까지 성장 할 것으로 전망된다. 광고 시장 규모가 늘면서 마케 터가 실시간으로 관리해야 하는 정보량도 늘어난다.

이날 김 팀장은 "광고 시장 규모가 커지면서 마케 터가 실시간으로 관리해야 하는 정보량도 늘고 있다" 며 "마케팅에서 자동화 기능의 도입은 너무나 당연하

고, 이를 넘어 지능화 단계에 진입할 때 퍼포먼스 마 케팅이 한단계 성장할 것"이라고 말했다.

LG CNS는 지능화 마케팅을 위해 약 3년에 걸쳐 MOP(Marketing Otimization Platform)를 개발해냈다. MOP는 인공지능(AI), 수리최적화 알고리즘이 적용 된 광고 운영 최적화 솔루션이다. △마케팅의 실적을 예측하고 △입찰 계획을 자동으로 도출하며 △실시 간 실적 이상을 자동 감지한다.

LG CNS는 수리최적화 모형이 특히 지능화 단계에 서 중요한 개념이라고 강조했다. 수리최적화란 AI를 통해 의사결정을 자동으로 최적화하는 기술을 말한 다. 김 팀장은 "마케팅을 하면서 수많은 의사결정을 하는데, 수리최적화 모델이 좋은 답이 될 수 있다"며 "광고는 한정된 예산이 존재하는데 시간별, 요일별 경우의 수를 잘 계산하면 최적의 값을 찾을 수 있다" 고 설명했다.

LG CNS에 따르면 수리최적화 모형을 사용하면 전 체 실적 관점에서 키워드 단위로 예산을 재분배해 실 적 향상을 꾀할 수 있다. 가령 마케터가 직접 특정 키 워드의 예산 중 50%를 빼서 3~4개의 키워드에 재분 배해 실적이 오를 수 있을지 고민해볼 수 있다면, 수 리최적화 모형을 사용하면 같은 방식으로 100개의 키워드에 적용해볼 수 있다. 다양한 경우의 수를 계 산해볼 수 있는 만큼 효율이 높은 방향을 선택해 전 체 실적을 끌어올릴 수 있다는 설명이다.

또 수리최적화 모형은 매출이 가장 높은 시간대를 계산해 그 시간대로 예산을 집중적으로 투자하거나 사람이 미처 관리하지 못했던 저녁 시간, 새벽 시간 대에도 예산을 관리해준다. 24시간 수리최적화 모형 이 작동되기 때문에 ROAS(광고비 대비 매출액)는 물론

전환성과도 평균 10% 이상 상승 효과를 낼 수 있다는 게 LG CNS의 설명이다. 전환성과란 광고를 통해 달성하고자 하는 목표행동을 수행하는 것을 말한다. 가령 쇼핑·커머스의 경우 소비자의 구매 행위가 전환성과에 해당한다.

김 팀장은 MOP의 가장 큰 장점으로 다중목표 최적화를 강조했다. 통상 광고주가 마케팅을 진행할 때 노출, 클릭, ROAS, 전환성과 등 다양한 분야에서 복합적인 성과를 얻기를 원한다. 다중목표 최적화는 총 4개의 목표를 선정하고 해당 분야에서 목표치를 달성할 수 있는 최적의 경우의 수를 먼저 계산하는 알고리즘이다.

MOP는 지난 5월 베타 서비스 출시 이후 약 1년간 브랜드와 협업하며 수리최적화 모형을 접목해왔다. 현재 100여개의 브랜드가 실제 사용중이며 성과를 올리고 있는 상태다. 또 현재 MOP 플랫폼은 무상으로 제공되고 있다.

김 팀장은 "우리는 철저하게 광고주의 성장을 위해 작동할 수 있는 알고리즘을 구축했다"며 "또 마케터 분들도 우리 플랫폼을 한번 사용해보면서 더 이상 너무 힘들게 예산이나 입찰을 고민하지 않았으면 좋겠다"고 말했다.

출처: 블로터, 2023년 7월 5일

기업의 경영활동에서 마케팅영역의 중요성이 높아지고 광고비, 판촉비, 조사비 등의 마케팅 관련비용도 지속적으로 증가함에 따라 기업은 마케팅 성과를 체계적으로 관리하고 그 효과성에 대해 인과관계를 평가해야 할 필요성이 대두되고 있다. 이러한 기업에서의 중요성에 부응하여 2000년대 이후 마케팅 학계에서는 마케팅 성과평가에 관한 학문적 연구들이 활발하게 이루어지고 있으며 혁신적인 기업을 중심으로 실제 마케팅 업무에서 마케팅 성과평가 지표들을 적용하는 사례들도 적지 않게 나타나고 있다. 코카콜라의 경우 연간 사용하는 천문학적인 광고비용의 효과를 검증하기 위해 실험을 통해 검증을 한 경우도 있다. 전통적인 마케팅관리는 마케팅 조사를 통한 마케팅계획의 수립, 마케팅활동의 수행, 마케팅활동의 평가와 통제의 과정으로 이루어진다. 이 중 마케팅평가와 통제는 마케팅 관리과정의 마지막 최종 점검 분야이지만 다른 분야에 비해 상대적으로 관심이 적었다. 하지만 기업은 마케팅목표를 달성하였는가를 점검하기 위해서는 그동안 투자한 마케팅 노력과 활동에 대해 효과적인 평가와 통제를 실시하여야 한다. 따라서 마케팅 성과평가(marketing performance assessment)는 기업이 마케팅활동을 통제하는 데 있어서 매우 중요하며 마케팅활동의 효율성과 효과성을 제고하기 위해서도 필수적인 것이다. 즉, 마케팅 성과평가는 마케팅활동을 통하여 설정된 목표를 실질적으로 달성하였는가의 여부를 평가하는 것을 말한다. 이 장에서는 마케팅 성과평가와 이를 활용한 마케팅통제에 대해서 다루도록 한다.

1

마케팅 성과 척도와 평가(Measurement & Evaluation)

일반적으로 기업의 마케팅 성과평가는 마케팅활동 결과를 경영성과의 핵심인 효과성(effectiveness)과 효율성(efficiency) 측면에서 평가하고 있다. 이를 구체적으로 살펴보면 다음과 같다. 첫째, 효과성 평가란 마케팅목표를 얼마나 달성했는가를 측정하는 것으로 성과에 미치는 요인 중 주요성과지표를 설정하여 얼마나 달성하였는가를 평가하는 것이다. 기업에서는 이를 마케팅감사(marketing auditing)라고 표현하기도 한다. 마케팅감사는 성과달성 요인의 분야와 기회를 결정하고 기업의 마케팅 성과를 향상시키기 위한 마케팅 활동을 개발하기 위하여 기업 또는 사업부 단위의 마케팅환경, 목표, 전략, 활동을 체계적·포괄적·독립적·주기적으로 평가하는 것을 의미한다. 둘째, 효율성 평가란 투입된 마케팅자원과 대비하여 달성된 성과를 평가하는 것으로 마케팅 생산성(marketing productivity)분석이라고 한다. 성과를 달성하기 위해 투입된 비용대비 결과물이 얼마나 효율적으로 달성되었는가를 평가하는 것이다. 마케팅 생산성분석은 순수 마케팅기여도(net marketing contribution)를 마케팅 노력 내지 투자된 비용으로 나누는 것으로서 양적평가가 가능하다. 즉, 비용효율에 관한 평가로 투입된 각 비용단위별로 순수비용과 노력, 순수기여도를 분리하고 평가하는 데 상당한 비용과 시간이 요구된다는 단점이 있다. 또한, 투입자원 혹은 비용 대비 성과의 적절한 기준을 설정하기 어려운 문제점들이 있다. 셋째, 이 두 가지 측면을 종합적으로 평가하고 해석하여야 하지만 효율성과 효과성 두 마리 토끼를 한거번에 잡는 것은 매우 어렵다. 즉, 성과의 원천과 성과지표간의 인과관계를 정의하는 것이 매우 어렵고 기업전략목표와 산업특성에 따라 성과에 미치는 선행지표가 매우 복잡하여 기업에서 활용하기 어려운 것이 현실이다. 하지만 2000년대 이후 성과에 관한 학계에서의 많은 연구들이 진행되어 여러 가지 방법들이 연구되고 있다.

1) 마케팅 성과평가의 중요성

앞서 언급하였듯이 마케팅 활동의 모든 분야에서 효율성과 효과성을 확보하는 것은 매우 중요한 이슈이다. 기업경영에서 마케팅활동의 중요성이 커지면서 마케팅 성과를 체계적으로 관리하고 평가해야 할 필요성이 증가하고 있다. 지금까지 대부분의 기업에서 마케팅활동은 타활동(예 : 생산, 재무)에 비해 비용소모적인 것으로 인식되어 왔는데 그 이유는 마케팅부서가 인사나 재무 분야와 달리 체계적인 정량적 성과평가 프로그램을 갖추고 있지 못했기 때문이다. 또한, 기업에 있어서 마케팅활동에 대한 매트릭스와 재무적인 성과를 분리해서 평가하는 것도 쉬운 일이 아니기 때문에 마케팅 성과평가가 보편화되지 못하고 있는 또 다른 이유이다. 기업이 판촉

비용으로 1억을 사용하였다면 이에 따른 재무적인 성과를 어떻게 산출해내는지는 간단한 문제가 아니다. 현재 마케팅의 정량적 성과 측정지표가 마케팅 성과를 객관적으로 반영하지 못하고 있는 점도 보다 나은 마케팅 성과평가의 도입이 필요한 이유가 된다. 그나마 성과평가를 행하고 있는 기업들의 마케팅 성과평가도 고객 인지도나 선호도 및 고객 만족도와 같은 단편적인 지표에만 집중되어 있어, 비용대비 효과에 대한 검토는 다루지도 못하고 있다. 예를 들어, 많은 기업의 최고경영자들은 마케팅의 현실적인 역할에 대해 부정적인 생각을 가지고 있는데 이는 통합적인 마케팅 성과평가의 부재로 제품이나 서비스 매출의 증가가 과연 마케팅활동의 결과로 이루어진 것인지 아니면 시장자체의 성장으로 이루어진 것인지 아니면 시장수요의 변화로 이루어진 것인지에 대해 정확한 구분과 판단이 어렵기 때문이다. 과학적인 마케팅 성과평가의 부재는 마케팅부서에 대한 최고경영자들의 회의적인 시각을 초래하게 할 뿐만 아니라 기업 내부 마케팅부서와 마케팅담당자들의 영향력 축소를 가져오고 있다. 이러한 현상은 날이 갈수록 기업뿐만 아니라 사회전반에 확산되고 있는 마케팅의 영향력과는 정반대의 양상을 보이고 있다. 마케팅감사나 성과평가 시스템의 도입으로 기업 전반의 마케팅활동을 진단하고 문제를 해결하여 마케팅활동의 기업 성과에 대한 공헌도를 명확하게 해야 한다는 것에 많은 관리자들이 공감하고 있다.

2) 마케팅 성과평가의 척도 선정과 평가 실행

척도 선정과 평가를 위해서는 우선적으로 성과기준을 설정하여야 한다. 마케팅계획은 미래에 수행되어야 할 목표를 제시하고 마케팅통제는 제시된 목표들이 달성되었는지를 평가하기 때문에 계획과 통제는 밀접한 관련이 있다. 성과기준이란 실제성과와 비교되어야 할 성과의 기대수준을 의미한다. 예를 들어 마케팅 성과 목표는 '소비자 만족의 10% 증대', '연 매출액 100억원 달성', '신규고객의 10% 증가' 등의 형태로 정량적 성과기준이 제시되어야 한다.

다음으로 정량적 성과를 측정하여야 한다. 마케팅관리자는 성과 목표치와 측정된 실제성과의 비교를 통해 성과가 어느 정도 달성되었는지를 평가한다. 이때 마케팅관리자는 성과기준과 실제성과를 비교하기 위하여 기업 내부는 물론 외부기관으로부터의 정보도 획득하여야 한다. 기업의 외부 마케팅 보조기관으로는 마케팅조사회사, 광고대행사, 중간상, 컨설턴트, 회계법인 등이 있다. 마케팅관리자가 외부정보 없이 객관적으로 신뢰성 있고 타당성 있는 성과평가를 하는 것은 쉽지 않으므로 객관적인 외부정보 원천을 확보하고 있어야 한다. 이러한 객관적인 정보를 바탕으로 마케팅관리자는 성과기준과 실제성과를 비교한다. 평가가 끝난 뒤에는 격차의 원인분석 및 피드백 활동 등이 필요하다. 마케팅관리자가 판매액목표를 100억원으로 설정하였으나 실제 결과가 90억원 밖에 되지 않았다면 원인분석을 통하여 문제점을 파악하고 수정된 전략을 피드백하여야 한다. 목표치가 설정 당시에는 실현 가능한 수치였으나 돌발적인 경쟁자의 시장진입으로 인해 달성되지 못하였을 수도 있고, 목표 설정 시에 비해 경기 침체와 규제의 변화와 같은 외부환경 요인이 원인이 되었을 수도 있고, 또는 자사가

사례

퍼틸레인 자회사 블루오렌지,
상반기 취급고 250억원 달성…
2분기 150억원 기록

퍼포먼스 마케팅 에이전시 블루오렌지커뮤니케이션즈가 광고 시장 둔화에도 불구하고 올 상반기 굵직한 성과를 냈다.

마케팅 그룹 퍼틸레인(대표 김진)은 자회사 블루오렌지커뮤니케이션즈(이하 블루오렌지)가 올해 상반기 취급고(광고 수주금액 합계) 250억 원을 기록했다고 5일 밝혔다.

퍼틸레인에 따르면 블루오렌지의 올 상반기 취급고는 250억 원으로, 직전 반기 대비 60% 이상 확대됐다. 특히 2분기에만 취급고가 150억 원에 달했다. 블루오렌지가 분기 취급고 150억 원을 기록한 것은 이번이 처음이다.

이는 다양한 광고 수주에서 비롯된 것으로 보인다. 블루오렌지는 올해 들어 라이나생명과 KB손해보험, 삼성증권을 포함한 여러 중대형 광고주로부터 사업을 수주했다. 이를 위해 퍼틸레인은 앞서 광고주 세일즈 등

에서 시너지 효과를 창출해 블루오렌지의 마케팅 경쟁력 강화를 이끌었다.

이번 실적은 경기침체로 국내 광고시장이 위축된 상황을 감안하면 고무적인 성과로 평가된다. 광고 시장이 일반적으로 '상저하고'의 특성을 지닌 만큼 블루오렌지는 올 하반기 더 높은 성과를 이뤄낼 것으로 전망된다. 퍼틸레인 역시 이러한 블루오렌지의 성장에 힘입어 연초 목표했던 연간 취급고 1500억 원 이상을 달성하겠다는 방침이다.

김진 퍼틸레인 마케팅 그룹 대표는 "경기 침체의 영향으로 위축된 광고 시장이 하반기에는 조금씩 살아날 것으로 예상된다"며 "퍼틸레인은 현재의 광고 시장 환경을 기회로 삼아 디지털 종합 마케팅 그룹으로서의 입지를 더욱 공고히 하겠다"고 말했다.

한편 퍼틸레인은 최근 인수합병(M&A)을 통해 사업 외연을 확장 중이다. 퍼틸레인은 지난 2월 여러 퍼포먼스 마케팅과 네이버·카카오의 공식 대행사 선정으로 중견 마케팅 에이전시로 성장한 블루오렌지를 인수했다. 이보다 앞선 지난해 12월에는 제약과 건기식, 정보기술(IT)에 특화된 광고 대행사 블루픽스커뮤니케이션즈를 품었다.

출처: 아이티비즈, 2023년 7월 5일

수행한 마케팅활동 중 문제가 있을 수도 있다. 이러한 원인 분석을 통해 기존의 마케팅 활동 중에서 무엇이 수정 가능한지를 파악하고 수정대안을 제시하여야 한다. 만약 같은 상황에서 판매액이 110억원으로 목표를 초과 달성하였다고 하자. 많은 경우 이런 상황에서는 목표달성이 되었으므로 원인분석을 하지 않는 경향이 있는데, 이때에도 초과분에 대한 원인분석을 실시해야 한다. 즉, 목표초과 달성의 원인이 목표치를 너무 낮게 설정한 경우, 경기가 호전된 경우, 경쟁자가 퇴출한 경우, 예상치 못한 외부적 환경변화가 자사에 유리하게 전개된 경우, 또는 자사의 마케팅활동이 성공적이였기 때문일 경우 등으로 분류하여 차기 목표치설정과 마케팅 전략수립에 반영하여야 한다.

(1) 균형성과평가표(Balanced Scorecard: BSC)

균형성과평가표란 기업의 미션과 전략을 측정하고 관리할 수 있는 포괄적인 측정 지표의 하나로, 재무 관점 외에도 고객, 내부 프로세스, 학습과 성장 등 기업의 성과를 종합적으로 평가하는 균형 잡힌 성과측정기록표를 의미한다. 즉, 기업의 사명과 전략을 측정하고 관리할 수 있는 포괄적인 측정지표로 현재 미국과 유럽의 많은 기업들이 도입한 무형자산 평가시스템이다. 조직의 미션과 비전을 중심으로 재무적 관점뿐만 아니라, 비재무적 관점인 고객, 사업내용, 내부 프로세서, 학습과 성장 등에서 성과목표와 성과지표를 설정하고 이를 종합적으로 관리하는 기법을 말한다.

1980년 대부터 민간부문에서 이미 성과관리를 강화하였다. 급변하는 글로벌 마켓에서 성과관리는 조직의 생존과 지속적인 성장을 위한 필수조건이라 할 수 있다. 고객, 프로세스, 성장과 학습의 관점에서 본 성과를 포함한 균형적 성과관리가 가능하고, 평가와 보상을 통해 적극적인 업무 수행과 동기를 부여할 수 있는 도구가 필요하다.

BSC의 구성요소는 다음과 같다.
- 미션(조직이 왜 존재하는가)
- 비전(무엇을 언제까지 달성할 것인가)
- 관점(조직 핵심가치의 원천은 무엇인가)
- 전략목표(비전을 달성하기 위한 전략적 목표는 무엇인가)
- 성과목표(전략적 목표를 달성하기 위하여 무엇을 할 것인가)
- 성과지표(성과목표를 달성 여부를 어떻게 측정할 것인가)
- 이니셔티브(성과목표 달성을 위한 방법과 수단은 무엇인가)

BSC의 관점은 다음과 같다.
- 고객(고객과 이해관계자를 만족시킨다)

- 사업지원(최종 고객을 위한 최적의 정책 및 행정 서비스를 지원한다)
- 내부 프로세스(효과적인 교육정책 마련을 위해 정책, 고객, 업무분야에서 내부적 행정 프로세스를 강화한다)
- 학습과 성장(성과주의 문화 정착, 지속적인 지식 역량 제고 및 혁신활동과 직원의 복지를 증진하기 위해 성장 가속화)
- 재무(임무의 효과적 달성을 위해 최적의 자원을 안정적으로 확보하고 효율적으로 운영한다)

(2) 시장성과 측정(Market Performance Measurement: MPM)

MPM은 마케팅 전문가가 마케팅 효율성 및 효과의 분석 및 개선을 설명하기 위해 사용하는 용어다. 이는 마케팅 활동, 전략 및 메트릭을 비즈니스 목표와 연계하는 데 중점을 두어 달성된다. 여기에는 마케팅 성과를 모니터링하고 마케팅 성과를 관리하기 위해 마케팅 대시 보드를 개발 및 활용 하기위한 메트릭 프레임워크 작성이 포함된다. MPM은 마케팅 성과 측정, 관리 및 분석에 중점을 두어 효과를 극대화하고 마케팅 ROI를 최적화한다. 마케팅 성과 관리에서 데이터, 분석 및 메트릭의 세 가지 요소가 중요한 역할을 한다.

① 데이터 및 분석

마케팅 효과를 측정하는 핵심 방법 중 하나는 적절한 데이터 수집이다. 즉, 정확성과 올바른 종류의 데이터 수집이 중요하며 수집된 데이터를 이해하기 위한 철저한 분석이 필요하다. 조직은 데이터를 꼼꼼하게 분석함으로써 실행 가능한 비즈니스 통찰력을 수집하여 마케팅 효율성과 마케팅 효율성을 향상시킬 수 있다. 예를 들어 마케팅 ROI를 높이고 더 나은 비즈니스 의사결정을 내릴 수 있다.

이러한 분석의 일반적인 사용 중 하나는 MMM(마케팅 믹스 모델링)을 사용하여 마케팅 지출을 최적화하는 것이다. 마케팅 믹스 모델링은 판매 수익 또는 이익과 관련하여 광고 믹스 및 판촉 전술을 최적화하는 데 자주 사용된다. 이 기술은 계량 경제학자에 의해 개발되었으며 소비자 포장 제품에 처음으로 적용되었다. 이러한 제품의 제조업체는 판매 및 마케팅 지원에 대한 우수한 데이터에 액세스할 수 있었기 때문이다. 이 모델의 개념과 도구는 30년 이상 거슬러 올라가지 만 최근 MMM은 주요 소비자 마케팅 회사들 사이에서 신뢰할 수 있는 마케팅 도구로 인정받고 있다. 인터넷, 소셜 네트워킹 사이트, 모바일 광고 및 문자 메시지의 사용이 증가함에 따라 이에 대한 관심이 높아지고 있다.

② 지표 및 관리

마케팅 전문가는 측정 및 매트릭스를 통해 수익을 기준으로 예산을 정당화하고 조직의 성장과 혁신을 추진할 수 있다. 결과적으로 마케팅 담당자는 이러한 매트릭스와 성능 측정 값을 사용하여 가치를 입증하고 조직에 마케팅이 기여한 것을 입증할 수 있다. 분석에 사용되는 가장 인기 있는 매트릭스에는 숫자 계산 및 보고와 관련된 활동 기반 매트릭스가 포함된다. 예를 들어, 다운로드 추적, 웹 사이트 방문자, 다양한 이벤트의 참석자는 활동 기반 매트릭스 유형이다. 그러나 마케팅과 비즈니스 성과를 연계시키는 경우는 거의 없다. 대신 시장점유율,

고객가치 및 신제품 채택과 같은 비즈니스 성과는 더 나은 상관 관계를 제공한다. MPM은 마케팅 조직의 집계된 효과 및 효율성을 측정하는 데 중점을 둔다. 이러한 특정 매트릭스의 일부 공통 범주에는 마케팅 선호도, 고객 확보율, 평균 주문 가치, 신제품 및 서비스 채택률, 고객 구매 빈도 증가, 비즈니스 규모 및 점유율, 순응호 및 애호도에 대한 마케팅의 영향이 포함된다. 경쟁과 시장, 마진 및 고객 참여와 비교하여 성장 또한 MPM은 운영 효율성 및 외부 성능 모니터링을 측정하는 데 사용된다.

③ 대시보드(Dashboard)

MPM 구현과 관련된 전문가는 대시보드를 사용하여 마케팅 성과를 보고한다. 대시보드는 모든 데이터와 매트릭스가 데이터를 수집하여 조직에 유용한 정보로 제공한다. 마케팅 전문가는 매트릭스 및 주요성과지표(Key Performance Index)에서 이러한 대시보드를 만든다. 조직은 이 정보를 사용하여 마케팅을 진행한다. 본질적으로 대시보드는 조직이 재무 및 비재무적 성과 측정을 모두 사용하여 비즈니스 활동을 측정, 모니터링 및 관리할 수 있는 다층 성능 관리 도구다. 대시보드는 정의된 각 목표 달성을 향한 조직의 진행 상황에 대한 분석을 제공한다. 이상적인 대시보드는 마케팅의 가치를 나타내는 것 외에도 마케팅 진행 상황을 보여주고 생산 영역을 평가하며 의사결정을 도와야 한다.

④ 마케팅 매트릭스(Marketing Metrics)

마케팅 매트릭스 기법은 한 회사가 마케팅 성과를 정량화하고, 비교하고, 해석하는 것에 사용하는 일련의 측정치이다. 브랜드 관리자는 마케팅 측정법을 마케팅 프로그램을 계획하는 데에 적용할 수 있다. 고위 관리자는 마케팅 측정법을 자금 할당을 결정하는 데에 사용한다. 마케터가 마케팅 활동의 수익에의 공헌을 측정할 때 그들은 고위 경영자들에게 마케팅 투자의 가치를 더 잘 정당화할 수 있다.

⑤ 전통적인 시장 성과지표

기업들이 사용하고 있는 마케팅 성과평가 방법은 매우 다양하다. 일반적으로 매출, 시장점유율 및 선호도와 같은 시장, 재무 혹은 고객관련 지표들이 마케팅 성과를 평가하는 중요한 지표로 사용되고 있다. 그 이외에도 드물게 신제품 개발역량 또는 내부 종업원평가와 같은 조직 내부지표를 마케팅 성과지표로 활용하는 경우도 있다.

① **고객만족 분석**: 성과분석에서는 고객만족의 개념 중에서 고객들이 제품이나 서비스를 포함하여 기업의 마케팅활동 혹은 노력에 대해서 호의적인 감정이 어느 정도인지를 말해주는 평가적인 성격이 강조되고 있다. 고객만족이 기업으로 하여금 높은 이윤의 획득, 진입장벽의 구축 및 비용절감 등과 같은 이익을 가져다주므로 기업의 이러한 고객만족의 변화정보를 획득함으로써 보다 효과적인 마케팅계획과 전략을 수립할 수 있게 된다.

② **판매량 분석**: 판매량 분석은 기업의 현재 성과를 평가하기 위하여 판매량을 사용하는 방법이다. 판매량 분석은 쉽게 이용가능하고, 판매량이 마케팅믹스에 대한 표적시장의 반응을 부분적으로 반영하고 있으므로 가장 일반적으로 사용된다. 판매량 분석을 할 때 실제판매량 정보만으로는 효과적인 판매량 분석이 될 수 없다. 유용한 판매량 분석이 되기 위해서는 실제판매량과 예상판매량, 산업 전체의 판매량, 경쟁자의 판매량 및 판매량을 달성하기 위해 소요된 경비 등과 비교되어야 한다.

③ **시장점유율 분석**: 기업의 판매량 분석이 성과평가의 유용한 도구이기는 하지만 경쟁자와 비교하여 상대적인 성과비교를 할 수는 없다. 시장점유율 분석은 이러한 한계점을 보완해 주는 분석방법으로 산업 전체의 판매량에서 자사의 판매량이 차지하는 비율을 분석하는 방법이다. 효과적인 시장점유율 분석이 되기 위해서는 자사의 전체 시장점유율 분석뿐만 아니라 제품라인별 또는 세분시장별로 시장점유율 분석이 이루어져야 한다.

④ **마케팅비용 분석**: 마케팅비용 분석은 기업의 비용과 수익간의 관계라고 볼 수 있다. 기업의 이윤은 이윤(profit)=수익(revenue)-비용(cost)과 같이 표현할 수 있는데, 기업이 이윤을 획득한다는 것은 곧 기업이 사용한 비용보다 기업의 수익이 더 많다는 것을 의미한다. 비즈니스를 하는 목적은 첫째로 수익을 내어 이윤을 추구한다는 목적 외에도, 둘째로 계속된 이윤을 통해 기업이 지속성을 유지해야 한다는 목적 또한 가지고 있다.

⑤ **수익성 분석**: 수익성 분석은 제품과 제품라인에서 마케팅관리자가 기대하는 공헌이익(contribution margin)에 대한 다양한 마케팅전략과 프로그램의 영향을 평가하는 것이다. 즉, 앞에서의 판매량 분석 또는 시장점유율 분석과 마케팅비용 분석을 결합한 분석을 말한다. 수익성 분석을 통해 어떠한 성과가 발생했고 어떤 이유로 목표와 성과에 차이가 발생했는지를 알 수 있게 된다.

2

마케팅 성과 통제

전략 실행 후, 기업은 성과를 파악하고, 새로운 변화를 모니터할 필요가 있다. 어떤 환경은 변화가 거의 없는 반면, 다른 환경은 예측 가능한 방향으로 변화하기도 한다. 또한 예측 불가능한 방향으로 변화하는 환경도 존재한다. 그러나 분명한 한 가지는 수요와 공급이 만나는 시장은 변화할 것이라는 명제이다. 시장의 변화는 곧 실행, 프로그램, 전략, 목적까지 검토·수정되어야 함을 의미한다.

시장 환경의 변화는 빠른 속도로 변화하기 때문에 기업의 환경과의 전략적 적합도는 필연적으로 낮아지게 된다. 따라서 기업은 효과성을 상실하면서도 효율성은 유지할 수 있다. 피터 드러커는 '일을 올바르게 하는 것(to do things right)'인 효율성보다 '올바른 일을 하는 것(to do the right thing)'인 효과성이 더 중요하다고 강조했다. 가장 성공적인 기업은 이 두 가지에서 모두 탁월한 기업이다. 하지만 현실적으로 두가지 모두를 달성하는 것은 쉽지 않은 과제이다.

마케팅의 기업가치 창출능력을 평가하는 성장과 위험관리가 마케팅에서의 새로운 성과관리 수단으로 최근 부상하고 있다. 현금흐름(Cash flow)의 증가율 증진이나 현금흐름의 변동성 감소를 통해서 성과를 측정할 수 있다. 이러한 기업관점의 성과측정치는 재무적 가치(Financial value)를 이용해 분석한다. 또 한편으로는 고객관점에서 고객만족도, 고객애호도, 유지율, 이탈률 등의 고객성과 및 가치로 평가를 하기도 한다.

마케팅관리자는 효과적인 통제과정을 유지하기 위하여 다음의 사항을 고려하여야 한다. 첫째, 효과적인 통제를 위해서는 양질의 다양한 정보가 신속하게 획득되어야 한다. 즉, 통제과정은 마케팅관리자가 성과의 목표수준과 실제수준 사이의 차이를 즉각적으로 추적할 수 있도록 설계되어야 한다. 따라서 기업은 다양한 성과에 관한 정보를 획득하기 위해 기업내부에 성과시스템을 구축할 필요가 있다. 둘째, 마케팅 통제과정은 모든 유형의 마케팅활동에 영향을 미치는 기업 내부 및 외부 환경변화에 민감하게 반응하여야 한다. 따라서 통제과정은 조직활동의 다양한 활동과 변화에 적응할 수 있도록 유연성을 확보하여야 한다. 셋째, 통제과정에 소모되는 비용 및 시간 등을 고려하여야 한다. 통제를 하지 않아서 발생하는 비용보다 통제를 하는 것이 상대적으로 적은 비용으로 수행되어야 한다. 마지막으로 통제과정은 관리자나 종업원 모두가 공감할 수 있도록 쉽게 설계되어야 한다. 성과평가에 대해 종업원들이 공정성을 느끼지 못하거나 이해하지 못할 경우 심각한 직무 불만족 및 이직 등의 현상이 나타날 수도 있다.

마케팅관리자는 마케팅통제활동을 수행할 때 다음과 같은 문제점에 자주 부딪치게 된다. 첫째, 마케팅통제에 요구되는 정보들을 이용할 수 없거나 또는 정보수집에 비용 및 시간이 과다하게 소요되는 경우가 있다. 빠른 의사결정과 비용 효과 등을 고려하여야 하는데 그렇지 못할 경우 통제 자체가 부담이 될 수도 있다. 둘째, 마케팅통제과정이 환경의 변화를 수용할 수 있을 정도로 융통성을 보유하고 있어도 환경변화의 강도, 빈도 및 예측 불가능성 때문에 효과적인 통제가 이루어지기 어려운 경우가 있다. 셋째, 마케팅활동과 이에 의해 발생하는 성과 사이의 시차(time lag) 때문에 효과적인 마케팅활동의 측정이 곤란하다. 넷째, 마케팅활동과 재무, 인사, 생산 등의 활동들이 중복되어 수행되므로 정확한 마케팅비용을 산정하는 것이 곤란하다. 정확한 마케팅비용의 측정 없이는 마케팅비용에 대비한 마케팅활동의 효과를 측정하는 것은 불가능하고, 마케팅인력에 대한 정확한 성과기준을 개발하는 것이 어렵기 때문에 효과적인 통제가 곤란해지는 경우가 있다.

마케팅 성과분석의 효과적 활용

3

마케팅목표를 달성하기 위해서 마케팅관리자는 마케팅 노력과 활동에 대해 효과적인 평가와 통제를 실시하여야 한다. 마케팅통제과정은 기본적으로 마케팅목표를 수립한 후 성과기준의 설정, 실제성과의 측정, 수정활동의 과정을 통하여 이루어진다. 기업은 마케팅 성과평가의 도입으로 마케팅활동의 과학적인 관리 및 마케팅비용의 효율적인 관리, 마케팅감사 활동의 문제점해결이 가능하며 마케팅 성과평가를 적절한 보상기준으로 활용할 수 있다는 이점이 있다. 마케팅 성과를 평가함에 있어서 마케팅 성과평가의 범위와 적절한 성과평가 방법을 선택하는 것은 매우 중요하다. 일반적으로 기업의 마케팅 성과평가는 마케팅활동의 결과를 효과성(effectiveness)과 효율성(efficiency) 측면에서 평가하고 있다. 효과성 평가는 마케팅목표를 얼마나 달성했는가를 측정하는 것으로 이를 마케팅감사라고 표현하기도 한다. 효율성 평가는 투입된 마케팅자원과 대비하여 달성된 성과를 평가하는 것으로 마케팅 생산성분석이라고도 한다. 기업들이 전통적으로 사용하는 마케팅 성과평가 방법으로는 고객만족 분석, 판매량 분석, 시장점유율 분석, 마케팅비용 분석, 수익성 분석 등이 있다. 고객만족 분석은 고객들이 제품이나 서비스를 포함하여 기업의 마케팅활동 혹은 노력에 대해서 호의적인 감정이 어느 정도인지를 말해주는 평가방법이다. 판매량 분석은 기업의 현재 성과를 평가하기 위하여 마케팅믹스에 대한 표적시장의 반응을 부분적으로 반영하고 있는 판매량을 활용하는 방법이다. 이 분석은 쉽게 이용할 수 있어 가장 널리 사용된다. 그러나 판매량 분석은 성과평가의 유용한 도구이기는 하지만 경쟁자와 비교하여 상대적인 성과비교를 할 수 없다는 단점이 있다. 시장점유율 분석은 이러한 한계점을 보완해 주는 방법으로 산업 전체의 판매량에서 자사의 판매량이 차지하는 비율을 분석하는 방법이다. 효과적인 시장점유율 분석이 되기 위해서는 자사의 전체 시장점유율 분석뿐만 아니라 제품별 또는 세분시장별로 시장점유율 분석이 이루어져야 한다. 마케팅비용 분석은 기업의 비용과 수익간의 관계라고 볼 수 있는데 이윤을 나타내는 식에 따르면 이윤(profit)=수익(revenue)-비용(cost)이므로 기업이 사용한 비용보다 기업의 수익이 더 많아야 함을 의미한다. 수익성 분석은 제품과 제품라인에서 기대하는 공헌이익에 대한 다양한 마케팅전략과 프로그램의 영향을 평가하는 것을 의미한다. 현대의 기업들은 위와 같이 전통적으로 사용되는 마케팅 성과평가 방법들뿐만 아니라 자사의 특성을 고려하여 알맞은 마케팅 성과지표들을 개발하여 사용하고 있다.

Further Discussions

FD1 마케팅 성과평가의 중요성에 대해서 학습하였다. 실제 기업에서 성과평가를 위해 어떤 평가방법을 사용하는지를 알아보고 그 효과성에 대해 토론해보자.

FD2 균형성과평가표의 사용에 대해서 알아보았다. 이 방법의 장점과 단점에 대해서 토론해보자.

FD3 시장성과 측정을 위한 다양한 지표에 대해서 학습하였다. 각각의 지표들을 활용함에 있어서 장단점에 대해서 토론해보자.

나오며

마케팅의 새로운 방향

4차 산업혁명 시대와 더불어 급변하는 경영환경은 불확실성이 증대되고 있고 산업간의 경계가 없어지며 경쟁은 더욱 치열해지고 있다. 특히 스마트 기기의 보급과 소셜 네트워크 서비스(SNS)의 확산에 따른 고객의 변화에 적극적으로 대응하고 기업의 생존과 지속적인 성장을 위해 차별화 전략이 절실한 상황이다.

가장 빠르게 시장의 기회를 선점하는 혁신적인 기업들이 가장 가치 있는 고객 니즈를 찾아낼 수 있다. 시장 환경 변화에서 새로운 비즈니스 기회를 어떻게 발견하고 새로운 고객가치를 효과적으로 전달·확신할 수 있는 방법들에는 어떤 것들이 있는지에 대해서 기업은 끊임없이 고객과의 의사소통이 원활히 이루어지는 마케팅 전략을 만들어야 할 것이다.

이에 마지막으로 본 서는 4차 산업혁명 시대의 다음 세가지 최근 마케팅 이슈에 대해서 알아보고 이를 바탕으로 하는 새로운 마케팅의 방향에 대해서 제시하고자 한다. 첫째, 4차 산업혁명의 본질에 대한 이해와 이를 통한 마케팅 전략의 변화, 둘째, 새로운 가치창출에서 중요한 공유가치창출 전략, 마지막으로 변화에 대한 시장학습 기반 조직과 적응적 마케팅 역량에 관해 알아보기로 하자.

그림1 4차 산업혁명시대의 마케팅 최근 이슈

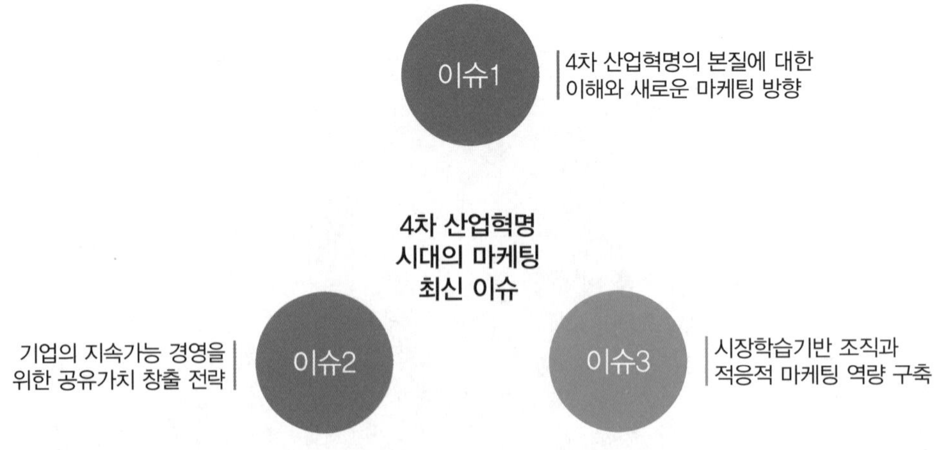
이슈1
4차 산업혁명의 본질에 대한
이해와 새로운 마케팅 방향
4차 산업혁명
시대의 마케팅
최신 이슈
이슈2
기업의 지속가능 경영을
위한 공유가치 창출 전략
이슈3
시장학습기반 조직과
적응적 마케팅 역량 구축

최근 이슈 1.

4차 산업혁명 시대의 기업 마케팅의 변화

4차 산업혁명이 바꾼 산업구조…"변하지 않으면 도태된다"

4차 산업혁명으로 인해 위기를 맞은 것은 제조업 뿐만이 아니다. 재화를 생산하고 판매하기 위해 변화하지 않으면 시장에서 도태되는 시대를 맞았다.

제조업은 4차 산업혁명의 발달로 위기를 맞고, 이는 유통과 은행, 증권사도 비켜갈 수 없는 시점이 됐다. 더 이상 물건을 만들어 팔아 이윤을 보는 시대는 끝났다. 동영상을 보기 위해 월정액을 구매하고, 물건을 사기 위해 마트를 방문하지 않아도 되는 시대다. 스마트폰으로 귀찮고 번거로운 은행 업무를 간편하게 해결할 수 있는 시대다.

세계 제조업 위기를 가장 잘 보여주는 나라는 아이러니하게도 유럽의 제조업 강국 독일이다. 2017년 12월 63.3까지 올랐던 독일의 제조업 PMI는 지난달 43.5로 수직 낙하했다. 미국(50.3), 일본(49.3) 등 다른 선진국은 물론 미국과 무역전쟁 중인 중국(49.5)보다도 훨씬 낮은 수치였다. 상품과 서비스 수출이 국내총생산(GDP)의 절반에 육박하는 독일 경제가 무역전쟁에 직격탄을 맞은 것이다.

일례로 '독일의 기술은 세계제일'이라는 말이 우습게도 독일의 경제위기가 가시화되고 있다. 세계적인 시장조사업체 IHS마킷과 투자은행 JP모건이 공동으로 발표하는 글로벌 제조업 구매관리자지수(PMI)는 지난 5월 49.8을 기록했다.

PMI는 기업의 구매 책임자를 대상으로 설문조사를 해 산출하는 지표다. 50을 넘기면 경기 확장, 50 미만은 경기 위축을 의미한다. 글로벌 제조업 PMI가 50 밑으로 떨어진 것은 2012년 10월 이후 처음인데, 지난해 1월만 해도 54를 넘었던 지표가 17개월 만에 8% 넘게 하락했다.

유통시장은 고객의 편리를 위해 변화중

4차 산업혁명은 정보의 흐름인만큼 만들어진 물건을 온라인으로 모든 것을 주문할 수 있어 유통가의 변화도 두드러진다. 온라인 시장은 어떠한 상품이든, 간단하면서 몇 번의 클릭으로 상품을 구매해 배송까지 책임지고 있다. 번거롭게 차량이나 카트를 끌면서 물건을 담아 집에서 다시 정리할 필요가 없어진 셈이다.

이에 최근 온라인 시장이 오프라인 시장을 장악하고 있다. 새로운 페이 시스템으로 인한 일정 금액 페이백도 쌓기 용이하고, 맴버십과 간편하고 빠른 배송으로 젊은이들을 중심으로 이제는 40대 이상에게도 영향을 끼치기 시작했다.

유통가는 이러한 공세에 최근 몇 년간 곤욕을 겪었으나, 이들도 변하지 않으면 도태되는 것을 알기에 최근 전통의 유통업체들도 변화와 혁신을 시도 중이다.

강희태 롯데백화점 사장은 지난 7월에 열린 롯데그룹 하반기 사장단(VCM, Value Creation Meeting) 회의에 참석하면서 "오프라인의 살 길은 체험형 마케팅"이라고 했다.

즉 오프라인만 가질 수 있는 장점을 극대화해 굳이 몸을 이끌고 와서라도 쇼핑을 하고 싶게끔 만든다는 전략이다. 쇼핑몰에 아이스링크장이 들어선 롯데몰 수지점에는 암벽 등반 등 레저·액티비티 공간과 330평 규모 모험·탐험형 키즈파크가 생겼다.

신세계의 스타필드의 경우 최근 혼자사는 1인가구의 증가와 반려동물의 인식 변화로 반려동물을 키우는 사람들을 끌어들이기 위해 전 매장에 '반려동물 동반 입장 가능'이라는 패러다임을 제시하기도 했다. 옥상에는 반려견이 목줄 없이 산책할 수 있는 천연 잔디로 된 펫파크를 설치했다. 5인제 축구경기를 즐길 수 있는 풋살장도 있다.

또한 산업구조의 변화는 비단 유통가에서만 찾을수 있는 것이 아니다. 금융과 증권에서도 그 변화의 흐름이 뚜렷하다. 복잡한 수식과 계산, 어려운 경제용어 속에서도 쉽게 투자 방법과 흐름을 감정없이 읽어내는 AI의 접목이다.

AI 발달로 비대면 서비스 도입하는 금융업계

손정의 소프트뱅크 회장은 지난 7월 4일 한국을 방문하면서 문재인 대통령을 만나 "앞으로 한국이 집중해야 할 것은 첫째도 인공지능, 둘째도 인공지능, 셋째도 인공지능"이라고 조언했다. 손 회장은 "AI는 인류 역사상 최대 수준의 혁명을 불러올 것"이라며 AI의 중요성을 강조했다.

손 회장은 승차공유 시장에서 글로벌 선두업체인 우버는 물론 중국과 인도, 동남아에서 각각 1위 업체인 디디추싱, 올라, 그랩 등에 투자했다. 손 회장은 스마트폰에서 이뤄진 혁명이 앞으로는 모빌리티 분야에서 올 것이라고 확신하고 이 분야에 과감하게 투자하고 있다. 손 회장은 AI 기반의 모빌리티 시대의 도래를 예견하고 우버에 100억 달러를 투자했고, 동남아 지역에서 급성장한 그랩에는 10억 달러를 투자하기도 했다.

AI가 발전해 증권에서 활용한다면 빅데이터를 이용해 주가의 주기성도 파악하고, 감정적인 투자를 방지하며, 복잡한 재무환경을 명확하게 설명해줄수 있어 말 그대로 혁신 그 자체다. 사람처럼 실수를 할 경우의 수도 적고, 업무시간을 줄여주기도 한다.

실제로 KB증권은 2017년 말부터 RPA(Robotic Process Automation: 프로그래밍을 이용한 업무 자동화)를 도입하기 시작해 약 130여 개 업무에 이를 적용함으로써 연 환산 업무시간 기준으로 약 3.5만 시간(지난달 말 기준)을 절감했다.

은행의 경우 스마트폰의 발전으로 인해 간편함과 편리함이 극대화되면서 지문인식과 홍채인식 등을 통해 보안도 강화할 수 있게 됐다. 따라서 은행의 비대면 서비스를 점차 요구하게 되 AI의 발전이 중요하다.

전문가들은 4차산업 혁명의 걸맞는 규제 완화와 ICT 기술을 바탕으로 한 스마트 산업구조의 발전과 신산업

육성과 기존산업의 혁신, 산업생태계의 개편, 투자와 혁신을 뒷받침하는 정부의 역할을 강화해야 한다고 지적한다.

출처: 투데이코리아, 2019년 9월 26일

지난 세 번에 걸친 산업혁명은 시대에 따라서 모든 산업에 영향을 미쳤고, 공급과 수요에 혁신적인 변화를 가져왔다. 현재 진행 중인 4차 산업혁명 또한 물 산업을 포함한 모든 산업에서 큰 변화를 야기하고 있고 산업 간의 영역을 파괴하며 그 파급력은 상상의 범위를 넘어서고 있다. 인류가 상상만 하던 새로운 시대가 열리고 있는 것이다. 새로운 경제 시스템으로 인한 수요와 공급의 혁신적인 변화는 사회 경제 시스템 전반에 거친 새로운 변화를 만들어가고 있다.

4차 산업혁명이라는 용어는 2016년 1월 스위스의 다보스에서 열린 세계경제포럼(World Econmic Forum, WEF)에서 이 포럼을 만든 창시자인 클라우스 슈밥(Klaus Schwab)이 공식적으로 언급을 하였다. 2012년 초반부터 독일 정부에서 Industry 4.0과 같은 용어가 사용되었지만 공식적으로 제 4차 산업혁명이라는 말이 제기된 것은 불과 1년 6개월 전의 스위스의 한 작은 마을에서 언급이 되었다. 3년 반이라는 짧은 기간 동안 학계, 산업계, 정부 등 전 세계의 모든 분야에서 4차 산업혁명을 언급하고 이제는 일상적인 용어로서 모든 사람들의 마음속에 자리를 잡고 있다.

4차 산업의 핵심은 융합과 연결이다. 1차와 2차 산업혁명은 동력원의 개발을 통해 기계화와 대량 생산을 가능하게 만들었고, 원가 절감 및 비용 절감을 통한 원가 우위가 기업의 경쟁 우위 요소의 핵심이었다. 컴퓨터의 발명과 컴퓨터 간의 연결을 완성시킨 인터넷의 등장으로 야기된 3차 산업혁명은 급격한 정보화를 야기시켰고, 이 정보화로 인해 수많은 정보가 가공되고 이를 활용하여 기업은 다양한 지식을 창출하고 시스템을 개발하여 보다 차별적인 가치를 소비자들에게 제공하기 위해 노력해왔다. 즉 3차 산업혁명에서는 정보화를 통한 차별화가 주된 경쟁의 우위 요인이 되었다. 또한 소비자 간의 정보 공유를 통해 소비자의 파워가 공급을 주도하는 기업들의 파워보다 커지게 되었다. 이러한 변화 속에서 급격한 기술의 발달, 특히 프로그래밍이라는 소프트파워의 발전은 4차 산업혁명을 촉발시켰고, 이러한 소프트파워를 기반으로 제 4차 산업혁명은 모든 기능과 서비스 등을 연결하고 기술과 기술을 융합하여 새로운 맞춤형 가치(customized value)를 만들어내고 있다.

다양한 기업들이 새로운 성장 동력을 중심으로 기존 산업으로 진입하고 있어서 다양한 새 분야가 파생되고 있고, 새로운 기술과 인력 및 기업들의 연결과 융합 속에서 기존 산업의 진화와 변화는 더욱 가속화될 전망이다. 제4차산업의 핵심인 소프트파워를 통한 연결과 융합은 기업의 전략과 마케팅 활동에도 큰 영향을 미칠 것이고, 이에 기업은 혁신과 변화를 준비해야 할 것이다.

산업혁명(industrial revolution)은 기술의 혁신과 이로 인해 일어난 사회, 경제 등의 큰 변화를 의미한다. 한 국가의 산업과 경제 및 사회 변화를 바꾸는 것이 아니라 세계 전반의 큰 변화를 야기하는 것을 의미한다. 산업혁명이란 용어는 1844년 과학적 공산주의 이론, 변증법적 및 사적 유물론의 창시자인 프리드리히 엥겔스가 「The Condition of the Working Class in England」라는 저서에서 처음 사용하였고, 이후 역사학자이자 역사의 진화 및 순환을 주장한 미래학자인 아널드 토인비가 1884년 「Lectures on the Industrial Revolution of the Eighteenth Century in England」에서 이를 보다 구체화하였다.

처음 영국에서 시작된 1차 산업혁명과 독일 및 미국에서 시작된 2차 산업혁명은 기계화와 대량 생산으로 수요를 공급이 초과하기 시작하였고, 소규모 기업들이 대형화되기 시작했다. 이는 경제적인 변화를 가져왔고 귀족층의 몰락, 농민 계급의 빈곤화, 그리고 도시화 등의 사회 변화를 야기하였고, 정치적인 파급 효과 또한 가져왔다. 3차 산업혁명인 정보화를 통해 정부와 기관 등이 독점하던 정보를 개인들이 공유하게 되면서 소비자의 파워가 점점 더 커지고 있고, 이로 인해 소비자들의 요구가 점점 더 많아지고 있다.

이처럼 산업혁명은 공급 방식 및 수요 방식 모두에 영향을 미쳐서 기존 경쟁의 원칙(rule of game)이 무너지고, 새로운 방식의 시장 법칙이 생겨나고 사회 전반적인 변화를 가져오는 것을 의미한다.

산업혁명의 변화 과정

1) 1차 산업혁명

최초의 1차 산업혁명은 유럽과 미국에서 18세기에서 19세기에 걸쳐 일어났다. 중세시대 농경 사회에서 농촌 사회로의 전환이 근대에 들어서면서 산업과 도시로 바뀌는 변화가 일어난 것이다. 철강 산업은 증기 엔진의 개발과 함께 산업혁명에서 핵심적인 역할을 수행했다. 1784년 과학자인 제임스 와트(James Watt)와 사업가인 매튜 볼튼(Mathew Boulton)이 합작하여 만든 새로운 증기기관을 활용하여 철도, 면사 방적기와 같은 기계적 혁명을 불러일으켰다. 이 증기기관으로 촉발된 것이 1차 산업혁명이고 이는 인력을 중심으로 하는 생산 시스템을 기계로 대체하는 혁신을 가져왔다.

그림2 산업혁명의 변화과정

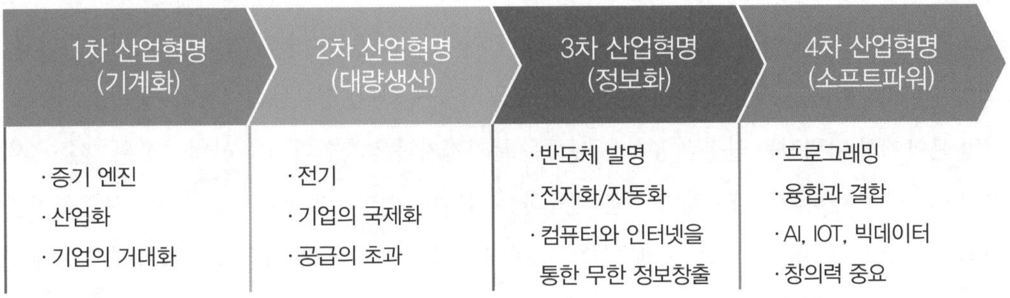

1차 산업혁명 (기계화)	2차 산업혁명 (대량생산)	3차 산업혁명 (정보화)	4차 산업혁명 (소프트파워)
·증기 엔진 ·산업화 ·기업의 거대화	·전기 ·기업의 국제화 ·공급의 초과	·반도체 발명 ·전자화/자동화 ·컴퓨터와 인터넷을 　통한 무한 정보창출	·프로그래밍 ·융합과 결합 ·AI, IOT, 빅데이터 ·창의력 중요

2) 2차 산업혁명

2차 산업혁명은 제1차 세계대전 직전인 1870년에서 1914년 사이에 일어났다. 1870년대부터 시작된 2차 산업 혁명은 1차 산업혁명의 연장선이다. 전기와 석유 엔진으로 인해 이전의 증기기관을 전력을 바탕으로 하는 대량 생산이 가능해진 것이 2차 산업혁명이다. 공장에 전력이 공급되고 컨베이어 벨트를 이용한 대량 생산이 가능해 졌다. 자동차 회사 포드의 'T형 포드'와 같이 조립 설비와 전기를 통한 대량 생산 체계를 구축하였다. 기존 산업 의 성장기였고 철강, 석유 및 전기 분야와 같은 신규 산업의 확장과 대량 생산을 위해 전력을 사용했다. 이 기간 동안 주요 기술의 진보는 모터, 전화, 전구, 축음기, 내연기관을 포함한다.

3) 3차 산업혁명

컴퓨터를 이용한 생산 자동화를 통해 대량 생산이 진화하였다. 업무용 메인프레임 컴퓨터, 개인용 컴퓨터, 인 터넷 등을 통한 정보기술 시대가 개막되었다. 실상 정보화라 불리는 2차 산업혁명은 컴퓨터의 발명이기보다는 컴퓨터와 컴퓨터를 연결하는 인터넷의 등장이다. 제3차 산업혁명 또는 디지털 혁명은 아날로그 전자 및 기계 장치에서 현재 이용 가능한 디지털 기술에 이르는 기술의 발전을 가리킨다. 1980년대에 시작된 이 산업혁명의 시대는 지금도 계속되고 있다. 제3차 산업혁명의 발전에는 개인용 컴퓨터, 인터넷 및 정보통신기술(ICT)은 정보 량을 폭증시켰고 이전에는 기업이나 기관이 독점하던 정보를 개인이 접근할 수 있게 되었고, 정보 자체 또한 개 인이 만들어내고 공유하고 있는 것이다. 이처럼 정보화란 모든 정보를 모든 사람들이 공유하게 된 인터넷의 등 장과 발전으로 시작된 것이다.

4) 4차 산업혁명

제4차 산업혁명은 스위스 다보스에서 열린 세계 경제 포럼 연례회의(World Economic Forum Annual Meeting, 2016)의 주제였다. 3차 산업혁명의 주춧돌인 정보통신기술의 발달은 4차 산업혁명의 필요조건이다. 4차 산업혁명의 핵심 키워드는 소프트파워를 중심으로 하는 융합과 연결이다. 정보통신기술의 발달로 전 세계적인 소통이 가능해지고 개별적으로 발달한 각종 기술의 원활한 융합을 가능케 한다. 정보통신기술과 제조업, 바이오산업 등 다양한 산업 분야에서 이뤄지는 연결과 융합은 새로운 부가가치를 창출한다. 4차 산업혁명은 기술이 사회와 심지어 인간의 신체에도 내장되는 새로운 방식을 대표하는 디지털 혁명 위에 구축되었다. 4차 산업혁명은 프로그래밍에 의해서 연결 및 융합되는 새로운 기술들의 발전에 의해 수십억 명의 사람들을 계속해서 웹에 연결하고 비즈니스 및 조직의 효율성을 획기적으로 향상시키며 더 나은 자산 관리를 통해 자연 환경을 재생산할 수 있는 커다란 잠재력을 가지고 있다.

4차 산업혁명의 본질

사전적인 의미에서 4차 산업혁명은 인공지능, 사물 인터넷, 빅데이터, 모바일 등 첨단 정보통신기술이 경제·사회 전반에 융합되어 혁신적인 변화가 나타나는 차세대 산업혁명으로 정의된다. 인공지능(AI), 사물 인터넷(IoT), 클라우드 컴퓨팅, 빅데이터, 모바일 등 지능 정보기술이 기존 산업과 서비스에 융합되거나 3D 프린팅, 로봇공학, 생명공학, 나노 기술 등 여러 분야의 신기술과 결합되어 실세계 모든 제품·서비스를 네트워크로 연결하고 사물을 지능화한다.

<그림 3>에서 보듯이 제4차 산업혁명의 본질은 크게 세 가지로 구분된다. 사람과 사람, 사람과 사물, 그리고 사물과 사물 등 모든 것을 연결하는 초연결성(hyperconnectivity)과 초연결성을 바탕으로 막대한 데이터를 분석하여 사람의 행동 패턴을 파악하는 초지능성(superintelligence), 그리고 분석 결과를 바탕으로 인간의 행동을 예측하는 예측 가능성(predictability)을 바탕으로 기존 산업혁명에 비해 더 넓은 범위(scope)에 더 빠른 속도(velocity)로 크게 영향(impact)을 끼친다.

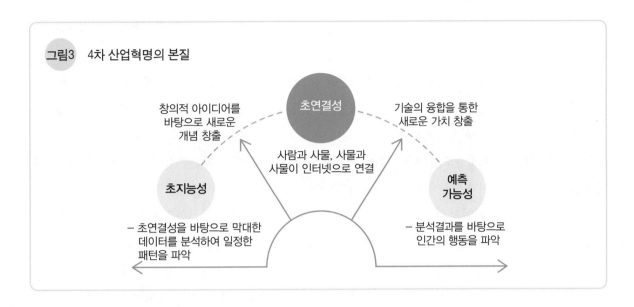

그림3   4차 산업혁명의 본질

초연결성

창의적 아이디어를
바탕으로 새로운
개념 창출

기술의 융합을 통한
새로운 가치 창출

사람과 사물, 사물과
사물이 인터넷으로 연결

초지능성

예측
가능성

– 초연결성을 바탕으로 막대한
데이터를 분석하여 일정한
패턴을 파악

– 분석결과를 바탕으로
인간의 행동을 파악

이러한 4차 산업혁명의 특성을 통해 미래 사회가 어떻게 변화할 것인지에 대해 살펴볼 필요가 있다. 미래 사회 변화의 방향에 대한 분석을 통해 기업이 보다 합리적이고 우리나라 현실에 맞는 대응 방안을 모색할 수 있을 것이다.

많은 미래학자들과 전망 보고서들은 제4차 산업혁명에 따른 미래 사회 변화가 크게 기술·산업 구조, 고용 구조 그리고 직무 역량 등 세 가지 측면에서 나타날 것으로 예측하고 있다. 앞서 언급하였듯이 미래 사회 변화는 기술의 발전에 따른 생산성 향상 등 긍정적인 변화도 존재하는 반면, 일자리 감소 등과 같은 부정적인 변화도 존재한다. 따라서 미래 사회의 다양한 변화를 면밀하게 살펴봄으로써 우리는 보다 현실적이고 타당한 대응 방안을 모색할 수 있을 것이다.

우선 기술·산업적 측면에서 제4차 산업혁명은 기술·산업 간 융합을 통해 '산업구조를 변화'시키고 '새로운 스마트 비즈니스 모델을 창출'시킬 것으로 판단된다. 제4차 산업혁명의 특성인 '초연결성'과 '초지능화'는 사이버 물리 시스템(CPS)기반의 스마트 팩토리(smart factory) 등과 같은 새로운 구조의 산업 생태계를 만들고 있다. 예를 들어 사이버 물리 시스템은 생산과정의 주체를 바꾸게 되는데, 기존에는 부품·제품을 만드는 기계 설비가 생산 과정의 주체였다면 이제는 부품·제품이 주체가 되어 기계 설비의 서비스를 받아가며 스스로 생산 과정을 거치는 형태의 산업구조로 변화한다는 것이다. 이로 인해 이미 제조업 분야에서 인간의 노동력 필요성이 점차 낮아지고 있어 '리쇼어링(reshoring)' 현상이 나타나는 등 산업 생태계가 변화하기 시작했다.

4차 산업혁명은 글로벌 경제 및 산업, 노동 시장에도 영향을 미칠 것으로 전망되며, 특히 우주 항공, 생명공학, 반도체, 소프트웨어, 기술적 하드웨어 등의 주요 기술과 연관성이 높아 해당 산업의 구조 변화도 예상된다. 특히 속도, 범위, 영향력 등의 측면에서 3차 산업혁명과 차별화되고, 인류가 한 번도 경험하지 못한 새로운 시대를 접하게 될 것이다. 획기적인 기술 진보, 파괴적 기술에 의한 산업 재편, 전반적인 시스템의 변화 등이 4차 산업 혁명의 주요 특징이다.

이러한 큰 변화를 가지고 오는 4차 산업혁명에도 긍정적인 변화와 부정적인 변화를 예측할 수 있다. 우선 기술 융합으로 생산성을 높이고 생산 및 유통 비용을 낮춰 우리의 소득 증가와 삶의 질 향상이라는 긍정적 효과를 기대할 수 있다. 그러나 사회적 불평등, 빈부 격차뿐만 아니라 기계가 사람을 대체하면서 우려되는 노동 시장의 붕괴와 같은 부정적인 요소들도 예상된다. 특히, 향후 노동 시장은 '고기술/고임금'과 '저기술/저임금' 간의 격차가 커질 뿐만 아니라 일자리 양분으로 중산층의 지위가 축소될 가능성이 매우 크다.

4차 산업혁명에 따른 산업의 주요 키워드는 총 4가지이다. 첫 번째 키워드는 **스마트한 연결을 통한 새로운 가치 창출**이다. 이전 산업은 자원을 확보하는 것이 가장 중요하였고 자원관리란 단순한 자원의 확보와 효율적 사용에 관한 것이다. 하지만 지금은 소프트파워를 활용하여 각종 기기 및 시설들과 사람을 연결하여 효율적인 관리를 하는 것이 중요한 시대이다. 이미 기업은 스마트 앱 개발을 통해 소비자들의 일상생활에 깊숙하게 관여를 하고 있다. 향후 이러한 앱과 시스템은 더욱 진보할 것이다.

두 번째 키워드는 최근 사회 전반적으로 강화되고 있는 **안전과 신뢰에 대한 관심의 증가**이다. 얼마 전 달걀 사태는 온 국민의 식생활에 영향을 주었고, 식품 안전에 대한 관심을 집중시켰다. 연이어서 생리대와 몇 가지 소비재에서 나타난 안전의 문제는 이제 모든 산업에서 매우 중요한 키워드가 되고 있다. 이전과 달리 4차 산업혁명이 초래한 초연결 시대에는 산업전반에 걸쳐 안전이라는 키워드가 중요해질 것이다.

세 번째 키워드는 3차 산업혁명 시대에 이어 4차 산업혁명 시대에도 **자연환경의 중요성**이 더욱 커질 것이고 이에 대한 기업들의 에코 마케팅 활동이 더욱 증가될 것이라는 점이다. 오늘날 지구온난화로 인해 사계절의 구분은 모호해지고, 매우 더운 여름과 매우 추운 겨울이라는 두 계절만이 일 년을 지배한다. 이러한 시기에 세계 각국의 정부들과 기업들이 초관심을 보이는 것이 환경 보호와 오염 방지이다. 지금도 미세먼지에 대한 불안감이 증가하고 있다. 이런 점에서 정부의 자연환경 관리에 대한 관심은 더욱 커질 것이고, 기업도 환경보호와 그린마케팅의 중요성은 더욱 커질 것이다.

마지막 키워드는 **소비자의 변화를 의미하는 프로슈머의 등장**이다. 많은 산업에서 소비자는 더 이상 소비만 하는 수요적인 측면이 아니라 생산에 참여하는 개인 공급자의 역할을 하고 있다. 개인 소비자들은 더 이상 제품을 공급받는 대로 소비만 하는 주체가 아니라 각자가 제품의 양과 질을 결정하고 알아서 소비하는 즉, 소비와 생산을 주도하는 프로슈머의 역할을 수행할 것이다.

이상의 주요 키워드들은 개별적인 것이 아니라 유기적으로 같이 움직이는 요인들이다. 즉 환경 보호와 안전이라는 키워드도 같이 생각을 해야 하고 프로슈머와 연결이라는 관점도 같이 진행되어야 하는 키워드들이다.

4차 산업혁명에 따른 기업의 마케팅 방향

　기업의 성공 요인은 고객가치에 집중하고, 이를 잘 구현하고, 잘 전달하였으며, 지속 가능하게 만들어야 한다는 것이다. 고객가치를 가장 중요시하는 마케팅 측면에서 기업의 마케팅 또한 급변하여야 한다. 4차 산업혁명으로 경영 환경은 예측하기가 더욱 힘들어지고 제품수명주기는 더 짧아지고 있다. 특히 연결과 융합의 확산에 따른 고객들의 진화 등 변화에 대응하고 기업의 미래와 지속 성장을 위한 상품과 서비스의 차별화가 절실한 상황이다. 많은 기업이 변화의 흐름 속에서 기회를 찾아 고객가치를 발굴하고 차별화된 경쟁력으로 시장을 선점하기 위해서 노력 중이다.

　가장 빠르게 기회를 선점하는 기업들이 가장 가치 있는 고객 니즈를 찾아낼 수 있다. 마케팅 환경 변화에서 새로운 기회를 어떻게 발견할 것인지, 고객가치를 전달·확신할 수 있는 방법들에는 어떤 것들이 있는지에 대해서 기업들도 끊임없이 마케팅 trend에 예의주시하고 고객과의 의사소통이 원활히 이루어지는 전략을 만들어야 할 것이다.

　마케팅 업무는 기업의 목표이자 자산인 고객을 이해하는 것으로부터 시작하며 마케팅의 모든 활동은 고객에 대한 이해가 근본이 되므로 기업 내 마케팅 외 다른 부서 조직원들 또한 기업의 목표 달성을 위해서는 마케팅에 대한 이해가 필요하다. 마케팅은 고객의 가치를 파악하고, 기업이 가진 마케팅 자원으로 최고의 가치 창출하여 고객에게 효과적으로 가치를 전달하며 고객가치를 유지하기 위해 고객 관계를 관리하기 위한 전사적 기능이자 일련의 과정이다.

　이러한 관점에서 4차 산업혁명 시대에도 마케팅의 시작은 고객이다. 문제는 이 새로운 시대의 고객은 이전의 고객과는 다른 신 소비자들이다. 과거의 능동적이고 제품에 대한 인식이 수동적이고 기업이 사용하라고 하는 대로 사용하는 것으로 인식하는 세대에서 제품은 각 개인의 취향과 특성에 따라서 스스로 선택하고 알아서 사용하는 능동적인 형태의 고객의 등장인 것이다. 이러한 새로운 고객들의 새로운 니즈를 파악하고 이를 충족시키기 위한 마케팅의 방향에서도 커다란 전환점이 필요한 시기이다. 이러한 새로운 고객은 새로운 방식과 새로운 아이디어, 새로운 커뮤니케이션 방법, 그리고 새로운 방식의 융합된 가치가 제공되어야 할 것이다. 따라서 <그림 4>에서 보듯이 이러한 새 고객들을 위한 새로운 마케팅의 방향을 4차 산업혁명의 관점에서, 첫째, 창의적 아이디어, 둘째, 사람과 기업의 연결 그리고 마지막으로 기술의 융합 관점에서 제시하고자 한다.

그림4　기업의 마케팅 방향

새로운
소비자

창의적
아이디어

변화의
기본

사람과
기업의 연결

기술의
융합

창의적 아이디어　　사람과 기업의 연결　　기술의 융합

　첫 번째 기업의 마케팅 방향은 창의적 아이디어에 바탕을 두어야 한다. 4차 산업혁명의 변화의 시작은 창의적 아이디어이다. 새로운 소비자와 새로운 수요를 충족시키는 방법에 관해 창의적인 생각을 하는 인재가 마케팅의 변화를 주도해야 한다. 두 번째는 사람과 기업의 연결이다. 4차산업으로 모든 기기와 사물이 연결될 것이다. 또한 앞서 언급한 창의적인 아이디어를 구현하기 위해서도 우리 기업이 모든 것을 하는 것이 아니라 필요한 사람과 기술을 보유한 기업들을 연결하는 플랫폼으로서의 역할을 수행하는 것이 중요하다. 마지막으로 새로운 소비자와 새로운 니즈를 충족시키기 위해 연결을 통한 기술의 융합이 필요하다. 기술은 기존 산업에서도 있지만 타 산업에서 존재하는 경우가 많다. 따라서 우리가 보유한 것과 타 산업의 특정 기업이 보유한 것을 융합하여 새로운 가치를 실현시키는 것이다.

　<그림 5>에서 보듯이 마케팅의 방향을 정립하는 과정에서 기업이 주의해야 할 것은 이전의 가치 창출은 공급이 주도하는 기업 관점이었지만 4차 산업혁명 시대의 가치 창출은 소비자 관점에서 이루어져야 한다는 것이다. 새로운 소비자들의 가치는 기업이 제공하는 제품을 수동적으로 소비 또는 사용하는 것이 아니라 능동적으로 제품을 가지고 무엇을 하나를 생각하는 가치이다. 따라서 단순 소비가 아닌 자신의 감정을 브랜드에 접목(attachment)시키는 관점으로 고객과의 소통을 생각해야 한다.

　따라서 고객을 가장 핵심에 두는 마케팅적 관점에서 새로운 고객의 가치를 창출하고 제공하기 위해 기업은 다음 네 가지 혜택을 고객들에게 제공하는 것을 고려하여야 한다. 첫 번째 혜택은 거래의 기본이 되는 제품이나 서비스의 기능적 혜택이다. 꾸준한 제품 관리와 품질의 개선을 통한 기업이 기본적으로 제공하는 가치의 기능적 혜택을 제공하는 것이다. 보다 안전하고 보다 나은 방식으로 기업이 제품과 서비스를 제공할 때 소비자들은 만족하게 되고 이러한 만족이 누적될 때 소비자들은 기업을 신뢰하게 된다. 이러한 신뢰는 기존 고객 만족이라는 개념보다 훨씬 지속적이고 안정적인 가치를 기업에게 제공할 것이다.

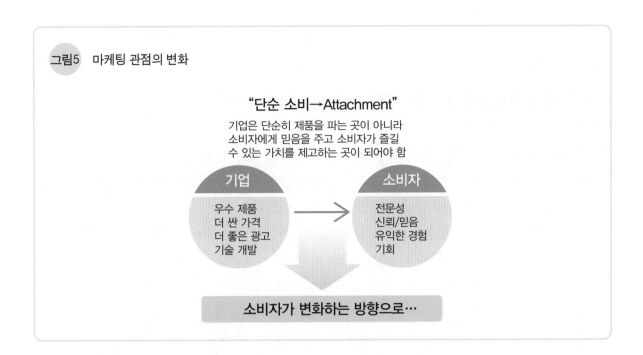

"단순 소비→Attachment"

기업은 단순히 제품을 파는 곳이 아니라
소비자에게 믿음을 주고 소비자가 즐길
수 있는 가치를 제고하는 곳이 되어야 함

기업

우수 제품
더 싼 가격
더 좋은 광고
기술 개발

소비자

전문성
신뢰/믿음
유익한 경험
기회

소비자가 변화하는 방향으로⋯

두 번째로 제품과 서비스가 제공해야 하는 혜택은 사회적 혜택이다. 이 사회적 혜택은 기업이 사회적 책임이나 사회 구성원으로서의 다양한 활동을 통해서 구축할 수 있는 혜택이다. 사회적 혜택을 통해 기업은 고객이 존경하는 기업으로 거듭날 수 있고, 기업에 관한 사회적 문제나 이슈가 생기더라도 고객들은 그 기업에 면죄부를 줄 수 있는 매우 강력한 마케팅 자원을 제공할 것이다.

세 번째와 네 번째 혜택은 감성적 혜택과 상징적 혜택이다. 이제 기업들이 고객들을 설득하기 위해서는 이성적인 부분, 즉 앞서 언급한 기능적 혜택은 근본적인 것이고 당연히 제공해야 하는 혜택이다. 따라서 고객들은 감성적인 혜택, 즉 소비자들의 감정을 충족시키는 혜택을 제공하는 것으로 차별적인 이미지를 만들 수 있고, 이러한 과정을 통해 그 분야의 혹은 산업의 대표적 기업으로 소비자들에게 상징적인 혜택을 줄 수가 있다. 이 과정에서 생기는 것이 고객의 기업에 대한 사랑, 즉 애호도(loyalty)이다.

4차 산업혁명이라는 변화의 시대에 새로운 고객가치를 창출하기 위해서 기업은 끊임없는 혁신을 하여야 한다. 이러한 혁신의 중심에 두어야 하는 것은 당연히 고객이다. 고객관점에서 생각하고, 진보된 기술로 더욱 고객가치를 기반으로 차별화를 통해 기업은 생존 및 성장을 해야 한다.

최근 이슈 2.

4차 산업혁명 시대의 기업의 공유가치 창출 전략

"CSV경영 지표, 진정성 그리고 함께"

삼성카드의 사회공헌의 핵심은 진정성에 있습니다. 삼성카드는 고객과 함께 합니다. 함께하는 나눔문화가 사회적 가치를 창출하는 원동력이 아닐까 싶네요."

삼성카드 사회공헌단 이재용 프로의 말이다. 그는 '고객과 함께 사회적 가치를 창출하는 디지털 삼성카드'를 모토로 삼은 삼성카드의 CSV(Creating Shared Value)경영에 동참하고 있다.

삼성카드의 CSV경영 철학은 유별나다. '고객과 함께'를 고집하는 삼성카드의 CSV경영 활동을 통해 사회적 가치 창출에 동참한 이는 한 해 150만명에 달하는 것으로 집계됐다. 이를 토대로 삼성카드는 브랜드 강화와 고객의 로열티 제고 등의 효과를 거둘 수 있었다는 평가다. 실제 삼성카드는 지난해 한국표준협회 대한민국좋은기업, 국가브랜드경쟁력지수에서 8개 카드사 가운데 사회공헌 부문 점수가 가장 높은 기업으로 꼽혔다. 이처럼 CSV경영을 통한 가시적인 성과는 삼성카드에 대한 고객의 평가를 살피는 데 가장 중요한 측정지표가 되고 있다.

특히 디지털 역량을 활용해 기존 사회공헌활동의 한계를 극복하고 사회문제에 대한 인식 제고 등 사회적 가치 창출에 힘쓰고 있는 삼성카드의 CSV활동은 크게 네 가지로 영역으로 구분된다.

사회문제 해결을 위한 디지털 캠페인과 △미래인재육성을 위한 청소년 교육사업 △지역사회, 소외계층 지원 △고객과 임직원이 함께하는 나눔문화 확산을 위한 '열린나눔'이 그것이다.

삼성카드는 커뮤니티 서비스와 연계한 디지털 캠페인을 비롯해 수학에 관한 관심과 수학적 사고 증대를 위해 빅데이터를 연계한 '골든벨스쿨', 영세가맹점주 자녀들의 학습 및 진로를 위한 '골든벨스터디그룹', KBS도전골든벨과 연계한 '골든벨장학사업' 등을 진행하고 있다.

지역사회와 상생도 빼놓을 수 없다. 장애인, 군인 등 사회복지 사각지대에 놓여 도움이 필요한 대상을 위해 특화된 사회공헌활동으로 인식개선강사 육성, 문화예술·복지몰 등을 지원하고, 영세소상공인을 위한 빅데이터 마케팅 '링크 비즈파트너', 사회적 기업 및 영세제조업과 협업해 굿즈 개발부터 판매·홍보에 나서고 있다.

이재용 프로는 "사회적으로 의미 있는 상품을 개발해 고객의 착한 소비를 증진하는 한편 사회적 기업을 지원하는 '소셜굿즈' 프로젝트가 호응이 좋았다"며 "사회문제 해결을 위해 다양한 노력을 하는 사회적 기업가를 만나 고충을 듣고 삼성카드의 디자인과 마케팅, 홍보, 쇼핑몰을 통해 지원할 수 있었다"고 말했다. 특히 열린나눔은 고객이 직접 나눔 아이디어를 제안하는 열린제안, 고객의 카드 포인트를 소외계층을 위해 기부하는 열린기부, 지역사회 환경 개선을 위한 나눔 열린봉사 등 고객과 임직원이 자발적으로 나눔문화 확산에 기여하는 플랫폼이다.

1년간 열린나눔에 30만명의 고객이 방문해 소외계층을 위한 아이디어를 제안하고 그 아이디어가 사업화됐으며 현재 다양한 프로그램을 꾸리고 있다. 향후 삼성카드 CSV경영 계획에 대한 물음에는 "삼성카드의 디지털 역량을 활용해 각 커뮤니티서비스에서 사회문제 해결을 위한 디지털 캠페인, 교육 소외계층 청소년을 위한 디지털 교육 등을 추진할 예정"이라고 답변했다.

출처: 대한 금융신문, 2019년 9월 9일

4차 산업혁명의 본질은 초연결과 초융합이다. 초연결은 인간이 살아가는 모든 것들을 다 연결하여 상상 이상의 변화를 가져올 것이다. 또한 초융합을 통해 산업과 산업 간의 경계를 파괴하고, 새로운 산업의 등장을 예고하고 있다. 이러한 변화는 사회적으로 기업에게 다양한 책임과 의무를 부여하고 있다. 과거에는 기업은 수익 창출을 위해 자신만의 경쟁 우위 요소를 창출해내고 이를 지속화하기 위해 노력을 하였다. 하지만 모든 것이 연결되고 융합되는 4차 산업혁명 시대에는 기업 혼자만의 것을 추구해서는 철저히 고립되고, 경쟁에서 도태하는 결과를 초래할 것이다. 또한 대기업도 산업 생태계를 혼자서 이끌어 가는 것이 아니고, 중소기업들과 상생하여 공동 생태계를 창출해나가야만 소비자로부터 외면당하지 않고 기업의 수익을 창출해나갈 수 있을 것이다. 따라서 4차 산업혁명 시대에 중요한 또 다른 키워드는 기업의 사회적 책임(CSR: Corporate Social Responsibility) 혹은 공유 가치 창출(CSV: Creating Shared Value)을 통한 상생이 될 것이다.

이제는 산업 경계의 붕괴와 글로벌화라는 새로운 환경 속에서 치열한 경쟁 상황에 직면하게 되었다. 이제 기업은 자신만의 생태계에서 벗어나 새로운 시장 개념을 가지고 다른 기업들과 협력을 해야 하고, 대기업들도 중소기업들과 협력을 통해 상생의 방안을 찾아야 하는 시기가 도래한 것이다.

이러한 변화의 상황에서 중요하게 최근 새롭게 대두되고 있는 개념이 CSV이다. 기업이 수익 창출 이후에 사회 공헌과 책임을 다하는 사회적 책임 활동을 하는 것이 아니라 기업 활동 자체가 사회적 가치를 창출하면서 동시에 경제적 수익을 추구할 수 있는 방향으로 이루어져야 한다는 것이 CSV의 개념이다. 기업의 경쟁력과 주변 공동체의 번영이 상호 의존적이라는 인식이 높아짐에 따라 CSV 개념은 점점 더 중요해지고 있는 것이다.

'기업의 사회적 책임'은 기업이 본래 목적인 이윤 추구를 넘어 사회의 목표와 가치의 관점에서 바람직하다고 생각되는 기업의 활동으로 정의된다(Bowen, 1953). 즉 기업이 이윤 추구 활동 후에 '부의 사회 환원'이라는 의미로 이윤의 일부를 사회 문제를 해결하고 발전시키기 위한 활동으로 사용하는 것이다. 이러한 기업의 CSR 활동은 대기업뿐만 아니라 공기업, 중소기업 등 많은 기업에서 활발하게 진행해오고 있다.

그러나 기업의 CSR 활동은 최근 글로벌 경제 위기로 한계를 보이고 있다. 기업의 CSR 활동은 기업에서 창출한 이윤을 바탕으로 이윤의 일부를 사회에 환원하는 방식으로 이루어지기 때문에, 기업에서는 이것을 비용으로 인식하게 된다. 따라서 예산이 한정적일 수밖에 없고 불안정하다는 한계점을 가지고 있다. 또한 기업이 자발적으로 시행하는 활동이기 때문에 소비자와 지역사회의 욕구는 고려하지 않고 제한적인 활동 내에서 이루어져 효과적이지 않을 수 있다.

이처럼 기존의 기업의 CSR 활동이 한계점을 보이며 기업은 새로운 경영전략을 필요로 하게 되었고, 기업의 경제적 가치와 사회적 가치를 동시에 창출할 수 있는 CSV가 새롭게 주목 받게 되었다. 기업의 CSR 활동이 기업의 경제적 활동과 직접적인 관련을 맺지 않고 이루어지는 반면에, CSV 활동은 이윤 추구와 사회적 문제 해결이 동시에 이루어지기 때문에 기업과 사회 모두 이익을 얻을 수 있다. 또한 사회적 욕구를 먼저 파악하고 가치 사슬 등을 새롭게 구축하여 그에 맞는 활동을 실천한다는 점에서, 기업은 새로운 시장 개척과 이윤 창출뿐만 아니라 비용 절감을 가져오고 동시에 사회적인 편익을 가져올 수 있다는 이점을 가지고 있다(김세중 외, 2012). CSV가 기업과 사회에 이익을 창출할 수 있는 효과적인 경영방식으로 인식되면서, 국내에서도 CSV에 대한 논의가 활발하게 이루어지고 있다.

1

CSR과 CSV의 개념의 차이: 4차 산업혁명 시대의 공유가치

정부의 정책 또한 새로운 가치를 만들어가기 위해 기본적인 정책 방향을 제시하고 있다. 기획재정부는 '2018년도 공공기관 경영평가편람'을 확정하고 개편방안을 그대로 반영했다. 사회적 가치 실현을 공공기관이 선도한다는 정부 목표에 따라 사회적 가치 평가 항목의 배점이 높아졌다. 또한 주요 항목인 경영관리의 하부 지표로 '사회적 가치 구현'을 지정해 5개의 지표를 선정하였다. '사회적 가치 실현' 항목은 5대 지표는 ▲일자리 창출 ▲균등한 기회와 사회 통합 ▲안전 및 환경 ▲상생・협력 및 지역 발전 ▲윤리 경영으로 구성됐다. 다섯 가지 지표로 '사회적 가치'를 확정한 것은 공공기관의 사회적 역할을 정의함으로써 고용, 환경, 안전, 상생 등 사회적 가치를 실현하는 것이 무엇인지 구체적으로 보여주려는 시도이다. 사회 공헌의 일부분으로 전략 기획과 함께 5점밖에 배당이 되지 않았던 '사회적 책임'이라는 용어가 다소 추상적이고 중요도가 확연히 떨어졌던 것에 비해 사회적 가치 항목의 배당을 대폭 확대하고, 세부 지표로 공공기관 스스로 '사회적 가치'에 대해 고민하게 만들었다.

'사회적 책임' 항목이 '사회적 가치'라는 새로운 이름을 갖게 된 것도 주목할 만하다. 기업의 CSR 개념에서 엿

볼 수 있듯 '책임'이란 경제, 환경, 사회 등의 영역에서 윤리적 기준을 지켜 다양한 이해관계자들과 공생하는 것을 뜻한다. 사회적 가치는 비교적 최근인 2011년에 마이클 포터 교수가 제안한 CSV에서 나온 개념으로, 사회적 책임 활동이 기업 자체에도 새로운 생산 기회로 다가오는 것을 말한다. CSV가 CSR 개념 내에서 나온 용어이긴 하지만 상생을 통한 가치 창출에 더 초점을 맞춘 것이 특징이다.

사회 구성원으로서 기업의 역할에 대한 논쟁은 매우 오래된 이슈이다. 1930년대 일부 학자들에 의해 기업의 CSR이라는 개념이 제기되기 시작하였고, 1960년대에 베트남 전쟁 이후 사회 환경 및 사회 가치가 현격하게 변화되면서 더욱 주목 받기 시작하였다. 많은 학자들이 기업의 CSR 활동에 대해 정의하였는데, 본격적인 CSR에 관한 논의는 보웬(Bowen)에 의해서 시작된다. 그는 '기업인의 의무는 우리 사회의 목표나 가치적 관점에서 바람직한 정책을 추구하고, 그러한 의사결정을 하거나 그러한 행동을 좇아야 하는 것'으로 정의하였다. 70년대와 80년대에 마케팅 분야에서 다양한 연구들이 시도되었지만 CSR에 관한 학문적 연구는 조지아 대학교의 캐롤(Carroll)교수에 의해 통합적인 개념이 제시되었다. 캐롤은 '주어진 특정 시점에서 사회가 기업에 대하여 가지고 있는 경제적, 법적, 윤리적 및 재량적 기대를 모두 포함하는 것'이라고 하였다. 2000년대 중반에 마케팅의 아버지인 코틀러(Kotler)는 CSR을 마케팅과 접목시켜 성공적인 기업의 사례를 제시하고 CSR의 전략적 중요성을 제시하였다.

현대의 기업들은 수익 추구 활동뿐만 아니라 기업이 속해있는 사회에 대한 책임 또한 요구 받는다. 특히 2010년 기업의 사회적 책임에 대한 국제 표준인 ISO26000의 제정으로 인해 기업의 사회적 책임은 선택이 아닌 필수적인 과제로 인식되어 많은 기업들이 사회공헌활동과 같은 다양한 사회적 책임활동을 펼치고 있다.

하지만 우리나라의 경우 기업들이 더 많이 기부하고 더 많은 봉사활동을 하는 추세임에도 불구하고 사회전반에서 그다지 이미지 개선효과가 크지 않으며 오히려 양극화의 주범으로 비난을 받고 있는 현실이다. 이러한 배경에는 수익 확대를 위해 협력업체에게는 계속적인 단가 인하 요구와 중소기업들의 시장을 잠식해나가는 동시에 기업의 핵심역량과 상관없는 봉사활동을 하는 이중적인 모습으로 사회구성원들이 공헌 활동에 대한 순수성에 의문을 가지게 된 것도 일조를 한다고 할 수 있을 것이다.

이와 같이 기업의 사회적 책임 활동은 좋은 의도로 시작되었을지라도 기업의 수익을 사회에 나누어주는 이런 방식의 활동은 결국 기업이 궁극적 목표로 하는 이윤창출과 괴리가 있기에 한계를 가질 수밖에 없다고 할 수 있다. CSR 활동을 통해 기업에 긍정적인 영향을 가져올 수 있다고 알려져 많은 기업과 학자들이 관심을 가지고 있는 전략적 CSR 또는 공익연계마케팅(cause-related marketing) 역시 사회공헌활동을 통해 간접적으로 기업의 PR(Public Relation), 광고 및 홍보 효과를 기대한다는 점과 이러한 활동의 경제적 효과에 대한 실증적 뒷받침이 부족하다는 점에서 이러한 한계에서 자유롭지 못하다고 할 수 있다.

이에 포터(Porter)와 크라머(Kramer)는 이러한 현대 자본주의 경제가 지닌 근본적인 문제점을 개선하기 위한 방법으로 지역사회의 사회 및 경제적 조건을 향상시키는 동시에 기업의 경쟁력을 강화시킬 수 있는 전략인 CSV

라는 새로운 개념을 제시하였다. 그들에 의하면 공유가치(shared value)의 원칙은 사회의 요구를 들어주고 문제를 해결해서 경제적 가치와 공익적 가치를 동시에 창출하는 것이다. 즉 공유가치성장은 기존 사회적 책무 관점의 CSR에서 벗어나 경제적 가치와 사회적 가치를 함께 달성하기 위한 새로운 방식으로 기업은 전략적으로 사업의 성공과 사회의 발전을 연계시켜야 한다는 것이다. 일반적으로 전통적인 기업의 가치 사슬은 경제적 가치만을 고려하지만 공유가치성장에서는 사회적 가치를 포함하고 있다. 또 그들은 CSV는 기업 활동의 부수적 산물이 아닌 핵심 목적으로 경영 전략의 주요한 원칙이 되어야 하며 기업의 장기적인 전략적 목적은 수익추구가 아닌 공유가치 창조로 바뀌어야 한다고 주장했다.

포터(Porter)와 크라머(Kramer)에 의하면 CSR과 CSV의 가장 큰 차이는 먼저 CSV는 기업의 핵심 역량에 기반을 둔 사회 가치 창출 활동이라는 것이다. 현재에도 많은 기업들이 CSR을 실행하고 있지만 CSR을 기업의 핵심 활동으로 생각하는 기업은 많지 않다. 대다수의 기업에게 CSR은 비용만 들고 효과는 확실하지 않은 비용센터(cost center)로 인식되고 있다. 하지만 CSV 관점은 사회적 가치를 증대시키는 행위가 기업의 성과를 해치는 것이 아니라 오히려 기업의 이윤을 증가시킬 수 있다고 주장한다. 즉 기업의 자원을 소비하는 비용센터가 아닌 기업의 핵심적인 이익 창출원이 될 수 있다는 것이다.

이상에서 알 수 있듯이 CSV의 특징은 사회의 공익과 기업의 경제적 이익 창출사이의 연결 고리를 파악하여 이를 동시에 추구하는 데 있으며 공유된 가치의 창출을 통해 궁극적으로 기업의 이윤을 도모한다는 점에서 현대 자본주의의 새로운 패러다임이라고 할 수 있다.

CSV가 주목을 받는 또 하나의 이유는 기업을 독립적인 존재로 보지 않고 기업을 둘러싸고 있는 주변 환경들과의 공조를 통해 가치를 창출하는 것을 목표로 하므로 기업 환경을 둘러싼 다양한 이해관계자들과의 관계 관리에 매우 효율적인 도구로도 활용될 수 있기 때문이다(Moon, Parc, Yim, and Park, 2011). 즉 공유가치경영은 주주 가치 극대화를 위한 방식으로 종업원, 공급 업체, 지역사회 등과 같은 다양한 이해관계자들을 상정하고 이들과의 협업을 통해 이들의 생산성 향상이 곧 기업 전반의 생산성에 긍정적으로 작용을 한다는 것을 전제로 하는 통합적 관점으로 기업가치(기업의 사적 이익)와 사회 가치(이해관계자의 이익 또는 공익)를 일치시켜 기업과 지역사회의 생산성을 동시에 높이고 연관 산업의 지속가능발전성을 높이는 전략이라 할 수 있다.

기업이 성공하면 동시에 사회가 발전해야 한다. 전략적 CSR이 기존의 가치사슬에 기초한 핵심역량의 연장에서 사회에 공헌하는 것이라면, CSV는 표적하는 사회적 니즈를 깊이 조사한 후에 기존의 가치사슬을 재규명하고 새롭게 재편하여 새로운 가치를 창출하여 사회적 욕구를 충족시키는 혁신적인 접근방법을 사용하고 있다. 이는 필연적으로 비즈니스의 형태와 기술의 혁신이 발생하게 되며, 이를 통해 사회적인 편익을 가져옴과 동시에 기업에게는 새로운 형태의 시장기회가 발견되고 이익이 창출된다.

표1 CSR과 CSV의 비교

공유 가치 창출 (CSV)	기업의 사회적 책임(CSR)
외부의 적극적 참여 유도와 상생의 중요성	기업의 자발성 및 진정성: 수동적
투입 대비 높은 사회경제적 가치 창출	선행의 가치
기업과 공동체 모두를 위한 가치창출	시민의식, 자선 활동의 지속 가능성
경쟁의 필수 요소	자유 재량, 외부 압력에 대한 반응
이윤 극대화를 위한 필수 요소	이윤 극대화와 관계없는 활동
기업별 상황과 내부 요인에 따라 활동 내용이 정해짐	외부요구나 개인적 취향에 따라 활동 내용이 정해짐
공유 가치 창출을 위해 기업 전체 예산 재편성	다른 기업 활동이나 기업의 사회적 책임 예산 문제로 영향력이 국한됨

자료: Porter, M. E., & Kramer, M. R., "The Big Idea: Creating Shared Value," Harvard Business Review, January_February, 2011 재정리.

　　CSR과 CSV의 특징을 비교하면 <표 1>과 같다. CSR은 기업시민정신을 기초로 이윤극대화의 원리에서 벗어나 있는 데 반해 CSV는 이윤극대화에 통합되어 사회적 성과와 아울러 기업의 수익을 전제로 하고 있다. 즉, CSV는 사회공헌에 있어서 투자대비 실익을 전제하고 있는 것이다. CSV는 핵심역량과 관련된 분야에서 전략적 CSR 활동을 비즈니스로 발전시킨 개념으로 볼 수 있으며, 단순한 기부나 자선행위가 아닌 처음부터 분명한 사업전략인 것이다. 가장 근본적인 차이점으로 CSR은 기존의 가치사슬 범위 내에서 수행이 가능하지만, CSV는 수익실현을 위해서 기술혁신이나 가치사슬의 혁신이 수반되어야만 실행이 가능한 고도의 자본주의적인 경영방식이라고 할 수 있다.

2

기업의 CSR에서 CSV로의 변화 방향

CSV 활동은 이전 기업들이 기업의 이윤을 떠나 전통적으로 사회적 가치 관점에 수행하는 하나의 CSR과 달리 기업과 사회가 하나의 공동체로 상호의존성을 가지는 사회적, 경제적 가치를 창출하는 것이며 기존의 CSR에서 크게 벗어나지 않으면서 CSR활동이 가진 한계를 극복한 더 진화된 형태의 전략적인 CSR이다. 즉, 기업의 사회적 활동을 통해 지역사회의 요구를 충족시키는 동시에 지속가능성의 관점에서 기업의 경제적 가치를 창출을 포함한다(박병진·김도희, 2013). 따라서 이러한 활동은 기업을 향한 소비자들의 우호적 평가를 이끌어 낼 수 있으며, 특히 기업의 이미지와 신뢰도 및 고객의 지각된 소비가치에 긍정적인 영향을 미친다. 따라서 이를 적극 실현한다면 사회문제 해결뿐만 아니라 기업의 지속 가능한 성장 기반을 마련할 수 있으며, 차별화된 기업 전략으로 발전시켜 나갈 수 있다. CSV는 기존 CSR의 형태에서 진화한 개념으로 일방적 후원이 아닌 소비자 측의 적극적인 참여를 통하여 기업과 소비자들 간의 동반 성장 전략이라고 할 수 있다. 즉, CSV는 기업의 지속 가능성 및 경영 전략에 있어 많은 영향을 미치기 때문에 CSR보다 더 효과적이라고 할 수 있으며, 기업들은 향후 지속적으로 CSV 전략을 개발해야 할 필요성이 있다.

CSV가 기업의 지속 가능성을 제공할 수 있는 현실적인 전략으로 부상하며 큰 반향을 불러일으키고 있지만 현실적으로 CSV의 개념은 여전히 모호하고 여러 다른 의미로 혼용되고 있으며 전략적 CSR과 같은 기존의 개념들과의 유사한 개념이라는 비판도 존재한다. 실무 현장에서 CSV가 가진 한계로 사회적 가치와 기업의 경제적 가치가 충돌할 경우 기업의 입장에서는 사회적 가치의 중요성이 약화될 수밖에 없다는 주장도 제기되고 있다. 즉 기업의 입장에서는 공익보다는 회사의 이윤을 더 추구하게 될 것이고 따라서 기업은 상대적으로 해결하기 쉬운 사회적 문제에만 투자를 하는 문제가 발생할 수 있다는 것이다.

이러한 비판들을 종합해 보면 CSV에 대한 명확한 개념 정리와 함께 기업이 추구해야 하는 사회적 가치에 대한 객관적 검토가 이루어지지 않는다면 기업이 전달하고자 하는 사회적 가치와 실제 사회에서 필요로 하는 사회적 가치 사이에 괴리가 발생할 수 있고 이로 인해 기업 입장의 일방적인 CSV 활동이 증가할 수 있다는 것이다.

이러한 문제점들을 해결하기 위해서는 먼저 CSV에 대한 객관적 추진전략의 수립과 성과의 측정이 담보될 필요가 있을 것이다. Bockstette and Stamp(2011)는 CSV의 추진 과정으로 명확한 비전의 설정, 전략의 수립, 효율적인 수행, 성과의 관리를 포함하는 4가지 단계를 제시하였다. 각 단계별 수행과정은 <그림 6>에 제시되어 있다.

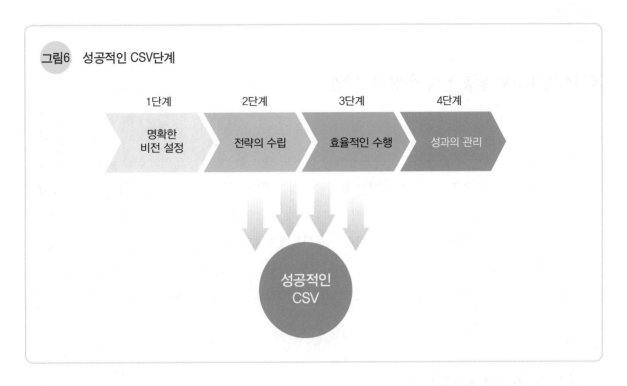

그림6 성공적인 CSV단계

1단계 → 명확한 비전 설정

2단계 → 전략의 수립

3단계 → 효율적인 수행

4단계 → 성과의 관리

성공적인
CSV

　　CSV는 경제적 이익과 사회적 가치를 분리하지 않고 동시에 평가해야 한다는 점에서 적절한 평가 방안의 개발에 어려움이 있다고 할 수 있다. 포터(Porter) 등에 의하면 성공적인 CSV의 수행은 전략의 실행과 성과의 측정이 통합된 과정으로 추진되어야 한다. 따라서 단발적인 성과의 측정이 아닌 지속적이고 통합적인 과정으로 이해를 해야 한다고 주장하며, 이를 위해 CSV 전략 실행 및 측정의 4가지 단계를 제시하였다. 첫 번째 단계는 목적 시장과 관련된 사회적 이슈의 발견으로 대상기업의 핵심 역량과 관련된 사회적 이슈를 파악하는 단계이다. 다음 단계는 발견된 사회적 이슈를 통해 사회적 가치와 기업의 경제적 가치를 동시에 실현시킬 수 있는 비즈니스 모델을 발견하고 개발하는 단계이다. 세 번째 단계는 개발된 CSV 활동을 추진하고 성과를 추적하는 단계로 투입요소와 사업 활동, 결과물 그리고 재무적 성과에 대한 평가가 이 단계에 포함된다. 마지막 네 번째 단계는 성과를 측정하는 단계로 사회적 성과와 경제적 성과 사이의 연계성을 검증하고 투자 수익에 대한 평가 그리고 새로운 가치창출을 위한 시사점을 도출하는 단계이다. 이러한 내용을 받아들인다면 네 가지 단계 중 처음 두 단계는 CSV 전략의 수립 및 실행 단계이며 나머지 두 단계는 CSV 활동에 대한 추적 및 측정의 단계로 구분할 수 있다.

효과적인 CSV 실행 전략 유형 및 방안

포터와 크라머는(2011)는 기업의 사회공헌 활동과 주주 이익 사이에 수렴하는 영역(A Convergence of Interests)이 존재하는데 이를 '경제적 혜택'과 '사회적 혜택'을 함께 추구하는 전략적 사회공헌 활동 영역이라고 하였다. 경제적 혜택은 사회공헌을 통해 기업이 얻는 매출, 시장 점유율 등 유형적이며 금전적인 경제성과에 대한 기여도를 의미하며, 사회적 혜택은 수혜자가 느끼는 만족도나 사회문제 해결 정도 등 무형적이며 비금전적인 사회성과에 대한 기여도를 의미한다. 포터와 크라머가(2011)는 '경제적 혜택'과 '사회적 혜택'의 수준에 따라 기업의 공유 가치창출 활동 유형을 아래 <그림 7>과 같이 공유 가치형, 시장 창조형, 문제 해결형, 후원형 등으로 구분하였다.

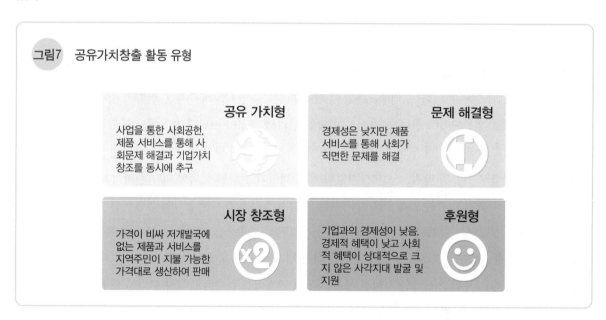

그림7 공유가치창출 활동 유형

전략적 사회 공헌 활동의 공통점은 '격차 해소'라고 할 수 있으며 각 유형별로 '정보', '빈부', '의료' 격차 해소에 중점을 두고 있다고 분류할 수 있겠다. 다만 후원형은 과거부터 가장 흔히 추진되어온 전략으로 기업의 일상적인 경영 활동과 상관없는 금전적 지원 위주의 활동을 말하는 것으로 본 연구에서는 전략적 사회 공헌 활동으로 간주하지 않기로 한다. 이하에서는 구체적으로 사회적 혜택과 경제적 혜택이 가장 높은 '공유 가치형'과 경제적 혜택은 높으나 사회적 혜택이 미흡한 '시장 창조형', 사회적 혜택은 높으나 경제적 혜택이 미흡한 '문제 해결형'에 대해 설명하고 상대적으로 기존 CSR 활동과 유사한 '후원형'에 대해서 간략하게 설명하도록 하겠다.

1) 공유 가치형(정보 격차 해소에 중점)

사업을 통한 사회공헌을 추구하는 것으로 제품 및 서비스를 통해 사회문제해결과 기업의 경제적 이익을 동시에 창출하는 것을 의미 한다. 일례로 케냐의 'M-pesa서비스'를 들 수 있다. 케냐는 정치적 불안정, 국민들의 은행에 대한 낮은 신뢰도, 전산화 미비로 국민 80% 이상이 은행구좌를 가지고 있지 않았고 이에 Vodafone은 M-Pesa라는 금융 서비스를 만들었다. M-Pesa서비스는 휴대폰 메시지를 통해 송·출금, 대금결제 등을 지원하여 안전한 금융거래를 가능하게 하는 것으로 Vodafone 가입자가 아니어도 사용 가능하다. M-Pesa 서비스는 2007년 시행 후 2년 내에 국민의 6분의 1인 550만 명을 고객으로 확보하였고, 현재는 가입자가 1,000만 명에 달한다.

또한 인도의 IFFCO Kisan SancherLimited(IKSL)은 인도 지역농민들의 생산성 향상과 상생가치창출을 위하여 IFFCO(Indian Farmers Fertilizer Cooperative)와 통신회사인 BhartiAirtel, Star Mobitel의 파트너십을 통해 농업 관련 정보 제공 서비스(green sim card)를 개발해 저렴한 가격으로 판매하여, 현재 300만 명의 사용자를 확보하였으며 정보를 이용하여 농부들은 생산성을 향상시켰고 기업은 지속적인 매출과 순이익 증가를 가져왔다.

2) 시장 창조형(빈부 격차 해소에 중점)

선진국에서는 일상 용품이지만 가격이나 지역적인 제약 때문에 저개발국에 없는 제품과 서비스를 지역주민이 지불 가능한 가격으로 생산하여 판매하는 경우를 말한다. 영국의 프리플레이(Freeplay)는 빈곤층의 전기 공급 문제를 해결하기 위해 가전기기의 제조에 대한 전문성을 활용하여 전기 배터리 대신 태엽 충전식 제품을 개발하여 전기가 공급되지 않는 지역의 수많은 사람에게 더 많은 상품과 서비스를 이용할 수 있는 기회를 제공하였고, 네슬레(Nestle)는 아시아 지역 저소득층의 영양 상태를 고려해 영양가 높은 제품을 저가격·소포장의 '보급형 제품(popularly positioned products)'로 출시하였다. 네슬레는 인도에서 요오드 결핍이 심각한 현지인을 위해 요오드 성분을 추가하고 인도 향료를 첨가한 '매기(maggi) 라면'을 출시하였고 냉장고가 없어 장기보관이 힘들기 때문에 소용량, 소포장에 대한 니즈가 매우 높은 현실을 고려하여 제품을 설계·생산하였다(신미주, 2012). 다만 공유가치형과 구별되는 점은 시장창조형이 사업 활동에서 출발한 것이라면 공유가치형은 기획단계에서 사업과 공헌을 동시에 목표로 두었다는 점이라 할 수 있겠다.

3) 문제 해결형(지역간 격차 해소에 중점)

고도의 연구 개발(R&D) 투자가 요구되나 수익성이 낮아 대다수 기업이 관심을 두지 않는 일을 사회공헌 차원에서 손해를 보면서까지 수행하는 경우를 의미한다. 머크(美)는 1987년 실명을 유발하는 회선사상충증(症) 치료제인 멕티잔을 필요한 사람에게 필요한 만큼 지원하겠다는 '멕티잔 기부 프로그램'을 발표하였다. 아프리카 지역에서 주로 발병하는 풍토병이고 지역민들은 멕티잔을 살 경제적 능력이 없기 때문에 머크로서는 치료제를 개발해도 이윤을 남길 수 없는 상황이었으나 개발된 기술을 수익성이 낮다는 이유로 폐기하지 않고 기부프로그램으로 전환하여 25억 개의 약을 기부하여 7억 명의 환자를 치료 하였고 지금도 아프리카, 남미 지역에서 연간 8천만 명의 환자가 혜택을 받고 있다. 또한 국내에서도 사례를 볼 수 있는데 매일 유업은 '특수 분유 사업'을 통해 선천성 대사 이상 질환 유아를 위한 특수 유아식 여덟 종류를 일반 분유와 비슷한 가격으로 판매하고 있다.

4) 후원형(자금 등의 지원에 초점)

전략적 사회공헌 활동이 아닌 후원형은 사람, 조직, 특정 행사에 현금, 서비스, 현물 등을 제공하는 것으로 취약 계층, 문화 예술, 스포츠 등 수혜 분야나 대상에 관계없이 다양한 분야의 다양한 사람들을 도울 수 있는 방법이다. 기업에서 흔히 사용되는 후원형 전략으로 '공익연계 마케팅'과 '메세나 활동'을 들 수 있겠다.

최근 들어 일감 몰아주기, 비정규직 문제, 기후변화 등 경제 민주화 요구와 글로벌 차원의 환경 이슈들에 의하여 기업의 경영 활동도 많은 영향을 받고 있다. 기업을 둘러싼 이러한 환경 변화는 초기에 윤리 경영 혹은 수동적인 CSR 경영에 머물던 기업 활동을, 보다 전략적이고도 능동적인 차원의 CSV 경영 활동으로 변화시키고 있다. 이제 경제 민주화와 글로벌 환경 변화 등에 능동적인 대응을 통한 전략적인 CSV 활동을 추구하지 않으면 기업 역시 생존을 위협받는 시대라 할 수 있다. 기업의 CSV가 필수 불가결한 경영 전략으로 자리 잡아 가는 것도 중요하지만, '경영 전략'이 아닌 '기업 생존' 그 자체가 되어야 하는 시대가 도래한 것이다.

CSV는 기업에게 있어서 매우 의미 있는 단어다. 비즈니스와 사회적 가치를 동시에 달성할 수 있다면 기업의 사회적 위치와 의미가 사뭇 달라질 수 있기 때문이다. 과거 기업들의 기업의 사회적 책임에 관한 인식이나 그에 따른 실행이 전혀 없었던 것은 아니나 기업의 목적에 입각한 새로운 비전이 동반되지 못하고 대체로 그때그때의 형편에 맞춘 임시방편에 불과한 것이 사실이었다. 요컨대 이 시대가 요구하는 전략적 사회 공헌의 핵심은 기업이 '사회라는 울타리 안에서 사업을 영위하는 존재'임을 인식하고 기업이 사회 구성원의 일원으로서 가지고 있는 자원을 적극적으로 활용하여 사회에 혜택을 주는 부분은 극대화하고 손해를 주는 부분은 최소화하는 것이다. 나아가 기업이 사회 문제를 비즈니스 기회를 보고 사회적 가치와 경제적 가치를 동시에 창출하는 것이야말로 CSV의 핵심인 것이다.

포터에 의하여 제시된 CSV의 개념은 한국 사회에도 반향을 주었다. 이를 실천하기 위한 다양한 시도들이 한국에서도 목격되고 있다. 하지만 CSV 사업은 생각보다 장애가 많다는 사실을 잘 인지하지 못하고 있다. CSV 사업의 상당수는 어려움을 겪고 있는 계층과 관련이 있거나 지역적으로 낙후된 곳과의 협력을 필요로 한다. 특히 해외의 오지와의 협력을 통한 원료 공급형 CSV 사업은 CSV가 갖는 아름다운 모습과 달리 극복하여야 할 많은 장애 요인들이 도사리고 있다.

4차 산업혁명은 모든 것을 바꾸고 있다. 그렇다면 기업 또한 기본 철학과 모든 전략 방향들을 4차 산업혁명 시대의 변화에 맞추어서 혁신을 해야 할 것이다. 융합 및 연결 시대의 CSV 변화 방향 정립을 통해 효과적인 CSV 전략을 수립하여 진정한 사회적 공헌을 해 나가야 할 것이다. CSV를 실천하기 위해서는 철저히 조직 내부에 CSV 지속을 위한 조직가치가 정립되어 있어야 한다. 일시적인 생각이나 외부에 보여주기 위한 CSV는 결코 지속성을 가질 수 없다. 조직 자체에 강하게 내재화된 가치가 선행되어야 한다는 것이다. 기업이 CSV를 시행하기 위한 방안으로 사회적 문제를 해결하기 위한 과정을 기업의 경쟁력 강화를 위한 기회로 삼아 전략적인 접근을 통해 사회적 가치와 경제적 가치를 동시에 창출하는 것이다.

최근 이슈 3.
시장기반 학습조직과 기업의 적응적 마케팅 역량

4차 산업혁명 시대 기업의 재탄생

4차 산업혁명에서 기업은 분해되고 재융합되고 있다. 초연결의 인터넷 혁명은 거래비용의 극소화가 전체를 최적화한다는 코즈(1960년 노벨상 수상자)의 이론에 따라 기업을 최적화시키고 있다. 기업들은 과거와 달리 분야별로 핵심 역량만 남기고 비핵심 역량은 외부와 개방 협력하고 있다. 고객의 욕망을 파악해 개방·협력으로 최적화하는 기업이 생존 경쟁에서 승자가 되는 세상이 됐다.

경제가 복잡계적 환경으로 변화해 계획경제 시스템이 붕괴하고 시장경제 시스템이 진화한 것과 같은 국가 차원의 현상이 기업 차원에서도 일어나고 있다. 이제 복잡적응계(CAS; Complex Adaptive System)적인 부분이 전체를 반영하는 홀론(Holon)적 관점으로 기업을 바라보아야 한다. 홀론 구조의 생명조직 구현은 특히 클라우드와 스마트폰 에지로 대표되는 '디지털 트윈(현실세계의 기계나 장비, 사물 등을 컴퓨터 속 가상세계에 구현한 것)'이 바로 전체와 부분을 반영하는 기술로 등장했다. 4차 산업혁명의 홀론화된 디지털 트윈 조직이 애자일(Agile, 부서 간의 경계를 허물고 필요에 맞게 소규모 팀을 구성해 업무를 수행하는 것) 조직을 넘어 생명기업으로 가는 출발점이다.

4차 산업혁명의 분해·융합을 거친 자기조직화 현상은 애자일 조직을 비롯한 모든 분야로 확장되고 있다. 세상은 오프라인과 온라인이 융합하는 온·오프라인 연계(O2O)의 디지털 트윈화가 되고 있다. 사업은 제품과 서비스라는 양대 축이 PSS(Product Service System)로 융합해 소비자의 가치 중심으로 재편되고 있다. 시장은 생산과 소비를 융합하는 프로슈머(Prosumer) 형태로 진화하고 있다. 사회는 개인과 집단이 융합하는 집단지능으로 발전된다.

개인은 의미와 재미가 융합되는 워라밸의 삶으로 이전되고 있다. 진정한 워라밸은 일과 놀이가 분리된 것이 아닌 일이 놀이이자 놀이가 일이 되는 융합 구조가 되는 것이다. 독일의 노동4.0은 신성한 노동을 축소하는 것을 목적으로 하지 않는다. 산업은 대기업과 중소·벤처기업이 융합되는 개방 생태계로 조직화되면서 반복되는 효율은 거대 플랫폼 기업이, 새로운 혁신은 벤처기업이 역할을 분담하는 구조가 되고 있다.

제조업의 융합 사례를 구체적으로 살펴보자. 제조업의 가치사슬(value chain)은 전통적으로 협력사의 부품과 원재료를 공급망(supply chain)을 통해 획득해 최적화된 생산 공정을 만든다. 제품은 마케팅과 세일즈 과정을 거친다. 기업의 복잡한 가치사슬 구조였다. 이런 전통적인 제조업의 가치사슬에서 제조 과정은 스마트 팩토리로 융합된다. 융합의 매개체는 데이터이며, 융합의 핵심 매개는 인공지능이다. 아디다스의 스피드 팩토리를 보자. 과거 신발 산업은 매우 복잡한 가치사슬로 구성돼 있었다. 원재료 발주 18개월 이전 단계에 여러 차례의 디자인 회의를 통해 내년에 유행할 패션디자인을 선정하고, 해당 디자인에 입각해 다양한 사이즈와 색깔에 따른 원재료를 대량 발주한다. 그리고 개발도상국의 거대한 공장에서 효율적인 공장 생산관리 시스템으로 신발을 생산해, 다시 컨테이너에 실어 미국과 유럽, 일본 등 선진국의 물류 창고에 입고한다. 그리고 대규모 마케팅을 통해 제품을 판매한 후, 재고는 세일로 처리하는 구조였다. 각 단계별로 정교한 관리 시스템이 작동하고, 전체를 통제하기 위한 경영관리 시스템이 필요했다. 대규모 창고와 공장, 그리고 거대한 물류 관리 시스템이 요구됐다. 스피드 팩토리는 완전히 다르다. 스마트폰에서 아라미스라는 애플리케이션(앱)의 모션캡처 기술로 개인에 최적화된 신발 패턴으로 디자인을 주문하면, 스피드 팩토리에서 카본의 3D프린터와 쿠카의 로봇 봉제 시스템으로 5시간 만에 생산을 완료한다. 이후 개별 배송시스템으로 24시간 내에 배송을 끝낸다. 재고는 없다. 과거 경영관리 시스템이 사라져버린 것이다. 경영학이 새롭게 탄생해야 하는 대표적 사례이다.

이제 기업의 재탄생을 살펴보자. 기업의 활동은 가치(value)・가격(price)・비용(cost)의 순환과정이라고 피터 드러커는 선언했다. 최저의 비용으로 최고의 가치를 만들어 고객과 최적의 순환 가능한 가격을 통해 가치를 분배하는 것이 기업 활동의 본질이다. Value-Cost란 가치창출 과정과 V-P-C라는 가치 분배 과정이 기업의 순환과정이다. 이런 기업의 활동에서 과거에는 비용 최적화가 승부처였고, 이를 구현하기 위한 기술혁신이 기업의 핵심 역량이었다. 1, 2차 산업혁명까지 기술기업이 좋은 기업이었다. 그러나 기업의 경쟁우위가 개인화된 욕망이 경쟁력을 좌우하는 4차 산업혁명에서 기술에서 시장으로 이동하고 있다. 개인화된 욕망을 파악하는 능력이 더 중요해진 것이다. 문제를 푸는 기술보다 문제를 찾는 욕망의 포착이 기업의 경쟁력으로 부상했다. 더 나아가 오픈소스화가 진행되면서 95%의 기술은 외부에서 획득할 수 있는 개방생태계로 변모하고 있다. 이에 따라 고객의 욕망을 포착해 제품과 서비스를 구현하는 과정이 기술개발 과정보다 혁신의 중점으로 부상했다. 이런 형태의 혁신이 '소셜 이노베이션(social innovation)'으로 등장하고 있다. 개방 혁신이 기술 중심의 혁신이라면, 소셜 이노베이션은 욕망 중심의 혁신이다. 욕망 중심의 소셜 이노베이션은 1차원적인 선형 혁신 과정으로는 구현할 수 없다. 제품과 서비스를 만들어보고, 고객에게 욕망 테스트를 해서 불일치점을 보완하고 다시 테스트하는 순환 학습 과정을 반복해야 다양한 인간의 다층적 욕망을 확인할 수 있다. 그 결과 애자일 프로세스라는 소셜 이노베이션의 프로세스가 일반화되기 시작한 것이다. 이런 스타트업들을 '린 스타트업(lean startup)'이라 부르고 있다. 이제 제품과 서비스가 개방생태계의 프로세스와 시장의 소셜 이노베이션과 상호작용하면서 기업은 사회와 공진화하고 있다.

그렇다면 기업의 의미는 뭘까. 기업의 이익은 기업의 최종 목표가 아닌 선순환의 과정이다. 기업이 창출한 가치를 사회와 선순환될 수 있는 가격으로 분배하면 기업도 크고, 사회도 큰다. 실제로 반복되는 투명한 시스템에서는 고객가치와 임직원의 가치와 기업의 이익은 정(+)의 비례관계를 갖는 것이 속속 입증되고 있다. 라젠드라 시소디어는 「행복한 기업」에서 장기적인 기업의 성과는 사회적 가치와 순환된다는 것을 입증했다. 불투명한 일회성 거래에서는 배신하는 기업이 이익을 얻지만, 반복되는 투명한 거래에서는 호혜적 이기심을 보이는 기업이 승자가 된다. 이는 소프트웨어 게임에서도 입증되는 죄수의 딜레마 게임의 최종적 결론이다. 아담 스미스가 말한 '보이지 않는 손'이 바로 그것이다.

4차 산업혁명에서 반복성과 투명성은 증대된다. 이를 통해 4차 산업혁명의 승자는 이기심의 추락자가 아닌 이기심의 승화자라고 예측할 수 있다. 시장경제의 양대 걸림돌이었던 정보의 비대칭과 협상력의 불균형이 평판의 누적과 집단지능으로 해소되는 것이다. 우버와 에어비앤비의 성공은 호혜적 이기심을 가진 자를 승자로 만드는 반복되는 투명성에 바탕을 둔다. 시대적 패러다임에 최적화된 기업이 성공하는 미래 기업이 될 것이다. 고객 만족과 임직원의 만족은 기업의 성과와 투명하고 반복되는 기업 환경에서 비례 관계를 가지게 된 것이다. 기업은 재탄생하는 중이다.

출처: 중앙시사매거진, 2019년 7월 1일

3차 산업혁명으로 인한 인터넷의 발달과 더불어 정보화로 인해 수많은 정보가 쏟아지고 있고 이를 활용하여 기업은 다양한 지식을 창출하고 시스템을 개발하여 보다 나은 가치를 소비자들에게 제공하기 위해 노력해왔다. 그러나 4차 산업혁명으로 인해 기술의 융합 및 연결은 환경 변화를 더욱 촉진 시켜서 기업이 이를 받아들이고 적응하는 데 한계점에 이르고 있다. 4차 산업혁명은 모든 산업에 걸쳐 변화의 바람을 불러 왔고, 이는 이익을 추구하는 사기업뿐만 아니라 공익을 추구하는 공공기관 및 공기업도 피할 수 없는 변화이다. 그런데 기업들의 고민은 빠르게 변화하는 환경에 어떻게 하면 더 빠르게 적응할 수 있을까에 대한 것이다. 즉, 지금의 문제는 환경의 변화속도가 너무 빠르고 복잡하여, 기업이 따라 잡을 수가 없고, 그 간격이 점점 더 벌어지고 있다는 것이다.

시장 복잡성의 증가와 이러한 복잡성에 대응하려는 마케팅 조직의 역량 사이에 격차는 점점 더 벌어지고 있다. 많은 마케팅 담당자들은 이러한 격차를 어떻게 줄일 것인가에 대해 고민하고 있고 학자들 또한 이러한 현상을 설명하기 위해 학습조직과 마케팅 역량에 대한 연관성을 연구하고 있다. 따라서 본 연구에서는 시장 환경 변화를 감지하는 기업의 역량과 변화를 분석하고 기업이 활용할 수 있도록 하는 기업의 적응적 마케팅 역량에 관해 설명해보고자 한다. 또한 시장변화와의 격차를 좁히고 경쟁자보다 나은 경쟁우위를 만들기 위해 어떤 노력을 해야 하는가에 대한 실천사항들을 구체화하는 것도 중요한 이슈이다. 이것은 기존의 마케팅의 한계를 넘어서 마케팅 역량의 영역을 확장하는 것을 요구한다. 확장된 마케팅 역량은 회사가 빠르게 변화하는 시장에 맞춰 회사의 전략을 조정할 수 있게 한다. 이러한 강화된 역량은 시장 학습 역량에 예상가능하고 실험적인 차원을 더해 시장의 변화에 보다 능동적으로 대처할 수 있도록 할 것이다.

한편, '지식'을 기업 경쟁력 창출의 유일한 자원이라고 주장한 피터 드러커(Peter Drucker) 이후 많은 기업들은 지식을 무형자산(Invisible Assets) 또는 지적자산(Intellectual Capital)으로 재무적 가치를 측정하고 있으며, 조직의 지식관리는 하나의 경영패러다임으로 자리 잡았다. 높은 불확실성, 복잡성, 예측불가능성의 환경에 직면하여, 기업들은 내부역량 강화를 위한 지식관리에 많은 관심과 노력을 기울이고 있다. Day(1994)는 경쟁우위를 달성시키는 조직의 차별화되는 역량 중 하나로서 시장감지(Market sensing)역량을 소개하고 이를 통해 기업은 현재 또는 잠재적 시장에서의 트렌드와 사건들을 지속적으로 감지하고 이를 위해 고객, 경쟁자, 채널 구성원들과 협업하여 시장 변화에 대해 학습해야 한다는 점을 강조하였다. 전통적인 경영 전략과 마케팅 전략에 관한 기존 연구들은 오랫동안 제품과 시장에 대한 조직의 경험 혹은 전문성(지식정도)을 강조해왔다. 그 이후 새로운 정보 못지않게 이미 조직 내 저장된 지식과 활용에 대한 중요성이 논의되면서, 조직학습(Organizational Learning)을 새로운 경쟁우위의 원천으로 제시하였다.

급속도로 변화하는 환경 속에서 기업이 어떻게 적응하느냐 하는 것이 기업의 미래와 차세대 핵심역량 개발을 결정하고, 향후 변화하는 산업에서 기업의 경쟁 우위요소를 결정하게 될 것이다. 시장기반 학습조직을 통해 새로운 경쟁우위요소를 갖추기 위해 새로운 역량을 개발하는 것이 필요하다.

기업의 시장 학습 및 학습 조직에 관한 연구

1) 학습 조직에 관한 기존 연구

Williams(1998)는 환경변화가 급격히 발생할 때 지속적으로 경쟁우위를 창출하고 유지하기 위해서는 무엇보다도 고객, 경쟁기업, 공급업체, 유통업체 등과 관련된 변화를 신속히 학습함으로써 그에 대한 기업의 이해를 제고하여야 하며, 아울러 이러한 변화에 능동적으로 대처할 수 있어야 한다고 주장하였다. Slater and Narver(1994)의 연구에서도 시장변화가 역동적으로 발생하는 환경에서 경쟁기업보다 뛰어난 고객가치를 창출하기 위해서는 조직학습의 역할이 중요함을 강조하였다.

Tobin(1993)은 학습지향적인 조직을 만들기 위한 다섯 가지 학습 지침을 제시하였다. ① 조직 내 모든 구성원이 학습자가 되어야 한다. ② 조직 내 구성원은 서로에게서 배운다. ③ 학습은 변화를 가능하게 한다. ④ 학습은 지속적인 것이다. ⑤ 학습은 이용이 아니라 투자이다. 이러한 다섯 가지 원칙이 규칙적으로 실행이 될 때, 고객을 학습하는 것에 대한 참여가 조직의 가치를 증대시키는 데 일조할 것이다. 반대로 조직이 이들 다섯 가지 원칙을 잘 수행하지 못할 때에는 학습이 잘 일어나지 못한다.

많은 연구자들이 최근과 같은 환경에서 경쟁기업과 비교하여 보다 신속하게 학습할 수 있는 역량만이 지속 가능한 경쟁우위를 창출할 수 있다는 점을 강조하였다. 하지만 조직학습이 경쟁우위를 창출함에 있어서 구체적으로 어떠한 역할을 담당하는가에 대한 깊이 있는 연구는 거의 수행되지 못하고 있는 실정이다.

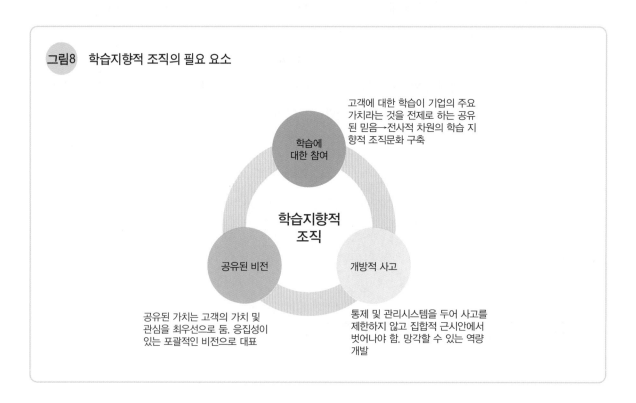

그림8 학습지향적 조직의 필요 요소

고객에 대한 학습이 기업의 주요 가치라는 것을 전제로 하는 공유된 믿음→전사적 차원의 학습 지향적 조직문화 구축

학습에 대한 참여

학습지향적 조직

공유된 비전

개방적 사고

공유된 가치는 고객의 가치 및 관심을 최우선으로 둠. 응집성이 있는 포괄적인 비전으로 대표

통제 및 관리시스템을 두어 사고를 제한하지 않고 집합적 근시안에서 벗어나야 함. 망각할 수 있는 역량 개발

고객들의 잠재적 욕구 파악, 시장 환경의 변화 인식, 성공적인 신제품 개발, 환경변화에 적합한 기업시스템 개발, 고객만족 제고, 전략적 유연성 확보 등이 조직학습의 결과로 창출될 수 있는 구체적인 경쟁우위요소들이라 할 수 있다. 전통적으로 학습지향적 조직은 <그림8>과 같은 세 가지 가치로 특징지어질 수 있다.

첫째, 학습에 대한 참여(Commitment to Learning)의 정도이다. 학습에 대한 조직적 참여는 고객에 대한 학습이 기업의 주요 가치라는 것을 전제로 하는 공유된 믿음에서 출발한다. 즉, 조직적 참여를 높이기 위해서는 전사적 차원에서 학습은 꼭 필요하다는 조직 문화를 반드시 가져야 한다. 고객을 학습하는 것은 조직의 개선과 경쟁 우위 창출 그리고 궁극적인 기업의 생존을 위해서는 필수적인 원칙인 것이다. 학습원칙은 조직의 학습을 실행하기 위한 기본적인 아이디어와 통찰력을 제시한다. 효과적인 학습지향성을 가지기 위해 기업은 기본적인 학습 지침을 바탕으로 지속적 학습 기회를 창출하고, 끊임없이 사고하는 역량을 개발하여야 한다.

둘째, 중요한 학습조직 내의 가치는 공유된 비전(Shared Vision)이다. 조직학습을 연구하는 대부분의 학자들은 조직 내의 공유된 비전이 학습지향성의 결정적 요인이라는 것에 동의하고 있다. 공유된 가치는 고객의 가치 및 관심을 최우선으로 두는 조직 내의 모든 구성원들에 의해서 공유되는 분명하고, 응집성이 있고, 포괄적인 비전으로 대표된다. 이러한 비전이 공유되기 위해서는 기업의 고객에 대한 확고한 이해가 토대가 되어야 하며, 기업의 경쟁적 우위를 달성하기 위한 노력과 조직 내의 원활한 의사소통이 되어야 한다. 즉, 진정한 의미의 학습지향성은 조직이나 타인에 의한 수동적 학습이 아니라 조직 문화에서 비롯된 능동적인 학습인 것이다.

마지막으로 학습조직의 중요한 가치는 개방적 사고(Open-mindedness)에 기반을 두고 있다. Argyris와 Schön(1978)은 일반적으로 조직은 학습과정을 수행하면서 이를 더 잘하기 위한 효율적인 통제 기법 혹은 관리 시스템을 발전시킨다고 주장한다. 그들은 이 과정에서의 역설적인 부분은 조직이 학습을 더 잘하기 위해 만든 통제 기법 및 관리 시스템들이 새로운 조건과 제한요소들을 만들어 내고, 결국은 이들 조건과 제한 요소들이 기업이 학습하는 것을 방해한다고 설명한다. 개방적 사고는 이러한 통제 및 관리 시스템이 만들어지는 것을 방지하여 조직 내 학습이 원활하게 하는 것을 돕는다. 이를 위해서는 다음과 같은 원칙이 지켜져야 한다. 첫째, 조직은 새로운 방식으로 고객의 소리를 들을 수 있는 역량이 필요하다. 이는 끊임없이 변화하는 고객의 욕구에 지속적으로 반응함으로써 가능한 역량이다. 둘째, 기업은 집합적 근시안에서 벗어날 수 있는 역량을 개발하여야 한다. 근시는 조직 내 하부 그룹들이 너무 하부그룹의 목표와 가치에만 치중하고, 조직 전체의 목표와 가치에서 벗어날 때 발생한다. 셋째, 조직은 망각(unlearning)에 대한 역량을 개발하여야 한다. 망각은 현재 존재하는 정보를 무시하고 새로운 정보를 만들어내는 역량이다. 이는 정보에 대한 새로운 해석을 가능하게 하고, 새로운 정보에 기초하여 구체적인 행위에 대한 수정을 제공한다. 개방적 사고는 조직 구성원들이 고객을 항상 생각하고, 과거의 정보를 망각하려는 노력과 멘탈 모형을 기본적으로 가지고 있어야 가능하다.

학습조직을 위해 구체적 학습구조와 프로세스, 전략에 대한 학습, 정책구성에 참여, 개인 역량 개발을 촉진하는 학습과 자원을 지원하는 보상시스템들이 필요하다. 구성원들이 학습역량과 고객에 대한 정보를 시스템적으로 활용하는 역량을 개발해야 한다. 경쟁의 강도가 점점 강해짐에 따라, 빠르게 변화하는 환경에 대해 학습하고 적응하는 구성원들의 니즈를 반영하여 시장기반 학습조직으로 성장해야 한다.

2) 시장정보처리 역량

시장정보처리 역량은 위에서 언급한 시장지향성과 학습지향성을 구체적으로 수행하기 위한 정보처리관련 활동 과정을 의미 한다. 여러 학자들이 구체적인 정보를 처리하는 과정과 이를 구성하는 요소들 그리고 정보처리과정의 결과변수들에 대한 연구를 하였다. 이들 연구들은 1995년의 Moorman의 조직 정보처리과정에 그 기반을 두고 있다. Moorman의 시장정보처리 역량은 다음 네 단계의 조직 정보처리과정을 묘사하고 있다. 첫째, 정보획득(information acquisition) 과정은 일차 혹은 이차 자료를 조직의 이해관계자들(시장조사, 영업사원 등)로부터 획득하는 과정을 의미한다. 정보획득과정은 정보의 원천과 어느 정도의 정보가 존재하는가에 대해 파악하고 있어야 하며, 항상 외부의 정보에 주의를 기울이고 인식을 하는 과정이다. 즉, 이 과정은 외부환경에 관한 정보를 기업 내부로 끌어들이는 과정이다. 정보유통(information transmission)과정은 조직 내의 정보와 관련이 있는 혹은 정보가 필요로 하는 사용자들에게 어느 정도로 확산되는가에 관한 것이다. 개념적 활용화(conceptual utilization)과정은 전략관련 활동에서의 정보의 간접적 사용과 관련되어 있다. 즉, 조직은 수집된 혹은 학습된 정보를 경영층의 의사결정과정을 도와주는 수단으로 가치를 두고 있다. Dickson(1994)은 정보처리과정을 시장정보를 지식으로 변환하고, 시장 환경에 대한 의사결정자의 의식 모형을 변화시키고 이를 통해 의사결정자가 이해해나가는 과정으로 묘사하고 있다. 마지막으로 도구적 활용(instrumental utilization)과정은 조직이 직접적으로 시장 정보를 마케팅 전략관련 활동에 영향을 미치기 위해 사용 및 적용하는 정도에 관한 것이다.

2

시장 기반 학습(Market-Based Learning Processes)

1) 시장 기반 학습의 정의 및 의의

마케팅 분야에서 조직 학습을 처음 논의한 기존의 시장정보처리 과정 연구의 문제점은 전체 학습과정에 관한 개념을 다 포괄하지 못하였고, 무엇보다도 중요한 조직기억(organizational memory)이라는 부분을 간과하였다. 이에 조직학습이 기업의 경쟁력과 직접적인 상관이 있다는 인식과 함께, 최근에는 많은 학자들이 시장 기반 분야(market-based context)에서의 학습(조직기억을 포함하는)에 대한 관심이 높아지고 있다. 지난 수십 년간 조직 학습에 대한 연구가 많이 되어 왔지만 마케팅 관점에서의 학습, 즉 시장중심 혹은 시장 기반 학습에 관한 관심은 최근에야 많은 조명을 받고 있다.

마케팅 학자들은 학습과정이 경쟁우위의 새로운 이론들을 발전시키는 데 있어 매우 중요한 역할을 담당할 것이라고 주장해왔다. 어떻게 학습과정이 마케팅 조직 내에서 효과적으로 수행되며, 어떤 요인들이 학습과정의 결과에 어떻게 영향을 미치는가에 대한 과정을 설명하는 모형을 개발하기 위해 노력하였다. 전반적으로 세 개의 학파에 의해서 시장지향적인 학습에 관한 논의가 되어 왔다. 첫 번째는 Hult(1998)에 의해서 주도되어 온 학습의 문화적인 측면을 마케팅 학습으로 정의하여 마케팅 학습의 지향성(시장지향성, 학습지향성 등)을 이용하여 시장지향적 학습과정을 설명하였다. 두 번째는 Sinkular에 의해 주도되어온 시장주도 학습과정이 있다. Sinkular와 그의 동료들은 시장 지향성을 확대하여 조직 학습의 활동으로 정의를 하여 시장주도 학습과정을 설명하려 하였다. 마지막으로 앞에서 언급한 Moorman 중심의 연구들로 시장정보처리 과정을 중심으로 시장주도 학습과정을 설명하려 하였다. Moorman은 조직기억에 대한 중요성을 강조하였고, 이 과정이 시장주도 학습과정의 핵심이라고 역설하였다. 하지만 조직기억에 대한 측정 및 개념적 정의 등이 완전하지 못하였으면 이에 따른 측정상의 문제를 안고 있다는 것이다.

이 분야의 대가인 Day는 2011년 그의 연구에서 보다 많은 마케팅 학자들이 마케팅 학습과정에 대한 연구에 초점을 맞추어야 한다고 역설하였다. 또한 이를 위해 마케팅 학습과정의 개념과 측정 도구의 개발이 필요하다고 주장하였다. 하지만 소수의 연구들만이 부분적인 마케팅 학습과정과 환경적인 요인들 그리고 기업의 성과 변수들의 관계에 대해 제시를 하고 있다.

2) 시장 기반 학습 과정(Market Based Learning Process) 구축과 필요 역량

(1) 시장 감지 역량(Market Sensing Capability)

시장 감지 역량은 Day에 의해 1994년에 도입된 개념이다. 기본적인 정의는 시장의 변화를 감지하고 이에 반응하는 고객의 행동을 감지한다는 것이다. 이러한 시장 감지 역량을 이해하기 위해서는 다음 몇 가지 개념들 간의 관계를 이해할 필요가 있다. 첫 번째, 기존 연구에서 시장 감지 역량은 시장지향성을 기반으로 정의할 수 있다. 특히 시장 감지 역량은 정보와 지식을 획득하고 활용할 수 있는 역량이므로 시장정보의 내용, 형성 및 활용 과정이 가장 중요하다. Day는 시장기반 조직에 대한 연구에서 마케팅 역량에 대해 정의를 내리고 outside-in 마케팅 역량으로서 시장 감지 역량, 고객연결 역량, 유통망연결 역량을 통해 기업은 경쟁우위를 달성할 수 있음을 강조하고 있다. 결국 시장지향적 기업은 시장 감지 역량을 통해 기업성과를 달성할 수 있는 것이다. 특히 시장지향성은 전사적 활동에 영향을 줄 수 있으므로 시장지향성의 내용과 과정은 시장 감지 역량의 내용과 과정에도 영향을 주게 된다.

시장을 파악한다는 점에서 시장지향성과 시장 감지 역량을 동일시하는 연구도 존재했을 만큼 유사한 개념이라고 할 수 있다. 그러나 전사적 기업문화 혹은 필요 역량/요소인 시장지향성과 마케팅 역량의 구성개념인 시장 감지 역량은 처리하는 시장정보의 양과 반응활동의 차이가 날 수밖에 없다. 시장지향성이 시장 감지 역량에 영향을 줄 수는 있지만, 시장 감지 역량이 시장지향성에 주는 영향은 한정적일 것이다. 따라서 시장지향성과 시장 감지 역량은 <그림 9>와 같은 관계를 보인다. 즉, 시장지향성은 다양한 역량에 영향을 주고 이를 통해 기업성과에 영향을 준다.

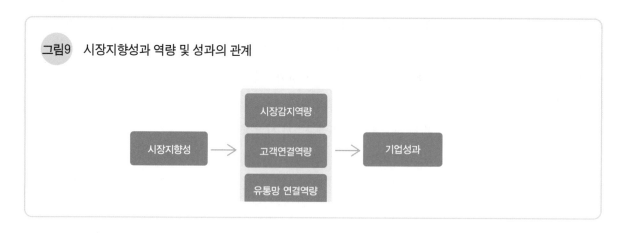

그림9 시장지향성과 역량 및 성과의 관계

시장감지역량

시장지향성 → 고객연결역량 → 기업성과

유통망 연결역량

둘째, 시장 감지 역량을 설명할 수 있는 이론적 근거는 자원기반이론(RBV: resource based view)과 동태적 역량(dynamic capability)으로 접근해볼 수 있다. 환경의 불확실성이 높아지면서 기업이 경쟁우위(competitive advantage)를 얻는 방법에 대해 많은 연구들이 RBV 이론과 dynamic capability 이론을 비교분석하고 있다. 시장 감지 역량은 동태적 역량에서 나온 개념이지만 자원기반이론에서도 시장의 위기와 기회를 포착하려는 노력은 존재했으므로 RBV와 동태적 역량의 비교를 통해 시장 감지 역량의 필요성을 강조하려 한다.

자원은 기업 특유의 자산으로서 모방이 어렵거나 불가능한 자산으로 정의할 수 있다. 자원은 흐름(flow)이 아닌 멈추어진 자산(stock)이며 유형, 무형의 자산 모두 해당된다. 자원이 가치를 갖는 이유는 기업의 상황에 의존하는 것이므로 구매하거나 판매할 수 있는 것이 아니다. 따라서 자원은 기업 고유의 자산이지만 특정한 순간에 측정한 머물러 있는(stock) 자산이고 동태적 역량은 과정에 따라 변화해야 하는 기업의 역량이므로 환경에 따라 변화함을 강조하는 시장 감지 역량의 기반으로 볼 수 있다. 시장 감지 역량은 창의적, 변화적응적, 진화적인 동태적 역량의 특성을 반영해야 한다. 동태적 역량은 제품개발과정과 같은 특별한 변화과정, 투자결정과 같은 분석, 신시장 개척과 같은 창의적인 기업관리 활동에 기반을 두고 있다. 또한 기업은 동태적 마케팅 역량을 통해 기업의 기술과 자원을 통합, 재조합 함으로써 급격히 변화하는 시장과 기술의 변화에 적응할 수 있다. 동태적 마케팅 역량은 변화하는 환경에 대응하는 것이므로 진화론적 관점에서 진화적 적응의 과정이라고 할 수 있다.

시장은 끊임없이 변한다면 시장의 흐름을 파악하는 역량 또한 이에 맞춰 변화해야 하며, 위기와 기회를 보는 역량도 변화해야 한다는 것이다. 따라서 기업의 신제품 개발과 같은 단계가 필요한 프로세스에서 동태적 역량의 역할이 중요하며, 위기와 기회를 포착하는 시장 감지 역량의 역할을 살펴보는 의미를 가질 것이다.

(2) 마케팅 역량(Marketing Capability)의 개념

마케팅 역량을 이해하기 위해서는 우선 기업 역량의 기반이 되는 것이 무엇인가를 이해하는 것이 필요하다. 기업의 역량의 기반을 이루는 것은 위에서도 언급한 두 가지 자원의 형태 중 기업의 무형 자원에 더 가치를 두고 있다. 즉, 기업 역량은 기업의 무형 자원을 바탕으로 하여 어떻게 유형 자원을 활용할 것인가에 관한 것이다. 마케팅 역량 또한 기업의 마케팅 담당자들이 기업의 마케팅 문제를 해결하기 위해 반복적으로 무형자산인 지식과 기술을 반복적으로 사용할 때 개발되는 것이다. 예를 들어 소비자 불평행위를 어떻게 처리하는가에 관한 문제를 해결하기 위해, 기업은 경험 있는 담당자를 통해 그 문제에 대한 규명 및 해결 방법 등과 같은 지식을 습득하게 된다. 이러한 불평처리 과정을 학습하고, 반복하면서 담당자는 여러 가지 보다 복잡한 상황들에 직면하게 되고, 이를 보완 수정하는 조정(시스템적 혹은 인적 조정) 과정을 거쳐서 보다 나은 불평처리 역량을 가지게 되는 것이다. 이처럼 마케팅 문제들을 해결하는 과정은 여러 가지 무형자산과 유형자산을 통합하는 과정인 것이다.

본래 마케팅 역량은 Day에 의해 "기업의 집합적 지식, 기술, 자원을 사업의 시장 친화적 요구에 적용하기 위하여 기업의 상품, 서비스에 가치를 부가하고 경쟁적 수요를 충족시키는 통합적 과정"으로 정의되었다. 역량(capability)이란 경쟁기업에 비해 그 기업이 잘할 수 있는 상대적인 경쟁 역량을 말한다. 즉, 마케팅 역량은 경쟁기업에 비해 그 기업이 잘할 수 있는 상대적인 마케팅 경쟁 역량을 말하는 것이다. 이러한 마케팅 역량을 파악하고 잘 활용함으로써 기업은 경쟁우위를 확보하고 지속적인 경영성과를 도출할 수 있게 된다.

마케팅 역량은 그 자체가 기업의 경쟁 우위를 창출하는 자원으로서 의미를 가지는 것이 아니라, 자원의 투입 과정에서 가치를 부여하는 조정 및 통합 과정에서 비로써 기업의 경쟁우위자원으로서 의미를 가질 수 있다. 위의 불평처리과정의 예에서처럼 이러한 통합 노력의 반복으로부터 인적자원간의 혹은 인적자원과 다른 자원간의 복잡한 조정 유형이 발생한다. 기업 역량의 개발 과정에서 중요한 부분은 이러한 과정의 반복 및 조정에 의한 학습에서 나타난다고 할 수 있다. 인력과 자원을 통합하여 조정하는 과정을 반복함으로써 기업은 역량의 기반이 되는 과정을 개발할 수 있다. 즉, 구성원들이 반복적으로 지식과 활용기술을 마케팅 문제 해결에 적용하고 조정함으로써, 보다 깊은 마케팅 역량 기반 및 과정이 개발되는 것이다. 이러한 개발과정에서 조직 전반에 걸쳐 구성원들이 보다 깊고 포괄적인 지식을 마케팅 문제 해결에 적용할 때, 기업의 마케팅 역량이 강화되는 것이다. 즉 기업의 제품이나 서비스에 가치 부여를 하기 위해서 구성원의 기능수준의 역량이 여러 차원에서 통합이 되고, 경쟁적 우위를 전달하기 위해 다양한 제품/서비스 시장에 적용이 될 때, 핵심 역량이 개발되는 것이다.

마케팅 믹스를 다루는 역량은 지지적인 조직에서 보다 동적이 될 수 있을까? Vorhies와 Morgan(2003)은 시장지향성이 기업을 보다 역동적으로 만드는 효과가 있다고 주장한다. 이들은 시장지향성이 시장정보처리 프로세스 관점을 사용하여 기업이 경쟁사보다 시장에서 자원을 더욱 잘 배치할 수 있는 마케팅 역량과 강하게 상호작용한다는 것을 보여줬다. 이들은 상호작용 방식과 상대적인 업무수행역량에 강한 긍정적 관계가 있다고 주장한다. 상호작용 효과를 위하여 제안된 메커니즘은 시장통찰력이 마케팅 역량을 형성하는 데 필요한 상호간의 관계와 회사의 시장 지향을 강화시켜주는 새로운 시장 통찰력을 만드는 개별 역량의 실행이다.

마케팅 믹스를 시행하기 위한 역량 또는 4P는 그들의 기능적이고 전략적 편향에 의하여 선천적으로 제한된다. 고위경영진의 책임으로써 마케팅에서의 전략적 관점은 고객가치를 창출하기 위한 역량을 포함하여 그 영역을 넓혔다. 즉, 시장지향적 조직을 구축하기 위하여 마케팅 전략적 관점에서 필요한 네 가지 요소는 다음 <그림 10>과 같다.

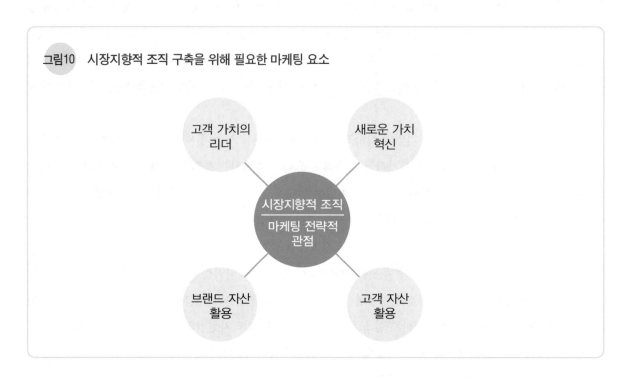

그림10 시장지향적 조직 구축을 위해 필요한 마케팅 요소

첫 번째 필수적인 요소는 설득력 있는 고객가치제안을 하는 고객가치의 리더가 되는 것이다. 어디에서 기업이 시장에서 권리를 주장하고, 어떤 가치가 대상이 되는 고객에게 제공될 것이며, 어떻게 조직이 경쟁자보다 우위에 있는 가치를 제공할 수 있는지와 관련하여 잘 조율된 선택을 요구한다. 모든 기업은 단, 장기적 차원에서 균형을 이뤄야 한다. 사업은 고객가치 리더십을 유지함으로써 올바른 균형을 유지하는 것과 중장기적으로 결과를 이끌어낼 수 있는 혁신의 포트폴리오에 투자하는 것을 직면하게 된다. 두 번째 필수적인 요소는 고객을 위한 새로운 가치를 혁신하는 것이다. 고객가치와 혁신은 가치 있는 고객과 브랜드 자산으로 변화될 때 기업에 이익이 된다. 세 번째 필수적인 요소는 고객을 자산으로 활용하는 것이다. 이것은 애호도 높은 고객을 선택하고 만들며, 경쟁사의 공격으로부터 고객을 보호하고, 핵심 사업을 넘어서 자산을 활용하는 것을 요구한다. 강렬한 브랜드들은 고객을 이끌고 유지하므로 관리될 필요가 있다. 마지막 필수요소는 자산으로써 브랜드를 활용하는 것이다. 이것은 일관된 투자, 희석 및 침식에 대한 방어, 새로운 기회를 완전히 획득하기 위한 레버리지를 통한 브랜드 강화를 의미한다.

마케팅은 기본적인 가치 창출뿐만 아니라 고객 서비스, 고객 주문 충족, 판매통합과 고객과 브랜드 자산의 활용 등을 포함한다. 즉, 다양한 기능들로 확장된 마케팅 역량이다. 마케팅은 고객과 채널들과의 주요한 연결을 포함하고 있기 때문이며 시장 상황의 변화를 발견하고 적응하는데 있어 기업의 역량의 최전선에 있기 때문이다.

이러한 전략적 역량의 뛰어난 수행은 복잡하고 다양하며 빠르게 변화하는 시장을 필수적으로 이해하는 깊은 시장에 대한 통찰을 통해 가능하다. 이러한 통찰은 시장 주도 조직 내에서 역량이 키워진다. 기업은 지속적으로 시장에서의 갑작스러운 동향과 변화를 감지하고 행동하는 데 있어 뛰어난 역량을 가져야 한다. 기업의 최 일선 판매직원부터 최고경영자에 이르기까지 모두가 잠재된 문제와 기회에 모든 감각을 기울이는 것이 매우 중요하다.

3) 시장기반 학습조직을 통한 기업의 적응적 조직으로의 변화

시장의 변동성과 복잡성에 적응하기에 최적의 기반을 갖추고 있는 시장기반 학습조직은 보다 더 탄력적이고, 안정적이고, 덜 보수적인 성향을 가진다. 그리고 효율적인 의사결정을 하고 네트워크의 파트너들과 핵심 활동들을 공유하며 새로운 시장의 불확실성 속에서도 수익을 내는 방법을 학습한다. 시장기반 학습과정은 어떻게 고객의 가치를 이끌어가고 적응 역량, 구조 그리고 프로세스에 대한 강조를 성취할 것인가에 있어서 대안을 제시할 것이다. 시장기반 학습 조직은 전례 없는 변화를 분명한 전략적 구조 안에서 주장할 수 있을 때 효과성을 발휘할 수 있다. 시장기반 학습조직 구축을 통해 기업은 다음과 같은 적응적 조직으로의 변화를 구축해 나가야 한다.

4) 적응 능력 향상

조직이 보다 적응적으로 응답하기 위해 처음의 의사결정은 어떻게 변화에 대한 수용력을 키워야 하는가에 관한 것이다. 빠르게 변화하는 다양한 기회 중 어떤 것에 반응하고 적응하는 지를 선택하는 것은 쉬운 일이 아니다. 복잡성이 급속히 커지고, 불균형으로 인한 비용이 증가하며, 규모의 경제가 소멸하고, 브랜드 의미가 희석된다.

적응력을 가능하게 하는 것은 많은 시행착오가 필요하다. 쉬운 과제 뿐만 아니라 어려운 도전적인 과제를 수행하는 것도 도움이 된다. 표면적인 목표는 가격을 결정하고 브랜드를 만들고다양한 마케팅 활동에 대한 자원을 배분하는 등의 일상적인 마케팅 프로세스에 관한 일관성을 유지하며 이 과정에서 제시간에 시장의 흐름과 변화에 맞게 적응하게 하는 것이다.

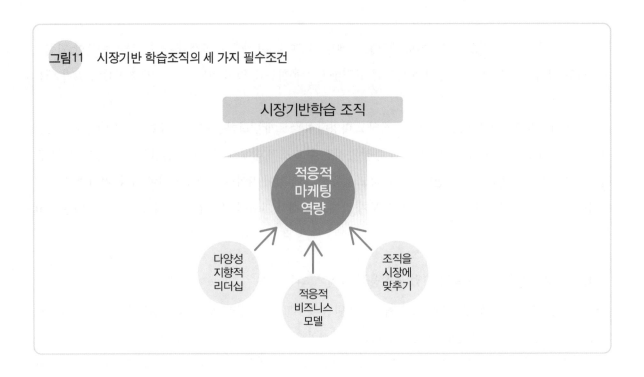

그림11　시장기반 학습조직의 세 가지 필수조건

이렇게 적응하는 것은 기업 문화의 변화를 필요로 하는데 비즈니스 모델을 변화시키고, 스킬을 향상시켜야 한다. 만약 기술 발전의 도움으로 제품의 변화에 성공한다 할지라도 여전히 고객과 경쟁자의 반응에서 새로운 마케팅 절차에 대한 불확실성은 남아있다. 즉, 우버나 에어비엔비와 같은 새로운 비즈니스 모델의 도입이나, 마켓컬리의 새벽배송, 아마존의 드론을 이용한 1일 배송 등과 같은 새로운 마케팅 활동의 도입이 이러한 적응력을 키워나가는 방법이 될 것이다. 적응적 조직을 향해. 관련된 기존 연구들과 기업의 다양한 사례들은 <그림 11>에서 보듯이 세 가지 필수적인 조직의 조건들을 제시하는데, 이러한 조건에서 적응적 마케팅 역량이 더 발전할 수 있다. ① 다양성을 지향하는 리더십 팀 ② 빠르게 변화하는 시장의 시그널을 감지하는 적응적 비즈니스 모델 ③ 시장에 맞춘 조직 구조가 있어야 한다. 이러한 조건들이 기업이 적응적 학습 조직이 되기 위해 무엇이 필요한 것인가에 대한 지침을 제공해줄 것이다.

① 다양성 지향적 리더십

Hamel과 Valikangas는 유전적 다양성은 "높은 수준의 생물학적 다양성은 어떤 특정한 미래가 펼쳐지더라도 새로운 환경에 알맞은 최소한의 생물체들이 존재할 것이라는 것을 확실히 해준다"고 주장했다. 이런 관점은 조직이 그들의 모든 역량에서 보다 더 적응적이기 위해 무엇을 해야 하는가를 알려준다. 모든 관리자들은 어떻게 시장이 움직이는지, 무엇을 고객이 원하는지, 어떻게 고객들이 정보를 처리하고 선택하는지에 대한 편견과 가정, 믿음을 가지고 있다. 이러한 구상적 모델은 환경을 감지하는 데 도움을 주지만 변화가 급속할 때는 쉽게 반응하기가 어렵다. 조직의 모든 사람들이 같은 식의 수동적 마음자세와 반응을 공유했을 때 문제는 더욱 심해진다. 시장기반 학습 프로세스는 모두 확실한 견해를 강화시키고, 적응을 할 수 있는 토대를 제공한다. 따라서 적응력을 증가시키는 첫 번째 단계는 오래되고 문제제기 하지 않는 가정들에 얽매이지 않고 다양한 사람들과 함께 다양성의 풀(pool)을 가지는 것이다. 협력업자나, 외부기관들, 광고 대행사와 같이 긴밀하게 연결된 파트너들은 다른 경험들과 다양한 정보를 가지고 있다. 물론 언제나 외부 항체를 거부하는 비협조적 DNA의 위협은 항상 있기 마련이다. 그러나 적응적 리더는 다양한 통찰의 가치를 인지하고 하찮은 존재가 되지 않도록 한다(Day, 2011). 다음은 이들 적응적 리더가 갖추어야 할 주요 특성들이다.

- **외부 포커스**: 다양한 견해에 대한 개방성을 가져야 한다. 첫 번째 리더십 속성은 외부 변화에 대한, 특히 고객에 대한 깊은 호기심과 마케팅의 기본인 선택과 집중이다. 이러한 특성을 가진 리더십은 보다 외부에 대해 개방적이고, 다양한 정보의 분석을 바탕으로, 넓은 범위의 사회적 전문가 네트워크를 육성한다. 대조적으로 내부의 운영에 초점을 맞춘 리더십은 효율성과 생산성을 강조하며 자기에게 익숙한 세팅의 네트워크로 제한하려고 하는 경향이 있다. 이는 관성과 마찬가지로 자신이 잘하는 것에서 벗어나지 않고 변화하지 않으려는 속성과 유사하다.

- **미래를 보는 예측**: 전략적으로 멀리 보는 예측력을 가져야 한다. 리더십은 더 긴 시간의 범위에서 보다 유연한 접근으로, 다양한 정보를 운용하는 미래지향적 전략을 사용하여, 시나리오 계획이나 역동적 변화를 지속적으로 모니터링하는 것과 같은 도구를 활용해야 한다.

- **끊임없는 탐구**: 항상 궁금함을 가지고 무언가를 발견하고자 하는 문화를 조성한다. 창조적인 문화를 가능하게 하는 것은 적응력을 높이는 데 필수적이다. 이것은 너무 쪼이지 않고 조금은 느슨해지게 만들어서 직원들이 업무에서 벗어나 업무 외적인 부분에서 자신의 일을 탐구하고 적응적 실험을 할 수 있도록 하는 것이다. 하지만 많은 기업의 문화는 위험을 꺼려하여 넓게 탐구하기에는 너무 제한된 유연성을 가지고 있다.

② 적응적 비즈니스 모델

비즈니스 모델은 어떻게 비즈니스가 가치를 창조할 수 있는가를 설명하는데, 가치를 고객에게 제공하고 그런 다음 경제적 이익으로 가져가는 것이다. 비즈니스 모델은 아래의 기본적인 비즈니스에 관한 질문에 대한 답을 할 수 있어야 한다.

- 고객은 누구인가?
- 고객가치란 무엇인가?
- 우리는 어떤 비즈니스를 하고 있나?

또한 비즈니스 모델은 다음의 기업의 존재에 관한 근본적인 질문에 대한 답도 분명하게 제공하여야 한다.

- 비즈니스가 하는 활동들이 무엇인가?
- 어떻게 이 활동들이 고객에게 가치를 전달하는가를 설명하는 경제적 논리가 무엇인가?
- 어떻게 우리는 수익을 창출하는가?
- 어떻게 기업은 고객, 공급자, 파트너와의 확장된 네트워크 안에 스며들어야 하는가?

적응적 비즈니스 모델은 비즈니스 활동과 조직 간의 활동 및 프로세스 사이의 상호의존성은 독립적일 때보다 기업의 성과에 더 많은 영향을 주었다는 것이다. 커뮤니케이션과 정보기술의 급속한 발전은 신속하게 기업 활동을 재정리하고 파트너들을 연결하는 새로운 방법을 가능하게 하였다. 다음의 두 비즈니스 모델의 예에서 보듯이 새로운 비즈니스 모델은 빠르게 변화하는 시장의 수요에 대한 기업의 적응력을 개선시키는 잠재성을 제공한다(Day, 2011).

- **감지와 신속한 반응**: 이 비즈니스 모델의 모범 사례는 저렴하고 세련된 패션의 선두주자로서 "Fast Fashion" 모델을 개발한 자라(Zara)를 들 수 있다. 자라는 의류제품 디자인을 만드는 스케치 패드에서 매장의 선반으로 2주 안에 도달하도록 하는 것을 가능하게 하였다. 고객의 요구와 구매행동에 대한 감지와 학습을 통해 이러한 Fast 시스템이 가능하게 한 것이다. 이런 조직들은 예상치 못한 고객의 요구에 대해 가능한 신속한 반응을 하기 위해 활동과 프로세스들을 모듈화하여 신속함을 창출하였다. 기존의 우선 만들고 판매하는 (make-and-sell) 조직은 기업 내부에서 외부 시장으로의 자세를 취하고, 운영은 가능성 있는 수요 예측에 따라 진행한다. 새로운 디지털기반의 커뮤니케이션 전략은 전통적인 아날로그식 미디어 플랜과는 대조적으로 시장 시그널에 대해 반응하기 위해 메시지나 미디어를 즉각적으로 적응할 수 있게 하고 메시지의 확산 또한 과거에는 경험하지 못한 속도로 진행 된다(Day, 2011).
- **유연한 플랫폼 중심**: 이 비즈니스 모델은 새로운 융합 혹은 유연성을 강조한 접근으로 고객마다 제공하는 가치가 상이하지만 기본적인 핵심 가치는 같은 것을 제공하다. 즉, 어떤 고객들을 위해서는 적은 비용의 지원과 단순한 메시지를 전달하고, 다른 고객들을 위해서는 깊은 협력과 정밀히 맞춤화된 것들을 제공한다. 하지만 기본적으로 모든 고객에게 재미를 제공한다. 가장 대표적인 비즈니스모델은 레고(LEGO)이다. 기본적인 놀이 혹은 창작 활동을 하기 위해 필요한 기본 레고 제품이 있고, 다양한 스토리와 관심을 충족시키는 다양한 모듈을 각각 상이한 욕구를 가진 고객들에게 제공한다. 그 다음 단계에서는 신속한 반응 솔루션의 제공으로, 확장된 온라인이나 높은 가치의 고객들과 함께 직접적인 상호작용을 통해 가치를 제공한다. 시스템 통합과 데이터 분석, 지식 공유 네트워크의 발전을 통해 고객 및 협력업자들과의 협조를 원활하게 활성화 시킨다(Day, 2011).

③ 조직을 시장에 맞추기

적응적 마케팅 역량은 단순한 기능을 뛰어넘어 조직적인 체계적인 변화가 필요하다. 만약 이 역량이 마케팅만의 제한된 영역이었다면 그 효과성은 크지 않았을 것이다. 적응적 마케팅의 역할은 다른 역량들과의 조화를 통해 혹은 협력을 통해 고객과 시장을 이해하고 지속적으로 뛰어난 고객가치를 제공할 수 있는 복합적인 결과물들을 만들어 낼 수 있는 것이다. 적응적 마케팅의 도전 과제들은 ① 일관성 있는 고객에 대한 견해와 느린 의사결정을 저해하는 기존의 관성을 극복하고, ② 전사적인 전략적 대화와 함께 새로운 시장의 변화와 복잡성을 이해하는 데 도움을 주는 깊은 시장 통찰력을 배양하고, ③ 고객의 완전한 경험을 제공하기 위한 프로세스와 결과물에 대한 책임을 명확히 한다. 이러한 것들은 기업 외부에서 내부로 가치를 받아들이는 전략을 위한 필수적인 조건들이다(Day, 2011).

견고하고 자신의 영역을 고집하는 조직적 경계를 허무는 시장지향적 조직화의 원칙으로는 제품과 유통, 브랜드 주변보다 고객의 주변에 기업의 모든 조직들을 배열시키는 것이다. 기존의 제품 중심 조직은 제품을 중심으로 고객을 배치하였다. 하지만 고객 중심적 조직은 고객을 중심으로 고객이 좋아하는 브랜드를 배열하는 것이다. 다양한 과도적인 조직설계가 가능한데, 기능과 제품 중심의 팀에서부터 고객을 중심으로 하는 고객중심의 팀 조직이 좋은 사례이다. 시장 중심적 조직은 시장에 대한 적응력과 함께 고객 다양성을 중심으로 운영하는데, 지식 공유 네트워크에 의해 형성 되며, 고객과 공급자, 정보 자원과 장기적인 파트너 관계를 형성할 수 있다.

이상에서의 3가지 실행 및 활동 지침은 기업이 적응적 마케팅 활동을 통해 시장기반 학습조직으로서의 진화과정에 대해서 기본적인 방향을 제시하고 있다. 적응적 학습 기업이 되기 위해서는 마케팅 활동들을 적응적 학습의 기반을 통해 계획하고, 다양한 실험과 개방적 마케팅 조직을 통해 마케팅 믹스를 새로운 효과성의 차원에서 실행해야 할 것이다. 이는 과거에 실행하고 익숙해진 전통적인 4P(제품, 장소, 가격, 판촉) 활동과는 전혀 다른 것이다. 첫째, 새로운 마케팅 믹스는 과거의 네트워크를 뛰어넘어 새로운 개방적 네트워크를 구성하고, 고객 중심의 가치를 전달하기 위한 전혀 다른 형태의 새로운 마케팅 믹스가 되어야 한다. 둘째, 새로운 마케팅 활동은 고객 및 새로운 협력자들과 더 잘 협업하고 협업 노력을 최대화하기 위해 실제로 통합되는 조직을 통해서 실현된다. 셋째, 적응적 학습과 역량은 더 복잡해진 마케팅 믹스 활동들을 더 조화롭게 융합하는 효과를 보여줄 것이다. 시장 기반 학습을 통한 깊은 통찰을 기반으로 마케터들은 고객가치 창출 및 전달에 대한 책임을 수용하고자 더 잘 준비될 것이고, 궁극적으로 이익과 고객의 가치, 그리고 브랜드 자산에 더 큰 영향을 줄 것이다.

시장 기반 학습은 기업이 빠르게 변화하는 시장에 대해 즉각적으로 시그널을 받고 이에 대응할 수 있도록 해준다. 시장지향과 동적 역량이론이 기업이 역동적인 시장에서 길을 찾는 데 도움을 주는 강력한 도구이기는 하지만, 오늘날의 혼란스러운 시장 환경에는 충분하지는 않다. 강화된 역량들은 어떠한 경향과 사건들이 완전히 등장하기 전에 이들을 예상하고 효율적으로 적응하기 위하여 필요하다. 이것이 적응적 마케팅 역량의 중요성을 설명해준다.

마케터들에게는 증가하는 환경과 시장의 복잡성에 대응해야 하는 압박감이 있는데 그것은 조직을 압박하고 잠재적으로 경쟁적 불이익을 가져올 수가 있다. 시장의 변화와 기업의 역량 사이에서 벌어지고 있는 차이는 시장의 변화에 대한 복잡성과 속도를 말해주고 있다.

적응적 반응을 통해 이러한 변화에 대응하는 것은 매우 어려운 일이다. 어떤 기업들은 단순히 과거부터 해오던 마케팅 활동을 수정하거나 개선하면서 관성을 계속 이어나갈 것이다. 하지만 이러한 수동적인 대응은 역량과 환경의 차이를 더 넓히고, 결국은 시장에서 사라지고 말 것이다. 노련한 경쟁자 또는 새로운 시장 진입기업이 새로운 정보기반과 지식공유기술을 개발함에 따라 점차적으로 시장에서 불안정한 지위가 되기 쉽다. 새로운 경쟁자들은 고객 중심의 개인화된 가치를 만들고 사용자들의 커뮤니티 만들기, 끊임없이 고객들과 대화하고 관여하여 새로운 마케팅 활동의 효과를 극대화할 것이다. 이러한 새로운 경쟁자들은 기회를 더 빨리 잡을 것이고 이 시장이 어디로 움직이느냐에 상관없이 핵심 역량을 적소에 잘 배치할 것이다.

마케팅 현장은 고정된 마케팅 활동을 뛰어넘어 새로운 마케팅 현실에 적응적 역량이 잘 맞게 됐을 때 마케팅의 역량은 커질 것이고 보다 나은 성과를 만들어 낼 것이다. 기업은 이러한 시장기반 학습기업의 경험으로부터 통찰을 얻고, 현존하는 비즈니스 모델을 재고할 의지를 찾고, 네트워크 파트너들과 어떻게 협력을 할 것인가에 관한 방안을 논의해야 할 것이다. 우리는 인터넷 시대로부터 받은 정보화와 시스템에 대한 치명적인 쇼크가 어떻게 시장이 움직이고 어떻게 조직이 빠르게 변화하는 시장 시그널을 예상하고 대응하는가에 대한 과정을 보았고 또한 더 많이 보게 될 것이다. 따라서 기업은 시장기반 학습조직으로의 진화를 통해 새로운 지식 기반을 만들어 내고 이러한 학습조직을 기반으로 모든 기능과 서비스 등을 연결하고 가치와 가치를 융합하여 새로운 맞춤형 가치(customized value)를 만들어 내야 할 것이다.

결론

마케팅은 더 이상 기업 내 마케팅 부서만이 담당하는 업무가 아니다. 마케팅 업무는 기업의 목표이자 자산인 고객을 이해하는 것으로부터 시작하며 마케팅의 모든 활동은 고객에 대한 이해가 근본이 되므로 기업 내 마케팅 외 다른 부서 조직원들 또한 기업의 목표 달성을 위해서는 마케팅에 대한 이해가 필요하다. 마케팅은 고객의 가치를 파악하고, 기업이 가진 마케팅 자원으로 최고의 가치를 창출하여 고객에게 효과적으로 가치를 전달하며 고객가치를 유지하기 위해 고객 관계를 관리하기 위한 전사적 기능이자 일련의 과정이다. 이전에도 고객에 관한 중요성은 계속 논의되었지만 본 서에서는 고객의 가치를 극대화하고 만족시키는 것이야 말로 마케팅의 최고 가치임을 강조하고 있다.

기업 내에서 마케팅은 무슨 의미를 가지고 있는가? 많은 기업에서 마케팅이란 영업과 광고, 유통 등의 마케팅 4P들을 의미한다. 하지만 기업 내에서의 마케팅은 전략적이고 기업 문화적인 것으로 확장되어 받아들여져야 한다. 즉, 기업 내 마케팅은 새로운 것에 대한 수용과 문화적 이슈라고 할 수 있다. 시장과 그 속에 있는 고객들 그리고 경쟁사들 모두가 변화를 한다. 경쟁이 치열해질수록 고객의 가치와 인식은 매우 급격하게 변화를 한다. 기업도 이러한 시장과 고객의 변화에 경쟁사보다 더욱 빠른 속도로 적응해야 하고 변화를 이루어내야 한다.

또한 기업은 마케팅 목표를 최우선적으로 고객(이해관계자포함)과 고객의 가치에 두어야 한다. 고객의 가치를 충족시켜주기 위해 기업의 모든 마케팅 자원과 능력을 고객가치에 정렬하여 변화시켜야 한다. 이를 통해 고객의 마음속에 기업과 제품의 이미지를 만들어가는 것이 마케팅이다. 마케팅은 비용을 지출하는 것이 아니라 고객의 마음속에 투자를 하는 것이라는 인식을 가져야 한다.

고객의 가치를 정확하게 파악하기 위해서 기업은 조사비용에 대한 투자 필요성을 깨닫고 시장을 읽을 수 있는 정보와 지식에 대한 투자를 함으로써 시장의 변화를 읽는 데 자원을 집중해야 한다. 또한 이러한 정보를 읽고 해석하여 insight를 만들어내는 기업 내 마케팅을 진두 지휘할 수 있는 전문적인 지식과 실행 능력을 갖춘 마케팅 전문가(마케팅담당 부사장, 마케팅 전략기획자 등) 양성이 요구된다. 마케팅은 전사적인 활동이고 전략적인 계획과 실행이다. 따라서 최고경영층의 지지와 지원이 있어야 하고 최고경영층의 의지에 따라 마케팅의 성공 여부가 결정된다. 최종적인 마케팅 성과는 어떤 기준으로 수립되고 평가되고 있는지 마케팅최고 관리자를 통해 수시로 점검해야 한다.

기업은 고객을 위한 가치창출을 위해 지속적인 투자와 함께 효율성의 극대화를 위한 경영을 추구하여야 하며, 불필요한 지출을 없애고 단순히 할당된 금액을 초과하여 지출하지 않는 것에 만족하지 않고 더 나아가 필요한 지출을 보다 효율적으로 할 수 있는 방안을 모색하고 고객에게 제공하는 고객가치의 생산성을 증가시키는 데 노력을 기울여야 할 것이다.

참고문헌 REFERENCES

- 김경민 · 박정은 · 김태완(2019),『고객가치기반 신제품마케팅전략』, 박영사.
- 김세중 · 박의범 · Tsog Khulan, "한국기업 CSR활동의 공유가치창출에 관한 실증연구",《로고스경영연구》, 10(4), 2012, 1~28면.
- 김정태,《공유가치창출과 기업사회 혁신》, 대한상공회의소 지속가능경영원, 2015.
- 김진하 (2017), "제4차 산업혁명 시대, 미래사회 변화에 대한 전략적 대응 방안 모색,"《KISRPEP InI》 15.
- 노혜진, "공유가치창출(CSV) 사례전달에 대한 검토: 내용분석을 중심으로", 사회과학연구, 41(3), 23-46면, 2015.
- 박광희,『웰빙 라이프스타일, 웰빙태도, 삶의 만족도 및 인구통계학적 특성간의 관계』 2011, 대학 가정학회지.
- 박병진 · 김도희, "공유가치창출(CSV)관점에서 본 CJ제일제당의 동반성장 추진 사례",《Korea Business Review》 17(2), 2013, 73~99면.
- 박흥수 · 하영원 · 강성호(2008), 『이제는 빙그레 웃어요-마케팅 CEO의 경영혁신』, 연세대학교 출판부
- 신미주, "공유가치창출, 저소득층과 손잡다",《SERI경영노트》, 제136호, 2012.
- 안광호,『시장지향적 마케팅전략』, 2006.
- 안광호, 김동훈, 김영찬,『시장지향적 마케팅전략』, 제2판, 2006, 학현사.
- 윤각 · 이은주, "기업의 사회적 책임(CSR)과 공유가치창출(CSV)의 효과에 관한 연구 : 자기효능감과 관여도를 중심으로",《광고학연구》25(2), 2014, 53~72면.
- 윤일영 (2017), "제조업과 ICT의 융합, 4차 산업혁명,"《융합 Weekly TIP》, 52(January), 융합연구정책센터.
- 이성호, 박정은, 채서일(2008), 고객자산관리와 마케팅 프로세스의 변화, 비엔엠북스.
- 이승호, "물산업 해외진출방안",《물과 미래》5, 한국수자원학회 49(5), 2016.
- 이신모 (2000), "고객가치지향적 패러다임에 기초한 마케팅생산성 구현방안",《생산성논집》14(2), 한국생산성학회.
- 장승희, "소셜미디어에 부는 참여형 마케팅 바람", LG경제연구원, 2010.
- 조대원, "리카이푸와 마윈의 기업가정신에 대한 연구", 중국학논총, 37, 177-203면, 2012.
- 전인수, 김은화,『마케팅 전략: 전략적 시장관리』, 2005, 석정
- 전해영 (2017),《4차 산업혁명시대의 국가혁신전략 수립 방향(VIP REPORT 17-21호)》, 현대경제연구원.
- 정민 (2017), "4차 산업혁명의 등장과 시사점",《경제주평》, 705호, 현대경제연구원,
- 조윤정 (2017), "한국형 4차 산업혁명 대응전략,"《이슈분석》, 736,
- 조형례 · 전중양 · 정선양, "공유가치창출(CSV)에 기반한 지속가능 경영혁신모델 구축방안",《지속가능연구》 2(3), 2011, 57~80면.
- 최계영 (2016),《4차 산업혁명 시대의 변화상과 정책시사점》, 정보통신정책연구원,
- 최찬순,《기업의 사회적 책임 활동의 내부효과 연구》, 한양대학교 대학원 박사 학위 논문, 2011.

- 최혜옥 · 최병상 · 김석관 (2017), "일본의 제4차 산업혁명 대응 정책과 시사점",《동향과 이슈》20.
- American Marketing Association(2007), "The Definition of Marketing.".
- Allan D. Shocker (1996), "Goal-Derived Categories and the Antecedents of Across-Category Consideration," *Journal of Consumer Research*, 23(3), 240-250.
- Allenby, Greg et al.,(2002), "Market Segmentation Researcch: Beyond Within
- Argyris, C. and Schön, D.(1978), Organizational learning: a theory of action perspective. NewYork:McGraw-Hill.
- Badrinarayanan, Vishag, Taewon Suh, Kyung-Min Kim(2016), "Brand resonance in franchising relationships: A franchisee-based perspective," *Journal of Business Research*, 69(10), 3943-3950.
- Barney, Jay(1991), "Firm Resources and Sustained Competitive Advantage," *Journal of Management*, Vol. 17, No1, 99-120.
- Belch, G.E., Belch, M.A. (2003), Advertising and Promotion, (6th edition), Mc Grow-Hill,
- Bloom, P. N. & Gundlach, G. T., Handbook of Marketing and Society, Thousand Oaks, CA, Sage, 2001.
- Bonoma, Thomas V. and Benson P. Shapiro(1983), Segmenting the Industrial Market, Lexington Books.
- Bockstette, V. and M. Stamp, "Creating Shared Value: A How-to Guide for the New Corporate (R) evolution", FSG, 2011.
- Bowen, Howard, Social Responsibilities of the Businessman, NY: Harper & Brothers, 1953.
- Carroll. A. B., "Corporate Social Responsibility: Evolution of a Definitional Construct", *Business and Society* 38, 1979, pp. 268~295.
- David Aaker, 『Strategic Market Management』, 8th ed, 2007, John Wiley & Sons Inc
- Davis, Keith, "The Case for and Against Business Assumption of Social Responsibilities", *Academy of Management Journal* 16(2), 1973, pp. 311~322.
- Dawkins, J., "Corporate responsibility: the communication challenge", Journal of Communications Management 9(2), 2005, pp. 108~119.
- Day, George S.(1994), "The Capabilities of Market-Driven Organizations," *Journal of Marketing*, 58(4), 37–52.
- Day, George S.(2011), "Closing the Marketing Capability Gap," *Journal of Marketing*, Vol. 75, 183–195.
- Dibb, Sally and Lyndon Simkin, (1991) "TARGETING, SEGMENTS AND POSITIONING", *International Journal of Retail & Distribution Management*, 19(3)
- Dillon, William R. and Soumen Mukherjee(2006), "A Guide to the Design and Execution of Segmentation Studies," in Handbook of Marketing Research, eds.. Rajiv Grover and Marco Vriens, Thousand Oaks, Sage.
- Decker, O. S., "Corporate social responsibility and structural change in financial services", *Managerial Auditing Journal*

참고문헌 REFERENCES

19(6), 2004, pp. 712~728.

- Dembek & Krzysztof & Prakash Singh & Vikram Bhakoo, "Literature Review of Shared Value: A Theoretical Concept or a Management Buzzword?", *Journal of Business Ethics*, 137(2), 2015, pp. 231~267.

- Dickson, Peter R.(1994), *Marketing Management*, FortWorth,TX:TheDrydenPress.

- Frederick F. Reichheld, The Loyalty Effect(Boston: Harvard Business School Press, 1996).

- Harrison, Debbie and Hans Kjellbeg(2010), "Segmenting a Market in the Making: Industrial Market Segmentation as Construction," *Industrial Marketing Management*, 39.

- Hult, G. T., Ketchen, D. J. and Slater, S. F.(2005), "Market orientation and performance: an integration of disparate approaches," *Strategic Management Journal*, 26(12), 1173-1181.

- Hunt, Shelby D. and Robert M. Morgan(1996), "The Resource-Advantage Theory of Competition: Dynamics, Path Dependencies, and Evolutionary Dimensions," *Journal of Marketing*, Vol.60, 107-114.

- Kohli, Ajay and Bernard Jaworski(1990), "Market orientation: The Construct, Research Propositions, and Managerial Implications," *Journal of Marketing*, 54 (2), 1-18.

- Kotler, P. (2008), The New Strategic Brand Management (4th edition), Kogan Pages Limited, London.

- Kotler, P., Armstrong, G., Saunders, J. and Wong, V. (1999) Principles of Marketing (3rd edition), Prentice Hall Inc., Milan

- Karl Albert and Ron Zemke, Service America!(Homewood, IL:Dow Jones-Irwin, 1985) pp.6-7

- Kotler, P. & Gary Armstrong, *Principles of Marketing*, pearson, 2007, pp. 47~53.

- Marshal, L. (2007), Today's niche market is about narrow, not small, Vol. 78 Issue 23, p30-32, 2p, EBSCO, Marketing, source retrieved on May 5th.

- Moorman, Christine(1995), "Organizational Market Information Processes: Cultural Antecedents and New Product Outcomes," *Journal of Marketing Research*, 32(3), 318-335

- Narver, John C. and Stanley F. Slater(1990), "The Effect of a Market Orientation on Business Profitability," Journal of Marketing, 54 (October), 20-35.

- Philip Kotler, Gary Armstrong, 『Kotler의 마케팅 원리』, 제12판, 2007, 시그마프레스

- Philip Kotler, Kevin Lane Keller, 『Kotler의 마케팅 관리』, 제3판, 2008, 시그마프레스

- Porter, M. E., & Kramer, M. R., "The Big Idea: Creating Shared Value", *Harvard Business Review*, January_February, 2011, pp. 1~17.

- Senge, Peter(1990), The Fifth Discipline: The Art & Practice of the Learning Organization, NewYork:Doubleday.

- Shepard, D. (2003), Customer segmentation: Problems, Solutions, Marketing, source retrieved on May 5th.
- Sinkula, James M.(1994), "Market Information Processing and Organizational Learning," *Journal of the Marketing*, Vol. 58(January), 35-45.
- Williams, Michael R.(1998), "The Influence of Salespersons' Customer Orientation on Buyer–Seller Relationship Development," *Journal of Business and Industrial Marketing*, 13 (Summer), 271–287.

색인 INDEX

색인 INDEX

저자소개

박정은(jepark@ewha.ac.kr)

University of Alabama에서 마케팅전공으로 경영학 박사 학위(Ph. D.)를 받았다. 이후 University of New Hampshire 에서 교수로서 재직하였고, 현재 이화여자대학교 경영대 학 교수로 재직 중이다.

그의 연구 관심분야는 마케팅전략이고, 영업전략, B2B 마 케팅, 시장중심 학습, 혁신 등이고 이러한 관심분야에서 활발한 연구 활동을 하고 있다. 그는 Journal of Marketing Research, Industrial Marketing Management, Journal of Business Research, Journal of Business to Business, Journal of Business and Industrial Marketing, Journal of Personal Selling and Sales Management, Journal of Strategic Marketing, Journal of Service Marketing, 마케 팅연구, Asia Marketing Journal, 마케팅관리연구, 유통연 구, 상품학연구 등 국내외 주요 학술지에 관련 많은 연구 를 게재하였다.

Asia Marketing Journal의 편집장을 역임하였고, 현재 한 국마케팅관리학회 고문, 한국마케팅학회 부회장, 한국유 통학회 부회장으로 다양한 학회활동을 하고 있다. 정부 및 공공기관의 각종평가위원, 심사위원 및 정책연구를 하였 으며 삼성, LG, 현대자동차, 두산, SK, 농심, 한국 야쿠르트, 현대백화점, 롯데, 아모레퍼시픽, 신세계 등의 다양한 대기업 및 중소기업들을 대상으로 강연, 컨설팅 및 자문활동을 하였다.

American Marketing Association의 박사논문상, Researcher of the Year, 최우수 논문상 등을 수상하였고, 한국에서는 한국경영관련 학회 통합학술대회 매경우수논 문상을 수상하였다.

그는 평소에 신제품에 관한 관심이 많아 신제품이 나오면 가장 먼저 사용해보는 Early adopter이다. 또한 BTS를 좋 아하고 마블영화를 즐겨본다. 국제교류에도 관심이 많아 다양한 국가를 여행하는 것을 좋아한다.

김경민(keim@silla.ac.kr)

부산 신라대학교 경영학과 교수로 재직하고 있다. 서강대 학교에서 마케팅을 전공으로 경영학박사(Ph. D.)를 취득 하였다. 그의 연구관심분야는 소비자의 정보처리와 행동 과학을 이용한 브랜드 전략 수립 및 국제마케팅분야이며 이 분야에서 활발한 연구활동을 하고 있다. 그는 Journal of Business Research, Asia Pacific Journal of Marketing and Logistics, Journal of Asia Business Studies, 마케팅 연구, 마케팅관리연구, 소비자학연구, 광고학연구, 유통연 구 등 국내외 유명 학술저널에 80여편의 논문과 7권의 저 서를 출간하였다. 대한경영학회에서 우수논문상, 한국마 케팅관리학회에서 우수심사자상 등을 수상하였으며 기업 과 정부기관의 마케팅관련 연구를 다수 진행하였다.

한국마케팅관리학회장 역임, 한국마케팅학회 부회장, 한 국전략마케팅학회 부회장 역임 등 주요한 국내외 마케팅 관련 학회주요임원을 그리고 경영컨설팅연구, American Journal of Business, Asia Pacific Journal of Marketing and Logistics 등 국내외 다수의 학회의 편집위원 및 Ad hoc Reviewer로 학술활동을 하고 있다.

서강대학교, 단국대학교, 한국외국어대학교, 경기대학교 의 경영학과 및 대학원에서 강사를 역임하였고 부산 신라 대학교에서 경영학과장, 경영학부장, 경영대학장, 경영학 교육인증센터장, 경제경영연구소장, 교수평의원회 의장, 대학평의원회 의장 등을 역임하였다.

서울시, 부산시, 경기도, 농림부, 국회 등 국가기관과 지방 자치단체의 심의위원, 평가위원, 출제위원 등을 역임하였 으며 쌍용정보통신(주), BrandAcumen Inc. 등에서 풍부한 실무경험을 쌓았다.

그는 평소에 다양한 e게임과 러닝을 좋아하며 Air Supply 의 The One That You Love를 즐겨부르며 새로운 것에 대 한 호기심으로 항상 새로운 문화를 적극적으로 수용하는 여행가이기도 하다.

김태완(tkim21@konkuk.ac.kr)

현재 건국대학교 경영대학 경영학과 마케팅전공 부교수로 재직하고 있다. 그는 Stanford University에서 통계학 석사(M.S.)를 그리고 Syracuse University에서 마케팅전공으로 박사학위(Ph.D.)를 받았다. 이후 미국 펜실베니아주에 있는 Lehigh University에서 Assistant Professor of Marketing으로 4년간 재직하며 연구와 강의를 하였다. 그의 관심분야는 신제품 개발, 신제품 시연(demonstration)과 신제품 출시, 가격 전략, 유통 전략이다. 계량경제학 모델과 게임이론의 연구 접근으로 연구 중이며 Journal of Marketing과 여러 SSCI급 국제 저널과 국내 저널에 연구를 게재하였다. 현재 한국마케팅학회 총무이사, 한국유통학회 사무차장, 한국경영연구 편집위원으로 활동 중이다. 그리고 여러 해외저널들과 한국마케팅연구, 그리고 Asia Marketing Journal의 리뷰어로 학술 활동을 하고 있다. 산학협력으로는 삼성전자, 현대자동차, 매일유업, 대상, 삼성생명, 삼성화재, 한국마케팅학회에서 주관하는 Master of digital Marketing(MOdM) 등 여러 기업가들을 대상으로 특강을 기획하고 참여한 바 있다. 그는 평소 테니스, 바둑, 골프, 볼링 등을 좋아한다.

고객가치기반 마케팅

초판발행	2020년 1월 15일
제2판발행	2023년 8월 31일
지은이	박정은 · 김경민 · 김태완
펴낸이	안종만 · 안상준
편 집	탁종민
기획/마케팅	박세기
표지디자인	이영경
제 작	고철민 · 조영환
펴낸곳	(주) 박영사
	서울특별시 금천구 가산디지털2로 53, 210호(가산동, 한라시그마밸리)
	등록 1959.3.11. 제300－1959－1호(倫)
전 화	02)733－6771
f a x	02)736－4818
e-mail	pys@pybook.co.kr
homepage	www.pybook.co.kr
ISBN	979－11－303－1842－4　93320

* 파본은 구입하신 곳에서 교환해 드립니다. 본서의 무단복제행위를 금합니다.

정 가　　　26,000원